20
24

TERCEIRA EDIÇÃO
REVISTA, ATUALIZADA E AMPLIADA

BRUNO ZAMPIER

BENS DIGITAIS

**CYBERCULTURA · REDES SOCIAIS
CRIPTOMOEDAS · *E-MAILS* · CANAIS DE YOUTUBE
MILHAS AÉREAS · NFTs**

ATUALIZADA CONFORME O RELATÓRIO FINAL DA COMISSÃO DE JURISTAS
RESPONSÁVEL PELA REVISÃO DO CÓDIGO CIVIL

Dados Internacionais de Catalogação na Publicação (CIP) de acordo com ISBD

L131b   Lacerda, Bruno Torquato Zampier

      Bens Digitais: Cybercultura, Redes Sociais, E-mails, Livros, Milhas Aéreas, Moedas Virtuais / Bruno Torquato Zampier Lacerda. - 3. ed. - Indaiatuba, SP : Editora Foco, 2024.

      304 p. ; 16cm x 23cm.

      Inclui bibliografia e índice.

      ISBN: 978-65-6120-129-2

      1. Direito. 2. Direito digital. 3. Internet. I. Título.

2024-1928   CDD 340.004.678   CDU 34:004

Elaborado por Vagner Rodolfo da Silva - CRB-8/9410

Índices para Catálogo Sistemático:

1. Direito Digital 340.004.678

2. Direito Digital 34:004

TERCEIRA EDIÇÃO
REVISTA, ATUALIZADA E AMPLIADA

BRUNO ZAMPIER

BENS DIGITAIS

CYBERCULTURA · **REDES** SOCIAIS
CRIPTOMOEDAS · *E-MAILS* · **CANAIS** DE YOUTUBE
MILHAS AÉREAS · **NFTs**

ATUALIZADA CONFORME O RELATÓRIO FINAL DA COMISSÃO DE JURISTAS
RESPONSÁVEL PELA REVISÃO DO CÓDIGO CIVIL

2024 © Editora Foco

Autor: Bruno Zampier
Diretor Acadêmico: Leonardo Pereira
Editor: Roberta Densa
Coordenadora Editorial: Paula Morishita
Revisora Sênior: Georgia Renata Dias
Capa Criação: Leonardo Hermano
Diagramação: Ladislau Lima e Aparecida Lima
Impressão miolo e capa: EXPRESSÃO E ARTE

DIREITOS AUTORAIS: É proibida a reprodução parcial ou total desta publicação, por qualquer forma ou meio, sem a prévia autorização da Editora FOCO, com exceção do teor das questões de concursos públicos que, por serem atos oficiais, não são protegidas como Direitos Autorais, na forma do Artigo 8º, IV, da Lei 9.610/1998. Referida vedação se estende às características gráficas da obra e sua editoração. A punição para a violação dos Direitos Autorais é crime previsto no Artigo 184 do Código Penal e as sanções civis às violações dos Direitos Autorais estão previstas nos Artigos 101 a 110 da Lei 9.610/1998. Os comentários das questões são de responsabilidade dos autores.

NOTAS DA EDITORA:

Atualizações e erratas: A presente obra é vendida como está, atualizada até a data do seu fechamento, informação que consta na página II do livro. Havendo a publicação de legislação de suma relevância, a editora, de forma discricionária, se empenhará em disponibilizar atualização futura.

Erratas: A Editora se compromete a disponibilizar no site www.editorafoco.com.br, na seção Atualizações, eventuais erratas por razões de erros técnicos ou de conteúdo. Solicitamos, outrossim, que o leitor faça a gentileza de colaborar com a perfeição da obra, comunicando eventual erro encontrado por meio de mensagem para contato@editorafoco.com.br. O acesso será disponibilizado durante a vigência da edição da obra.

Impresso no Brasil (7.2024) – Data de Fechamento (6.2024)

2024

Todos os direitos reservados à
Editora Foco Jurídico Ltda.
Rua Antonio Brunetti, 593 – Jd. Morada do Sol
CEP 13348-533 – Indaiatuba – SP

E-mail: contato@editorafoco.com.br
www.editorafoco.com.br

À minha mãe Vânia, à minha vovó Duína,
à minha tia Valéria e à minha filhota Anna.

As mulheres da minha vida.

A minha mãe Vânia, a minha vovó Dirma,
a minha tia Valéria e a minha filha, Ana.
As mulheres da minha vida.

23. Vide item 106.
24. "Art. 932. São também responsáveis pela reparação civil: I - os pais, pelos filhos menores que estiverem
sob sua autoridade e em sua companhia; (...)". (BRASIL, 2002).

"Aquilo que se transforma chama muito
mais a atenção do que aquilo que continua como sempre foi."
(GADAMER, 2014).

RESUMO

Redes sociais, e-mails, milhas aéreas, moedas virtuais, músicas e livros digitais: lidamos diariamente com uma série de interesses que não estão a merecer a devida atenção do mundo jurídico. Este livro aborda a questão dos bens digitais na sociedade da informação, buscando analisar o contexto sociológico no qual estes ativos surgem, sua natureza jurídica, a importância no atual momento histórico, suas repercussões no âmbito da personalidade humana e em sede patrimonial. Ademais, busca encontrar soluções para problemas que esta nova categoria de bens jurídicos suscita, principalmente quando da ocorrência da morte ou superveniência de incapacidade do titular, visando preservar os interesses envolvidos, tais como o do próprio sujeito, de seus familiares, de terceiros e dos provedores de Internet. Para tanto, envereda-se pelas novas fronteiras da autonomia privada, discutindo a possibilidade de a vontade regular este destino, seja por meio de testamentos digitais ou diretivas antecipadas. Na ausência de manifestação de vontade, discute-se sobre o eventual papel regulamentador do Estado quanto ao tema e, também, as formas de atuação do Judiciário. Por fim, procede-se a uma análise da legislação comparada, dando ênfase aos projetos de lei existentes nos Estados Unidos e Europa sobre os denominados digital assets.

LISTA DE ABREVIATURAS E SIGLAS

ARPANet Advanced Research Projects Agency Network

Art. Artigo

Arts. Artigos

CC Código Civil

CDC Código de Defesa do Consumidor

CDPD Direitos das Pessoas com Deficiência

CFM Conselho Federal de Medicina

CGU Conteúdos Gerados por Usuários

Coord. Coordenador

CPC Código de Processo Civil

CRFB Constituição da República Federativa do Brasil

DARPA Defence Advanced Research Projects Agency

DAV Diretivas Antecipadas de Vontade

DPREG Data Protection Regulation

ELI European Law Institute

EPD Estatuto da Pessoa com Deficiência

EU União Europeia

EUA Estados Unidos da América

IBGE Instituto Brasileiro de Geografia e Estatística

IP Internet Protocol

LINDB Lei de Introdução às Normas do Direito Brasileiro

MIT Massachusetts Institute of Tecnology

NCPC Novo Código de Processo Civil

PECD Privacy and Eletronic Communications Directive

RNP	Rede Nacional de Pesquisa
TCP/IP	Transmission Control Protocol / Internet Protocol
TFUE	Tratado sobre o Funcionamento da União Europeia
TJDFT	Tribunal de Justiça do Distrito Federal
UFADAA	Uniform fiduciary access to digital assets act.
ULC	Uniform Law Commission
URSS	União das Repúblicas Socialistas Soviéticas
USA	United States of America

APRESENTAÇÃO À 3ª EDIÇÃO

Em 2013, um projeto de mestrado apresentado no Programa de Pós-graduação em Direito da Pontifícia Universidade Católica de Minas Gerais, tinha a ousada intenção de defender a possibilidade da transmissão de heranças digitais. Mal sabíamos que para argumentar em prol da então inédita temática, teríamos que percorrer a teoria geral do Direito, chegando à conclusão de que seria necessário, em caráter preliminar, consagrar a existência de uma nova categoria de bem jurídico, que optamos por denominar de Bens Digitais.

Com pouquíssima bibliografia sobre o tema, tanto no Brasil quanto no exterior, e com uma rara iniciativa norte-americana a partir dos trabalhos da ULC (Uniform Law Comission), partimos rumo à construção da dissertação, que foi defendida no início de 2016, recebendo nota máxima *cum laude*.

Onze anos após o início de nossas pesquisas sobre Bens Digitais, as ideias continuam a borbulhar. Agora, renovadas por vasta bibliografia construída por nobres colegas de docência, pesquisadores, estudantes de graduação e pós-graduação. Pipocam trabalhos de conclusão de curso, dissertações e teses sobre a apaixonante temática, para nossa imensa alegria. E, assim era previsto. Os problemas deixados por perfis de pessoas falecidas, a digitalização da economia, as moedas virtuais, a ampliação da espetacularização nas redes sociais, o nascimento constante de novas plataformas que atraem milhões de usuários, não escapariam da análise acurada dos juristas na terceira década deste início de milênio.

Esta 3ª Edição chega com uma proposta talvez um pouco mais provocativa e menos definitiva, sobre alguns tópicos relativos aos bens digitais. Se a herança digital já está mais que consolidada, em textos, livros e mesmo na jurisprudência, ainda resta saber como será sua inserção no ordenamento jurídico vigente, papel este que inclusive está designado à Comissão de Juristas encarregada no âmbito do Senado Federal da revisão e atualização do Código Civil de 2002, em especial a Subcomissão de Direito Digital.

Ocorre que os Bens Digitais não podem ser identificados apenas como algo relevante no tópico da herança digital. Os Bens Digitais certamente vão muito além dessa herança digital. Se a proposta inicial deste trabalho, no longínquo ano de 2013, era atacar principalmente este ponto, hoje é necessário ir adiante. O presente livro se propõe efetivamente a descortinar outros cenários trazidos pela titularidade de ativos digitais.

Desde o princípio, entendemos que era importante sedimentar um conceito para os bens digitais. E, humildemente, acreditamos que esta seja uma das principais contribuições desta obra, desde sua primeira edição. Tanto é verdade que esta conceituação agora vem, com algumas adaptações, como proposta da Comissão de Juristas que atualiza o Código Civil (CJCODCIVIL). Se aprovada, a proposta legislativa que advirá do trabalho desta Comissão irá trazer um conceito normativo para Bem Digital.

De igual modo, a tentativa metodológica empreendida de se classificar os bens digitais em três categorias, é um ponto crucial que vem sendo citado, para nossa imensa honra, por vários pesquisadores e autores. Saber quando um bem digital deve ser classificado como bem digital patrimonial, bem digital existencial e bem digital de natureza mista, tem sido essencial para se dimensionar adequadamente a repercussão da titularidade e exercício desta. A citada Comissão, também fez questão de incluir esta classificação na proposta legislativa retratada em seu relatório final, apresentado no início de 2024.

Tivemos a imensa honra de participar virtualmente de reunião desta Subcomissão de Direito Digital da CJCODCIVIL, realizada em 23.10.2023, na sede da OAB/SP, quando novamente reiteramos nosso entendimento sobre conceitos, classificações e necessidade de normatização dos Bens Digitais. Defendemos também que os bens digitais fossem encarados de forma mais ampla, não devendo ser reduzidos à herança digital.

Nesta 3ª edição, também se enfrentará de forma mais aprofundada a problematização de caráter processual, especialmente no caso da penhora. Afinal, um bem digital pode ou não ser penhorado? Quais as possíveis restrições e como vem se posicionando os tribunais brasileiros?

Há uma defesa enfática de que bens digitais sejam objeto de outros tipos de negócios jurídicos, como compra e venda, doação e empréstimo. E, uma proposta até então nova, de que bens digitais possam também ser dados em garantia.

Indubitavelmente, quem se aventura a escrever sobre Direito Digital, este novo ramo da ciência jurídica, há que se manter forte na premissa da criatividade. O Direito Digital requer mais inovação e menos repetição. E neste sentido, há uma tendência, a nosso sentir, da obra ser demasiadamente autoral, o que para alguns pode vir a soar como traço de arrogância ou desprestígio à metodologia de pesquisa científica. Mas, não. Aqui fazemos uma defesa dedicada a ideias que nos movem há mais de uma década e que promovem uma renovada experiência da ciência jurídica, frente ao universo online.

Uma reengenharia da forma de pensar do jurista está em plena ebulição. Acreditamos que quem se aventura a ler a presente obra está a buscar as novas fronteiras, que cortam de maneira transversal a tradicional sistemática jurídica. Quanto mais a tecnologia evolui, maior é a necessidade de atualização interdisciplinar.

Pensamentos e mentes abertas, obviamente sujeitos a inúmeras advertências, mas que conduzem a um novo refletir sobre o papel do Direito na terceira década do milênio. Para tanto, coragem é elemento fundamental. E com esta, pretendemos prosseguir desafiando a velha sistemática imposta ao Direito, antes do universo do digital marcar definitivamente nossa quadra histórica atual.

Que esta 3ª Edição possa continuar a promover inquietações e reflexões relevantes acerca do maravilhoso e, cada vez mais pulsante, mundo dos Bens Digitais.

APRESENTAÇÃO À 2ª EDIÇÃO

Após publicarmos a 1ª edição de Bens Digitais em 2017, é chegada a hora de ofertamos à comunidade jurídica esta nova edição. Fruto de nossa dissertação de mestrado em Direito Privado defendida no início de 2016 na Pontifícia Universidade Católica de Minas Gerais, aprovada com nota máxima *cum laude*, a obra teve ótima aceitação no meio acadêmico. Isto denota a relevância de se considerar a existência de uma nova modalidade de bem jurídico, derivado dos recentes paradigmas enfrentados por uma sociedade cada vez mais hiperconectada ao universo online, mediado pela internet.

A virtualização da vida é uma realidade contra a qual não há como se opor. E, sendo assim, descortinam-se cada vez mais hipóteses de regulação estatal ou privada, dos novos cenários que aos poucos vão surgindo. Nesta edição, procuramos trazer alguns temas inéditos, não contemplados na anterior, tais como a possibilidade de empréstimo de ativos digitais e a evolução da temática na comunidade europeia, tanto em nível legislativo, quanto jurisprudencial.

Abordamos, ainda, a necessidade do Brasil avançar nesta seara dos Bens Digitais. Os projetos de lei existentes são absolutamente insuficientes para a regulação da vastidão de possibilidades que a sociedade em rede exige e anseia. Defendemos, assim, que nosso País caminhe na mesma direção que os Estados Unidos e Canadá, aprovando um microssistema próprio de tutela desta novel categoria de bens. Não serão meros ajustes tacanhas no Código Civil que terão o condão de regular de forma efetiva esta realidade do mundo *online*.

Além disso, optamos por inserir um capítulo próprio relativo à responsabilidade civil no universo dos bens digitais. A partir de pesquisas feitas ao longo dos últimos anos, percebemos a necessidade da mais aquecida área do Direito Civil também fornecer suas contribuições no âmbito dos ativos virtuais. Para tanto, traçamos novas hipóteses de responsabilização, a partir das cláusulas gerais existentes em nossa legislação.

É correto dizer que muito mais poderia ter sido dito nesta 2ª edição, uma vez que as reflexões sobre o tema são diárias e inquietantes. Todavia, optamos por inserir apenas aquelas ideias que já passaram por um processo de maturação mais aprimorado. Precisamos, confessadamente, explorar mais detidamente a possibilidade de titularidades transversas de bens digitais, a objetificação destes ativos como garantias pessoais ou reais, a complexidade relativa aos bens digitais públicos, o condomínio de bens digitais, o exercício do poder familiar neste cenário, entre outras questões.

Fica aqui registrada a promessa de que em breve, nas novas edições desta obra, iremos inserir estas e outras tantas questões que vêm nos desafiando enquanto juristas e pesquisadores do tema. Muito se tem evoluído, especialmente no exterior. Há que se manter atento.

Temos uma satisfação incomensurável em ver a 1ª edição sendo citada em tantos trabalhos acadêmicos, servindo inclusive como referencial teórico. Quando iniciamos as pesquisas sobre ativos digitais sabíamos que o Brasil necessitava enfrentar esta discussão. Todavia, não imaginávamos que o tema teria tanta aceitação entre os estudantes e demais operadores do Direito. Fica, desde logo, registrada a nossa enorme gratidão a todos que leram e utilizaram de alguma forma esta obra. Muito obrigado.

Aos estudos!

PREFÁCIO À 1ª EDIÇÃO

O prefácio de um livro tem diversas finalidades.

Com efeito, por meio dele, pode-se fazer, a título exemplificativo, uma introdução ao tema da obra, um elogio do trabalho desenvolvido ou uma apresentação do autor.

E por que não tentar fazer tudo isso junto?

O tema do "bens digitais" é atualíssimo.

Assim, como não elogiar um trabalho que se propõe a enfrentar, a partir da compreensão da sociedade da informação e do fenômeno da cibercultura, todo o tratamento jurídico da matéria, dissecando-a com base na classificação tradicional dos bens jurídicos para propor uma verdadeira sistematização da disciplina normativa dos bens digitais, inclusive enfrentando a tormentosa questão dos efeitos jurídicos da morte ou incapacidade de seu titular.

O texto tem uma abrangência e profundidade de tal magnitude que não descura de temáticas como a autonomia privada e regulação estatal, tratando, inclusive, da questão no direito estrangeiro, na perspectiva norte-americana e europeia.

Um desafio para poucos, sem a menor sombra pálida de dúvida.

E foi com ele que seu autor logrou êxito para a obtenção, com louvor, do título de Mestre em Direito pela Pontifícia Universidade Católica de Minas Gerais, em banca que tive a honra de compor, na condição de avaliador externo.

A dissertação é finalmente convertida em publicação, após sofrer as maturações necessárias do tempo e da reflexão sobre as ponderações da avaliação e da prática jurídica.

Trata-se, portanto, de um estudo que tem tudo para se tornar uma referência no Brasil, não somente pelo seu maravilhoso conteúdo, mas também pelos evidentes méritos profissionais de seu autor, um experimentado e respeitado professor, amplamente testado e reconhecido no cenário jurídico nacional em diversos cursos de pós-graduação e preparatório para concursos.

Registre-se que **Bruno Torquato Zampier Lacerda** é, além disso, Delegado de Polícia Federal, Classe Especial - Departamento de Polícia Federal, extremamente respeitado pela sua atuação humana e comprometida.

Honrado pelo convite para a redação deste prefácio e da lembrança viva do brilho com que foi defendido o trabalho do qual foi originado o livro, cabe-me, sem dúvida, recomendá-lo ao leitor destas linhas, na certeza de que tem, em mãos, um manancial fundamental, constituindo-se na mais importante e atualizada obra do Brasil sobre o tema.

Salvador, 11 de agosto de 2017

Rodolfo Pamplona Filho

Juiz Titular da 32ª Vara do Trabalho de Salvador/BA. Professor Titular de Direito Civil e Direito Processual do Trabalho da UNIFACS — Universidade Salvador. Coordenador dos Cursos de Especialização em Direito Civil e em Direito e Processo do Trabalho da Faculdade Baiana de Direito e dos Cursos de Especialização *on-line* em Direito Contratual e em Direito e Processo do Trabalho da Estácio (em parceria tecnológica com o CERS Cursos *on-line*). Professor Associado da graduação e da pós-graduação (Mestrado e Doutorado) em Direito da UFBA — Universidade Federal da Bahia. Mestre e Doutor em Direito das Relações Sociais pela Pontifícia Universidade Católica de São Paulo — PUC-SP. *Máster em Estudios en Derechos Sociales para Magistrados de Trabajo de Brasil pela UCLM — Universidad de Castilla-La Mancha*/Espanha. Especialista em Direito Civil pela Fundação Faculdade de Direito da Bahia. Membro e Presidente Honorário da Academia Brasileira de Direito do Trabalho. Membro da Academia de Letras Jurídicas da Bahia, Academia Brasileira de Direito Civil — ABDC, Instituto Brasileiro de Direito Civil — IBDCivil e Instituto Brasileiro de Direito de Família — IBDFAM.

SUMÁRIO

RESUMO IX

LISTA DE ABREVIATURAS E SIGLAS XI

APRESENTAÇÃO À 3ª EDIÇÃO XIII

APRESENTAÇÃO À 2ª EDIÇÃO XVII

PREFÁCIO À 1ª EDIÇÃO XIX

1. INTRODUÇÃO 1

2. A SOCIEDADE DA INFORMAÇÃO E CIBERCULTURA 13
   2.1. Considerações Gerais 13
   2.2. O mundo virtual 18
   2.3. A Internet 24
      2.3.1. Histórico 24
      2.3.2. Conceito e características 27
      2.3.3. A noção de conteúdo 29
   2.4. As redes sociais 33
   2.5. A sociedade do espetáculo 37

3. OS BENS JURÍDICOS 43
   3.1. Noções preliminares 43
   3.2. Bens e coisas 45
   3.3. Bens corpóreos e incorpóreos 48
   3.4. A informação como bem jurídico 49
   3.5. O valor existencial como bem jurídico 52

4. BENS DIGITAIS	55
4.1. Delimitação do tema, natureza jurídica e conceito.	55
4.2. Importância dos bens digitais	63
4.3. Bens digitais patrimoniais	66
4.3.1. O patrimônio	66
4.3.2. Patrimônio geral e patrimônio especial	68
4.3.3. Os direitos patrimoniais e a propriedade	69
4.3.4. A propriedade dos bens digitais.	71
4.3.5. A função social dos bens digitais	76
4.3.6. Patrimônio digital na Reforma do Código Civil	82
4.4. Bens digitais existenciais	91
4.4.1. A dignidade da pessoa humana	91
4.4.2. A personalidade	95
4.4.3. Os direitos da personalidade	99
4.4.4. A identidade virtual	104
4.4.5. Os bens da personalidade como bens digitais existenciais	110
4.5. Bens digitais patrimoniais-existenciais	111
5. MORTE, INCAPACIDADE E BENS DIGITAIS	115
5.1. A morte	115
5.2. A Morte e os bens digitais	119
5.2.1. Noções gerais	119
5.2.2. Sucessão dos bens digitais patrimoniais	122
5.2.3. Sucessão ou extinção dos bens digitais existenciais	124
5.3. A incapacidade: perspectiva histórica e releitura à luz do Estatuto da Pessoa com Deficiência	134
5.4. Incapacidade e os bens digitais	140
5.5. Conclusão sobre o capítulo	146
6. AUTONOMIA PRIVADA E REGULAÇÃO ESTATAL	147
6.1. As novas fronteiras da autonomia privada	147
6.2. Testamento digital (digital will): por um novo formato de testamento particular	153

SUMÁRIO **XXIII**

6.3. Diretivas antecipadas da vontade e a possibilidade de regulamento do destino dos bens digitais.. 163

6.4. Intervenção estatal: limites de atuação do Estado e o Marco Civil da Internet 169

6.5. Soluções para o destino dos bens digitais a partir da análise das teorias da argumentação 178

7. BENS DIGITAIS NO DIREITO ESTRANGEIRO 185

7.1. A polêmica dos ativos digitais nos Estados Unidos 185

7.2. A questão na Europa: a busca por regulamentação 199

7.3. Alemanha: leading case sobre a sucessão dos bens digitais 209

8. RESPONSABILIDADE CIVIL E BENS DIGITAIS.................................... 213

9. DECISÕES DOS TRIBUNAIS BRASILEIROS SOBRE BENS DIGITAIS 227

A) Julgados que expressamente consideram os bens digitais...................... 228

B) Julgados que se referem a invasão, bloqueio, reativação e uso abusivo de perfis de redes sociais... 228

C) Julgados que se referem a patrimônio digital.. 241

D) Julgados que se referem a milhas aéreas... 242

E) Julgados que se referem a criptoativos.. 250

F) Julgados que se referem a herança digital.. 255

10. CONCLUSÃO 261

REFERÊNCIAS... 267

1
INTRODUÇÃO

A forma de vida atual, em uma sociedade globalizada e informatizada, impõe novos desafios a vários segmentos científicos, em especial às denominadas ciências do espírito. O Direito, como integrante deste gênero, é influenciado pelas mudanças sociais ocorridas nas últimas décadas, tendo assim, portanto, que estabelecer seus limites de atuação e não intervenção. Tal premissa é parte indissociável do processo de formação da linguagem jurídico-legal.

Em um mundo cada vez mais conectado aos computadores e às redes digitais, a pessoa natural, assim como outros entes, vai se virtualizando. Faz-se necessário verificar se já é possível se trabalhar com novos conceitos, como o de personalidade virtual e de bens digitais, com reflexos e efeitos próprios, como resultado de um processo de modernização e adequação da ciência jurídica à realidade presente.

Tratar as dezenas de novas questões que o mundo digital nos apresenta somente a partir das concepções tradicionais conhecidas poderia implicar, além de insegurança jurídica, uma produção de respostas inadequadas e insuficientes, bem como na desproteção da pessoa humana, em total desrespeito ao preconizado pelos ordenamentos jurídicos ocidentais.

A dogmática jurídica vem desconhecendo quase que por completo este novo momento social, insistindo no mais das vezes em trabalhar hipóteses que fazem referência a uma sociedade calcada apenas na realidade e não na virtualidade. Esta cautela, ou mesmo omissão, do Direito no que diz respeito às influências tecnológicas favorece a criação de um espaço hermenêutico para um pensamento crítico de nossa ciência, quer sob o viés da formulação de normas adequadas, quer seja pela aplicação judicial do normativo ora existente.

É fato que o mundo virtual traz uma série de conflitos, conhecidos ou inéditos, aos quais os juristas não poderão se furtar de darem sua contribuição, a fim de preveni-los e solucioná-los. A ciência social do Direito não deve ficar alheia a tal fenômeno, que possui um caráter universal e notadamente democrático.

Para além de lesões a direitos neste novel ambiente, outras situações merecem especial atenção, tais como a titularidade de ativos digitais, a fluidez dos direitos da personalidade, o exercício da autonomia privada, sobremaneira por meio de declarações de vontade virtuais com efeitos em vida ou *post mortem*.

A sociedade imersa em um enorme paradigma virtual faz com que as emoções, ideias, conceitos, noções de tempo, espaço e, até mesmo, do que seja realidade transformem-se constantemente. O virtual concorre com o real, sem que haja substituição. Porém, há uma multiplicação de suas oportunidades de atualização. Questões filosóficas e sociológicas surgem paralelamente aos dilemas jurídicos.

Os níveis de contato interpessoal se avolumam, grande parte em virtude da rede mundial de computadores, a internet. O ser atual é hiperconectado, sendo que muitos vivem mais tempo diante de seus *gadgets*[1] do que do mundo concreto que os cercam.

Para a compreensão deste novo momento da história, é preciso analisar esta sociedade da informação, especialmente a partir do entendimento da evolução da internet, com o advento da denominada web 2.0[2] (rede que incentiva o fornecimento de serviços gratuitos, incrementando a colaboração, a cooperação e a interatividade entre os usuários, fazendo com que a pessoa natural passe a ser senão o maior, um dos maiores colocadores e difusores de conteúdo), o fenômeno das redes sociais, os contratos eletrônicos e as demais formas de declarações de vontade *online*.

Tais instrumentos de interação e conexão, se visualizados numa linha temporal, farão com que o sujeito passe a ser titular de um verdadeiro legado digital. São blogs, redes sociais, vídeos, músicas, contatos, correios eletrônicos, álbuns de fotografias, dezenas ou centenas de senhas que descortinam a vida do indivíduo. Por certo, estas novas realidades implicam no surgimento de novos problemas.

Nas perfeitas lições de Manuel Castells,[3] na sociedade em rede há uma nova visão sobre o tempo: o tempo intemporal. Nesta perspectiva, este tempo intemporal pertenceria ao espaço de fluxos, ao passo que a disciplina tempo, o tempo biológico e a sequência socialmente determinada, caracterizaria os lugares do mundo, estruturando e desestruturando as sociedades. Assim, fluxos induzem tempo intemporal, enquanto lugares estariam presos ao tempo. Ao longo da

---

1. Gadget (possivelmente do francês *gachette*, peças mecânicas variadas), é um equipamento que tem um propósito e uma função específica, prática e útil no cotidiano.

   São comumente chamados de *gadgets* dispositivos eletrônicos portáteis como PDAs, celulares, *smartphones*, leitores de MP3, entre outros. Conhecidos também como gizmos, possuem um forte apelo de inovação em tecnologia, sendo considerados como tendo um design mais avançado ou tendo sido construído de um modo mais eficiente, inteligente e incomum (GADGET, 2015).

2. Internet em sua segunda versão, denominada Web 2.0, se caracteriza por uma participação ativa na rede. O usuário realiza o intercâmbio de conteúdos, opina, forma grupos de referência, exerce amplo poder de influência nos demais e gera novas relações interpessoais por meio dos veículos e aplicações. Alguns preferem chamá-la de "a web social" (TOMEO, 2014, p.04).

3. Manuel Castells discorre sobre as feições do tempo em sua importante obra para a compreensão da sociedade conectada: A Sociedade em Rede.

história, o tempo transformou os espaços, as sociedades, as culturas. O espaço de fluxos, aqui denominado de tempo intemporal, dissolve o tempo tal qual o conhecemos tradicionalmente, fazendo com que os eventos sejam simultâneos, trazendo uma efemeridade eterna.

É exatamente neste tempo intemporal que se desenvolve a titularidade de ativos digitais, tal qual será explorado neste trabalho. Não há um espaço predefinido para que a vida virtualizada transcorra, tal qual havia no passado desconectado da rede. Indivíduos tem agora uma tendência a transcenderem o tempo biológico. A título de exemplo, ao se analisar o mural (feed) de uma rede social, tem-se a clara impressão de que todas as fotos postadas transcendem à noção de espaço e tempo biológico, mesmo porque podem ter sido postadas num curto espaço de tempo, embora os eventos dignos de registro possam estar a anos de distância uns dos outros. E neste mural, é possível que haja uma precária tentativa de eternização de momentos, aparências, felicidades ou qualquer outra representação imagética que demonize o transcorrer natural do tempo, tal qual este era conhecido. Ou seja, é possível que bens digitais venham sendo utilizados até de forma inconsciente como uma tentativa de invalidação do tempo da existência terrena. É a sociedade em rede no limiar do eterno.

Assim, algumas importantes perguntas podem ser lançadas desde já. Este legado digital, dissolvido no elemento tempo, integraria uma concepção moderna de patrimônio? Sendo considerado um patrimônio, este carregaria consigo a concepção clássica, vinculada a interesses econômicos, ou poderia envolver também bens com nítido extrapatrimonial? Estaria estruturado dentro da concepção de uma universalidade de fato ou de direito? Seria então possível revisitarmos o conceito clássico de bens jurídicos e iniciar uma nova categoria de bem jurídico: os bens digitais? Como se exercitaria a titularidade desses bens?

Do ponto de vista da responsabilização civil, vivemos o ápice da denominada "sociedade de risco". No conceito elaborado na década de 1980, o autor Ulrich Beck explora que a tecnologia, fruto do desenvolvimento cada vez mais célere da ciência, acabou por criar um tipo específico de modelo social no qual o sucesso na produção de riqueza teria sido ultrapassado pela produção do risco, ou seja, a ameaça de concretização de danos se sobrepõe à lógica da acumulação de bens.[4] Somos uma sociedade do medo, premidos por uma invisível sensação de insegurança, como se a qualquer momento ameaças globais e catastróficas pudessem se materializar; aquecimento global, guerras nucleares, ciberterrorismo, pandemias, entre outras, espalham a cultura do pânico, trazendo à cena uma enormidade de

---

4. BECK, Ulrich. *Sociedade de risco* – rumo a uma outra modernidade. 2. ed. Trad. Sebastião Nascimento. São Paulo: Editora 34, 2011.

doenças correlatas, como transtornos mentais. O medo parece ser mais intenso quanto mais intangível. Ele se espalha, flutua, se torna mais penetrante.

A inevitável e constante ampliação da digitalização da vida, dilui a concretude do mundo real e presencial, reorientando o significado de nossos universos. Até que ponto esta transformação digital vem contribuindo para a construção e reverberação desta sociedade do medo?

Antigamente, sabia-se que o direito de propriedade era exercido sobre bens materiais, tangíveis, domináveis por atos concretos de seu titular. Nesta linha de raciocínio, um atentado à propriedade era visivelmente identificado com as tradicionais formas do esbulho e da turbação. Hoje, ameaças invisíveis se multiplicam. Vale questionar: atualmente seria mais fácil proteger dinheiro num cofre de um banco, ou o dinheiro transformado em investimento em criptoativos, armazenados numa carteira digital? Qual dinheiro está submetido a maior grau de risco?

Logo, a confirmação da existência de bens digitais, como será tão defendida nesta obra, também é ponto nodal nesta sociedade do risco, sendo absolutamente fundamental se pensar em novas formas de lesão e proteção dos ativos virtuais. O caráter meramente repressivo da antiga concepção de responsabilidade civil se mostra insuficiente frente aos novos tempos digitais. É preciso se antecipar, através de normas de prevenção, para que os bens digitais possam dissipar os perigos reais e, quiçá, os imaginários. A função preventiva da responsabilidade civil tem aqui um renovado desafio, qual seja, evitar que a insegurança se converta em negação das novas categorias jurídicas. Quanto mais previsão, menos medo. Quanto mais reconhecimento, maior há de ser a segurança, inclusive do ponto de vista jurídico. A afirmação da presença dos bens digitais é importante para a adequada tutela dos interesses hoje crescentes e que num futuro próximo tendem a dominar nossa economia.

Nesta linha de intelecção, ao se afirmar a existência de bens digitais, seria possível pensar no abuso de direito no exercício das faculdades contidas nessa titularidade? De que maneira se daria a proteção a estes bens em caso de ameaças ou efetivas lesões? Haveria aqui novos paradigmas de responsabilização civil? Seriam necessárias novas ferramentas para se restabelecer, tanto quanto possível, o estado anterior da vítima? Estaria se descortinando a possível figura do dano digital ou apenas uma forma virtualizada de manifestação de figuras clássicas, como a dos danos material, moral, estético, existencial, perda de chance ou dano social?

No que toca ao destino destes bens, seria possível ao sujeito que titulariza tais ativos virtuais declarar, ainda em vida, quais são os efeitos *post mortem* para esta gama de interesses? Caso positivo, o que fazer então com estes bens acumulados ao longo dos anos, se a pessoa se vê privada de sua plena capacidade ou falece? Seria possível pensar em testamentos para correta destinação, conforme a vontade do titular, destes bens digitalizados? Testamento digital diante de uma herança virtual? Haveria impedimentos em nossa ordem jurídica atual à confecção deste tipo de negócio jurídico unilateral? Portanto, a título de exemplo, qual destino deveria ser dado aos perfis de redes sociais após a morte do titular da conta?

No sentido exposto, ainda avulta indagar se a manutenção, exclusão ou transferência do perfil poderia ser também objeto de disposição de última vontade? Se sim, este testamento estaria adstrito ao cumprimento das solenidades previstas no Livro das Sucessões para os testamentos em geral ou será que poderiam ser realizados pelas próprias ferramentas existentes nas plataformas digitais? Os herdeiros teriam direito a acessar as contas virtuais do falecido, tais como correios eletrônicos, mensagens privadas em redes sociais, serviços bancários via internet, dentre outros? As músicas, vídeos, livros adquiridos *online,* e que se mantêm em plataformas deste viés, podem ser objeto de transmissão? O que dizer das milhas adquiridas em programas de fidelidade e de moedas virtuais, tais como o bitcoin.

Indo até a teoria geral do negócio jurídico, se é viável imaginar que os bens digitais possam ser objeto de testamentos, por que não referendar que ativos virtuais também possam ser objeto de outros tipos de negócio, tais como a compra e venda, a doação ou o empréstimo? Seria possível imaginar a construção de pactos antenupciais nos quais os nubentes expressamente mencionem o compartilhamento ou não deste tipo de bem jurídico? E pensando no universo das garantias, que tal prospectar acerca da possibilidade de um bem digital ser ofertado em garantia real no tradicional modelo do penhor, ou de uma nova modalidade de garantia, ao credor da dívida? Seria viável que um Banco ofertasse mútuo a uma celebridade digital, com milhões de seguidores numa plataforma de vídeos, obtendo como garantia o próprio controle daquele bem digital, para que com a administração deste ativo viesse o pagamento? Haveria a chance de estarmos diante de uma novidade, a "anticrese de bens digitais" quando estes se consubstanciassem em plataformas digitais monetizadas com publicidade?

A mente do jurista que opera o Direito Digital há que manter constantemente aberta a uma renovação das clássicas concepções de institutos jurídicos, bem como à criativa elaboração de novas modelagens legais e contratuais que sejam verdadeiramente aptas à satisfação de interesses de sujeitos, imersos numa sociedade em rede.

Já quanto ao papel do Estado, o atual ordenamento jurídico limita ou deveria limitar a autonomia individual neste ponto? Como proteger os interesses dos titulares de bens digitais, em vida ou após a morte? Há a necessidade de criação de um microssistema de tutela dos bens digitais, tal qual vem ocorrendo em alguns países mundo afora? Será suficiente a criação e um livro complementar para o Direito Digital, no âmbito da revisão e atualização do Código Civil de 2002?

Relativamente aos provedores de conteúdo na internet, como Meta, Google, Twitter (atualmente denominado de "X"), TikTok, entre outros, é de se indagar se com a morte do titular, o material póstumo deveria ser retirado imediatamente do ar de ofício. Ou, ao revés, se a retirada estaria condicionada à manifestação da família do morto? Havendo divergência entre eventual manifestação em vida e a da família, qual deveria prevalecer? Haveria enriquecimento injustificado quando da retenção do perfil pelo provedor, inviabilizando o acesso pela família do falecido? Os termos e condições de serviços estipulados unilateralmente pelos provedores são contratos de adesão suficientes para regulamentar a realidade dos bens digitais? Pode o Judiciário pronunciar a nulidade de cláusulas abusivas presentes nestes contratos, quando tais instrumentos ignoram a titularidade de bens digitais?

Como visto, são inúmeras as dúvidas e questionamentos surgidos neste preciso momento histórico, às quais se pretende através do presente trabalho se trazer elementos para um princípio de solução. A ideia posta é de se tentar construir conceitos, classificações, analisar categorias jurídicas, a fim de que se possa ofertar possíveis soluções aos conflitos cada vez mais comuns entre provedores e consumidores.

Algumas sociedades empresárias, inclusive, já perceberam o quanto podem ser lucrativos novos serviços que buscam atender demandas de consumidores diante desses temas. Os testamentos virtuais (ou *online*) permitem inúmeras funcionalidades, tais como:

a) deixar fotos, textos ou vídeos que serão publicados apenas após o falecimento;

b) determinar quem poderá acessar suas contas bancárias por meio do serviço internet banking;

c) designar alguém para gerenciar suas redes sociais, postando mensagens fúnebres ou qualquer conteúdo desejado.

A proposta do presente estudo é desenvolver uma linha coerente de respostas a essas inquietantes perguntas que se avolumam e começam, paulatinamente, a chamar a atenção de nossa sociedade. Em artigo publicado no Jornal Zero Hora de Porto Alegre, Martha Medeiros (2015) assusta-se com as revoluções proporcionadas por nosso tempo

> Ainda não estou preparada para tanta modernidade. O máximo que engulo é o Facebook congelar alguns perfis a pedido de herdeiros, a fim de que eles possam lembrar do ente

querido depois que ele se foi – mas até isto me perturba. Na mesma matéria entrevistaram uma moça que mata a saudade da mãe através da rede. Ela declarou: "Se eu apagar o perfil da minha mãe, é como se ela não tivesse existido". Antigamente os cartórios registravam nosso nascimento e, a partir dali, tudo o que viéssemos a fazer, sentir, manifestar e construir seria suficiente para que fôssemos lembrados por quem nos amou. Já não basta. Agora, filhos podem esquecer os finados pais caso não vasculhem, de vez em quando, a página que eles deixaram. (Medeiros, 2015).

Todavia, tais questões que já reverberam na sociedade organizada ainda não estão merecendo a devida reflexão e estudo por parte do Direito Privado no Brasil. Poucos são os escritos destinados a enfrentar a temática.

Para não dizer que as questões tecnológicas são completas estranhas no ninho jurídico brasileiro, há que se destacar que no Direito Civil a repercussão dos bens digitais no ambiente virtual tem sido objeto de análise quase exclusivamente na esfera da responsabilização. Cresce em nossos tribunais o número de julgados em que se analisam ofensas praticadas por meios eletrônicos, tais como: divulgações indevidas de imagens, pornografia de revanche,[5] invasões ilícitas de conteúdos protegidos, delimitação de deveres primários e secundários para provedores e usuários. Para tanto, a concretização da cláusula geral de tutela da pessoa humana prevista no art. 12 do Código Civil e na Constituição da República de 1988, tem sido um instrumento de grande valia, tanto na via inibitória, quanto na reparatória. (Brasil, 2002).

---

5. Pornografia de revanche é a expressão que vem sendo utilizada para designar atos de divulgação de vídeos ou imagens de ex-parceiros em momentos de intimidade (especialmente cenas de nudez e/ou práticas sexuais), com o fim de expor indevidamente o outro. O Projeto de Lei n° 6630/2013, apresentado pelo então Deputado Federal Romário de Souza Faria (2013), criminaliza esta conduta, além de estabelecer a devida obrigação de reparar integralmente os danos injustos causados à vítima. Art. 1° Esta lei torna crime a conduta de divulgar fotos ou vídeos com cena de nudez ou ato sexual sem autorização da vítima. Art. 2° O Decreto-lei n° 2848, de 7 de dezembro de 1940, passa a vigorar acrescido do seguinte art. 216-B: "Divulgação indevida de material íntimo Art. 216-B. Divulgar, por qualquer meio, fotografia, imagem, som, vídeo ou qualquer outro material, contendo cena de nudez, ato sexual ou obsceno sem autorização da vítima. Pena – detenção, de um a três anos, e multa. §1° Está sujeito à mesma pena quem realiza montagens ou qualquer artifício com imagens de pessoas. §2° A pena é aumentada de um terço se o crime é cometido: I – com o fim de vingança ou humilhação; II – por agente que era cônjuge, companheiro, noivo, namorado ou manteve relacionamento amoroso com a vítima com ou sem habitualidade; §3° A pena é aumentada da metade se o crime é cometido contra vítima menor de 18 (dezoito) anos ou pessoa com deficiência." (NR) Art. 3° O agente fica sujeito a indenizar a vítima por todas as despesas decorrentes de mudança de domicílio, de instituição de ensino, tratamentos médicos e psicológicos e perda de emprego. Art. 4° O pagamento da indenização prevista no artigo anterior não exclui o direito da vítima de pleitear a reparação civil por outras perdas e danos materiais e morais. Art. 5° Se o crime foi cometido por meio da Internet, na sentença penal condenatória, o juiz deverá aplicar também pena impeditiva de acesso às redes sociais ou de serviços de e-mails e mensagens eletrônicas pelo prazo de até dois anos, de acordo com a gravidade da conduta. (Faria, 2013).

O Direito Penal Pátrio também tem regulamentado algumas repercussões de condutas indevidas no mundo digital, criando novos tipos penais inibidores de preconceitos de raça ou cor no ambiente eletrônico e protetivos da privacidade, tal como ocorreu com a edição das Leis apelidadas de "Azeredo" e "Carolina Dieckmann", respectivamente as Leis 12.735/2012 (BRASIL, 2012a) e 12.737/2012 (Brasil, 2012b).

A Lei nº 12.965/2014 (Brasil, 2014a), aprovada no Congresso Nacional em regime de urgência constitucional após intensa participação da sociedade civil, estabelece princípios, garantias, direitos e deveres para o uso da internet no Brasil. Denominada popularmente de "marco civil da internet", esta lei não chega a abordar esses pontos polêmicos aqui levantados e, assim, há uma clara e imperativa demanda por tratamento destas questões. No capítulo 6 deste estudo, serão abordados alguns destes aspectos trazidos pelo marco.

Como destacado por Leonardo Poli

> O impacto da tecnologia digital sobre o Direito é um tema complexo, uma vez que envolve vários ramos da Ciência do Direito, como o tributário, o civil, o comercial, o criminal, o processual e o internacional (POLI, 2003, p. 05).

Ao contrário do que aqui se passa, no Direito Estrangeiro os temas levantados nas perguntas retro elaboradas têm gerado discussões palpitantes, ganhando o reconhecimento não só da doutrina, como também do próprio legislador, em especial nos países de tradição anglo-saxônica.

No capítulo 7 perpassaremos pelas principais legislações já aprovadas recentemente, ou em vias de aprovação em tais países, destacando o nível de profundidade alcançado pelos debates em torno dos denominados "digital assets".

Pelo que se expõe, resta clara a premente necessidade de um melhor tratamento jurídico a ser dado a estas novas questões geradas por uma sociedade da informação, regida por computadores que a todos conectam. Segundo Fernando Tomeo (2014)

> O que está se passando na Internet, e em particular nas redes sociais, é um fenômeno puramente humano que afeta a comunicação, os afetos, a emoção. E o Direito deve ajustar-se a esta nova realidade (TOMEO, 2014, tradução nossa).[6]

A cautela dos operadores do Direito em enfrentar os temas que exsurgem com as novas tecnologias abre um espaço hermenêutico para um pensar crítico.

---

6. Lo que está passando en Internet, y em particular em las redes sociales, es un fenómeno puramente humano que afecta la comunicación, los afectos, la emoción. Y el derecho debe ajustarse a esta nueva realidade.

1 • INTRODUÇÃO   9

Quiçá se está diante de uma nova e promissora área de estudos, que poderá redundar, em breve, na abertura de um novo ramo da ciência jurídica, com discussões que podem perpassar por vários dos tradicionais segmentos. Num tempo em que surge o paradigma virtual, mudam-se as ideias, as sensações, as emoções, o sentido tradicional de tempo e espaço. Se a sociedade está mudando, fácil perceber que tal transformação, fatalmente, não iria passar despercebida pela ciência social do Direito, mesmo diante da necessidade de maturação das novas discussões e, consequentemente, assimilação desta nova cultura.[7]

A defesa de um microssistema próprio para regramento dos bens digitais é cada vez mais urgente. Pontuais mudanças na legislação existente são absolutamente insuficientes para que o Estado Brasileiro oferte respostas adequadas aos inúmeros problemas que emanam desta temática. Somente um diploma que enfrente pormenorizadamente este emaranhado de possibilidades trará a segurança jurídica necessária à coletividade em tema tão sensível como a vida virtualizada, que graças à inclusão digital, cada vez mais atinge um percentual considerável da população brasileira.

E a criação deste microssistema deveria se dar em paralelo ao Marco Civil da Internet, ao regramento dos usos da inteligência artificial, do combate à desinformação (*fake news*), à proteção de marcas e patentes digitais, à tutela do software, entre outras regulamentações. E esta tutela escaparia ao cenário mais estrito do direito privado.

É possível entender que haverá cada vez mais novos crimes no mundo cibernéticos, novos modelos de tributação com novos fatos geradores, um processo repaginado pela digitalização, uma renovada capacidade de acesso à informação e à manifestação a livre expressão. Desta forma, é cada vez mais proeminente a designação de um novo ramo da ciência jurídica: o Direito Digital. Dentro deste, afiguraria como elemento fundamental o estudo dos Bens Digitais, como nova categoria de bem jurídico, de matiz patrimonial ou existencial, como se defenderá ao longo do presente trabalho.

A reengenharia do Direito é questão de ordem no século XXI. A interdisciplinaridade, uma imposição. É preciso que o jurista se debruce sob novas estruturas sociais e conheça de fato as inúmeras formas de interações no paradigma digital, para que respostas adequadas e necessárias sejam construídas a partir da rica casuística que se renova com o célere avanço tecnológico.

---

7. Giovani Santin e Liza Barros Duarte (2006, p. 145) afirmam não haver dúvidas de que as influências tecnológicas irão acabar gerando a criação de um novo ramo do direito.

O Direito Digital há de ser reconhecido como o mais novo ramo da dogmática jurídica, para fins didáticos, metodológicos, investigativos, produzindo-se efeitos no âmbito do legislativo, das políticas públicas e, evidentemente, da prática do Poder Judiciário.

A doutrina vem, especialmente nos últimos dez anos, se dedicando com esmero à produção de conhecimento para solucionar questões transversais que são apresentadas pelo universo digital. Quanto maior for o reconhecimento da autonomia do Direito Digital, maior será a tendência de se construírem marcos legais, princípios, conceitos e categorias jurídicas, que venham a orientar corretamente a desafiador instante histórico em que se vive.

Lamentavelmente, por vezes, a falta de estudo, entendimento e reconhecimento do Direito Digital tem levado juízes no Brasil e no mundo a julgarem com a perspectiva de outrora, ou seja, aplicando-se velhas metodologias ou técnicas a casos inéditos e de profunda densidade social.

A título exemplificativo, e sem querer antecipar os próximos capítulos, não há como o Poder Judiciário julgar a questão da sucessão ou penhora de milhas aéreas pela estrita lupa do direito contratual, analisando-se somente as eventuais cláusulas existentes em contratos de adesão, para negar o reconhecimento destas milhas como verdadeiros bens digitais, categoria jurídica que se impõe, apta a permitir um sem número de novas realidades e efeitos jurídicos.

E em sendo reconhecida a autonomia do Direito Digital, um de seus pilares há de ser a categoria jurídica dos Bens Digitais. Afinal, qualquer ramo do Direito existe com a finalidade precípua de facilitar a compreensão da realidade social, à luz da ciência jurídica. Ou seja, um ramo do Direito só tem sua plena justificativa a partir de um ou vários objetos de investigação extraídos da sociedade. Neste sentido, reconhecer a categoria dos Bens Digitais é, em linha de princípio, uma forma absolutamente relevante para que também se tenha o reconhecimento da existência do Direito Digital.

Portanto, esta obra tem também por fim colaborar para a compreensão da autonomia do Direito Digital. Criar doutrina, fomentar pesquisa, induzir o estudo do direito sob o prisma da sociedade digital é, em última análise, colaborar para que os Poderes estatais possam agir de maneira adequada na criação e implementação de políticas públicas de respeito e resguardo a direitos digitais, na construção de marcos legais efetivos e democráticos, na solução de litígios inéditos que se apresentem e desafiem o tradicionalismo das estruturas do poder jurisdicional.

A própria Comissão de Juristas responsável pela revisão e atualização do Código Civil (CJCODCIVIL), implementada por ato do Presidente do Senado

Federal e instalada em 24.08.2023, sob a liderança do Ministro Luis Felipe Salomão do Superior Tribunal de Justiça, optou, desde o início dos trabalhos, por designar uma subcomissão destinada ao debate do Direito Digital, a fim de que sejam construídas regras gerais num novo Livro.

Ainda assim, como bem alertou o Presidente desta Comissão Temporária Interna do Senado, o Min. Luis Felipe Salomão, na primeira reunião realizada em 04.09.2023, projeções do Direito Digital também hão de ser objeto de debate nas demais subcomissões, naquilo que disser respeito especificamente à temática de cada uma delas.[8]

Esta opção de se construir um livro complementar ao Código Civil, para tratamento do Direito Digital, redundou no Parecer n° 01, da Subcomissão de Direito Digital da CJCODCIVIL, que contou como membros dos notáveis juristas Laura Contrera Porto (sub-relatora), Laura Schertel Mendes e Ricardo Resende Campos.

Muito se falará do trabalho desta Subcomissão ao longo desta 3ª Edição da obra. Inclusive porque, conceitos e classificações trazidos neste livro, foram objeto de tratamento e, possivelmente, estarão presentes no projeto de lei oriundo dos estudos e esforços da CJCODCIVIL.

Todavia, é importante por ora assentar que este reconhecimento do Direito Digital no momento em que se deseja revisar o icônico Código Civil de Miguel Reale, demonstra inexoravelmente sua relevância, abrindo fronteiras para a discussão sobre sua autonomia, como mais um ramo da ciência jurídica.

E para finalizar, registre-se que o Direito Digital, como resultado da sociedade imersa no paradigma virtual, a nosso pensar, tem caráter mais que meramente complementar ao Direito Civil. É louvável o esforço da Comissão de Juristas em criar e promover este Livro Complementar ao Código Civil. Certamente, tal Livro auxiliará imensamente no direcionamento de uma série de situações já problemáticas e que atualmente ficam numa completa zona de incerteza jurídica.

Contudo, o objeto do Direito Digital é mais amplo, dotado de intensa transversalidade. O Direito Digital atinge o Direito Administrativo, com a propalada Administração Pública Digital, o Direito Processual, o Direito Registral, o Direito Penal com crescentes hipóteses de delitos cibernéticos, o Direito Empresarial, o Direito Tributário, o Direito do Consumidor, entre outros. Logo, é importante asseverar já na introdução desta nova edição que o Livro Complementar que está

---

8. Os ricos e interessantes debates levados a efeitos pela Comissão de Juristas responsável pela revisão e atualização do Código Civil podem ser consultados no endereço: https://legis.senado.leg.br/comissoes/comissao?codcol=2630.

sendo submetido ao Senado pela CJCODCIVIL é um marco importante, mas jamais terá o condão de esgotar o extenso e crescente objeto do Direito Digital, como novo ramo.

A existência de um Marco Civil da Internet (Lei nº 12.965/2014), de uma Lei Geral de Proteção de Dados Pessoais (Lei nº 13.709/2018), o Decreto do E-commerce (Decreto 7.962/2013), o Decreto de Digitalização de Documentos Públicos ou Privados (Decreto 10.278/2020), o Marco Legal dos Criptoativos (Lei nº 14.478/2022), a Lei das Assinaturas Eletrônicas (Lei nº 14.063/2020), a Nova Lei de Informática (Lei nº 13.969/2019), além de inúmeros projetos de Lei, como o PL 2.338/2023 (Projeto de Lei Brasileira da Inteligência Artificial), são alguns exemplos de que está em curso uma necessária e imparável amplificação do objeto de interesse do Direito Digital.

Entender o que são os bens digitais, suas possíveis classificações, a necessidade de regulamentação adequada, as propostas de soluções quando do enfrentamento de questões tormentosas ligadas ao exercício da titularidade destes bens, analisar a crescente casuística sobre a temática e debater os projetos legislativos em curso no Brasil e em parte do mundo. Estas são as principais propostas da obra que ora se inicia.

2
A SOCIEDADE DA INFORMAÇÃO E CIBERCULTURA

2.1. CONSIDERAÇÕES GERAIS

Uma sociedade na qual não se conhece mais o conceito de fronteiras, transmudando-se a noção de liberdade, poder, comunicação e democracia. Assim se caracteriza a sociedade da informação, impulsionada pela notável revolução tecnodigital operada nas últimas décadas.

Inicialmente, há que se destacar que muitas expressões têm sido cunhadas a fim de se denominar o atual momento social, tais como:

a) "era do virtual" (Baudrillard, 2002);

b) "sociedade midiatizada" (Fausto Neto, 2007);

c) "hipermodernidade" (Lipovetsky, 2004),

d) "sociedade em rede" (Castells, 2019); apenas para citar algumas.

Entretanto, por detrás dessa diversidade de expressões, é possível identificar um forte elemento comum: a influência das novas tecnologias da comunicação e da informação. Daí a predileção pela expressão igualmente consagrada; a sociedade da informação.

Vive-se já há alguns anos uma verdadeira cibercultura, para se valer da expressão cunhada por Pierre Lévy, a partir da imersão coletiva em um ciberespaço, ou seja, um espaço de comunicação aberto pela interconexão mundial dos computadores e das memórias destes. São inúmeros os modos de interação possibilitados por este ciberespaço, tornando-o atualmente o principal canal de comunicação e suporte de memória da própria humanidade (Lévy, 1999a).

Na sociedade da informação, a velocidade de transformação é uma constante. Os integrantes dessa sociedade são invariavelmente tomados por uma certa estranheza, sempre que sentem os impactos das mudanças promovidas, especialmente ao tentar entender o movimento contemporâneo das técnicas. Não há um sujeito sequer que não se sinta surpreendido ou ultrapassado rotineiramente, pois é impossível participar e se inteirar de todas as transformações operadas. É comum ser tomado por uma certa perplexidade diante de um até então impensado aplicativo para telefones, um novo recurso desenvolvido para computadores ou um serviço inédito, que vem a quebrar os rígidos paradigmas existentes.

A cada minuto, novas pessoas se interconectam, outras informações são inseridas no ciberespaço, dando a este mais e mais um caráter universal, sem qualquer chance de se fechar em um conteúdo particularizado. O que é possível ser encontrado neste espaço cibernético que norteia a sociedade da informação? Simplesmente tudo. Trata-se de um universo indeterminável, em constante expansão, um verdadeiro labirinto pelo qual navega a informação, o conhecimento, sem qualquer significado ou temática principal.

Evidentemente, este conjunto de acontecimentos acaba por impactar a vida social, política e cultural dos povos. Os hábitos, formas de manifestação do pensamento, de diversão e prazer são modificados em virtude da digitalização e do veloz compartilhamento das informações. O ser humano imerso na cibercultura tende, tal como esta, à universalização, pela interconexão das informações, das máquinas e do próprio homem.

Resumindo bem este caráter universal, Pierre Lévy (1999a) assevera que

> A cibercultura dá forma a um novo tipo de universal: o universal sem totalidade. E, repetimos, trata-se ainda de um universal, acompanhado de todas as ressonâncias possíveis de serem encontradas com a filosofia das luzes, uma vez que possui uma relação profunda com a ideia de humanidade. Assim, o ciberespaço não engendra uma cultura do universal porque de fato está em toda parte, e sim porque sua forma ou sua ideia implicam de direito o conjunto dos seres humanos. (Lévy, 1999a, p. 119).

Esta cultura ligada à tecnologia realmente se aplica e envolve todos os seres humanos, independentemente do local onde o indivíduo esteja localizado. Seu lugar poderá influenciar no grau de percepção destes avanços, mas jamais o tornará um sujeito indiferente às mudanças. Este é precisamente o dado universalizante deste momento social ora vivido.

Os sistemas de computadores espalhados ao redor do mundo talvez estejam conseguindo alcançar um sonho antigo da humanidade: falar uma mesma língua. Sim, o planeta está caminhando para a construção de uma unidade de linguagem, algo crucial para a própria mudança da ordem social e que marcaria, uma vez mais, a criação desta citada cibercultura. Dissertando sobre este ponto, Marcello Casado D'Azevedo (1972) relembra que

> Toda a cultura engloba e necessita de uma linguagem. Sem a linguagem, dificilmente progride ou mesmo se estabelece qualquer forma de cultura. Ela é de certa forma o fundamento dos processos culturais, a partir dos mais simples, até os mais sofisticados (D'Azevedo, 1972, p. 73).

Além deste caráter universal, que como visto alcançaria até mesmo a linguagem, a cibercultura tende também à construção de uma sociedade ainda mais plural, diversificando-se os sentidos a partir das possibilidades de difusão da informação e do conhecimento. Sem sombra de dúvidas, o novo momento é intensamente aberto à autonomia individual e à alteridade. Ao alimentar a interconexão de pessoas e dados, o sujeito está mais propenso à sua autorrealização no ciberespaço que em outras épocas, quando vivia praticamente como um prisioneiro da cultura e moral do local em que habitava. Ao mesmo tempo, amplia-se a percepção do outro, das diferenças que porventura estejam presentes, reconhecendo-se a partir da existência alheia.

Seguindo o pensamento hegeliano, o ser humano é capaz de ser consciente de si, direcionando o que ele é e o que ele quer ser, tendo, ainda, consciência também sobre o outro. A partir desta conjugação, surgiria a consciência social. O ser se reconhece a partir do outro, no embate com este alguém que está fora. O reconhecimento seria uma via de mão dupla (Hegel, 2011). Nesta linha de entendimento, o ciberespaço amplia notavelmente a visão sobre o outro, ressalta as diferenças, cria uma maior percepção da realidade e, portanto, fornece maiores possibilidades de desenvolvimento da noção de alteridade.

Em seu ensaio sobre a história da sociedade da informação, Armand Mattelart, ressaltando a velocidade desta nova era, afirma que não há nada que não seja obsoleto, pois o determinismo tecnocomercial geraria uma modernidade amnésica e que dispensaria o projeto social. Tal estado de coisas faria com que a lenta acumulação histórica das sociedades se visse fortemente desafiada. Entretanto, este novo momento histórico não seria, a seu ver, uma verdadeira revolução. Seria, sim, fruto de evoluções estruturais e de processos que se encontram em curso há bastante tempo. E arremata criticando que a ditadura do tempo curto que nos é imposta na atualidade faria com que se atribuísse equivocadamente uma patente de novidade à sociedade atual (Mattelart, 2002).

Nestes tempos, muito se fala em pessoas hiperconectadas, isoladas e fixadas em seus aparelhos, como, por exemplo, em seus telefones inteligentes (ou smartphones). É comum ouvir comentários de que em uma mesa de restaurante presenciaram-se os personagens ali sentados sem conversarem entre si, mergulhados em seus funcionais objetos eletrônicos. Este suposto isolamento, entretanto, não seria uma completa novidade da sociedade atual. Há que se refletir que esta atitude possivelmente menos socializante começou lá atrás, com alguns fenômenos igualmente ligados ao desenvolvimento da tecnologia, tais como o aparecimento do rádio, da televisão, colocação desta posteriormente em cada cômodo da casa, o surgimento do telefone, o advento do computador pessoal, dentre outros eventos que, sem dúvida, foram construindo um ser cada vez mais afeto a outras formas de convivência.

Seria correto considerarmos isso como isolacionismo ou mudanças comportamentais no relacionamento interpessoal? Acredita-se que a segunda opção seja a mais acertada para designar o contato humano nesta era digital. Haveria um isolacionismo conectado, sem que isso implique necessariamente numa contradição. Para volver ao exemplo do restaurante, atualmente é comum vermos pessoas fazendo suas refeições sozinhas, ao mesmo tempo em que acessam seus *gadgtes*. Elas estariam realmente solitárias à mesa ou, ao revés, se conectando com seu trabalho, sua família, seus amigos, seus amores?

Portanto, deve ser repensada a atitude crítica que projeta a diminuição dos contatos presenciais, uma vez que o ser multiconectado tem uma tendência a ter uma vida mais movimentada em vários sentidos. Pierre Lévy (1999a), ao recordar sobre a história evolutiva do telefone e dos transportes, fatos que ocorreram em paralelo, assenta que

> O desenvolvimento da telefonia levou a uma diminuição dos contatos face a face e uma recessão dos transportes? Não, muito pelo contrário. Devemos repetir que o desenvolvimento do telefone e do automóvel se deram em paralelo e não em detrimento um do outro. Quanto mais telefones eram instalados, mais crescia o tráfego urbano (Lévy, 1999, p. 213).[1]

E, em que pese não haver ainda estatísticas abundantes para o ciberespaço, o filósofo e professor da Universidade de Paris VIII optou por recolher os índices então disponíveis e dizer que

> Os usuários do ciberespaço são em sua maioria jovens, com diploma universitário, vivendo em cidades, estudantes, professores, pesquisadores, trabalhando geralmente em áreas científica, de alta tecnologia, negócios ou arte contemporânea. Ora, este tipo de população é justamente uma das mais móveis e sociáveis. O usuário típico da Internet corre de uma conferência para outra e frequenta assiduamente uma ou mais comunidades profissionais Aqueles que mantêm uma correspondência eletrônica abundante e surfam frequentemente na web são os mesmos que viajam e encontram pessoas (Lévy, 1999a, p. 214).[2]

---

1. Para ilustrar suas afirmações, Pierre Lévy (1999a) cita a obra de Marie-Hélene Massot, *Transport e télécommunications*, Paris, INRETS-Paradigme, 1995. A obra traz uma análise bibliográfica completa e internacional sobre a questão das relações entre teleatividade e mobilidade.
2. Em que pese a obra Cibercultura de Pierre Lévy (1999a) ter sido escrita em 1999, quando a própria internet estava iniciando sua expansão, com número de usuários bem inferior à escala atual, a opinião crítica externada tem sua aplicabilidade mesmo aos dias de hoje. Normalmente quem mais usa e interage na internet são pessoas que possuem mais contatos interpessoais fora do ciberespaço.

Em seu ensaio Sociedade da Transparência, Byung-Chul Han[3] explora com rara precisão sobre a ideologia da *post-privacy* como algo ingênuo. Segundo o filósofo sul-coreano, radicado na Alemanha, em nome da transparência exige-se uma eliminação total da esfera privada. Tudo deveria ser translúcido, especialmente a comunicação entre os sujeitos, extirpando-se assim as naturais assimetrias existentes e afastando-se qualquer tipo de negatividade. E a proximidade proporcionada pelo digital elimina o distanciamento necessário à visão de diferentes tipos de mundo. Cada vez mais há um crescente interesse pelo igual. A informação consumida é aquela que mais agrada aos olhos e sentimentos do interlocutor. Isto derrubaria, na percepção do autor, a consciência crítica, transformando a sociedade digitalizada numa grande zona de conforto, à qual cada sujeito irá deliberadamente gozar, sem fuga do desejado território de extremada positividade.

Aqui se abririam as portas ao denominado *viés de confirmação*,[4] elemento altamente relevante para a compreensão da era que hoje se vivencia; a pós-verdade (*post-truth era*). Através deste viés, pouco importam os fatos e a realidade que necessária e naturalmente os cercam. O relevante seria a possibilidade que aquele fato traz de confirmar ou afastar alguma crença ou sentimento já internalizado no consciente ou no inconsciente da pessoa. Os dados objetivos são relegados a um plano secundário de importância, avultando-se as emoções e percepções pessoais. Este modo especial de interpretação da realidade, ainda que carente de confirmações objetivadas, é cada vez mais presente na sociedade virtualizada. Mais vale a crença do que a verdade oriunda de um fato inconteste ou um dado científico. Do plano coletivo, acabam sendo criadas teorias, teses ou ideologias de estimação. Perde-se densidade democrática. Avulta-se a possibilidade de extremismos e polarizações.

Diante deste cenário, vislumbra-se a possibilidade de um novo momento da sociedade: o mundo pós-dados seria o mundo da pós-verdade. Assim, há que se manter atento para que uma simples narrativa não possa ser tida como um fato, até porque ela pode ser falsa. Além disso, nem todo fato é um dado, uma vez que estatisticamente ele pode ser descolado de uma coleção de fatos verificados (ou seja, constituir uma exceção). E, por fim, dados merecem ser interpretados e contextualizados dentro de uma dada realidade, sob pena de não serem considerados uma evidência. Há que se ter senso crítico, para que o viés de confirmação não venha a transformar qualquer narrativa, qualquer exceção, ou qualquer dado, numa nova realidade.

---

3. Em diversos ensaios, Byung-Chul Han explora a sociedade atual como acelerada, pornográfica, cansada, virtualizada, entre outras percepções.
4. Em palestra realizada no TEDx London Business School, o pesquisador Alex Edmans explora o viés de confirmação e seus múltiplos aspectos na sociedade na era da pós-verdade, analisando-se os riscos oriundos de uma visão deturpada da realidade, alimentada por crenças ou ideologias. Disponível em: https://www.ted.com/talks/alex_edmans_what_to_trust_in_a_post_truth_world?language=pt-br.

A título ilustrativo, o fato de se utilizar um medicamento antigo no combate a uma doença nova, não significa que este fármaco seja comprovadamente tido pela ciência como o antídoto ideal e seguro para a cura da enfermidade. Todavia, o desejo de descoberta de solução para o problema trazido pela nova doença, faz com que um considerável número de pessoas passe a defender abertamente a utilização do medicamento, ainda que a ciência não forneça um conjunto de dados e evidências que determinem a prestabilidade, com eficácia e segurança, para o fim almejado. E pior; muitas vezes esta defesa é absolutamente acrítica, baseada apenas em lideranças políticas, religiosas ou comunitárias, da qual o sujeito se considera um seguidor. A ideologia ou crença superam as evidências, pela presença de um ou mais vieses de confirmação.

Há que se manter, mais do que nunca, crítico, atento e aberto à possibilidade da informação que chega ser deliberadamente falsa ou inverídica. Num mundo onde todos tem voz, bastando ligar uma câmera do smartphone e publicar o conteúdo produzido na internet, a educação digital se apresenta como fator absolutamente relevante. Reconhecer a possibilidade de um viés de cognição, duvidar do que se consome nas redes e entender que muitos querem provocar visões equivocadas da realidade, são tarefas mais necessárias no mundo moderno.

Por todo o exposto, é fato que a sociedade da informação (ou sociedade em rede), acaba por abrir novos planos de existência a partir dos avanços tecnológicos. Isso não implica afirmar, todavia, que está havendo uma simples substituição do inédito pelo antigo, do virtual pelo real.

Há, em verdade, uma convivência dessas dimensões e, é precisamente neste ponto, que se deveria analisar o novo ser social; mais conectado e transparente, com um volume muito maior de informações que ampliam suas possibilidades, com sentido de universalização, propenso a uma pujante pluralidade e afeto à noção de alteridade. Todavia, há que se alertar que cada vez mais este ser social vem sendo impactado fortemente por distintos vieses de confirmação, que podem alterar a percepção individual ou coletiva diante de dados de realidade. Enfim, um ser imerso no grande paradigma da cibercultura, com seus aspectos notadamente positivos e negativos.

2.2. O MUNDO VIRTUAL

É comum encontrar a distinção clássica e opositiva entre virtual e real. A palavra virtual[5] é usualmente empregada no sentido de ausência de existência

---

5. A palavra virtual teria sua origem latina em *virtualis*, que por sua vez derivaria de *virtus*, significando força, potência (LÉVY, 1999a, p. 15).

tangível, ou seja, para significar a irrealidade. Nessa linha, o real estaria vinculado à ideia de um viés presente, que se poderia tocar.

Porém, a palavra "virtual" também poderia ser portadora de outros significados. No sentido filosófico, entretanto, virtual seria aquilo que existiria em estado potencial. Inclusive é corrente sua utilização na linguagem, quando por exemplo, se diz que um sujeito é o virtual candidato de um determinado partido nas próximas eleições. Ou seja, está se querendo referir que aquilo que se projeta, pode efetivamente vir a ser. O sujeito pode então vir a ser o candidato do partido. Se isto efetivamente se concretizar no futuro, temos algo não mais em potencial, mas sim no presente, no atual.

Seguindo-se tal raciocínio, o virtual se contrapõe em verdade ao atual e não ao real (Lévy, 1999a, p. 15). A virtualização, assim, poderia ser definida como o movimento inverso ao da atualização, ou seja, uma passagem do atual ao virtual. Isso não implicaria uma desrealização, mas, sim, numa mutação da identidade, deslocando-se o objeto a ser considerado a um outro plano.

A fim de se evitar que a explicação fique no patamar puramente abstrato, tome-se como exemplo a virtualização de uma sociedade empresária, tão comum nos tempos atuais. Na forma clássica de organização, a empresa ocupa um prédio, com seus setores e empregados distribuídos fisicamente por salas diversas, sendo seus serviços ou produtos fornecidos presencialmente a uma série de tomadores ou consumidores. Ao se virtualizar, esta sociedade irá alterar seu centro de gravidade para outro plano. Serão criadas novas realidades, para que a empresa possa se adequar àquele novo paradigma de atuação. Os funcionários poderão trabalhar de suas residências por intermédio de seus computadores; os departamentos irão alimentar sistemas de informação acessíveis remotamente pelos encarregados de liderar o processo; a loja poderá não mais ocupar um imóvel, ficando disponível aos consumidores apenas em rede informatizada.

Pelo que se expõe, a virtualização, em seu viés filosófico, criaria uma nova realidade, não sendo, portanto, incompatível com o conceito de real.

Todavia, de certa forma, a virtualização configuraria, sim, um "não estar presente", especialmente quanto ao elemento espaço-temporal. No exemplo da empresa, ela não estaria mais localizada naquele preciso ponto comercial, subordinada a horários rígidos de funcionamento. Teria se tornado uma empresa nômade, alcançável em qualquer ponto no qual seus possíveis consumidores estivessem conectados à mencionada rede, seja qual for a hora. Produzindo novos efeitos, novos limites, não há como então vincular o virtual simplesmente ao que é imaginário. O virtual, nesse sentido, seria uma dimensão da realidade, podendo inclusive existir sem estar presente.

Em que pese o acima explicado, o uso mais corrente para a palavra "virtual" seria aquele ligado ao mundo da informática. Se alguém diz que ultimamente não vai mais a *shopping centers*, preferindo realizar suas compras virtualmente, a maioria esmagadora de seus ouvintes irá compreender que ela usa seu computador, conectado em rede, para realizar tais compras.

Para que ocorresse então esta migração para o ambiente virtual das coisas que antes só existiam noutra realidade, mais um fenômeno ligado às ciências computacionais foi essencial: a digitalização. Digitalizar, numa acepção simples, seria a transformação de qualquer informação em códigos numéricos. Auxiliando uma vez mais, Pierre Lévy (1999a) esclarece que:

> Digitalizar uma informação consiste em traduzi-la em números. Quase todas as informações podem ser codificadas desta forma. Por exemplo, se fizermos com que um número corresponda a cada letra do alfabeto, qualquer texto pode ser transformado em uma série de números.
>
> Uma imagem pode ser transformada em pontos ou pixels (*picture elements*) [...]. Um som também pode ser digitalizado se for feita uma amostragem, ou seja, se forem tiradas medidas em intervalos regulares. (LÉVY, 1999a, p. 50).

A digitalização da informação aproxima-se nesse sentido da virtualização, a partir da existência de códigos de computadores, invisíveis e intangíveis, facilmente transferíveis em rede. O mundo virtual é um grande conjunto de códigos digitais.

Ao se digitalizar uma informação (seja ela uma fotografia, uma música, um livro, uma aula, um documento, o acervo de um museu[6]), portanto, haverá a transmutação em códigos numéricos daquilo que estaria, em princípio, no mundo tangível. Ao passar aquele conteúdo para o meio digital, ocorrerá sua virtualização. A vantagem obtida neste processo está ligada à ampla possibilidade de tratamento daquela informação, por meio de sua modificação, armazenamento, transferência, pesquisa, dentre outras utilidades, em velocidades incomparavelmente mais acentuadas que em operações tradicionais. O meio digital, assim, é aquele que favorece as metamorfoses.

---

6. Uma das mais expressivas aparições no cenário do mundo digitalizado foi protagonizada pela Europeana, um projeto dirigido pela Fundação para a Biblioteca Digital Europeia, lançado em 2005 e aberto ao público em novembro de 2008, com o objetivo de disponibilizar o patrimônio cultural e científico dos 27 Estados-membros, em 29 línguas, com uma abrangência que vai da pré-história à atualidade. Com muitas referências ao Brasil, constitui uma rede de arquivo de grande interesse para a pesquisa histórica e cultural sobre o país. A análise das características técnicas econômicas e culturais da Europeana pode contribuir para a orientação e o fortalecimento do crescente processo de criação e socialização de bibliotecas digitais no Brasil (WINER; ROCHA, 2013, p.01).

Para transportar esses arquivos digitalizados, tem-se um instrumento denominado de mídia.[7] Nesse sentido, a televisão, o impresso, o rádio, o cinema, a Internet, o computador pessoal, o telefone são mídias. O termo multimídia então seria designativo daquilo que emprega diversos suportes ou meios de comunicação. Quando então um novo filme é lançado nos formatos de cinema, streaming,[8] alcançando até mesmo vídeos promocionais em redes sociais, pode-se corretamente afirmar que se está diante de uma estratégia multimídia.

Diante desse contexto, a sociedade como um todo vai ser virtualizando, atingindo até mesmo entidades classicamente construídas: a empresa (como no exemplo retro), o Estado e a própria pessoa natural.

Focando na atuação estatal, avolumam-se os serviços que são prestados à população pela via digital. De uma simples expedição de documentos e certidões de interesse pessoal ao complexo sistema de tributação; da possibilidade de checagem transparente dos gastos envolvidos no exercício do poder público à própria eleição de seus representantes. Renova-se assim, invariavelmente, o perfil do Estado.[9]

A soberania e territorialidade se veem relativizadas, já que pela rede bens digitais podem circular de um ponto a outro do globo, sem o filtro estatizante de uma alfândega, por exemplo. O Estado vai perdendo o controle sobre grande parte do fluxo informacional e econômico. Nesse sentido Pierre Lévy (1999a) adverte:

> As legislações nacionais obviamente só podem ser aplicadas dentro das fronteiras dos Estados. Ora, o ciberespaço possibilita que as leis que dizem respeito à informação e à comunicação (censura, direitos autorais, associações proibidas etc.) sejam contornadas de forma muito simples. De fato, basta que um centro servidor que distribua ou organize a comunicação

---

7. A mídia é o suporte ou o veículo da mensagem. O impresso, o rádio, a televisão, o cinema ou a Internet, por exemplo, são mídias (LÉVY, 1999a, p. 61).
8. Streaming ou fluxo de mídia é uma forma de distribuição de dados, geralmente de multimídia em uma rede através de pacotes. É frequentemente utilizada para distribuir conteúdo multimídia através da Internet.

   Em *streaming*, as informações não são armazenadas pelo usuário em seu próprio computador não ocupando espaço no Disco Rígido (HD), ele recebe o "stream", a transmissão dos dados (a não ser a arquivação temporária no cache do sistema ou que o usuário ativamente faça a gravação dos dados) – a mídia é reproduzida à medida que chega ao usuário, dependendo da largura de banda seja suficiente para reproduzir os conteúdos, se não for o suficiente ocorrerão interrupções na reprodução do arquivo (ver buffer). Isso permite que um usuário reproduza conteúdos protegidos por direitos de autor, na Internet, sem a violação desses direitos, similar ao rádio ou televisão aberta diferentemente do que ocorreria no caso do Download do conteúdo, onde há o armazenamento da mídia no HD configurando-se uma cópia ilegal. A informação pode ser transmitida em diversas arquiteturas, como na forma Multicast IP ou Broadcast. Exemplos de serviços como esse são o Netflix e o Hulu (STREAMING, 2015).
9. O Estado contemporâneo tem o seu perfil redefinido pela formação de blocos políticos e econômicos, pela perda de densidade do conceito de soberania, pelo aparente esvaziamento do seu poder diante da globalização (BARROSO, 2007, p. ix).

proibida esteja instalado em qualquer "paraíso de dados", nos antípodas ou do outro lado da fronteira, para estar fora da jurisdição nacional. Como os sujeitos de um Estado podem conectar-se a qualquer servidor do mundo, contanto que tenham um computador ligado à linha telefônica, é como se as leis nacionais que dizem respeito à informação e à comunicação se tornassem inaplicáveis. (Levy, 1999a, p. 204).

A pessoa natural, o ser humano, vai sofrendo diuturnamente os efeitos da virtualização do mundo em que vive, seja pelo viés das infinitas possibilidades de conhecimento ou pelo elevado grau de interatividade. O computador, em suas várias vertentes na atualidade, permite às pessoas verem a si mesmas. A máquina pode parecer um segundo *eu*, a partir da inserção de grande parte da vida, da memória, dos afetos, no disco rígido daquele objeto.

Ao discorrer sobre a construção da identidade na era da internet, Sherry Turkle (1997), professora do Massachusetts Institute of Tecnology (MIT), afirma que:

> O computador, por evidente, não é uma extensão única do eu. Em cada momento de nossas vidas buscamos projetar-nos no mundo. A menor criança tomará com entusiasmo lápis de cores e modelará argila. Pintamos, trabalhamos, levamos a cabo um diário, fundamos companhias, construímos coisas que expressam a diversidade de nossas sensibilidades pessoais e intelectuais. Ainda que o computador nos ofereça novas oportunidades como um meio que encarna nossas ideias e expressa nossa diversidade. (TURKLE, 1997, p. 41, tradução nossa).[10]

O novo ser vive sobre a superfície de uma tela ou dentro desta? A distância tradicionalmente estabelecida entre humanos e máquinas está cada vez mais difícil de ser mantida. O emaranhado de tecnologia que circunda a pessoa obriga a se perguntar até que ponto ela teria se convertido em *ciborgues*, figura que mesclaria a biologia e a própria tecnologia (Turkle, 1997, p. 31).

A identidade digital se nutre dos conteúdos que sobem para a grande rede mundial de computadores. Parte desse conteúdo é disponibilizada pelos próprios sujeitos; outra parcela é carregada por terceiros que muitas vezes sequer possuem a autorização dos titulares. Há aqui um claro risco de violação a direitos da personalidade, como se verá na sequência do trabalho.

---

10. El ordenador, por supuesto, no es una extensión única del yo. En cada momento de nuestras vidas buscamos proyectarmos en el mundo. El niño más pequeno tomará con entusiasmo lapiceros de colores y modelará barro. Pintamos, trabajamos, llevamos a cabo un diário, fundamos compañias, construímos cosas que expresan la diversidade de nuestras sensibilidades personales e intelectuales. Aunque el ordenador nos oferece nuevas oportunidades como un médio que encarna nuestras ideas y expressa nuestra diversidad.

Alimentando redes sociais com fotos, opiniões, relatórios de seu dia a dia, inserindo arquivos nas nuvens[11] de Internet, interagindo com os demais atores sociais por meio de seus aparelhos eletrônicos, o ser humano do mundo moderno vai estabelecendo uma dependência cada vez maior para com o ambiente virtual.

Alguns autores começam inclusive a construir o conceito de e-personality, que em português poderia ser traduzido como personalidade virtual ou personalidade eletrônica. Elaborando resenha sobre a obra do psiquiatra norte-americano Elias Aboujaoude (*Virtually you: The dangerous powers of the e-personality*, 2011), De Beatriz Pereira de Souza e Aline de Mello Sanfelici (2013) apontam a criação de uma nova personalidade sobre nós mesmos, quando conectados ao mundo virtual.

> O conceito de e-personality surgiu da observação de pacientes e monitoramento de seus usos da virtualidade em três aspectos centrais da vivência humana que mais sofrem interferência quando mediados pelas tecnologias: o romântico, o social e o clínico. Basicamente, a e-personality é uma nova identidade criada por nós mesmos no mundo virtual, de modo consciente ou inconsciente, e que se desenvolve em nossas ações rotineiras ao lidar com nossos e-mails, blogs, páginas de relacionamento, sites de compras online, compartilhamento e comentário de notícias de portais eletrônicos, entre outros. Em outras palavras, a e-personality é criada a partir das oportunidades online de compartilhamento e interação com terceiros. De acordo com Aboujaoude, informações, fotos e dados pessoais compartilhados virtualmente são frequentemente "editados" e reconstruídos de modo a promover apenas aqueles aspectos de nossa vida, personalidade e visão de mundo que queremos divulgar. Em última instância, portanto, a e-personality é uma espécie de "avatar" de nós mesmos, uma identidade virtual fiel não ao que realmente somos, mas sim à imagem que pretendemos passar como verdadeira, ou aquilo que gostaríamos de ser (Souza; Sanfelici, 2013, p. 01).

Para Byung-Chul Han,[12] em seu ensaio sobre as perspectivas do digital, denomina de enxame digital esta coletividade de indivíduos singularizados, que se fundem em uma nova unidade na qual eles não têm mais um perfil próprio, sem desenvolverem nenhum Nós. Ou seja, na visão do filósofo, todos os seres hoje são espectadores de um estádio global virtual. O homem digital (*homo digitalis*) não age como uma massa. Seriam na verdade um amontoado de personalidades isoladas em busca de alguma atenção neste novo paradigma, donde se destaca a solidão. Falta ao homem digital a noção de propósito, a alma que une as massas em torno de um mesmo ideal. Desaprendendo a pensar criticamente e abafando toda forma de negatividade, este ser afasta de si as complexidades, sem visibilidade ampla ou amplitude temporal.

---

11. Espaços de armazenamento de arquivos, disponibilizados por provedores de Internet e que geram como vantagem a desnecessidade de utilização da memória dos gadgets do usuário.

12. Em seu livro No enxame; perspectivas do digital, o autor explora o ser humano imerso neste paradigma, com uma visão de ação devotada ao prazer, muito mais que ao trabalho e pensamento mais complexos.

O mundo virtual é moldado e desenvolvido pelo ser humano, ao mesmo tempo em que este é constantemente reconstruído sob o novo paradigma digital. E o que esperar deste novo ser?

2.3. A INTERNET

2.3.1. Histórico

Em pleno fervor da Guerra-fria, os Estados Unidos da América (EUA) lançaram no ano de 1958 um audacioso projeto no campo da defesa, denominado de Defence Advanced Research Projects Agency (DARPA). No âmbito deste projeto, novas tecnologias deversiam ser desenvolvidas a fim de ampliar a proteção do Estado norte-americano, sobremaneira diante do inimigo socialista, a União das Repúblicas Socialistas Soviéticas (URSS).

Assim, em 1969 a DARPA apresentou uma rede de comunicação dedicada às organizações ligadas a realizações de investigações científicas na área de Defesa. Esta rede foi denominada de Advanced Research Projects Agency Network (ARPANet). Por não possuir um servidor central, mas, sim, vários servidores, essa nova rede foi concebida para que, se houvesse um ataque ou mesmo o mau funcionamento de um destes, ela não viesse a deixar de funcionar.

Essa tecnologia da ARPANet passou a ser usada paulatinamente por universidades e outras grandes organizações, quando, enfim, na década de oitenta do século XX, recebeu a denominação de Internet.

Assim se apresenta a versão do início da grande rede mundial de computadores, vinculada à estratégia militar americana, em meio ao grande conflito polarizador, vivenciado na segunda metade do século passado.[13]

Outra versão comumente divulgada para início da rede remonta ao ambiente universitário do início dos anos 1960. Professores do MIT, em especial J.C.R. Licklider[14] e Leonard Kleinrock, publicaram estudos que foram as sementes para o desenvolvimento da própria rede ARPANet. O primeiro elaborou o conceito de rede galáctica (*Galactia Networks*), o qual consistia na intercomunicação e transmissão de dados entre diferentes computadores situados em locais distintos e conectados por meio dessa rede. Já o segundo professor, publicou um estudo sobre "comutação de pacotes", que é como os dados circulam pela grande rede.

---

13. Esta versão é apresentada por Garcia Marques e Lourenço Martins na obra intitulada *Direito da Informática* (2006, p. 56).
14. J.C.R. Licklider é considerado até hoje uma das pessoas mais influentes da ciência da computação.

Tais estudos chegaram ao conhecimento do Ministério da Defesa Estadunidense, que rapidamente enxergou aplicações militares. Assim, Licklider foi convocado e passou a mentor de um projeto que resultou na ARPANet.

Pesquisadores de quatro grandes universidades norte-americanas (Stanford, UCLA, UC Santa Barbara e University of Utah) iniciaram suas conexões por esta rede, que veio também a incorporar agências governamentais.[15]

Nos anos que se seguiram, especialmente durante a década de 1970, surge então o primeiro correio eletrônico, é realizada a primeira conexão internacional (com universidades europeias), depois surge uma rede de notícias, ou seja, a ARPANet foi se desenvolvendo a partir da ideia embrionária.

Nos anos 1980, surge a necessidade de se estabelecer uma única linguagem para o intercâmbio de informações na nova rede, vindo então a ser construído o conceito de protocolo.[16] Nessa época, já era possível identificar várias redes pelas quais circulavam conteúdos de interesses diversos (militar, universitário, empresarial, entre outros). Porém, não havia interconexão entre elas. Ao final desta década, precisamente no ano de 1989, o projeto ARPANet deixa de existir.

No início de 1991, foi criada a chamada *World Wide Web* (www)[17] pela equipe comandada por Tim Berners-Lee e Robert Cailliau, com intento originário de compartilhamento de documentos científicos entre estudiosos de todo o mundo. Por meio da utilização de um *modem*, qualquer pessoa poderia se conectar à rede agora denominada de Internet.[18]

Nesta *www* seriam inseridos diversos blocos de informação, com textos, figuras, gráficos, som, vídeo, sendo que todos esses blocos estariam ligados por *hyperlinks*.[19] Com o lançamento do primeiro navegador,[20] o "Mosaico", permitiu-se visualizar as páginas da web, como se conhece hoje, por meio do sistema de janelas. Seu sucessor, o "Netscape", aliado à expansão das vendas dos computadores pessoais, fomentou o crescimento exponencial da Internet em pouquíssimo tempo.

---

15. Esta segunda versão é apresentada por Hugo Alfredo Vaninetti (2014, p. 29), em sua obra *Aspectos Jurídicos de Internet*.
16. No caso, o protocolo denominado Transmission Control Protocol / Internet Protocol (TCP/IP). O TCP seria um mecanismo orientado para a conexão de dados e que fornece uma ligação confiável, garantindo assim que os dados cheguem íntegros ao local de destino. Já o IP serve para a identificação do computador, ou ao menos do local onde partiu aquela conexão, algo muito importante para uma investigação sobre conteúdos postados na rede.
17. Numa tradução informal; "teia do tamanho do mundo".
18. A palavra Internet advém da terminação inglesa "inter-net-work" que significaria "entre redes".
19. Hiperlink, designado em português como hiperligação, é um processo de comunicação entre blocos diversos de informação, selecionável através de elementos inseridos nestes mesmos blocos. Atualmente, é comum os usuários de Internet se referirem aos hiperlinks apenas pelo diminutivo "links".
20. Navegador (ou browser) é a ferramenta de software que permite ao usuário acessar e visualizar as páginas de Internet desde seu computador pessoal.

Em solo brasileiro, o desenvolvimento de redes interconectadas também se iniciou no meio acadêmico, especialmente entre universidades do Rio de Janeiro e São Paulo, remontando-se ao ano de 1988. Já no ano seguinte, o Ministério da Ciência e Tecnologia criou a Rede Nacional de Pesquisa (RNP), entidade incumbida de iniciar os estudos e coordenar a disponibilização de serviços em redes conectadas no país. Atualmente, existe um Comitê Gestor da Internet,[21] composto por acadêmicos e membros do governo federal.

Segundo pesquisas realizadas pelo site *Internet World Stats*, estima-se que, em 31 de dezembro de 2000, a rede tenha alcançado a marca de aproximadamente 360 milhões de usuários por todo o globo. Enquanto isso, em 31 de dezembro de 2014, a estimativa é de que 42,4% da população mundial, ou seja, mais de 3 bilhões de pessoas, é usuária da rede, com maior concentração no continente asiático. E esse número só tende a se ampliar, a partir do crescimento econômico de alguns países, especialmente China e Índia, bem como a popularização em escala global dos telefones inteligentes (smartphones). (WORLD..., 2015).

Atualmente, segundo dados coletados pelo Banco Mundial em 2021, 63,1% da população do planeta conta com acesso à internet. Obviamente, estes números sobem bastante em nações desenvolvidos e caem drasticamente em países em desenvolvimento. Para se ter uma ideia, nos Estados Unidos, este número vai a 91,8%, no Reino Unido a 96,7%, nos Emirados Árabes a 100%. Já no Brasil, o Banco Mundial estima que 80,5% da população tenha acesso e utilizem a internet regularmente.[22]

O Instituto Brasileiro de Geografia e Estatística, o IBGE, em sua Pesquisa Nacional por Amostra de Domicílios Contínua – PNAD Contínua, informou que no final de 2022, em 91,5% dos domicílios brasileiros havia utilização de internet, sendo que na zona urbana este percentual subiria para 93,5% e, na zona rural cairia para 78,1%.[23]

Tais números demonstram bem a relevância do estudo que ora se desenvolve. Saber qual o destino dos bens digitais, se é ou não necessária uma regulamentação estatal e demais questões correlatas alcançarão em breve a maioria da população

---

21. O Comitê Gestor da Internet no Brasil tem a atribuição de estabelecer diretrizes estratégicas relacionadas ao uso e desenvolvimento da Internet no Brasil e diretrizes para a execução do registro de Nomes de Domínio, alocação de Endereço IP (Internet Protocol) e administração pertinente ao Domínio de Primeiro Nível".br". Também promove estudos e recomenda procedimentos para a segurança da Internet e propõe programas de pesquisa e desenvolvimento que permitam a manutenção do nível de qualidade técnica e inovação no uso da Internet (O COMITÊ..., 2015).

22. Dados disponibilizados pelo Banco Mundial através do endereço: https://datacatalog.worldbank.org/public-licenses#cc-by.

23. Para acesso a tais dados da PNAD Contínua, visitar o endereço: https://sidra.ibge.gov.br/tabela/7307#resultado.

2 • A SOCIEDADE DA INFORMAÇÃO E CIBERCULTURA   **27**

mundial. Em razão disso, será um dos grandes temas em debate nas comunidades acadêmicas e casas legislativas nos próximos anos.

2.3.2. Conceito e características

Feito esse breve histórico sobre a grande rede, é possível traçar um conceito e analisar, ainda que de forma breve, as suas principais características.

Valendo-se de uma definição externada pela Suprema Corte Norte-Americana, Hugo Alfredo Vaninetti afirma que "A Internet é uma rede internacional de computadores interconectados, que permite comunicar-se entre si a dezenas de milhões de pessoas, assim como, acessar a uma imensa quantidade de todo o mundo" (Vaninetti, 2014, p. 27, tradução nossa).[24]

Já para Patrícia Peck Pinheiro a internet seria a interligação de milhares de dispositivos do mundo inteiro, interconectados mediante protocolos, exatamente os TCP/IPs anteriormente citados (Pinheiro, 2009, p. 14).

O Banco Mundial considera que "a Internet é uma rede informática pública mundial. Fornece acesso a uma série de serviços de comunicação, incluindo a World Wide Web, e transporta e-mail, notícias, entretenimento e ficheiros de dados, independentemente do dispositivo utilizado (não se presume que seja apenas através de um computador – também pode ser através de telemóvel, PDA, máquina de jogos, TV digital etc.). O acesso pode ser através de rede fixa ou móvel".[25]

Atualmente no Brasil, após a edição do Marco Civil da Internet (Lei. 12.965/2014), tem-se uma definição legal do que seria a Internet, em seu art. 5º:

Art. 5º Para os efeitos desta Lei, considera-se:

I – internet: o sistema constituído do conjunto de protocolos lógicos, estruturado em escala mundial para uso público e irrestrito, com a finalidade de possibilitar a comunicação de dados entre terminais por meio de diferentes redes. (BRASIL, 2014a).[26]

---

24. Internet como una red internacional de computadoras interconectadas, que permite comunicarse entre sí a decenas de millones de personas, así como, aceder a una inmensa cantidad de información de todo el mundo.
25. Glossário de Metadados do Banco Mundial. Disponível em: https://databank.worldbank.org/metadataglossary/world-development-indicators/series/IT.NET.USER.ZS.
26. Este Marco Civil também traz outras importantes definições, neste mesmo art. 5º:
    Art. 5º Para os efeitos desta Lei, considera-se:
    I – internet: o sistema constituído do conjunto de protocolos lógicos, estruturado em escala mundial para uso público e irrestrito, com a finalidade de possibilitar a comunicação de dados entre terminais por meio de diferentes redes;
    II – terminal: o computador ou qualquer dispositivo que se conecte à internet;

Quanto às características da rede mundial, destacam-se:

a) caráter público e universal:

> qualquer pessoa pode ter acesso à internet, bastando para tanto ter a posse de um aparelho eletrônico que permita adentrar na rede, bem como contratar um provedor, onde não haja sinais de redes públicas disponíveis. Este caráter denota a isonomia na acessibilidade à grande teia, não tendo passado em branco para os legisladores que elaboraram o Marco Civil Brasileiro. No art. 4º, I, ficou estabelecido que o uso da internet no Brasil tem por objetivo a promoção do direito de acesso a todos.[27]

b) dimensão global:

> como visto, a internet não se submete a espaços geográficos predefinidos. Existindo um servidor que preste o serviço de acesso à rede, poderá o usuário acessá-la. A internet, sem dúvida, foi um dos maiores instrumentos na caminhada para o alcance de um mundo efetivamente globalizado, quer se trate o fenômeno da globalização sob o viés político, econômico ou social. A internet é um território apátrida.

c) adéspota:

> a internet não possui um proprietário, nem mesmo um organismo central ou governo que a regule integralmente. Em que pese grupos

---

III – endereço de protocolo de internet (endereço IP): o código atribuído a um terminal de uma rede para permitir sua identificação, definido segundo parâmetros internacionais;

IV – administrador de sistema autônomo: a pessoa física ou jurídica que administra blocos de endereço IP específicos e o respectivo sistema autônomo de roteamento, devidamente cadastrada no ente nacional responsável pelo registro e distribuição de endereços IP geograficamente referentes ao País;

V – conexão à internet: a habilitação de um terminal para envio e recebimento de pacotes de dados pela internet, mediante a atribuição ou autenticação de um endereço IP;

VI – registro de conexão: o conjunto de informações referentes à data e hora de início e término de uma conexão à internet, sua duração e o endereço IP utilizado pelo terminal para o envio e recebimento de pacotes de dados;

VII – aplicações de internet: o conjunto de funcionalidades que podem ser acessadas por meio de um terminal conectado à internet; e

VIII – registros de acesso a aplicações de internet: o conjunto de informações referentes à data e hora de uso de uma determinada aplicação de internet a partir de um determinado endereço IP. (BRASIL, 2014a).

27. Art. 4º A disciplina do uso da internet no Brasil tem por objetivo a promoção:

I – do direito de acesso à internet a todos;

II – do acesso à informação, ao conhecimento e à participação na vida cultural e na condução dos assuntos públicos;

III – da inovação e do fomento à ampla difusão de novas tecnologias e modelos de uso e acesso; e

IV – da adesão a padrões tecnológicos abertos que permitam a comunicação, a acessibilidade e a interoperabilidade entre aplicações e bases de dados. (BRASIL, 2014a).

econômicos exercerem forte dominação, sendo proprietários de ativos digitais que possuem incríveis índices de audiência na rede mundial, não há como dizer que estes sejam titulares da internet. Como está ocorrendo na experiência brasileira, o máximo que os Estados fazem é regulamentar o seu uso, a fim de definir conceitos, direitos, deveres e responsabilidades, no âmbito de seu território.

d) interatividade:

> a interatividade normalmente é uma palavra usada quando se quer designar a participação ativa de um sujeito numa transação informacional. Em que pese a internet não ser o único meio de comunicação interativo, talvez seja aquele que mais propicie a interatividade entre os sujeitos envolvidos. Isso porque permite a transmissão de uma mensagem linear que não pode ser alterada pelo receptor (p. ex., a visita a um sítio de internet), o diálogo entre dois sujeitos (p. ex., uma conversa por meio de uma sala de bate papo ou por um aplicativo de troca de mensagens e áudio) e, ainda, o diálogo entre vários sujeitos ao mesmo tempo (p.ex., uma videoconferência, comunidades virtuais, correio eletrônico).

e) flexibilidade e adaptabilidade:

> a internet desde sua origem está sempre se readaptando às novas necessidades dos usuários, ao mesmo tempo em que se abre a inovações tecnológicas que ampliam sua dimensão anterior. Um grande exemplo desta característica foi a mudança de paradigma da chamada web 1.0, para a web 2.0, alteração de que trataremos na sequência deste estudo, por ser de fundamental compreensão.

2.3.3. A noção de conteúdo

A exata noção de conteúdo é relevante para a compreensão do estudo que ora se propõe a fazer. Segundo o dicionário da língua portuguesa Infopédia, conteúdo é aquilo de que algo é constituído. Ou seja, a palavra está inexoravelmente ligada a outra. Para que se avance, é necessária a definição do que é um conteúdo colocado e difundido na Internet. (INFOPÉDIA, 2015).

Na sociedade da informação, conteúdo é um vocábulo que englobaria todo e qualquer segmento de informação propriamente dito, ou seja, conteúdo será sempre uma informação digital. Nesse contexto, poderá englobar um texto, imagem, som, dado, sendo posteriormente difundido por meio de dispositivos computacionais pela rede mundial.

No estágio inicial da internet, a informação digital somente poderia ser gerada por um provedor ou fornecedor de conteúdo, normalmente alguém com conhecimentos em informática e que poderia construir ou alimentar um sítio na rede. Nessa linha, a internet pública da década de 1990 era quase completamente passiva, isto é, de consulta e obtenção de informações.

Os sites (também denominados de sítios eletrônicos ou páginas de internet) apresentavam conteúdos estáticos, o que gera uma baixa taxa de retorno de usuários. A pessoa ingressava, recolhia a informação requerida (p.ex., o telefone ou endereço da empresa) e raramente voltava a acessar o conteúdo. Além disso, os usuários não contribuíam com o site, sendo reduzida a possibilidade de interatividade com a página visitada. Por fim, eles eram desenvolvidos tendo-se em conta uma filosofia fechada, o que representa a impossibilidade de outros utilizadores copiarem seus códigos informáticos e aperfeiçoarem as aplicações até então disponíveis. A esta fase da internet dá-se comumente o nome de *web 1.0* (ou internet vertical), em contraposição à denominada *web 2.0* (internet horizontal).

Os agentes econômicos envolvidos no desenvolvimento da Internet perceberam, no início dos anos 2000, que era fundamental para o progresso da rede que esta permitisse uma maior e mais intensa interatividade de seus usuários entre si e também para com os provedores de conteúdo. Iniciou-se uma rápida proliferação de serviços cujo foco principal era estimular a colaboração e partilha de conteúdos entre os utilizadores. Houve, portanto, um abandono do sistema fechado e estático até então vivenciado, para um modelo mais aberto, com utilização proativa da rede.[28] Este novo momento da rede propiciou também o incremento de serviços economicamente rentáveis, sobremaneira pela ampliação do número de anúncios publicitários colocados nas páginas e potencialidade do comércio eletrônico. Com usuários mais conectados e participativos, estes acabam por se tornar consumidores mais críticos, tendo a possibilidade de emitir comentários sobre produtos e serviços, desenvolvendo uma verdadeira inteligência coletiva.[29] Isso faz com que grande parte dos novos serviços prestados seja gratuita

---

28. Na visão de Tim O´Reilly (a quem muitos imputam ter sido o primeiro a utilizar a expressão web 2.0 ou internet de segunda geração), "a web 2.0 é a rede, enquanto plataforma, que engloba todos os dispositivos a ela ligados; as aplicações da web 2.0 são aquelas que aproveitam o máximo das vantagens intrínsecas àquela plataforma: disponibilizando software com um serviço atualizada de forma contínua, que melhora ao ritmo em que cresce o número de pessoas que o utiliza, consumindo e modificando dados de variadas fontes, incluindo de utilizadores individuais, enquanto fornecem os seus próprios dados e serviços numa forma que permite a sua alteração por outros, criando efeitos na rede através de uma 'arquitetura de participação' e indo para além da web 1.0 para trazer experiências mais ricas ao utilizador (O´REILLY apud COSTA, 2011, p.27).

29. Pierre Lévy (1999) traça o conceito de inteligência coletiva, como sendo o estabelecimento de uma sinergia entre competências, recursos e projetos, a constituição e manutenção de dinâmicas de memórias em comum, a ativação de modos de cooperação flexíveis e transversais, a distribuição coordenada dos

para o usuário. Os empreendedores digitais costumam dar mais relevância ao engajamento proporcionado pelo seu serviço, alcançando números relevantes de audiência e participação, em vez de focarem na remuneração direta daquele.

Ao mesmo tempo, os usuários, independentemente de seu nível de conhecimento informático, vão construindo, atualizando, inovando a rede a cada postagem de conteúdo, seja em seus blogs, redes sociais, páginas pessoais ou mesmo nos tradicionais sites de provedores de conteúdo (p.ex., comentários ou compartilhamentos de notícias). Esta contínua multiplicação do ciberespaço acaba por gerar também a ampliação das plataformas que possibilitam acessar a internet. Se antes era necessário um computador pessoal, agora tal acesso poderá ocorrer por intermédio do manuseio de qualquer outro gadget, como uma televisão, um videogame ou um telefone celular.

João Pedro Fachana Cardoso Moreira da Costa (2011) ressalta que é precisamente no âmbito desta web 2.0 que ganham destaque os Conteúdos Gerados por Usuários (CGU) (em língua inglesa, User Generated Content – UGC). Estes conteúdos se distinguiriam daqueles gerados por um fornecedor tradicional por três ordens de fatores:

a) em primeiro lugar, os CGU geralmente estão ligados à pessoa do usuário que o coloca em rede, o que não acarreta uma análise ou correção prévia a fim de resguardar sua qualidade e credibilidade,[30] ao passo que os fornecedores tradicionais costumam ter uma rígida cadeia de controle do que será publicado;

b) em segundo, a periodicidade da inserção de conteúdo por um usuário é incerta, ficando tal decisão vinculada à sua vontade e disponibilidade, sendo que os fornecedores de conteúdo, até para não perder audiência, o fazem de maneira regular e constante; por fim,

c) na maior parte dos casos a colocação de conteúdos em rede por usuários é realizada sem fins lucrativos,[31] ao revés dos fornecedores clássicos, normalmente pessoas jurídicas inseridas no seio de uma atividade econômica empresarial.

---

centros de decisão, opondo-se à velha separação estanque entre as atividades. Quanto mais processos de inteligência coletiva se desenvolverem, melhores serão as apropriações por indivíduos e grupos das alterações técnicas (LÉVY, 1999a, p. 28).

30. Talvez esta seja a principal razão para hoje termos um volume gigantesco de informações absolutamente sem qualquer utilidade pública circulando na internet, que inexoravelmente nos alcança em algum momento.

31. Entretanto, cresce o número de blogs e perfis em redes sociais, nos quais os titulares se valem destas ferramentas para obtenção de ganhos, especialmente quando tais páginas passam a ter um número considerável de acessos diários.

Caracterizando bem esse momento vivenciado pela Internet, Rita Figueiras (2012)[32] pontua que

> Por sua vez, com o desenvolvimento da internet abriram-se ao cidadão comum as portas do centro nevrálgico do poder dos media, o acesso à emissão. Deste modo, todo e qualquer cidadão começou a ter a possibilidade de se tornar um broadcaster em nome individual, dando lugar ao que Manuel Castells (2009: 24) definiu por "autocomunicação de massas" (mass self-communication). Os conteúdos da comunicação digital são maioritariamente gerados e difundidos pelos produsers, e os destinatários, também por eles selecionados disseminam-nos, de forma fácil e rápida, para terceiros, numa lógica de muitos para muitos. A internet tem, assim, promovido uma rede de comunicação horizontal construída em torno da iniciativa, dos interesses e das perspectivas dos cidadãos anônimos (Figueiras, 2012, p.06).

Para alimentar este cenário, foram desenvolvidos serviços online que permitem a colocação e difusão de conteúdos gerados por usuários. Esses serviços podem englobar a disponibilização de espaço para guarda e compartilhamento de vídeos (como o *Youtube, Vevo* e *Myspace*), de textos (como o *Wordpress* e *Blogger*), de fotos (como o *Flickr, Picasa* e o *Instagram*). Ademais, há também disponibilização de espaço para criação de base de dados de caráter coletivo (como o *Wikipédia*), para alojamento de ficheiros que podem ser posteriormente descarregados por terceiros (como o *Mediafire* ou *Rapidfire*). E, por fim, os serviços denominados de redes sociais, para partilha de textos, fotos, vídeos e outras informações notadamente de caráter pessoal (como o extinto *Orkut*, o *Twitter*, o *Linkedin* e o que mais sucesso até hoje alcançou, ao menos em números de perfis criados, o *Facebook*).

Razões de diversas ordens motivam um usuário a inserir conteúdos na Internet. Desde a simples promoção de entretenimento para si e para aqueles com quem se interage, até por razões sociais, como movimentos de auxílio ao próximo, ao meio ambiente, dentre outras causas. Tem sido comum, ainda, a inserção com viés político e ideológico, como ocorrido fortemente nas eleições presidenciais brasileiras de 2014, bem assim também aquelas com fins ilegais, como por exemplo atos de injúria, calúnia e difamação, ou outros atentados à personalidade e à propriedade.

Especificamente quanto a esses fins ilícitos, propositalmente não serão inseridos no presente estudo, já que isso geraria uma amplitude demasiada do raio de pesquisa, com desdobramentos no âmbito do Direito Penal e Responsabilidade Civil.[33]

---

32. Professora doutora no mestrado em Ciências da Comunicação da Universidade Católica Portuguesa, Portugal.
33. Dentre as várias obras existentes sobre a temática de responsabilização por conteúdos ilícitos inseridos na internet, destaque especial à pesquisa realizada por João Pedro Fachana Cardoso Moreira da Costa

2 • A SOCIEDADE DA INFORMAÇÃO E CIBERCULTURA

Apenas a título de ilustração, há que se recordar que a Internet cotidianamente utilizada pelos cidadãos comuns é denominada de visível ou superficial, contendo aqueles conjuntos de informações digitais que podem ser localizadas pelos navegadores. Entretanto, há um volume quase infinito de informações armazenados e compartilhados por meio da denominada "deep web" ou "dark web", a internet profunda ou invisível.[34] Normalmente utilizada por usuários mais experientes e para fins espúrios, este lado negro da rede é objeto de constante investigação por parte de órgãos de fiscalização do Estado, já que por ali circulam, comprovadamente, arquivos de pornografia infantil, mensagens entre grupos dedicados a atividades terroristas, disponibilização indevida de obras protegidas por direitos autorais, dentre outras transgressões à ordem jurídica.

Em conclusão, importante compreender que, na segunda geração ou dimensão da internet, a pessoa usuária da rede passa a alimentá-la constantemente, externando ali sua própria dimensão existencial, ao mesmo tempo em que se torna detentora de uma série de interesses econômicos, viabilizados com a constante evolução, inovação e aperfeiçoamento dos serviços ora colocados à coletividade.

2.4. AS REDES SOCIAIS

As relações humanas possivelmente jamais serão as mesmas após a invenção das denominadas redes sociais. A própria ampliação do uso da Internet em muito está ligada ao interesse dos indivíduos em participar destas redes interativas. É, portanto, sem dúvida, uma das ferramentas virtuais que mais tem transformado a sociedade da informação na última década.

As redes sociais são sítios de Internet que permitem ao usuário criar e exibir um perfil, relatando suas experiências pessoais, publicando suas opiniões, postando vídeos e fotografias, enfim, conversar e interagir com familiares, amigos, colegas de trabalho, da comunidade ou mesmo com desconhecidos. Permite-se com isso a criação de um perfil público (ou semipúblico), a partir do qual haverá compartilhamento e publicações de conteúdos variados.

A definição fornecida por Leandro González Frea (2015) é adequada por sua abrangência e tecnicidade

---

(2011), na conclusão de seu Mestrado em Direito, na área de especialização em Ciências Jurídico- -Privatísticas, apresentada e defendida na Faculdade de Direito da Universidade do Porto, Portugal.

34. Segundo especialistas, cerca de 95% do conteúdo de toda a internet estaria no nível profundo ou invisível, embora não tenha sido encontrada uma pesquisa que, a partir de parâmetros científicos, tenha comprovado tal assertiva.

As redes sociais são formas de interação social definidas como um intercambio dinâmico entre pessoas, grupos e instituições em contextos de complexidade. Consistem em um sistema aberto e em construção permanente que engloba conjuntos que se identificam nas mesmas necessidade e problemáticas e que se organizam para potencializar seus recursos.

As redes sociais online consistem em serviços prestados através da Internet que permitem aos usuários gerar um perfil público, no qual terá que inserir seus dados pessoais e informações de si mesmo, dispondo de ferramentas que permitem interagir com o resto dos usuários próximos, ou não, ao perfil publicado (FREA, 2015, tradução nossa).[35]

Sobre o histórico das redes, tem-se que o primeiro site classificado tecnicamente como uma *social network*,[36] segundo consultas feitas na própria Internet, teria sido o SixDegrees.com, inaugurado em 1997, que permitia aos usuários criar perfis, ter uma lista de amigos para interação e também acessar os amigos de seus amigos.[37] Após, até o ano de 2001, surgiram o AsianAvenue, BlackPlanet e MiGente, que partiam da mesma premissa do SixDegrees.

No Brasil, a rede social que trouxe esse novel conceito de interação e ineditamente fez um estrondoso sucesso foi o já extinto Orkut, de propriedade do Google Inc., lançado no país no ano de 2004.

Neste mesmo ano, era fundada nos EUA, por estudantes da Universidade de Haward, uma rede estruturada a partir de uma pergunta, que incitava os estudantes daquele *campus* ao compartilhamento da rotina: "o que vc está pensando agora?" Tendo Mark Zuckerberg como seu principal fundador, o Facebook se firmou como o líder no mercado de redes sociais, sendo hoje uma das empresas mais rentáveis do mundo, especialmente após seu IPO[38] ocorrido no ano de 2012. Possuindo informações pessoais de mais de um bilhão de indivíduos ao redor do planeta, tendo a possibilidade de checar seus hábitos e preferências, não é estranho que este conjunto de dados de potenciais consumidores tenha um valor quase inestimável.[39]

---

35. "Las redes sociales son formas de interacción social definidas como um intercambio dinâmico entre personas, grupos e instituciones em contextos de complejidad. Consistem em um sistema abierto y em construcción permanente que involucra a conjuntos que se identifican em las mismas necesidades y problemáticas y que se organizan para potencias sus recursos. Las redes sociales online consisten em servicios prestados a través de Internet que permiten a los usuários generar um perfil publico, en el que plasmar datos personales e información de uno mismo, disponiendo de herramientas que permiten interactuar com el reste de usuários afines o no al perfil publicado".

36. Expressão da língua inglesa que tem como tradução usual "rede social".

37. Alguns apontam que o verdadeiro surgimento das redes sociais se deu em 1995, com o "classmates. com", criado por um universitário para manter contato com seus antigos companheiros de estudo (VANINETTI, 2014, p. 304).

38. Initial Public Offering (IPO) é a sigla comumente utilizada para expressar que uma empresa está abrindo seu capital ao mercado de ações comercializáveis em bolsas de valores.

39. A indústria de Hollywood já retratou a história do Facebook no filme "A rede social", 2010, direção de David Fincher. (A REDE..., 2010).

2 • A SOCIEDADE DA INFORMAÇÃO E CIBERCULTURA

Em qualquer das redes até então conhecidas, o crescimento se baseia em um processo viral, por meio do qual um grupo inicial de pessoas passar a utilizar a plataforma do provedor do serviço, criando seu perfil e inserindo os primeiros conteúdos, para posteriormente convidar seus contatos para integrar a rede e interagir.

Muitos acreditam que as redes desta natureza se baseiam na velha ideia construída pelo escritor húngaro Frigyes Karinthy em 1929: a "teoria dos seis graus de separação". Ele sugeriu que qualquer dupla no mundo estaria separada por meio de apenas seis enlaces, ou seja, cinco intermediários. O conceito repousa na pressuposição de que o número de conhecidos cresce exponencialmente com o número de enlaces em uma cadeia, ou seja, bastaria um pequeno número de enlaces para que o conjunto de sujeitos conhecidos se converta na própria população humana inteira.

Essa ideia foi colocada à prova em 1967 pelo sociólogo norte-americano Stanley Milgram, quando se tentou fazer com que cartas chegassem a desconhecidos residentes em cidades distantes, dentro dos Estados Unidos. Para tal fim, cada voluntário deveria enviar a carta a um amigo; este ao receber, encaminharia a outro sucessivamente, na tentativa de se conhecer a pessoa destinatária. Milgram concluiu que em média foram necessários seis intermediários para que as cartas chegassem ao destino final.

Um estudo feito especificamente sobre a rede Facebook em 2011 (quando esta contava com aproximadamente 700 milhões de usuários por todo o mundo) apontou que o número de passos para que uma pessoa esteja conectada a qualquer outra, hoje em dia, estaria em apenas 3,74. Levando-se em conta que a rede atualmente conta com mais de um bilhão de usuários, é de se supor que este número esteja um pouco menor.[40]

---

40. A rede social Facebook tem realizado experimentos neste sentido, a fim de se apurar quantos passos são necessários para que uma pessoa esteja conectada à outra. O estudioso do Facebook, Lars Backstrom, realizou pesquisas que mostram que entre cada usuário do Facebook, a média de separação é de 3.74 graus. O número representa quantas pessoas existem em uma cadeia de amizade, excluindo o último e o primeiro. Em outras palavras, como afirma o autor do estudo: "Considerando outras pessoas no mundo, um amigo do seu amigo conhece um amigo deles". Ao contrário do que se passou com Stanley Milgram, Backstrom pôde trabalhar com um espectro muito maior de dados. A rede social tinha 721 milhões de membros na época do experimento – aproximadamente 10% da população mundial – com um total de 69 bilhões de amizades entre si. Apesar da quantidade enorme de dados, Backstrom e quatro pesquisadores da Universidade de Milão conseguiram analisar tudo usando um computador 24-core, com um disco rígido de um terabyte. Páginas de celebridades do Facebook foram excluídas da amostragem, e o teste aconteceu antes da criação das "Assinaturas", uma ferramenta que liga usuários por interesse, mesmo que não sejam conhecidos. O Facebook limita os usuários a cinco mil amigos, mas a média é muito menor: 100 contatos, ou 0,000014% do número total. Apesar do número relativamente pequeno, os resultados revelam que 99,6% dos pares de usuários estavam conectados por 5 graus de separação, e 92% por 4 graus. A média de separação entre qualquer dupla de membros foi de

Vários aspectos positivos das *social networks* podem ser destacados, entre os quais:

a) possibilidade de exercício da liberdade de expressão;

b) criação e reunião de comunidades de sujeitos com interesses comuns;

c) encontro ou reencontro de amigos e familiares;

d) interatividade entre aqueles que estão geograficamente distantes;

e) incremento do comércio eletrônico; e

f) acesso gratuito à plataforma.

Todavia, como explicitado no tópico anterior, infelizmente nem todos os usuários utilizam a ferramenta da maneira correta ou mesmo lícita. Assim, as redes têm também seu lado negativo, no que tange à prática de transgressões, podendo ou não configurar tipos penais. Importante, inclusive, registrar o crescimento da preocupação do legislador brasileiro com a tipificação de novas condutas como delitos cibernéticos. Novos crimes foram criados nos últimos anos no Brasil, exatamente para se tentar dar uma resposta adequada à ampliação da delinquência virtual.[41]

Como é de se supor, com números que atingem a casa do bilhão de pessoas, obviamente o mundo virtual imita a sociedade presencial. Portanto, urge delimitar os direitos e deveres, tanto dos usuários da rede, como dos provedores desses serviços.

3.74 graus. Isso foi menor do que a média de 4.28 graus registrada pelo Facebook em 2008, quando a rede era menor. Entretanto, os pesquisadores dizem que a distância média "parece agora estar se estabilizando", sugerindo que mesmo que as outras nove partes do mundo venham para o Facebook, o nosso grau de separação não vai diminuir muito. (TEORIA..., 2015).

41. Segundo dados do Fórum Brasileiro de Segurança Pública, o número de registros do crime de estelionato foi de 1.819.409 casos em 2022, o que significa um crescimento de 326,3% em quatro anos nessa modalidade, aponta a 17ª edição do Anuário Brasileiro de Segurança Pública. Em relação a 2021, a elevação foi de 38%, o que indica uma média de 208 golpes a cada hora no Brasil. O expressivo aumento dos casos de estelionato consolida uma nova dinâmica criminal, já esboçada nos primeiros meses da pandemia, em que criminosos migram das práticas comuns, e que envolvem mais risco, para o cometimento de crimes a partir de ambientes virtuais. Prova disso é que não foram apenas os números de estelionatos que aumentaram no período, mas também o número de roubos ou furtos de celulares (999.223), o que franqueia acesso a dados pessoais e financeiros. Ao mesmo tempo, outros registros de crimes contra o patrimônio caíram no período, taxa dos roubos a instituições financeiras (-21,9%), a estabelecimentos comerciais (-15,6%), a residências (-13,3%), de cargas (-4,4%) e a transeuntes (-4,4%). Informações disponíveis no endereço eletrônico: https://fontesegura.forumseguranca.org. br/anuario-brasileiro-de-seguranca-publica-aponta-explosao-de-estelionatos-no-pais-e-maior-numero-de-estupros-da-serie-historica/.

2.5. A SOCIEDADE DO ESPETÁCULO

Para encerrar o capítulo em tom crítico, estabelece-se uma perspectiva destes movimentos provocados pelo mundo virtual, pela internet, pelas redes sociais e suas relações com a sociedade da informação, a qual Guy Debord, ao final da década de sessenta do século passado, bem denominou de "A Sociedade do Espetáculo" (DEBORD, 1997).

Na visão apresentada por Guy Debord (1997), o espetáculo seria uma relação social entre pessoas, mediadas por imagens. A sociedade capitalista atual se apresentaria como uma imensa acumulação de espetáculos, sendo essa a forma de vida dominante, o modelo histórico que nos contém.

Com a degradação da realização humana do *ser* para o *ter*, a vida social passou a ser dominada totalmente pelos resultados da economia. Daí o homem caminhar rapidamente do *ter* para o *parecer*, com extração do máximo de prestígio que daí poderá advir. O mundo real, portanto, acaba por se tornar um mundo de imagens, convertendo o ser real em um ideal a ser alcançado.

Por evidente, tal ordem axiológica acaba por fazer surgir seres alienados, sempre em busca dos objetos de desejo idealizados e sem reflexões acerca da necessidade efetiva daquele bem. O foco no objeto subjuga o homem, sua realidade, sua existência. O espetáculo passa a ser o próprio capital, em tal grau de acumulação que se torna imagem. Mais relevantes do que posturas críticas, gostos pessoais, opiniões abalizadas são os objetos e relações de poder que estes acabam por implicar. Tudo o que era vivido na realidade fora convertido em representação. O espetáculo transforma-se na realidade; esta, por sua vez, transforma-se no espetáculo.

Em interessante passagem de sua obra, na qual apresenta este quadro produzido pela sociedade do espetáculo, Guy Debord (1997) afirma que

> A alienação do espectador em favor do objeto contemplado (o que resulta de sua própria atividade inconsciente) se expressa assim: quanto mais ele contempla, menos vive; quanto mais aceita reconhecer-se nas imagens dominantes da necessidade, menos compreende sua própria existência e seu próprio desejo (DEBORD, 1997, p. 24).

O homem nesta sociedade, em sua imensa maioria, passa a atuar ao estilo de uma manada. Segue ditames e tendências de comportamento, ligados ao modo de se vestir, falar, portar, produzir, comprar, que não passam sequer por um processo de mediação consciente. Obediente e personagem desse espetáculo, ele renuncia a seu poder de autodeterminação, seguindo a lei geral de felicidade, que por sua vez se baseia no ideal de consumo. Num ambiente em que a aceitação dócil passa a ser a regra, há o perigo de até mesmo a manifestação de insatisfação ser tida (ou até efetivamente o ser) como uma revolta puramente espetacular. Pela mediação das imagens e mensagens dos meios de comunicação de massa, os indivíduos em sociedade abdicam da dura realidade dos acontecimentos da vida, passando a viver num mundo movido pelas aparências e consumo permanente de fatos, notícias, produtos e mercadorias.

E sobre esse comportamento social uniforme, Friedrich Wilhelm Nietzsche (2012), embora em um contexto diferente, já fazia o alerta em pleno século XIX quando afirmou que

> Ser independente é privilégio de toda minoria – é o privilégio dos fortes. E aquele que trata de ser independente, mesmo com direito justo, mas sem estar obrigado a isso, mostra que não é apenas forte, mas também audacioso até a temeridade. Ele se aventura num labirinto, multiplica ao infinito os perigos que a vida já traz consigo. E ao menor desses perigos, não é que ninguém veja por seus próprios olhos como se desgarra, para onde desgarra, dilacerado na solidão por algum minotauro subterrâneo da consciência. Se este homem perecer, estaria tão longe da compreensão dos homens que estes nem o sentiriam nem o compreenderiam. E não está em seu poder voltar atrás! Não pode tampouco lograr a compaixão dos homens (Nietzsche, 2012, p. 43).

Ao retomar em "Comentários sobre a Sociedade do Espetáculo", agora em 1988, Guy Debord (1997) volvendo ao paralelismo entre a realidade e a espetacularização, afirma que o segundo venceu a primeira. O critério para a validade da realidade passa por sua midiatização, ou seja, se um fato efetivamente ocorrido não veio a ser noticiado, divulgado, as pessoas tornam-se céticas quanto à sua veracidade. Só existe efetivamente o que é apresentado em um registro, agora, digitalizado.

Seguindo a linha iniciada na obra de Guy Debord (1997), o escritor Mario Vargas Llosa (2013) denominou de "A Civilização do Espetáculo" aquela de nosso tempo, compartilhada pelos países ocidentais e orientais desenvolvidos, em um mundo no qual, na tabela de valores vigente, o primeiro lugar é ocupado pelo entretenimento, descontração, humor, relaxamento e diversão. Tal ordem axiológica traria como consequências a banalização da cultura, generalização da frivolidade, jornalismo irresponsável de bisbilhotice e escândalo (Llosa, 2013, p. 29-30).

Em sua visão, a democratização da cultura teve o indesejável efeito de torná-la medíocre, com a qualidade sendo derrotada pela quantidade. A literatura, o cinema, o teatro e a arte mais desejados são os que carregam em si uma leveza, sem necessidade de uma maior concentração intelectual. A crítica praticamente desapareceu dos meios de comunicação. Em seu lugar, publicitários, estilistas, cozinheiros, especialistas em vidas de celebridades dominam as páginas de jornais, revistas, as prateleiras de livrarias, os espaços televisivos.

A vida intelectual, o pensamento, tem um ínfimo valor na civilização do espetáculo; vivemos a primazia das imagens sobre as ideias. Os meios audiovisuais, agora em especial a Internet, foram deixando os livros para trás. A cultura dominante[42] privilegia o engenho à inteligência, o banal em vez do profundo, o frívolo no lugar do sério. Entregar-se em atitude passiva a tal ordem de ideias é, inclusive, a conduta esperada por esta mesma sociedade.

Na mesma linha do filósofo francês e do escritor peruano, Miguel Reale (1996) denomina de "Civilização do Orgasmo" estes tempos de vulgaridade intencional e ausência de horizontes ideológicos. Na visão do jusfilósofo

> O que notamos, hoje em dia, é a angústia, o medo de não se chegar a tirar proveito do instante que se está vivendo, o que tem como consequência uma total subversão da ordem do tempo, com a criança vivendo antecipadamente, por instigação dos pais ou sob a pressão do meio ambiente, a vida do adolescente, que por sua vez, vive a do jovem e este a do adulto, o qual, por fim, se vê num vazio existencial, desprovido dos horizontes que somente a comedida experiência pode delinear (Reale, 1996, p. 132-133).

Esta cultura contemporânea constrói seres premidos do gozo incontinenti de todos os prazeres que a vida possa lhes proporcionar (Reale, 1996). Por outro lado, há uma notória carência de um ideal ético, seja individual ou coletivo, em virtude de se ter perdido a consciência sobre o significado maior da existência, qual seja, a oportunidade de aperfeiçoar-se espiritualmente (espírito, aqui, no sentido hegeliano).[43]

Vê-se que na civilização hoje vivenciada tudo é efêmero, construções comportamentais desenvolvidas ao longo do tempo passam longe de uma postura mais crítica e detida. O rótulo de que aquilo é mais uma novidade se espalha e

---

42. Criticando a cultura na civilização do espetáculo, Mario Vargas Llosa (2013) afirma que: "A cultura sempre estabeleceu categorias sociais entre as pessoas que a cultivavam, a enriqueciam com contribuições diversas e faziam-na progredir e pessoas que não queriam saber dela, que a desprezavam ou ignoravam, ou então eram dela excluídas por razões sociais e econômicas. Em todas épocas históricas, até a nossa, numa sociedade havia pessoas cultas e incultas, e, entre ambos os extremos, pessoas mais ou menos cultas ou mais ou menos incultas, e essa classificação era bastante clara para o mundo inteiro porque para todos vigorava um mesmo sistema de valores, critérios culturais e maneiras de pensar, julgar e comportar-se. Em nosso tempo, tudo isso mudou. A noção de cultura ampliou-se tanto que, embora ninguém se atreva a reconhecer explicitamente, desvaneceu-se. Transformou-se num fantasma inapreensível, de massas, metafórico. Porque ninguém será culto, se todos acreditarem que o são ou se o conteúdo do que chamamos de cultura tiver sido degradado de tal modo que todos possam justificadamente acreditar que são cultos. [...] A correção política acabou por nos convencer de que é arrogante, dogmático, colonialista e até racista falar de culturas superiores e inferiores e até de culturas modernas e primitivas. Segundo essa angelical concepção, todas as culturas, de seu modo e em suas circunstâncias, são iguais, constituem expressões equivalentes da maravilhosa diversidade humana (LLOSA, 2013, p. 59).
43. Na visão de Georg Wilhelm Friedrich Hegel (2011), o espírito seria a inteligência humana; o existente que compreende.

todos começam a sobre isso debater, sem a devida reflexão. E a lógica capitalista impõe com toda sua força a novidade como mais um ávido objeto de consumo.

Em que medida a construção da acima denominada cibercultura está alinhada à civilização do espetáculo? A Internet proporcionaria, com seu caráter público e global um incremento da reflexão individual ou, ao revés, ampliaria a espetacularização da sociedade?

Se antes o sujeito era atingido pelo espetáculo, por meio de uma manipulação e massificação promovida pelos grandes órgãos de mídia, com o advento da Internet de segunda dimensão (a qual denominou-se anteriormente de web 2.0), este sujeito passa a ser um dos principais alimentadores desta cultura do espetáculo. Como visto, se uma considerável parte do conteúdo compartilhado em rede é realizada pelo próprio indivíduo, há uma retroalimentação contínua da espetacularização da vida.

Acredita-se, assim, que a prevalência da imagem sobre as ideias fica, ainda mais evidente em tempos de integração mundial pela tela do computador. As redes sociais talvez sejam o exemplo icônico desta ordem que há décadas se manifesta.[44]

A criação de novas tecnologias no âmbito das informações incrementa a criticada incapacidade de percepção dos indivíduos, dificultando a representação do mundo pelas categorias mentais existentes. A sociedade transforma-se de maneira acentuada numa sociedade do espetáculo, na qual a contínua reprodução da cultura (se é que isso pode ser denominado de cultura) é feita pela proliferação de imagens e mensagens dos mais variados tipos. A consequência é uma vida contemporânea hiper-exposta, invadida pelas imagens, concretizando-se uma nova experiência humana, caracterizada por um modo de percepção que torna cada vez mais difícil separar a ficção da realidade.

Nesse sentido, vale a citação de Miguel Reale (1996) ao abordar a multiplicação do ambiente virtual e sua influência na sociedade atual

> Impressionante observar que, quanto mais se multiplicam e se aceleram os processos de informação e comunicação – os quais, em tese, deveriam abastecer o homem de crescentes meios e recursos para melhor escolher e decidir –, é o contrário que acontece: a massa de informações, cada vez mais controlada por um número cada vez menor de detentores do *hardware* e do *software*, isto é, das estruturas técnicas e dos respectivos programas informativos, converte o homem comum em um impotente ser programado, posto na contingência de sujeitar-se a formas de vida traçadas pela nova classe dominante.

---

44. Assim, fica mais fácil compreender o porquê as pessoas com maior número de seguidores nas redes sociais, sejam "celebridades" do mundo pop, verdadeiros objetos da cultura capitalista consumerista. Entre os dez maiores recordistas da rede social *Instagram*, por exemplo, estão nomes como "as irmãs Kardashian", jogadores de futebol como Neymar, Cristiano Ronaldo e Messi, cantores adolescentes como Justin Bieber e Taylor Swift, com centenas de milhões de seguidores.

> [...] Não há como inventivar e deblaterar contra as conquistas da informática ou da cibernética, pregando o anacrônimo retorno ao passado. O que antes cabe aos homens representativos de todas as categorias sociais, e notadamente à aristocracia da inteligência, é saber reconhecer a existência de valores negativos no discurso comunicativo, sem se cair na ilusão de sua plena validade em si e de per si, independentemente do alcance ético de seu conteúdo. (Reale, 1996, p. 137-139).

Há que se perceber assim que o ciberespaço, como grande expressão do mundo virtual, se tornou a mais incrível manifestação da ideologia liberal, segundo pensada pelos pais da economia política, suprimindo regulações e intermediários. Dentro desse espaço mercadológico planetário, o desenvolvimento de novas técnicas impulsiona cada vez mais o consumidor a se atualizar. Um número considerável de pessoas compra um novo computador, *tablet* ou *smartphone* pela simples novidade, sem qualquer reflexão sobre o fato de o aparelho antigo ainda cumprir ou não sua funcionalidade.

Por ser considerada uma máxima expressão de liberdade, muito se discute hoje sobre os limites do exercício de direitos fundamentais na internet. Afinal, há que se ter intervencionismo estatal no universo online, a fim de se resguardar direitos, ou o próprio ambiente virtual é capaz de criar instrumentos próprios e controlar atividades tidas como ilícitas? Este é um debate premente, que inclusive tem proporcionado dúvidas em todo o mundo sobre o real papel das Big Techs, não apenas no controle, preventivo e repressivo, de notícias falsas, mas também na manutenção de um ambiente digital minimamente digno e seguro.[45]

---

45. No Brasil, o Senador Alessandro Vieira apresentou o Projeto de Lei nº 2630/2020, que institui a Lei Brasileira de Liberdade, Responsabilidade e Transparência na Internet, apelidado pela imprensa de "lei das fake news". Este projeto foi aprovado no Senado e está em análise na Câmara do Deputados. A proposta estabelece normas relativas à transparência de redes sociais e de serviços de mensagens privadas, como WhatsApp e Telegram, sobretudo no tocante ao papel dos provedores pelo combate à desinformação e pelo aumento da transparência na internet, à transparência em relação a conteúdos patrocinados e à atuação do poder público. O PL 2.630 estabelece sanções para o descumprimento da lei. A intenção é evitar notícias falsas que possam causar danos individuais ou coletivos e ao sistema democrático brasileiro.

3
OS BENS JURÍDICOS

3.1. NOÇÕES PRELIMINARES

O direito subjetivo permite a cada um agir conforme a sua vontade, na busca da satisfação de um determinado interesse próprio. A norma concede a cada indivíduo a faculdade de agir ou não. A tal poder dá-se o nome de facultas agendi. Ao agir, o sujeito atuará conforme sua vontade, na busca da satisfação de um interesse próprio. Para a doutrina majoritária, o direito subjetivo é a expressão da vontade individual que se concretizará através da busca de um resultado, da realização de um interesse, já que não há manifestação de vontade sem um objetivo.

Entretanto, ao atuar de acordo com sua vontade, visando alcançar interesse próprio, o sujeito deverá se submeter a limites impostos pelo Estado. A observância desses limites é um dos pressupostos do próprio Estado Democrático de Direito. Por exemplo, o indivíduo que decide contratar um serviço o faz porque quer, com a intenção de satisfazer dado interesse. Ao celebrar esse negócio jurídico, tem-se claramente o exercício de um direito subjetivo.

Tais interesses podem assumir a perspectiva econômica e patrimonial, existencial ou ambas. Assim, quando se investe dinheiro na compra de criptoativos, a expectativa natural é que estes bens possam se valorizar ao longo do tempo, para que o investidor tenha o almejado ganho patrimonial. Já quando se decide pela doação de órgãos e tecidos, ou pela troca do prenome, o indivíduo está na busca da satisfação de um interesse de índole existencial, ou seja, relacionado ao desenvolvimento de sua personalidade. Por sua vez, aquele que decide ceder sua imagem para um comercial de televisão, a fim de receber uma quantia em troca, atende a um só tempo interesses existenciais e patrimoniais.

Para os fins desta obra, há que se entender qual a relação existente entre os bens e os sujeitos, na perspectiva de um direito subjetivo. Afinal, aquele que manifesta vontade o faz na pressuposição de que esta irá recair sobre algo externo ao sujeito, ou seja, exatamente o objeto. Seria possível que este objeto assumisse a condição de um bem digital? Se sim, quais os pressupostos para isto? A fim de se chegar a respostas metodologicamente aceitáveis, será feito um percurso pela essência do direito subjetivo, seu sujeito, objeto e relação jurídica.

Logo, sob um prisma técnico-jurídico, há que se recordar que o direito subjetivo possui estes três elementos:

a) sujeito;

b) objeto; e

c) relação jurídica.

Os bens são precisamente o objeto do direito subjetivo, ou mesmo da relação jurídica, ou seja, eles constituem algo externo à pessoa, sobre os quais a vontade desta irá recair, ao se perseguir algum interesse legítimo.[1] Essa visão pode ser denominada de visão clássica de objeto dos direitos, identificada com um sentido de coisas materiais, oriunda dos juristas romanos.

Para uma concepção mais moderna, entretanto, o objeto das relações jurídicas não seria constituído apenas pelos bens. Em visão apresentada por Francisco Amaral (2003), o objeto da relação seria repartido em objeto imediato e objeto mediato. Aquele deveria ser entendido como o comportamento, a atividade, a ação ou omissão dos sujeitos, enquanto o segundo, as coisas propriamente ditas sobre as quais incidiria aquele comportamento (Amaral, 2003).

As pessoas possuem necessidades, desejos e fins a serem perseguidos. No exercício de sua autonomia privada irão procurar manifestar sua vontade com a intenção de satisfazer essas contingências, como forma de alcançar êxito em sua realização existencial. Para que esse resultado se efetive, as pessoas terão que buscar os instrumentos adequados, residindo aí então a categoria dos bens jurídicos, como sendo exatamente esses meios aptos a satisfazer aquelas necessidades.

Dessa maneira, como dito e exemplificado acima, os bens adequados à autorrealização poderão possibilitar o preenchimento de questões de ordem patrimonial, existencial ou mesmo ambas. Na aquisição de uma casa para moradia, por exemplo, o sujeito busca satisfazer tanto seu interesse econômico- -patrimonial, vindo a negociá-la pelo valor que melhor lhe convenha, quanto o lado pessoal-existencial, escolhendo o local que atenda às suas expectativas para a construção de um lar, pelo tamanho do imóvel, localização, vizinhança, onde ele poderá desenvolver a plenitude de sua especial dignidade.

Nessa linha, Francisco Amaral (2003) pontua que as necessidades podem gerar objetos tanto de direitos subjetivos patrimoniais, quanto existenciais

> Em senso amplo, esse objeto pode, portanto, consistir em coisas (nas relações reais), em ações humanas (nas relações obrigacionais) e também na própria pessoa (nos direitos de personalidade e nos de família, em institutos como no pátrio poder, na tutela e na curatela), e até em direitos (como no penhor de créditos, no usufruto de direitos) (AMARAL, 2003, p. 308).

---

1. Objeto vem do latim *objectum*, que seria aquilo que se coloca adiante, fora do sujeito.

Como essas necessidades humanas são infinitas e os bens, ao contrário, finitos, exsurge daí uma potencialidade enorme de conflitos, razão pela qual o Direito é chamado a intervir, tendo importante papel na regulação, na atribuição e circulação desses bens. A intervenção jurídica, assim, deverá partir da seguinte premissa: este bem possui alguma utilidade, ou seja, é um bem apto a satisfazer alguma necessidade humana? Dessa forma, serão objeto de interesse da ciência jurídica, em princípio, apenas os bens que se mostrarem, em concreto, como dignos de alguma utilidade humana, ficando asilados de regramento, em princípio, aqueles bens que não se apresentam como portadores de latente serventia às pessoas.

E nesta perspectiva, uma ordem gigantesca de bens poderá vir a ser útil a um, mas não a outro sujeito. Afinal, os bens possuem o valor e consideração que cada sujeito dá a eles. Algo completamente inútil a um, pode ter um valor significativo para determinada pessoa ou grupo. Pense-se, por exemplo, numa relíquia de família, com pouco valor comercial, mas de intenso apreço pela entidade familiar. E o papel do Direito é exatamente entender esta dinâmica social, tutelando não o bem em si, mas o interesse do sujeito que está por detrás deste bem.

3.2. BENS E COISAS

Uma distinção importante que há décadas é feita pela doutrina, baseada nesta ideia de finalidade em concreto, seria aquela que aparta a noção de bens e coisas. Tudo o que existe no universo, tendo existência material e suscetível de ser medida em uma escala de valor, pode ser conceituado como coisa.[2] A utilidade e a possibilidade de serem apropriadas concedem valor a esta coisa, transformando-as, então, em bens. Assim, bem é tudo aquilo que tem valor e que, por isso, entra no mundo jurídico como objeto de direito (Amaral, 2003).

Vê-se que coisa seria um conceito então ligado à noção de substância, algo fisicamente delimitado, existente no mundo da natureza e que pode vir a repercutir no mundo jurídico. Seguindo-se essa linha, em que pese haver divergência doutrinária a respeito, coisa seria um gênero e bem uma de suas espécies.[3]

---

2. No Esboço de Código Civil elaborado por Teixeira de Freitas (2003), o art. 317 trazia exatamente esta noção sobre coisa: "Coisa é tudo aquilo que tem existência material e que é suscetível de medida de valor".

3. Francisco Amaral (2003) ressalta esta divergência entre coisas e bens, citando Orlando Gomes na obra *Introdução ao Direito civil* (p. 174) e Pontes de Miranda, em seu *Tratado de Direito Privado* (v. 2, p. 22). Para estes dois autores, bens podem ser objetos de direitos, ainda que desprovidos de qualquer valor econômico. Logo, a ordem deveria ser invertida: bem seria gênero do qual a coisa seria uma espécie.

Pedro Pais de Vasconcelos (2014) assevera, no sentido de utilidade e finalidade, que devem ser entendidos como bens os meios extrajurídicos, físicos ou intelectuais, que sejam aptos a realizar os objetivos pretendidos por uma pessoa, ou seja, seria bem tudo o que sirva ao ser humano para o atingimento de algum fim. O sentido de bens seria assim apreendido do relacionamento dos objetivos e fins, com os meios que seriam idôneos para os realizar. Tal noção de idoneidade seria a própria utilidade daquele bem (Vasconcelos, 2012)

Francisco Amaral afirma que o conceito de bem, portanto, deveria ser histórico e relativo. Histórico porque a ideia de utilidade tem variado conforme as diversas épocas da cultura humana; relativo em virtude das variações verificadas ante as múltiplas necessidades pelas quais o homem tem passado. Com a evolução da espécie humana, novas necessidades surgem, transmudando-se a noção de bem constantemente (Amaral, 2003).

César Fiuza (2004) destacando também este viés da utilidade, mas chegando a conclusão diversa da externada por Francisco Amaral (2003), por entender que bem seria uma categoria jurídica mais ampla que as simples coisas, afirma que

> Bem é tudo aquilo que é útil às pessoas.
>
> Coisa, para o Direito, é todo bem econômico, dotado de existência autônoma, e capaz de ser subordinado ao domínio das pessoas.
>
> Conclui-se que coisa, neste sentido, é sinônimo de bem. Mas nem todo bem será coisa. Assim, não são coisas os bens chamados jurídicos, como a vida, a liberdade, a saúde etc. (Fiuza, 2004, p. 171).
>
> E visando fornecer um critério seguro para a distinção, continua
>
> Para que um bem seja coisa, são necessários três requisitos:
>
> 1º) interesse econômico: o bem deve representar interesse de ordem econômica. Uma folha seca não será bem nem coisa para o Direito;
>
> 2º) gestão econômica: deve ser possível individualizar e valorar o bem. A luz do sol, por exemplo, não possui gestão econômica. Portanto, não será bem nem coisa para o Direito;
>
> 3º) subordinação jurídica: o bem deve ser passível de subordinação a uma pessoa. Tampouco deste ângulo a luz do sol seria bem ou coisa.
>
> Mas um carro possui as três características. É, portanto, bem, por ser útil às pessoas, e coisa, por possuir aqueles três elementos (Fiuza, 2004, p. 171-172).

Caio Mário da Silva Pereira (2009a.v.1.), por sua vez, embora concorde em qualificar o bem jurídico como objeto da relação jurídica, descarta enquadrar como bens jurídicos os bens morais, as solicitações estéticas e os anseios espirituais. A fim de não confundir, o autor esclarece que os bens jurídicos são antes de tudo aqueles com natureza patrimonial, ou seja, os denominados bens econômicos. Porém, a ordem jurídica também resguarda outros bens de caráter inestimável, sem que estes se configurem bens morais. A patrimonialidade não seria um requisito essencial para a consideração de um bem como jurídico. Assim, seriam bem jurídicos, embora não patrimoniais (por não terem expressão econômica imediata), o nome, o poder familiar, dentre outros, sobre os quais a vontade poderia ser manifestada, dentro dos limites impostos pela ordem jurídica positivada.

Para distinguir bens e coisas, o autor acima citado parte de outra premissa: o critério da materialidade. Segundo ele, os bens especificamente considerados distinguem-se das coisas, em razão da materialidade destas, ou seja, as coisas seriam concretas, tais como uma fazenda ou um veículo. Os bens, por sua vez, seriam os imateriais, os abstratos, tais como o crédito ou uma faculdade jurídica.

Dessa forma, os bens jurídicos comportariam um sentido mais amplo e outro mais restrito. No primeiro estariam contidas as coisas. Já no segundo, estariam incluídos apenas os bens de caráter imaterial (Pereira, 2009a., v. 1).[4]

Seguindo a linha bem próxima à de Caio Mário da Silva Pereira, Pablo Stolze Gagliano e Rodolfo Pamplona Filho (2016) também preferem identificar a coisa sob o aspecto de sua materialidade, reservando o vocábulo apenas aos objetos corpóreos. Já os bens seriam exatamente a categoria mais ampla, compreendendo os objetos corpóreos (coisas) e os incorpóreos, ideias ou imateriais, o que permite considerar então que certos bens jurídicos não são coisas necessariamente, como aqueles que integram a personalidade do ser humano (Gagliano e Pamplona Filho, 2016).

A visão de Caio Mário da Silva Pereira (2009), de certa maneira, se aproxima da visão de Cesar Fiuza (2004), na medida em que ambos aceitam que bem jurídico seria uma categoria mais ampla, que poderia englobar o conceito de coisa.

Ao compulsar o nosso atual Código Civil, vê-se que o Livro II da Parte Geral, a partir do art. 79, utilizou apenas a nomenclatura bens, para regramento do objeto das relações jurídicas, aceitando, ao que parece, a visão exposta por Caio Mario da Silva Pereira (2009) e também por Cesar Fiuza (2004), de bem jurídico em sentido mais genérico.[5] Todavia, ao elencar as diferentes classes de bens, o Código em vigor optou, ao contrário do que ocorre nas codificações de outros

---

4. Na mesma linha e citados por este mesmo autor, caminham Ruggiero, Teixeira de Freitas, Windscheid (PEREIRA, 2009a., v. 1, p. 344).
5. Em contrapartida, há que se observar que no Livro I, da Parte Especial deste mesmo Código Civil – Direito das Obrigações – o legislador opta a todo momento pelo uso da palavra "coisa". Isto denotaria o caráter patrimonialista e econômico vinculado às prestações de cunho obrigacional, em reforço à possível adoção desta visão apresentada por Francisco Amaral (2003) e também por Cesar Fiuza (2004).

países,[6] por não conceituar o termo "bens", indo diretamente para o tratamento dos bens imóveis e móveis, dentre outras classificações.

3.3. BENS CORPÓREOS E INCORPÓREOS

Além da distinção entre bens e coisas, outra que não pode passar desapercebida na construção da noção de bem jurídico é aquela que divide os bens em corpóreos e incorpóreos, conhecida desde o Direito Romano.

O critério classicamente construído para traçar a distinção entre essas categorias residiria na tangibilidade (possibilidade de serem tocadas).

Francisco Amaral (2003), escapando deste critério tradicional, afirma que os bens corpóreos seriam aqueles que possuem existência concreta, podendo ser perceptíveis pelos sentidos, sendo então objetos materiais, ainda que não possuam a forma sólida, como o gás, a eletricidade e o vapor. Já os incorpóreos seriam aqueles que teriam existência abstrata, intelectual, como a honra, a liberdade, o nome, bem como certos direitos e certas obras do espírito (Amaral, 2003).

Na mesma direção, Caio Mario da Silva Pereira (2009a., v. 1) acrescenta que o critério romanístico não resiste ao estado atual da ciência, embora afirme que a distinção ainda seja mantida e repetida constantemente pela doutrina. Criticando a tangibilidade como elemento diferenciador, ele afirma que

> Não é a tangibilidade, em si, que oferece o elemento diferenciador, pois há coisas corpóreas naturalmente intangíveis, e há coisas incorpóreas que abrangem bens tangíveis, como é o caso da herança ou do fundo de comércio, considerados em seu conjunto como bens incorpóreos, apesar de se poderem integrar de coisas corpóreas [...] (Pereira, 2009a., v. 1, p. 348).

Pietro Perlingieri (2008), com uma renovada abordagem, entende que as coisas corpóreas possuiriam em si uma idoneidade para serem consideradas bens jurídicos, ainda que atualmente não se enquadrem como tais. Um clássico exemplo seria a *res nullius*, coisa ainda não assenhorada, tal como um peixe que viva no mar. As incorpóreas, vez outra, deveriam ser verificadas em concreto se possuem uma utilidade que, socialmente e juridicamente, justificasse sua tutela. Haveria tal utilidade a partir do momento em que houve a presença do interesse de um sujeito determinado ou de um interesse de terceiros e/ou da comunidade,

---

6. Na Itália, o art. 810 do Código Civil de 1942 afirma que "são bens as coisas que podem formar objeto de direitos". Em Portugal, o Código de 1966 afirma em seu art. 202 que "diz-se coisa tudo aquilo que pode ser objeto de relações jurídicas". (ITÁLIA, 1942). Já o novo Código Civil Argentino, de 2014, prevê em meio à regulamentação de seu art. 16 que "os bens materiais se chamam coisas". Por fim, o Código Alemão traz em seu §90 que "coisas, no sentido da lei, são somente os objetos corpóreos" (ARGENTINA, 2014).

tais como o meio ambiente (e demais interesses difusos e coletivos) e a própria informação[7] (Perlingieri, 2008).

Esta classificação trabalhada neste tópico, que já fora importante no passado para a regulação da transmissão dos bens, hoje se afigura como de escassa importância. O direito brasileiro positivado, atualmente, inclusive, não trouxe normativos específicos para cada uma destas modalidades. Contudo, sobrevive a noção de que coisas corpóreas são objeto de compra e venda, ao passo que as incorpóreas são objeto de cessão (Pereira, 2009a., v. 1).

Certos direitos, que se aproximam do direito de propriedade, mas que na visão clássica desta não poderiam ser assim enquadrados, tem recebido o nome mesmo de propriedade, sendo então denominados comumente de propriedade incorpórea, como, por exemplo, a propriedade industrial e a autoral.

Fornecendo exemplo nesse sentido, Leonardo Poli considera o programa de computador ou *software* como sendo um bem jurídico imaterial, enquadrado como direito intelectual, ou seja, direito sobre coisas incorpóreas (Poli, 2003, p. 23).

Talvez por tais razões, a lei civil brasileira tenha optado por não considerar estas distinções, tratando estas modalidades sob a mesma rubrica genérica de *bens* no Livro II da Parte Geral do Código Civil.

3.4. A INFORMAÇÃO COMO BEM JURÍDICO

Abordando o estudo da teoria dos bens e ampliando a discussão até aqui traçada, Pietro Perlingieri (2008) afirma que não se deve limitar os bens à teoria dos direitos reais, tais como a propriedade. Devem ser considerados também como juridicamente relevantes os bens não patrimoniais, dignos de tutela independentemente de sua eventual relevância econômica. Nesse sentido, o autor italiano defende que a própria informação seja tratada como um bem jurídico (Perlingieri, 2008).

Segundo esse autor, para que assim seja, seria necessário que a informação tivesse alguma utilidade socialmente apreciável, ao mesmo tempo em que fosse encontrado no ordenamento jurídico uma avaliação em termos de merecimento de tutela. Quando isso se fizer presente, diz-se que a informação terá relevância jurídica. Nessa perspectiva, haveria uma necessidade de se estabelecer uma melhor relação entre conteúdo e continente, no caso, a notícia ou ideia em si e documento ou suporte da informação, já que constantemente há uma proteção demasiada ao continente, sem o dimensionamento correto do conteúdo.

---

7. Ver tópico 3.1.4.

Superando ainda a visão clássica de que um bem só poderia ter fruição exclusiva, Pietro Perlingieri (2008) reconstrói esta percepção, ao estabelecer que existem vários bens jurídicos que comportam, do ponto de vista estrutural, fruição múltipla. Em ordenamentos premidos pela socialidade, nos quais se supera o paradigma da individualidade, a visão de que existem bens jurídicos que não servem unicamente a um sujeito é essencial. Esse seria precisamente o caso da informação; um bem de fruição plúrima.

A informação, de um ponto de vista geral, satisfaz a necessidade humana de ter acesso ao conhecimento. Numa perspectiva individual, a informação tem o potencial para satisfazer interesses os mais diversos possíveis. Assim, a informação cumpriria vários requisitos para que pudesse ser considerada um verdadeiro bem jurídico, quais sejam:

a) pode ser objeto de uma relação jurídica;

b) os bens podem ter caráter patrimonial ou não;

c) é possível se conceber bens com fruição múltipla;

d) há possibilidade de sua tutela jurídica.

Dessa maneira, o autor italiano resume que

A informação em si, como coisa incorpórea, não é sempre e necessariamente relevante para o direito, mas a sua tutela varia com relação ao conteúdo da informação (pense-se na privacidade da pessoa), ao lugar ou à relação jurídica na qual os dados informativos estão inseridos ou, ainda, ao sujeito que a conhece e à sua atividade: pense-se no chamado sigilo industrial, ou no interesse a que o profissional ou o prestador de serviço não divulguem fatos conhecidos no adimplemento da sua própria prestação (Perlingieri, 2008, p. 963).

Esta informação poderá conter os requisitos da criatividade e originalidade, quando neste caso então será considerada indubitavelmente um bem jurídico, constituindo-se em direito de autor ou patentes. Mas, ainda quando não tenha esses requisitos, ou seja, for uma informação não criativa, sem possibilidade de registro próprio, poderá igualmente ser considerada um bem jurídico, se se mostrar num caso concreto como útil juridicamente com relação a determinada atividade humana.

Em quaisquer dessas situações, a informação poderá vir a ser tutelada pelo Direito como bem jurídico que é, seja por meio da proteção própria e específica existente para as informações com caráter de direito de autor, seja por meio da responsabilização civil em geral, para aquelas que se enquadram como apenas notícias (não criativas). Esta proteção será especialmente relevante, como sói ocorrer com qualquer outro tipo de bem jurídico, quando estiver configurada a presença de um ato ilícito (apropriação indevida da informação), apto a causar danos injustos aos titulares, na perspectiva de um caso em concreto.

A prova cabal de que a informação é realmente um bem jurídico nos dias de hoje talvez seja a quantidade de contratos cujo objeto é a prestação de informações por parte do devedor. A título de exemplos:

a) nos contratos de consultoria empresarial, os prestadores de serviço irão fornecer informações que podem subsidiar decisões daqueles que exercem a atividade;

b) cessão das informações constantes de uma base de dados de clientes;

c) informações meteorológicas para aquele que exerce uma atividade rural ou de transporte;

d) informações sobre hábitos de consumo; entre outros.

Ao se focar em serviços prestados por aplicativos instalados em *gadgets*, vê-se que grande parte deles se baseia no fornecimento de informações, sejam estas inéditas ou não.[8]

Esta cessão da informação[9] pode trazer uma série de novos problemas na seara da responsabilização, que vão desde a possível violação à privacidade, ao seu uso indevido por criminosos (a informação como bem jurídico tutelado pode ser objeto de crimes contra a propriedade, tais como furto, roubo e apropriação indébita, além de delitos contra a propriedade intelectual). Daí porque hoje se acumulam em negócios jurídicos as cláusulas que impõem deveres de sigilo aos contratantes, evitando-se que informações relevantes sejam indevidamente expostas uns pelos outros.

Por tudo o que fora exposto, na sociedade denominada no capítulo anterior de sociedade da informação, não há como não caracterizar as informações como verdadeiros bens jurídicos, pois cada vez mais são encontradas situações nas quais tal bem será o próprio objeto da relação jurídica, ou o interesse indevidamente violado por um terceiro. Em um mundo virtual, onde impera a desmaterialização das atividades humanas,[10] a tutela da informação, seja em caráter individual ou coletivo, é essencial para a proteção da própria pessoa humana.

---

8. O aplicativo denominado de "waze", grande sucesso em todo o mundo, fornece instantaneamente informações sobre mapas, rotas e condições do trânsito. Igualmente bem sucedido, o aplicativo "TripAdvisor" fornece informações sobre hotéis, restaurantes, pontos turísticos de milhares de cidades globo afora.

9. Opta-se expressamente pelo termo *cessão*, já que, como afirmado, a informação teria um caráter de bem incorpóreo.

10. Esta expressão *desmaterialização das atividades humanas* é usada por Pietro Perlingieri (2008) como título de um capítulo específico em sua obra *O direito civil na legalidade constitucional* (PERLINGIERI, 2008, p. 969).

Dito isso, a opção do presente estudo será traçar um conceito de bens digitais a partir da noção de bem jurídico apresentada por Caio Mário da Silva Pereira (2009a.v.1.) e também por Cesar Fiuza (2004), enriquecida por estas lições de Pietro Perlingieri (2008), ou seja, bens como uma categoria jurídica mais ampla, que não afastaria a inclusão da informação como tal.

3.5. O VALOR EXISTENCIAL COMO BEM JURÍDICO

No direito romano era corrente a ideia de que o homem, quando escravo, poderia perfeitamente ser considerado como objeto de direito, verdadeira propriedade de outrem. Essa percepção alcançou a maioria dos povos que admitiram a escravidão.

Entretanto, com o fim desta, via de regra, não seria tolerável que a pessoa fosse considerada como um bem jurídico, apta a ser titularizada por outro semelhante. No máximo, comportamentos humanos poderiam ser objeto de relações jurídicas, especialmente quando estivéssemos diante de relações obrigacionais. Mas, ainda assim, o credor não teria poder imediato sobre a pessoa do devedor.[11]

De toda forma, hoje é indubitável que partes intrínsecas ao ser humano, devem ser consideradas sua primeira utilidade e, portanto, se esquadrinhar dentro da categoria de bens jurídicos. Alguns bens seriam inerentes à própria condição de ser humano, tais como a vida, a liberdade, a honra, a privacidade, dentre outros. Esses bens primários seriam denominados de direitos da personalidade, segundo nomenclatura corrente.[12]

Inúmeras teorias foram criadas, ao longo dos anos, para explicar a possibilidade de a pessoa ser, a um só tempo, sujeito e objeto de direitos. Desde a criação na Alemanha do século XIX da "teoria do direito sem sujeito",[13] na qual os direitos da personalidade eram equivocadamente inseridos, até a percepção de que os

---

11. Isso porque a responsabilidade por eventual inadimplemento recairia, via de regra, sobre o patrimônio do devedor (responsabilidade patrimonial – consagrada no art. 391, CC e também no art. 789, NCPC). Nada obstante, hoje a tutela específica das obrigações, previstas desde 1994 em nosso ordenamento, poderia implicar medidas coercitivas contra o devedor reticente, a fim de se buscar a satisfação dos interesses do credor.

12. Segundo Elimar Szaniawski (2005), alguns autores preferem outras denominações aos direitos da personalidade: Gierke, Windscheid e Campo Grande preferem denominar de "direitos sobre a própria pessoa"; Koehler prefere a expressão "direitos individuais"; Rotondi opta por "direitos personalíssimos"; Gangi e De Cupis, por sua vez, preferem a expressão "direitos essenciais da pessoa" ou "fundamentais da pessoa" (SZANIAWSKI, 2005, p. 71).

13. Segundo seus defensores, seria possível existir apenas objetos de direito, sem o respectivo sujeito que viesse a titularizá-lo. Esta teoria nasceu a partir do estudo da natureza da herança jacente. Alguns autores entenderam que os direitos da personalidade estariam inseridos nesta categoria, evitando que o ser humano fosse ao mesmo tempo sujeito e objeto de direitos.

direitos da personalidade, como direitos absolutos que são, teriam seu objeto fora do ser humano, especificamente no dever geral de abstenção imposto a toda a coletividade,[14] houve um grande esforço para construir um espaço correto para inserção desses direitos primários do homem.

Enfrentando esta polêmica Francisco Amaral (2003) recorda que

> A maioria dos juristas não aceita, porém, que a pessoa seja objeto de direito porque, sendo um valor-fim, não pode ficar submetida ao poder jurídico de outrem nem mesmo nas relações de família, em que os poderes são poderes-deveres ou poderes-função, devendo ser exercidos em benefício daqueles a quem se dirigem. O corpo humano é um bem jurídico, é objeto dos direitos da personalidade e, como tal, protegido (AMARAL, 2003, p. 308).

Por sua vez, Elimar Szaniawski (2005) refutando essas polêmicas anteriormente existentes e buscando apresentar o posicionamento mais atual, assevera que

> Predominantemente, tem-se preferido objetar todas essas teorias, afirmando-se que o objeto dos direitos de personalidade não se encontra nem na própria pessoa nem externamente, nas pessoas sujeitas a uma obrigação passiva universal, mas nos bens constituídos por determinados atributos ou qualidades, físicas ou morais, do homem, individualizado pelo ordenamento jurídico (Szaniawski, 2005, p. 87).

Hoje não há dúvidas de que certos bens que integram a personalidade humana podem ser sim objeto de relações jurídicas, sem que com isso se diga que a pessoa que o detém tenha deixado de ser seu titular. Pense-se no exemplo da imagem. Na civilização do espetáculo, como visto, a imagem é um dos atributos mais explorados pela pessoa, a fim de se alcançar *status*, sendo reconhecida pelo outro. Mostra-se como fundamental que essa imagem, enquanto direito da personalidade, seja tutelada pelo ordenamento como verdadeiro bem jurídico inerente ao ser.

Não haveria, assim, dualidade entre sujeito e objeto. Esta contraposição é uma marca da tradição patrimonialista, em que realmente existiam, como elementos diversos de um direito, o sujeito e o objeto sobre o qual sua vontade recairia – a prestação no direito obrigacional, ou a própria coisa no direito real. Na categoria do ser, não há mais razão para a eternização desta dualidade.

Pietro Perlingieri (2008) resume bem esta concepção moderna, ao perceber que, tendo a personalidade um valor, as situações existenciais não seriam exauridas na tradicional categoria dos direitos subjetivos. Poderiam se apresentar em outras categorias também, como a dos direitos potestativos, das faculdades jurídicas, dos ônus e sujeições, dentre outras. A título de exemplo, a privacidade não deveria ser vista apenas como um direito subjetivo. Poder-se-ia resguardar

---

14. Nesse sentido caminhou Ferrara, citado por Elimar Szaniawski (2005, p. 83).

o atributo da privacidade ao se exercer a faculdade jurídica de uso e gozo de uma propriedade.

Dessa maneira, Pietro Perlingieri (2002), ao dissertar sobre os direitos da personalidade e sem excluir a possibilidade de eles serem inseridos dentro da categoria dos direitos subjetivos bem pontua que

> A esta matéria não se pode aplicar o direito subjetivo elaborado sobre a categoria do "ter". Na categoria do "ser" não existe a dualidade entre sujeito e objeto, porque ambos representam o ser, e a titularidade é institucional, orgânica. Onde o objeto de tutela é a pessoa, a perspectiva deve mudar; torna-se necessidade lógica reconhecer, pela especial natureza do interesse protegido, que e justamente a pessoa a constituir ao mesmo tempo o sujeito titular do direito e o ponto de referência objetivo da relação. A tutela da pessoa não pode ser fracionada em isoladas *fattispecie* concretas, em autônomas hipóteses não comunicáveis entre si, mas deve ser apresentada como problema unitário, dado o seu fundamento representado pela unidade do valor da pessoa. Este não pode ser dividido em tantos interesses, em tantos bens, em isoladas ocasiões, como nas teorias atomísticas (Perlingieri, 2002, p. 155).

Portanto, os direitos da personalidade permitem uma releitura dos elementos clássicos do direito subjetivo, ao possibilitar que a um só tempo a pessoa seja o sujeito do direito e sua projeção objetiva. Não se apresenta mais como adequada a discussão sobre a possibilidade de a pessoa poder ser encarada como um bem jurídico. A pessoa é detentora de bens jurídicos que lhe são inerentes e, diante de um caso concreto, poderão ser dignos de tutela, sem que com isso se esteja objetivando o ser humano.

4
BENS DIGITAIS

4.1. DELIMITAÇÃO DO TEMA, NATUREZA JURÍDICA E CONCEITO.

Na perspectiva da sociedade imersa em um grande paradigma virtual, como já apresentado, torna-se natural que diversas projeções da pessoa humana passem a ser incorporadas ao mundo digital. Mais e mais a vida real vai se atualizando e migrando para o ambiente digital. Este é um processo inexorável, sem freios e com uma velocidade impressionante.

Ao longo da vida, bilhões de pessoas irão interagir, externar seus pensamentos e opiniões, compartilhar fotos e vídeos, adquirir bens corpóreos e incorpóreos, contratar serviços, dentre centenas de outras possíveis atividades por meio da rede mundial de computadores.

Naturalmente, esse passar dos anos fará com que sejam depositadas na rede inúmeras informações, manifestações da personalidade e arquivos com conteúdo econômico, todos esses ligados a um determinado sujeito. Cada internauta terá seu patrimônio digital que necessitará ser protegido, porque em algum momento ele irá falecer, manifestar alguma causa de incapacidade ou mesmo sofrer violações a este legado deixado em rede.

Para denominar este verdadeiro patrimônio, dois têm sido os nomes principais, cunhados especialmente nos Estados Unidos, uma vez que o tema no Brasil ainda não mereceu a detida atenção. Assim, é cada vez mais comum encontrar as expressões: *digital assets*[1] e *digital property*.[2]

A opção neste estudo, até para que seja seguida a nomenclatura utilizada pelo Código Civil Brasileiro de 2002, será denominar tais ativos como bens. E, em sendo bens, como se apresentam em um ambiente diferente do convencionalmente tratado por nossa legislação, o melhor seria considerá-los bens digitais, como fruto da verdadeira revolução tecnológica digital operada em nossa sociedade nas últimas décadas. Assim, restaria claro que se está diante de legítimos bens jurídicos, com notória implicação neste novo ambiente.

---

1. Numa tradução nossa: *ativos digitais*.
2. Também numa tradução nossa: *propriedade digital*.

Há que se registrar que a expressão tecnodigital não é nova nos estudos em terra brasileira. Sávio de Aguiar Soares (2012) vale-se desta expressão para defender tanto os fundamentos de um direito tecnodigital, quanto a reformulação do Direito de autor, quando houver obras intelectuais digitais, a fim de serem compreendidas como direitos de propriedade tecnodigital (Soares, 2012).

A ideia de propriedade tecnodigital também fora explorada por Alexandre Libório Dias Pereira, ao propor uma releitura da propriedade autoral no ciberespaço (Pereira, 2008).

Entretanto, a opção pela utilização da expressão tecnodigital neste estudo, não deve excluir a possibilidade igualmente válida de serem denominados de bens digitais, ativos digitais ou, na expressão já consagrada internacionalmente, *"digital assets"*.

Nos últimos anos, desde a publicação da primeira edição desta obra em 2017, a expressão "bens digitais" se popularizou de tal forma que, atualmente, vem sendo a preferida para designar esta categoria jurídica. Inúmeros trabalhos foram e estão sendo publicados ratificando a opção por esta nomenclatura.

Indubitavelmente, o modo de pensar a categoria dos bens jurídicos, sob esse paradigma tecnodigital, exigirá reflexões sobre a fluidez e mutabilidade dos padrões até então conhecidos, alterando consequentemente também as soluções jurídicas e tecnológicas no presente e, principalmente, no futuro.

O ambiente virtual, assim como ocorre no mundo não virtual, comporta aspectos nitidamente econômicos, de caráter patrimonial, bem como outros ligados inteiramente aos direitos da personalidade, de natureza existencial. Dessa forma, acredita-se que seja adequada a construção de duas categorias de bens: os bens digitais patrimoniais e os bens digitais existenciais. E, por vezes, alguns bens com esta configuração poderão se apresentar com ambos os aspectos, patrimonial e existencial a um só tempo.

Como visto, os bens em geral poderão ter natureza corpórea ou incorpórea. Nesse sentido os bens digitais se aproximariam mais da segunda forma, já que a informação postada na rede, armazenada localmente em um sítio ou inserida em pastas de armazenamento virtual (popularmente conhecidas como "nuvens"), seria intangível fisicamente, abstrata em princípio.

Estes bens digitais podem se apresentar sob a forma de informações localizadas em um sítio de internet, tais como:

a) em um correio eletrônico (todos os serviços de *e-mail*, tais como *Yahoo*, *Gmail* e *Hotmail*);

b) numa rede social (*Facebook, LinkedIn, Google+, MySpace, Instagram, Orkut* etc.);

c) num site de compras ou pagamentos (*eBay* e *PayPal*);

d) em um blog (*Blogger* ou *Wordpress*);

e) numa plataforma de compartilhamento de fotos ou vídeos (*Flickr, Picasa* ou *Youtube*);

f) em contas para aquisição de músicas, filmes e livros digitais (*iTunes, GooglePlay* e *Pandora*);

g) em contas para jogos online (como o *World of Warcraft* ou *Second Life*) ou mesmo em contas para armazenamento de dados (serviços em nuvem, como *Dropbox, iCloud* ou *OneDrive*).

Como explicitado no item 2.3.3, aqui se insere exatamente a noção de conteúdo postado. A título de recordação, definiu-se conteúdo como sendo uma expressão que englobaria todo e qualquer segmento de informação propriamente dito, ou seja, conteúdo será sempre uma informação digital, podendo então envolver um texto, uma imagem, um som ou vídeo, qualquer dado, sendo estes posteriormente difundidos pela Internet. Os bens digitais devem ser vistos como gênero que incorporaria todos estes variados conteúdos, postados ou compartilhados por meio do ambiente virtual.

Agora se torna mais evidente a razão pela qual no item 3.1.4 optou-se por se utilizar da percepção de Pietro Perlingieri (2008), quando afirma ser a informação um bem jurídico, desde que se apresente útil a alguma necessidade humana, despertando assim o interesse do Direito e sua respectiva tutela. Os bens digitais são informações que em sua imensa maioria se apresentarão como úteis, tendo, portanto, relevância jurídica.

Seria possível agora rascunhar um conceito do que se está a denominar de bens digitais. Estes seriam aqueles bens incorpóreos, os quais são progressivamente inseridos na Internet por um usuário, consistindo em informações de caráter pessoal que trazem alguma utilidade àquele, tenha ou não conteúdo econômico.

Não há, até o presente momento, qualquer conceito legal no Brasil em relação a estes bens. O Marco Civil da Internet (Lei 12.965/2014) não traz nenhuma definição sequer similar ao que ora aqui se propôs a trabalhar. Compulsando o já citado conceitual art. 5º, não há nada que se enquadre como propriedade digital, nos termos ora explicitados. (BRASIL, 2014a). Voltar-se-á a tal ponto, no item 6.4 deste estudo.

Procurando uma solução dentro de nosso ordenamento, o caminho natural seria mirar na Lei de Direitos Autorais (Lei 9.610/98) (Brasil, 1998a) ou na

Lei do Software (Lei 9.609/98) (BRASIL, 1998b), verificando se há ali conceitos equivalentes.

Na primeira, embora não tenha sido elaborado para a nova realidade que aqui se tenta delimitar, pode ser encontrado um conceito que se adequaria, ainda que parcialmente, aos bens digitais. O art. 7º da Lei 9.610/98, quando trata das obras intelectuais protegidas, traz em seus incisos algumas hipóteses nas quais esses bens, objeto de estudo, poderiam ser enquadrados.[3]

No *caput* do dispositivo é mencionado que obras intelectuais protegidas são as criações do espírito, expressas por qualquer meio, mesmo intangível, que se invente no futuro. Ora, os ativos digitais seriam, em parte, criações mesmo da inteligência humana, externadas no âmbito virtual, numa rede consolidada e popularizada após o advento desta Lei (BRASIL, 1998a), a Internet.

Indo aos incisos, é possível inferir que os bens digitais, como dito, podem ser constituídos por textos, vídeos, fotografias, base de dados, ou seja, se encaixariam nos conceitos trazidos, especialmente, nos incisos "I", "II", "VI", "VII" e "XIII".

Sobre esse último inciso, inclusive, vale uma menção especial. Em sua parte final, é inserido um conceito jurídico indeterminado quando estabelece "bases de dados e outras obras, que, por sua seleção, organização ou disposição de conteúdo, constituam uma criação intelectual." (BRASIL, 1998a). Assim, o Judiciário poderá, a partir de uma interpretação construtiva, definir que vários dos bens

---

3. Art. 7º São obras intelectuais protegidas as criações do espírito, expressas por qualquer meio ou fixadas em qualquer suporte, tangível ou intangível, conhecido ou que se invente no futuro, tais como:

I – os textos de obras literárias, artísticas ou científicas;

II – as conferências, alocuções, sermões e outras obras da mesma natureza;

III – as obras dramáticas e dramático-musicais;

IV – as obras coreográficas e pantomímicas, cuja execução cênica se fixe por escrito ou por outra qualquer forma;

V – as composições musicais, tenham ou não letra;

VI – as obras audiovisuais, sonorizadas ou não, inclusive as cinematográficas;

VII – as obras fotográficas e as produzidas por qualquer processo análogo ao da fotografia;

VIII – as obras de desenho, pintura, gravura, escultura, litografia e arte cinética;

IX – as ilustrações, cartas geográficas e outras obras da mesma natureza;

X – os projetos, esboços e obras plásticas concernentes à geografia, engenharia, topografia, arquitetura, paisagismo, cenografia e ciência;

XI – as adaptações, traduções e outras transformações de obras originais, apresentadas como criação intelectual nova;

XII – os programas de computador;

XIII – as coletâneas ou compilações, antologias, enciclopédias, dicionários, bases de dados e outras obras, que, por sua seleção, organização ou disposição de seu conteúdo, constituam uma criação intelectual (BRASIL, 1998a).

digitais poderiam ser protegidos pela legislação autoral, a partir da consolidação desta cláusula aberta.

De qualquer forma, deve-se reiterar que a Lei de Direitos Autorais foi formulada para ser uma lei geral de proteção aos direitos de autor, ou seja, não pode pretender regular todas as minúcias que a revolução tecnológica operada nas últimas décadas está a impor ao operador do Direito. Neste sentido, Leonardo Poli (2008) afirma que

> A LDA não pode pretender ser a Lei global do microssistema autoral, mas simplesmente sua Lei básica, o que já é. A adequação do direito autoral à tecnologia digital melhor se faria em legislação específica. A superação dos problemas trazidos pela tecnologia digital pressupõe o esforço legislativo de regulamentação das novas situações por ela criadas (Poli, 2008, p. 144).

Compulsando a Lei do Software (Lei 9.609/98), em especial seu art. 1º, que conceitua o que seria um programa de computador, acredita-se não ter aplicabilidade ao que aqui está a se denominar de patrimônio digital, ativos digitais ou bens digitais, pela maior amplitude desta última categoria. Se é certo que o programa de computador merece a mesma tutela deferida às obras intelectuais em geral, certo é também que os bens digitais não se restringem a esta manifestação do espírito humano.[4]

Nesse sentido, novamente com Leonardo Poli, é possível afirmar que o programa de computador ou *software* nada mais é do que um processo prático a fim de fazer uma máquina que processa informações funcionar, com a finalidade de solucionar problemas de seus usuários (Poli, 2003, p. 35). Logo, não há como aplicar a lei em comento aos ativos digitais, por serem estes mais amplos.

De qualquer forma, o conceito de bens digitais mereceria construção legislativa própria, já que as consequências provocadas não são idênticas às produzidas pela propriedade autoral. Aqui não vai nenhuma crítica ao ordenamento brasileiro, uma vez que a questão do tratamento aos bens digitais é realmente nova e, aos poucos, vai ganhando a atenção mundo afora. Como será visto na sequência deste estudo, poucos países vêm se dedicando à regulamentação específica dos variados problemas vinculados aos ativos digitais.

Talvez por estas razões, a Comissão de Juristas responsável pela revisão e atualização do Código Civil (CJCODCIVIL), optou por reconhecer a categoria

---

4. Art. 1º Programa de computador é a expressão de um conjunto organizado de instruções em linguagem natural ou codificada, contida em suporte físico de qualquer natureza, de emprego necessário em máquinas automáticas de tratamento da informação, dispositivos, instrumentos ou equipamentos periféricos, baseados em técnica digital ou análoga, para fazê-los funcionar de modo e para fins determinados (BRASIL, 1998b).

dos bens digitais. Ao redigir um capítulo para o Patrimônio Digital, dentro do novo livro dedicado ao Direito Digital, a Comissão assim justificou:

> Com a crescente digitalização de nossas vidas, torna-se imperativo reconhecer e regular o patrimônio digital como uma parte essencial do nosso legado. O patrimônio digital, que inclui ativos como contas em redes sociais, e-mails, conteúdos digitais como fotos e vídeos, e criptoativos, representa uma parcela significativa dos bens pessoais na era moderna. A necessidade de proteger esses ativos é clara, dado seu valor social e até patrimonial. A ausência de legislação específica cria um vácuo legal em questões de proteção, herança e gerenciamento desses bens digitais. Portanto, é crucial desenvolver regulamentos que abordem especificamente o patrimônio digital, garantindo a transmissão, a proteção e o uso adequado desses ativos no contexto atual e para as gerações futuras.

> Da mesma forma, o fim da pessoa natural e da personalidade jurídica não implica necessariamente a extinção dos suportes digitais que eram, em vida, titularizados pelo sujeito. Não é o fato da morte que vai, por exemplo, extirpar da realidade fática contas em redes sociais, mensagens privadas, fotos, vídeos, drives, "non fungible tokens", dentre outros dados pessoais até então armazenados virtualmente. Em realidade, eles continuam existindo.

> Evidencia-se, nesse passo, a seguinte questão: como definir e proceder com a sucessão dos ativos digitais do sucedendo, isto é, com sua herança digital? Trata-se, não se pode olvidar, de um grande desafio, mormente em virtude das complexidades próprias da arquitetura virtual. Com vistas a conferir ao referido questionamento respostas satisfatórias a nível dogmático, como também pragmático, pois, buscou-se privilegiar uma visão macroestrutural a respeito da sucessão em ambiente digital, definindo, em primeiro lugar, a noção de bens digitais para, então, a partir disso, elencar as hipóteses de sucessão e não sucessão, o que se deu a partir do critério da economicidade, sem se esquecer de eventual interesse legítimo dos herdeiros em hipóteses, a princípio, de não sucessão; bem como da liberdade de iniciativa e do princípio da intervenção mínima no ecossistema econômico, permitindo-se aos provedores de aplicação de internet definir regras de sucessão de bens digitais sem natureza econômica, respeitadas as demais disposições legais.

> Com isso, espera-se contribuir em direção ao aprimoramento do Código Civil e das legislações especiais pertinentes, na busca pela pacificação social sucessória também no meio digital, incluindo inspirações da Legislação espanhola sobre o tema.

Embora a Subcomissão de Direito Digital não tenha citado expressamente a expressão bens digitais na proposta legislativa redigida, ela optou por conceituar o patrimônio digital e, também, reconhecer a possibilidade de projeção post mortem de direitos da personalidade de natureza digital, como se verá adiante ao se analisar o trabalho consubstanciado no parecer final da Subcomissão de Direito Digital.

A Subcomissão responsável pelas alterações na Parte Geral do Código Civil, liderada pelos professores Rodrigo Mudrovitsch (Subrelator), Ministro João Otávio de Noronha, Rogério Marrone e Estela Aranha, também tangenciou a ideia dos bens digitais, evitando-se, aqui também, em se emprestar tal nomenclatura. Esta Subcomissão optou por inserir um novo inciso no art. 83, CC, quando trata dos móveis para os efeitos legais.

Assim, o trabalho relatado concluiu que os conteúdos digitais dotados de valor econômico, tornados disponíveis, independente do seu suporte material, seriam reconhecidos como bens móveis para os efeitos legais[5]. Esta redação, conforme se vê do parecer final desta Subcomissão, adotou a sugestão feita pelo professor Bruno Miragem.

Porém, a Subcomissão responsável pelo Direito das Sucessões, coordenada pelo seu relator, o advogado e Professor Mário Luiz Delgado, e que teve como integrantes os professores Giselda Maria F. Novaes Hironaka, Gustavo Tepedino e Cesar Asfor Rocha, assumiu textualmente a expressão bens digitais na proposta entregue.

Tivemos a honrosa oportunidade de participar de reunião promovida por esta Subcomissão, realizada em 30.10.2023, na sede do IASP (Instituto dos Advogados de São Paulo), para falarmos dos bens digitais e da necessidade de regulamentação desta realidade do mundo contemporâneo.

Assim, a Subcomissão de Direito das Sucessões, inseriu em sua proposta legislativa o art. 1.791-A, com a seguinte redação:

> "Art. 1.791-A. Os bens digitais do falecido, de valor economicamente apreciável, integram a sua herança.
>
> § 1º Compreende-se como bens digitais, o patrimônio intangível do falecido, abrangendo, entre outros, senhas, dados financeiros, perfis de redes sociais, contas, arquivos de conversas, vídeos e fotos, arquivos de outra natureza, pontuação em programas de recompensa ou incentivo e qualquer conteúdo de natureza econômica, armazenado ou acumulado em ambiente virtual, de titularidade do autor da herança.
>
> § 2º Os direitos da personalidade e a eficácia civil dos direitos que se projetam após a morte e não possuam conteúdo econômico, tais como a privacidade, a intimidade, a imagem, o nome, a honra, os dados pessoais, entre outros, observarão o disposto em lei especial e no Capítulo II do Título I do Livro I da Parte Geral, bem como no Livro de Direito Civil Digital.
>
> § 3º São nulas de pleno direito quaisquer cláusulas contratuais voltadas a restringir os poderes da pessoa de dispor sobre os próprios dados, salvo aqueles que, por sua natureza, estrutura e função tiverem limites de uso, de fruição ou de disposição."

Se a expressão "bens digitais" está sendo rotineiramente usada em trabalhos acadêmicos, pela doutrina nacional, bem como por recentes julgados de nossos

---

5. Texto sugerido pela Subcomissão responsável pela Parte Geral do Código Civil:
   "Art. 83. Consideram-se móveis para os efeitos legais: I – as energias que tenham valor econômico; II – os direitos reais sobre objetos móveis e as ações correspondentes; III – os direitos pessoais de caráter patrimonial e respectivas ações. IV – os conteúdos digitais dotados de valor econômico, tornados disponíveis, independente do seu suporte material."

tribunais (conforme se demonstrará em capítulo próprio sobre a casuística dos bens digitais), elogia-se tremendamente a adoção pela Comissão de Revisão do Código Civil, ainda que apenas pela Subcomissão de Direito da Sucessões.

Mas, o trabalho de reconhecimento dos bens digitais pela Subcomissão de Direito das Sucessões, não se esgota no art. 1.791-A. Como se verá adiante, no item 4.3.6, há importantes dispositivos sendo criados no Livro das Sucessões que alteram e muito o universo dos bens digitais, tais como a possibilidade de elaboração de testamentos digitais, a nomeação por testamento ou por decisão judicial de administradores de bens digitais, entre outras interessantes propostas.

Com a reunião dos relatórios finais das Subcomissões num único documento, que produzirá a proposta legislativa de revisão do Código Civil, espera-se que a expressão bens digitais também possa ser usada no art. 83, III, CC (Parte Geral) e também no Livro Complementar relativo ao Direito Digital, gerando a esperada harmonia legislativa, com a padronização conceitual.

O culturalismo de Miguel Reale, que tanto influenciou a Lei 10.406/2002 (Código Civil), denota que o Direito é uma experiência histórica, marcada pela cultura. Para o Direito, os fatos só possuem sentido devido aos valores que cada povo, em sua complexa e intricada experiência, o carrega. Ora, a linguagem é uma expressão desta cultura. Logo, para uma melhor compreensão do que se deseja com a inserção deste tipo de bem no intricado conceito de bens móveis para os efeitos legais, melhor seria, em nosso modesto sentir, ter inserido em todos os tópicos da proposta legislativa o nome que vem sendo consagrado nos últimos oito anos para a categoria dos ativos digitais, como inclusive se fez no possível novo art. 1.791-A.

Como ainda haverá, ao que se espera, um intenso debate no Congresso Nacional sobre o trabalho da Comissão de Juristas, fica a sugestão de que tanto na Parte Geral do Código Civil, quanto no Livro Complementar do Direito Digital, seja adotada a expressão Bens Digitais, por ser esta a que neste momento histórico melhor define esta categoria de bem jurídico.

Aguarda-se, ainda, uma melhor costura também entre os trabalhos destas três Subcomissões (Parte Geral, Direito das Sucessões e Direito Digital), para que se busque uma unicidade de tratamento a esta realidade dos bens digitais, prezando-se assim pela construção de um novo e reformado diploma legal que prime pela coerência, linguagem unificada e adesão a novas expressões que passam a ser largamente utilizadas pela cultura jurídica. Quem sabe, seja conveniente usar esta expressão em outros Livros do Código, como no Direito das Coisas, por exemplo.

4.2. IMPORTÂNCIA DOS BENS DIGITAIS

Problemas surgem a partir da titularidade de bens digitais. Negligenciados por boa parte dos próprios usuários atuais da Internet, há uma tendência de estes bens se tornarem cada vez mais importantes, à medida que a vida vai se virtualizando. Já é comum ouvir histórias de pessoas que faleceram sem que tenha havido, por exemplo, qualquer destinação ao seu perfil no *Facebook*. Em vida não houve nenhum pronunciamento por parte do falecido sobre o destino a ser dado àqueles dados em rede; após a morte seus familiares não adotaram qualquer providência quanto àquele ativo digital.

Entretanto, o destino destes bens digitais não deveria ser ignorado pelos titulares de contas virtuais, segundo Lamm et al. (2012), por dois fatores principais (2014):

a) pelo valor econômico:

> ❯ inicialmente, destaque-se que a empresa McAfee – especialista em desenvolvimento de ferramentas de proteção para computadores, especialmente softwares antivírus – calculou, em uma pesquisa realizada em 2011, que cada pessoa considera possuir, em média, o valor de U$ 55.000,00 (cinquenta e cinco mil dólares americanos) em ativos digitais.[6]

Alguns dos bens digitais não possuem qualquer valor financeiro estimável, como, por exemplo, uma conta de e-mail que fora construída, mas jamais utilizada, um perfil em redes sociais ou um blog que fora poucas vezes movimentado. Porém, o mundo digital surpreende constantemente. Em pesquisas realizadas na própria Internet, foram encontradas dezenas de exemplos de pessoas que desembolsam, cada vez mais, dinheiro real pela aquisição de bens sem existência no mundo concreto. Em 2011 um rapaz chinês pagou U$ 16.000,00 (dezesseis mil dólares americanos) por uma espada digital que seria usada em jogo virtual, sendo que o jogo sequer havia sido lançado quando fora efetivada a compra (Sterling, 2011). Isso, insista-se, ocorreu em 2011. Hoje, não há mais qualquer novidade neste tipo de aquisição. Inúmeros jogos de videogame permitem a interatividade online entre usuários, que podem estar em pontos completamente opostos do globo, conectados via Internet. A fim de "turbinar" as possibilidades no desenrolar do game, os jogos têm ofertado aos consumidores (inclusive crianças e adolescentes) a compra de "habilidades", "vidas", "armas", dentre outros recursos, todos pagos por meio de uma simples transação via cartão de crédito.[7]

---

6. McAfee Reveals Average Internet User Has More Than $37,000 in Underprotected "Digital Assets", Obviamente estes números podem ter sido inflados, já que a empresa em questão os anunciou em meio à divulgação de um novo software de proteção, que abrangeria múltiplos equipamentos eletrônicos (MCAFEE..., 2011).

7. Em um dos jogos mais famosos no Brasil, o *FIFA* para o videogame *Play Station* (empresa Sony) ou *X-Box* (empresa Microsoft), os consumidores podem adquirir os denominados *FIFA POINTS* por meio de uma transação online comum, feita com cartão de crédito. Após adquirir esta moeda virtual, o usuário do videogame poderá comprar jogadores, montar seu próprio time, competindo online com outros usuários do mundo inteiro. Ver em: (GUIA..., 2014).

Inclusive, é de se registrar que empresas vêm criando suas próprias moedas virtuais, que podem ser compradas através de aquisições com desembolso de dinheiro real. O Banco Central Europeu, inclusive, definiu o caráter destas moedas virtuais como sendo o tipo de dinheiro digital não regulado, usualmente controlado pelos seus criadores, usado e aceito pelos membros de determinada comunidade virtual. O Tesouro Norte-Americano, por sua vez, estabeleceu que estas moedas são o modo de troca que funciona como uma moeda em alguns ambientes, mas que não possui as características de uma moeda verdadeira. Até mesmo o Brasil, a Receita Federal já exige que a titularidade de moedas digitais conste da declaração anual de imposto de renda, sendo que o Banco Central afirma que tais moedas e sua possível conversão em real constituem um risco do usuário.[8]

A mais proeminente destas moedas seria aquela denominada de Bitcoin, que pode ser considerada a primeira criptomoeda descentralizada do mundo.[9] Este Bitcoin permitiria a realização de pagamentos e transações online, valendo-se de bancos de dados espalhados pela Internet.[10]

O que seriam as milhas aéreas hoje senão um ativo digital com caráter econômico.[11] Tanto é verdade que as empresas permitem que estas milhas sejam trocadas por passagens aéreas (modelo tradicional), reservas de hotéis, aluguéis de veículos ou simplesmente aquisição de outros bens corpóreos.

b) Pelo valor sentimental:

> vários bens digitais, para além de um aspecto econômico, serão importantes para seus titulares pela perspectiva emocional que carregam consigo. Basta pensar em mensagens enviadas por *e-mail*, por *inbox* (mensagens privadas) nas redes sociais, fotografias, depoimentos, ví-

---

8. Ver em: (SEM..., 2015).
9. Bitcoin é uma moeda digital que pode ser usada como meio de pagamento de uma forma completamente inovadora. Os Bitconis são controlados por uma rede peer-to-peer sem depender de bancos centrais e já são um mercado de mais de 11 bilhões de dólares americanos (COMPRA..., 2014).
10. O nome Bitcoin também se refere ao software de código aberto que o grupo projetou para o uso da moeda e a respectiva rede peer-to-peer.
  Diferente da maioria das moedas, *bitcoin* não depende da confiança em nenhum emissor centralizado ou uma instituição financeira. *Bitcoin* usa um banco de dados distribuídos espalhados pelos nós da rede *peer-to-peer* para registrar as transações, e usa criptografia de código aberto para prover funções básicas de segurança, como certificar que bitcoins só podem ser gastas pelo dono e evitar gastos duplos e falsificação. Os usuários podem transacionar diretamente uns com os outros sem a necessidade de um intermediário. Transações são verificadas pelos nós da rede peer-to-peer e registrados em um banco de dados distribuídos (livro-razão) de contabilidade pública conhecidos como blockchain. Bitcoin não depende da confiança entre usuários diferentes (nós da rede). Qualquer pessoa pode controlar e monitorar um nó do sistema. A rede bitcoin funciona de forma autônoma, sem um banco de dados central ou único administrador central, o que levou o Tesouro dos EUA para classificá-la como moeda digital descentralizada. Bitcoin é mais corretamente descrito como a primeira criptomoeda descentralizada do mundo. É o maior de seu tipo em termos de valor de mercado. (BITCOIN, 2015).
11. Registre-se que hoje há um forte comércio de milhas em sites de Internet, paralelamente às companhias aéreas. Atentas a isso, essas sociedades empresárias iniciaram uma mudança no seu modelo de negócio, vendendo milhas a seus clientes, como uma nova forma de captação de receita.

deos, dentre outros. E poderá ser igualmente um ativo relevante para os amigos e familiares daquele titular.[12]

A memória afetiva de uma pessoa está cada vez mais digitalizada. As crianças e jovens de hoje já não sabem mais o que é um álbum de fotografia de capa rígida, com fotos fixadas por papel *contact* e que vão perdendo sua cor ao longo do tempo.

Nesse aspecto sentimental estariam incluídas também a privacidade e intimidade do usuário. É indubitavelmente um direito seu querer excluir qualquer pessoa da ingerência indevida sobre o conteúdo que fora compartilhado, ao longo dos anos, com determinadas pessoas. Muitos não veriam qualquer problema em abrir sua conta de e-mail ou rede social aos cônjuges, companheiros, ascendentes ou descentes. Porém, há que se respeitar o direito daqueles que desejam manter tais parentes alijados deste acesso, ainda que após a sua morte.

Quer seja pelo evidente valor econômico, quer seja pelo valor sentimental, os bens digitais não deveriam ser esquecidos pelos usuários da rede. Esta conduta omissiva poderá trazer uma série de problemas ligados à sucessão patrimonial ou à proteção dos direitos existenciais *post mortem*. Em breve tempo, acredita-se, tais bens serão objeto de sucessão legítima ou testamentária, cessões em vida, diretivas antecipadas, assim como ocorre com vários dos bens jurídicos que hoje são integrantes tradicionais dessas diversas formas de manifestação de vontade.

Pela relevância do tratamento a esses bens, chama a atenção, ainda, o desenvolvimento de ferramentas de inteligência artificial que prometem eternizar o perfil de usuário na rede, mesmo após sua morte. O próprio Facebook está com três laboratórios desenvolvendo ferramentas desta natureza para serem integradas como novos recursos em sua plataforma dentro em breve.[13]

Nesse mesmo sentido, uma nova rede social foi anunciada no ano de 2015, estando ainda em fase de testes. Trata-se da *Eter9,* que permite ao seu usuário criar um "eu virtual" denominado em português de "contraparte". Usando da inteligência artificial, a promessa é de que, na ausência do usuário, por qualquer motivo, inclusive sua morte, possam ser realizadas novas postagens, a partir dos interesses manifestados em rede quando estava presente e interagindo. Por exemplo, um torcedor apaixonado pelo seu time de futebol e que sempre realizava postagens sobre o tema poderá, mesmo após sua morte, fazer uma nova publicação se seu time vier a ser campeão de um torneio.[14]

---

12. Em pesquisa feita em 2012, estimava-se que cerca de 30 milhões de contas do facebook pertenceriam a pessoas mortas. Ver Alicia Eler, "I Wanna Live Forever," or How We Die on Social Networks (2012).
13. Felicity Morse (2015). "Eter9 social network learns your personality so it can post as you when you're dead".
14. Segundo descrição encontrada no próprio site da nova rede, ETER9 é uma rede social que se baseia no conceito de Inteligência Artificial, encontrando-se atualmente em fase BETA. Mesmo na tua ausência, os seres virtuais vão publicando, comentando e interagindo contigo de forma inteligente. A Contraparte é o teu 'Eu' virtual. Na tua ausência, ela irá agir como se estivesses presente.

66 BENS DIGITAIS • Bruno Zampier

Concluindo, não há como fugir da imperiosa necessidade de se fornecer algum tipo de regramento à titularidade e, principalmente, à sucessão ou administração futura destes bens digitais.

4.3. BENS DIGITAIS PATRIMONIAIS

4.3.1. O patrimônio

É comum encontrar em doutrina que o patrimônio seria o complexo de relações jurídicas de um sujeito, apreciáveis economicamente (Pereira, 2009a. v. 1, p. 335). Ou seja, a soma dos bens titularizados por uma pessoa, sejam eles corpóreos ou incorpóreos, tendo natureza real ou obrigacional, desde que tenham alguma economicidade.[15]

Em concepção próxima, pode-se aferir que, como dito anteriormente, as coisas são objeto de consideração pelo Direito quando o homem possa extrair delas alguma utilidade. Toda pessoa tem à sua disposição diversos bens, sobre os quais pode exercer direitos privativos, devendo então ser dado o nome de patrimônio ao conjunto destes direitos (Ripert; Boulanger, 1956, t. 1, p. 404).

Qualquer das conceituações acima evoca a noção de uma universalidade de bens e direitos, importando mais o valor do conjunto, e não a identidade propriamente dita daquilo que compõe o patrimônio.

A ideia de patrimônio se propaga por quase todos os setores do Direito, em especial o Direito Privado. No âmbito do Direito das Coisas, centro comum do estudo da propriedade dos bens, é inerente a análise da questão patrimonial, com a percepção das faculdades integrantes deste direito subjetivo, suas possibilidades, estruturas e funções. Assim como se passa também no Direito das Obrigações, uma vez que a responsabilidade pelo não cumprimento das prestações ajustadas terá suas consequências sentidas, já há muito tempo, sobre o patrimônio do devedor (visão funcionalizada do patrimônio).[16] No Direito de Família, há que se recordar que várias regras existem para regular o regime de bens entre cônjuges ou companheiros, bem como administração de bens dos filhos e, ainda, na tutela, curatela ou na novel tomada de decisão apoiada. No Direito Sucessório, a transmissibilidade do patrimônio aos herdeiros é o ponto focal do regramento.

Vai aprender cada ação que faças e quanto mais interagires na rede, mais ela aprenderá. Eternizar é uma forma de guardares para sempre os teus pensamentos e as tuas publicações (INTELLIGENCE..., 2015).

15. "Patrimônio é provavelmente uma palavra derivada de *patris munium*, indicativa do conjunto de bens recebido por uma pessoa de seus pais ou ascendentes (LOPES, 1961, v. 6, p. 51).

16. Desde a edição da denominada *lex poetelia papiria*, de três séculos A.C, houve um progressivo abandono da responsabilização civil pessoal, migrando-se para uma responsabilidade de caráter patrimonial.

E, por fim, na responsabilização civil, os danos injustos provocados por um autor a uma vítima (quer à sua dimensão existencial ou mesmo patrimonial) serão compensados ou reparados a partir do pagamento de indenizações, suportadas pelo patrimônio do lesante.

Miguel Maria de Serpa Lopes (1961, p. 54) recorda que, para a definição de uma noção mais aprofundada sobre patrimônio, algumas teorias foram construídas ao longo do tempo, podendo ser assim divididas:

a) teoria clássica – esta posição defendida por Aubry et Rau baseia-se em três aspectos:

> somente as pessoas físicas ou morais podem ter um patrimônio;

> toda pessoa tem necessariamente um patrimônio, mesmo quando não possuir no momento nenhum bem;

> a mesma pessoa não poder ter mais de um patrimônio.

Ou seja, para esta teoria, o patrimônio teria os seguintes atributos; unidade, indivisibilidade, inalienabilidade, fungibilidade, sendo inseparável da pessoa de seu titular. O patrimônio não poderia ser transmitido como um todo, enquanto a pessoa estivesse viva. Apenas seus elementos integrantes poderiam ser objeto de transmissão. A unidade do patrimônio se daria em razão da unidade da própria pessoa de seu titular.

Essa visão se baseia e até se confunde com a noção de personalidade civil ou jurídica. Como as pessoas possuem, como sujeitos de direitos, relações de ordem econômica com seus demais semelhantes, pode-se afirmar que toda e qualquer pessoa será titular de um patrimônio (como conjunto de direitos e obrigações). A partir do nascimento com vida e consequente aquisição da personalidade jurídica, a pessoa passa ter a aptidão abstrata para ser titular de direitos e obrigações e, portanto, surge a possibilidade de vir a titularizar um patrimônio (patrimônio como emanação da personalidade). Este poderá ser composto de pouquíssimos bens ou mesmo integrado apenas por dívidas, mas nem por isso perderá esta concepção de uma universalidade dotada de conteúdo econômico.

b) teoria moderna – possuindo um caráter objetivista ou realista, baseia-se nas ideias de Brinz e Bekker.

> esta teoria condena o entrelaçamento entre patrimônio e personalidade jurídica, enxergando o patrimônio como o conjunto de bens e de obrigações que formam um todo jurídico. Mas a noção de unidade aqui é diferente, não se justificando sob o prisma da pessoa do titular. A unidade é do conjunto de situações distintas nas quais uma pessoa poderá estar inserida. Estes elementos que compõem o patrimônio

possuem vida autônoma, podendo receber, para a produção de certos efeitos, tratamento unitário. Para esta teoria, portanto, o ser se separa do ter, a pessoa de seu patrimônio.

O direito brasileiro, desde o Código Civil de 1916 até o atual, alinhou-se à segunda teoria, ou seja, o patrimônio deve ser visto como uma universalidade de direito, ou seja, uma unidade abstrata, distinta dos elementos que o compõem.[17]

O relevante neste ponto é observar que o conjunto de direitos que integram o patrimônio de um sujeito, sem prejuízo da autonomia existente para cada um destes, poderá, em dadas circunstâncias, ser encarado efetivamente em sua soma total. Isso ocorrerá, por exemplo, quando se estiver diante da sucessão universal deflagrada pela morte de um sujeito (e consequente aplicação do princípio de *saisine*), ou diante da responsabilidade patrimonial do devedor inadimplente.

Ainda assim, os direitos serão exercitáveis, via de regra, sobre os objetos singulares que compõem aquele patrimônio. Basta pensar, nesta linha de intelecção, na pretensão de reivindicação da posse de certo bem. Ela só será admissível se especificada a coisa, sendo negada a pretensão de retomada da universalidade de todos os bens.

4.3.2. Patrimônio geral e patrimônio especial

De todo modo, há que se acentuar também, que mesmo dentro do patrimônio comum, é possível haver o destacamento de uma pequena parcela que receberá um regramento próprio. Serão os denominados patrimônios com destinação ou patrimônios com afetação (também chamado patrimônios de afetação). Nessa hipótese, um ou mais bens serão apartados do restante do patrimônio a fim de que cumpra um determinado objetivo, uma certa finalidade. Sobre um mesmo titular recairiam o patrimônio comum e o patrimônio afetado. Sobre este segundo, recairiam obrigações próprias, com específica incidência.

Nesse sentido é comum se falar na existência de um patrimônio geral e um patrimônio especial, sendo este último integrado precisamente pelas parcelas afetadas a algum interesse em destaque.

Ao se afetar um patrimônio, esta parcela de direitos estaria vinculada ao cumprimento de uma finalidade por parte do próprio titular, ao mesmo tempo em que seria produzida uma série de efeitos em relação a terceiros. Exemplo

---

17. Art. 57, CC 1916 – O patrimônio e a herança constituem coisas universais, ou universalidade, e como tais subsistem, embora não constem de objetos materiais (BRASIL, 1916).
Art. 91, CC 2002 – Constitui universalidade de direito o complexo de relações jurídicas, de um pessoa, dotadas de valor econômico (BRASIL, 2002).

sempre lembrado deste tipo de patrimônio seria a instituição voluntária do bem de família.[18]

Por tais razões, esta instituição de um patrimônio especial será realizada em caráter excepcional. Se a lei reconhece a afetação a finalidades preestabelecidas, deverá também garantir que estes mesmos bens não respondam por dívidas que não tenham relação com o fim desejado, enquanto este permanecer, pois, caso contrário, faltaria razão de ser para a afetação.

Fernando Noronha (2003) cita outro interessante exemplo trazido pela Medida Provisória 2.221/2001, relativo às incorporações imobiliárias, segundo a qual estes empreendimentos poderão ser submetidos ao regime de afetação, em que o terreno e acessões serão mantidos em apartado do patrimônio do incorporador, destinando a garantir a futura entrega das unidades imobiliárias aos respectivos adquirentes (Noronha, 2003, p. 265).

Acredita-se que, em um futuro não tão distante, haverá leis que terão o claro propósito de resguardar os bens digitais, conforme será visto à frente, como patrimônios especiais do sujeito não afetados, portanto, ao pagamento de suas dívidas comuns, a título de exemplo.

4.3.3. Os direitos patrimoniais e a propriedade

Feita essa introdução, já há como se afirmar que os direitos de família puros (tais como as relações de parentesco ou o poder familiar), os direitos da personalidade (como a vida, a imagem, a honra ou o nome), bem ainda os direitos de caráter político garantidos na Constituição da República não integrariam o patrimônio de uma pessoa, por estar ausente o atributo da economicidade.

Pode-se entender que a esfera jurídica de uma pessoa será constituída pela totalidade das situações jurídicas em que ela está envolvida, tanto as de natureza patrimonial, quanto extrapatrimonial. Esfera jurídica não se confunde com patrimônio. Dessa forma, o patrimônio seria formado então pelos direitos reais e direitos obrigacionais concernentes ao sujeito. Por tal razão, estas categorias são comumente denominadas de direitos patrimoniais.

Fundamental então a compreensão correta do direito de propriedade, na contemporaneidade, para que se possa dimensionar esses direitos patrimoniais, suas estruturas e funções. Mesmo o direito obrigacional, hoje, passaria pela garantia de um direito de propriedade insculpido como fundamental na própria Constituição da República. E esta visão não é totalmente nova. Augusto Teixeira

---

18. Bem de família voluntário que estava previsto no CC 1916 no art. 70 (BRASIL, 1916) estando no CC 2002 (BRASIL, 2002) no art. 1.711 e seguintes.

de Freitas (2003) em seu esboço já compreendia a propriedade como um direito amplo; o credor seria considerado proprietário do seu direito de crédito, em relação ao devedor e a terceiros.

A visão clássica do direito de propriedade, como sendo apenas um direito subjetivo que concederia ao seu titular as faculdades jurídicas de usar, gozar, dispor e reivindicar, repetida inclusive pelo Código Civil atual, em seu art. 1228, merece ser ampliada e revisitada, por não mais atender às necessidades atuais.

O conceito de propriedade já não pode mais ficar adstrito à análise das faculdades que a integram. Melhor seria visualizá-la como uma relação jurídica complexa que irá colocar em polos distintos o seu titular e a coletividade abstrata. Ao mesmo tempo em que esta deverá se abster da prática de atos que possam vir de alguma forma a lesar o conteúdo do direito do proprietário, este terá também uma série de deveres a cumprir para que o exercício desse direito seja considerado legítimo, como, por exemplo, o adimplemento da devida função social.

Esta visão relacional complexa foi trazida por Judith Martins-Costa e Gerson Luiz Carlos Branco (2002), ao preverem que "O direito de propriedade seria um complexo de situações, deveres, obrigações, ônus jurídicos, a par de direitos subjetivos e poderes formativos, que se põe em perspectiva escalonada." (Martins-Costa; Branco, 2002, p. 150).

Nas palavras de Pietro Perlingieri (2008), esta mudança teria o seguinte significado

> A passagem da concepção de propriedade como situação subjetiva àquela como relação jurídica tem não somente o significado de uma modificação estrutural, mas concerne ao aspecto funcional do instituto: implica o deslocamento da concepção do direito civil concebido como postura individualista para a postura relacional (Perlingieri, 2008, p. 929).

E é esta propriedade vislumbrada como relação jurídica complexa que merece ser percebida não mais com os olhos de outrora.

Em explicação sobre o tema, Nelson Rosenvald e Cristiano Chaves de Farias (2012) apontam que

> Nos últimos cem anos a propriedade se dispersou em outros valores patrimoniais, destacadamente pelo capital. Incorporou-se ao dinheiro, conhecimento e bens intangíveis. O bem de raiz se tornou algo menor na economia, diante do vulto de promissórias, letras de câmbio, ações, patentes, marcas, software. A propriedade instalada no Código Civil tende cada vez mais a perder seu prestígio, diante de uma sociedade tecnológica que amplifica as riquezas imateriais. Gradativamente dissociamos a tradicional noção de propriedade, identificada ao latifúndio e bens de raiz. No mundo pós-moderno, a propriedade se desloca da posse ao crédito. Vivenciamos uma economia de contratos (Rosenvald; Farias, 2012, v. 4, p. 267).

A propriedade prevista como direito fundamental no *caput* do art. 5º da CRFB/88 traz consigo uma noção bem mais amplificada do que aquela classicamente disposta pelo direito privado tradicional. Compreenderia, assim, a propriedade pública, a privada, a empresarial (aí incluídas as cotas e ações de sociedade empresárias, bem como os fundos de comércio), a intelectual (englobando o direito de autor, de marcas, patentes, propriedade industrial), os bens móveis e imóveis, dentre outras que o tempo vier a descortinar.

Portanto, deve-se entender que várias são as propriedades tuteladas pelo nosso ordenamento jurídico. O vocábulo *propriedades* se apresentaria então como mais adequado a esta pluralidade de manifestações. Já o vocábulo *propriedade* ficaria circunscrito à noção antiga e reducionista de bens de raiz, devendo, portanto, ser evitado. Nesse sentido, citando Stefano Rodotá, Nelson Rosenvald e Cristiano Chaves de Farias (2012, p. 269) afirmam "Este conceito plural dos direitos de propriedades foi assimilado por Stefano Rodotá ao denomina-lo *il terribile diritto*, face sua aptidão camaleônica de se transfigurar e adaptar as novas situações [...]"

A propriedade teria assim um conteúdo mínimo e máximo, a depender de sua forma de apresentação em concreto. Assim como seria variável também a exigência de cumprimento de sua função social. Não há mais como sustentar uma análise estática do direito de propriedade, sendo imperiosa a caminhada em busca de renovadas formas dinâmicas.

4.3.4. A propriedade dos bens digitais

O objeto do presente estudo se enquadraria dentro da perspectiva atual do direito de propriedade. Certamente, os bens digitais são a mais pura manifestação da existência de plúrimas propriedades.

Ao longo dos capítulos anteriores, pôde-se afirmar que a informação teria a possibilidade de ser encarada como um verdadeiro bem jurídico, já que poderá ser portadora de utilidades apreciáveis.[19] Quando essas informações são conduzidas por um usuário ao meio digital, forma-se a noção de conteúdo, estando preenchidas as condições para que se possa falar em uma nova categoria de bens: os digitais.[20]

No item 4.1 os bens digitais foram conceituados como sendo aqueles bens incorpóreos, os quais são progressivamente inseridos na Internet por um usuário,

---

19. Sobre a informação como bem jurídico, vide item 3.4.
20. Sobre a noção de conteúdo, vide item 2.2.3.

consistindo em informações de caráter pessoal que lhe trazem alguma utilidade, tenham ou não conteúdo econômico.

Pois bem, quando a informação inserida em rede for capaz de gerar repercussões econômicas imediatas, há que se entender que ela será um bem tecnodigital patrimonial. Tal visão alinha-se à noção de patrimônio acima exposta, sendo aceita por nosso ordenamento jurídico.

Cada ser humano, a partir do momento em que se tornar usuário da Internet, terá a possibilidade de vir a ser titular de uma universalidade de ativos digitais. Esse patrimônio digital dotado de economicidade, formaria a noção de bem tecnodigital patrimonial.

Logo, a propriedade de um bem dessa natureza se enquadraria como uma propriedade imaterial ou incorpórea. Se no passado este tipo de titularidade foi denominado de quase propriedade, hoje a maioria da doutrina aceita sua existência, exatamente dentro desta perspectiva de presença de vários tipos de propriedades.[21]

Reforçando a titularidade de bens incorpóreos, Judith Martins-Costa disserta sobre a possibilidade de a propriedade alcançar o mundo virtual afirmando que "Não podemos confinar a ideia de coisa àquilo que se pode, materialmente, tocar com a mão, pois o mundo real abrange, sem sombra de dúvidas, o que é virtual" (Martins-Costa, 2008, p. 645).

E como não há, em princípio, qualquer afetação deste patrimônio, o conjunto destes bens digitais integrariam o patrimônio geral do indivíduo. Nada obstante, acredita-se que o tempo mostrará a possibilidade de serem criados patrimônios de afetação virtuais, protegidos em caráter excepcional, quer seja pela manifestação

---

21. Arnaldo Rizzardo (2004) afirma que: "não há dúvida de que a evolução dos tempos e das formas de subsistências foi criando novos valores ou padrões econômicos. Atualmente, tem relevância o fundo de comércio, a clientela, o nome comercial, as patentes de invenção, as marcas industriais, os desenhos, os modelos fotográficos, inclusive os espaços aéreos [...]". E, citando Marco Aurélio S. Viana, continua: "um exame do mundo atual evidencia que o termo 'propriedade' vem sendo utilizado de forma abrangente. Fala-se em propriedade imaterial, alcançando o rótulo comercial, o nome mercantil, a marca da fábrica, a imagem própria, a instalação de um novo negócio, com reflexos indiscutíveis na vida civil. Surge um novo tipo de propriedade". E conclui: "Trata-se de propriedade material ou incorpórea, que alargou o conceito tradicional de propriedade, fundado na divisão romana das coisas *mancipi* e *nec mancipi*" (RIZZARDO, 2004, p. 185).
Contra este alargamento do conceito de propriedade, a fim de alcançar os bens incorpóreos, temos as lições de Orlando Gomes (apud RIZZARDO): "O fenômeno da propriedade incorpórea explica-se como reflexo do valor psicológico da ideia de propriedade, emprestado pela persistente concepção burguesa de mundo. Embora direitos novos tenham semelhança com os de propriedade, por isso que também são exclusivos e absolutos, com ela não se confundem. A assimilação é tecnicamente falsa. Poderiam, contudo, enquadrar-se em uma categoria à parte, que, alhures, denominamos 'quase propriedade', submetidas a regras próprias" (GOMES apud RIZZARDO, 2004, p. 185).

de vontade unilateral do indivíduo, por força do contrato de adesão que se celebra com o provedor de serviços digitais ou mesmo por emanação de disposição legal.

Estes bens seriam manifestações da existência de interesses patrimoniais de seus titulares no ambiente virtual, como demonstrado no item 4.2, ao se falar da importância dos bens digitais. Relembre-se de que foram dados vários exemplos desses interesses no citado item, tais como as moedas virtuais, as milhas aéreas, e as ferramentas que incrementam os desafios em jogos de videogames.

Além desses exemplos, vale registrar também que com a expansão dos livros, filmes e músicas em formatos digitais, milhões de usuários estão diuturnamente a formar bibliotecas, videotecas e discotecas no mundo virtual. Dezenas de softwares permitem a aquisição lícita desses arquivos, a partir do pagamento de valores variáveis. Ao realizar o *download*, o usuário terá a possibilidade de armazená-los em *hardwares*, tais como discos de memória, para acessá-los quando bem entender, ou, ainda, mantê-los armazenados remotamente em uma conta digital, acessada mediante a inserção de senhas.

Não há dúvida de que estas novas formas de aquisição, armazenamento e utilização de livros, filmes e músicas integram o patrimônio digital do indivíduo. Quanto dinheiro efetivo não se desembolsa para a aquisição destes ativos? Quanto vale um arquivo deste? Quantas horas de navegação pela Internet foram necessárias para que se pudesse chegar à formação deste patrimônio? Já há inclusive estudos inferindo se há um novo distúrbio ou não, caracterizado exatamente pela acumulação de bens digitais.[22]

Sendo todos esses bens integrantes do patrimônio digital, o direito de propriedade dos bens digitais deveria gozar das mesmas faculdades jurídicas existentes para a propriedade de roupagem tradicional, previstas no art. 1228 do Código Civil.

Logo, além do evidente uso (*jus utendi*) e gozo (*jus fruendi*) que se possa fazer desses bens jurídicos, há que se garantir ao proprietário o direito de dispor (*jus abutendi*). Exercendo a faculdade de dispor, o proprietário poderia deletar o ativo digital, fornecê-lo em garantia a um credor, bem como aliená-lo onerosa (celebrando uma compra e venda) ou gratuitamente (realizando uma doação).

Se isso soa um pouco estranho hoje, em um futuro próximo se acredita que o exercício deste poder de dispor será uma atividade comum, requerendo para tanto a intervenção estatal a fim de regulamentar como se daria, por exemplo, o penhor de um bem digital em garantia ao pagamento de uma dívida, em que pese sua natureza incorpórea.

---

22. Sobre o novo fenômeno de acumuladores de bens digitais, ver: (MATSUURA, 2015).

Quanto à faculdade de reivindicar (*jus persequendi*), recorde-se que esta nascerá a partir do momento em que um integrante da coletividade vier a descumprir o dever jurídico genérico de abstenção que a lei lhe impõe. Violado o direito subjetivo do proprietário, surgirá para este a pretensão de retomada do bem ou a possibilidade de utilização de outra medida que lhe for conveniente. O mundo digital interligado por redes de computadores nos fornece exemplos diários de invasões indevidas a arquivos pertencentes a outrem, perpetradas na atualidade não apenas por especialistas em informática (*hackers* ou *crackers*).[23] Logo, se alguém, sem o consentimento do proprietário do bem tecnodigital, toma para si este ativo, impedindo de alguma forma o exercício das demais faculdades pelo titular, nasceria para este a pretensão de reivindicar a posse do bem.

Nesse sentido, o proprietário lesado deveria comprovar o preenchimento dos requisitos usualmente apontados para a atualização da via petitória, quais sejam, apresentar provas da titularidade do bem, especificar qual foi o ativo violado, demonstrar a posse injusta do réu e, como veremos, atestar que vinha dando àquele bem uma devida função social.

Afirmando-se a possibilidade do exercício de direito de propriedade sobre os bens digitais, naturalmente deve-se aceitar também que tais bens, ainda que incorpóreos, possam ser objeto de posse. Relembre-se de que esta questão é tormentosa e deita suas raízes no direito romano. Inicialmente negada, ao final com a codificação promovida por Justiniano, admitiu-se a posse sobre direitos e, consequentemente, sobre bens incorpóreos.[24]

Ao adotar a teoria objetiva da posse, construída na Alemanha por Rudolf Von Ihering (*Grund des Besitzshutzes*), nosso Código Civil satisfez-se apenas com o elemento externo, o *corpus*, ou seja, para ser considerado possuidor, basta que o sujeito dê visibilidade àquele domínio, tendo o poder fático sobre a coisa, comportando-se como se proprietário fosse. Dispensado está qualquer elemento volitivo, tal como a intenção de vir a ser dono daquele objeto.

Por essa desnecessidade de qualquer *animus*, a teoria proposta por Ihering permite que uma maior gama de bens seja digna de serem possuídos e, conse-

---

23. Sobre a distinção entre hackers e crackers, é assente que os primeiros seriam aqueles especialistas que conhecem bem os códigos informáticos, mas que não usam este conhecimento para fins ilícitos. Já os crackers seriam os especialistas que usam sua expertise com finalidade delitiva, como invasão de sistemas, captura de dados e arquivos, dentre outras ilicitudes.

24. Caio Mário da Silva Pereira (2009b., v. 4) afirma que "Não encontra a posse, na linguagem legal, limitação às coisas corpóreas. Seu objeto, portanto, pode consistir em qualquer bem. [...] Em pura doutrina, igualmente, não há empecilho a que a noção de posse abrace tanto as coisas como os direitos, tanto os móveis quanto os imóveis, quer a coisa na sua integridade, quer uma parte dela. O Direito Romano, que a princípio limitava a proteção possessória às coisas corpóreas, veio mais tarde a estendê-la aos direitos reais" (PEREIRA, 2009b., v. 4, p. 18).

quentemente, um maior número de sujeitos seja considerado possuidor. Se a posse não se prende mais ao exercício de um poder físico sobre a coisa, é possível a ampliação de seu próprio objeto, vindo então perfeitamente a se enquadrar como passíveis de posse os bens incorpóreos, tais como a energia, a propriedade intelectual, o fundo de comércio, o software, dentre outros.

Ora, a grande vantagem que se apresenta a alguém que é considerado possuidor é a possibilidade de se valer dos denominados efeitos da posse, que no Código Civil atual estão previstos nos arts. 1.210 e seguintes. Tanto é que, quando a lei não quer fornecer os efeitos da posse a alguém que exerce um poder fático sobre a coisa, ela desqualifica este poder, considerando o sujeito como mero detentor, ou seja, alguém que não fará jus aos efeitos possessórios.

Sendo assim, o efeito da posse que mais gera repercussão será justamente aquele que protege o possuidor de eventuais lesões a este seu direito. Violada a posse, o possuidor terá a pretensão de se reintegrar, se manter e, ainda, em caso de mera ameaça de lesão, obter uma tutela de inibição. O possuidor poderá se valer da proteção possessória, quer seja com a intervenção do poder judiciário (ações possessórias, também denominadas de interditos possessórios), quer seja sem esta tutela estatal (autotutela da posse).

Se está a se defender a possibilidade de posse dos bens digitais, há que se entender também que eventuais agressões indevidas à posse destes poderá desencadear pretensões de proteção.

Nessa linha de intelecção, Nelson Rosenvald e Cristiano Chaves de Farias (2012) pontuam que

> Se somente há posse onde houver propriedade e esta, em determinada hipótese, apresenta-se delimitada e definida no poder fático de uma pessoa, serão suscetíveis de posse não só os bens corpóreos, como os incorpóreos. Assim, quando o fornecedor promove o corte de eletricidade ou telefonia, o bem que se vai consumir já se considera na órbita do poder fático do consumidor e a ameaça de lhe ser suprimido o fornecimento já gera a proteção possessória. (Rosenvald; Farias, 2012, p. 115).

E no exato sentido defendido neste estudo, os autores complementam

> Na *era da virtualidade*, caracterizada pela constante desmaterialização de certos acontecimentos sociais devemos ater a complexidade própria ao fenômeno jurídico e perceber que na *sociedade da imagem* os bens incorpóreos têm, quantitativa e qualitativamente, mais importância social (e, portanto, econômica e jurídica) que os bens corpóreos. (Rosenvald; Farias, 2012, p. 115).

Quer se esteja diante do juízo petitório, ingressando-se, por exemplo, com uma ação reivindicatória, quer se esteja no juízo possessório, quando poderia ser usada exemplificativamente a ação de reintegração de posse, a retomada de um ativo digital irá exigir um esforço do jurista tradicional. Algumas dificuldades extras certamente irão surgir, como, por exemplo, identificar quem foi o sujeito que perpetrou a agressão, assim como saber se é possível ou não efetivamente retomar o bem (já que este será, como visto, incorpóreo). Por óbvio que, se se está diante de um novo formato de propriedade e posse, também se apresentarão novos tipos de lesões. Há que se ter um Judiciário preparado para enfrentar estas novas formas de ilícito, concedendo-se então a tutela preventiva ou repressiva que o caso concreto determinar.

A título de ilustração, o Superior Tribunal de Justiça (STJ) consolidou sua jurisprudência nos últimos anos no sentido da existência de um dever jurídico para os provedores de redes sociais: eles devem identificar o computador de onde partiu eventual ilícito, como forma de permitir à vítima o direcionamento de sua pretensão o mais corretamente possível. Se não cumprirem este dever, os provedores, aí sim, poderiam ser responsabilizados diretamente. Vê-se que, diante dessas novas dificuldades, os tribunais pátrios caminham no sentido de superá-las. E assim deverá ser, caso se queira proteger os ativos digitais.[25]

De todo modo, além do que se expõe, a afirmação da existência de direito de posse e propriedade sobre os bens digitais é igualmente importante para, na sequência deste estudo, ser analisada a possibilidade ou não de transmissão desses bens.

4.3.5. A função social dos bens digitais

Durante o século XIX a ideologia liberal orientou a formulação das regras de direito privado, especialmente na Europa. Sob o prisma da plena liberdade, a acumulação de riquezas era permitida com uma mínima intervenção estatal. A propriedade privada de cunho individualista se constituía num verdadeiro dogma, ficando relegados a segundo plano os interesses de toda a coletividade.

A excessiva liberdade, em vez de promover a igualdade entre todos que gozavam de seu pleno exercício, acabou por produzir um cenário de opressão. Aqueles que eram política e, principalmente, economicamente mais fortes acabavam por subjugar os mais fracos. A branda intervenção do Estado, fruto do

---

25. O STJ, no RESP 1.512.647-MG, ao analisar a responsabilidade do *Google Inc.* como gestor de rede social, afirmou que: "A responsabilidade dos provedores de internet, quanto a conteúdo ilícito veiculado em seus sites, envolve também a indicação dos autores da informação (IPs)". (BRASIL, RESP 1.512.647-MG, 2015c). Esta indicação não será pessoal, mas sim do IP (Internet Protocol) que identifica a máquina de onde o ilícito fora perpetrado. Neste mesmo sentido, conferir ainda (BRASIL, RESP 1.274.971-RS, 2015d) e (BRASIL, RESP 1.186.616-MG, 2011).

liberalismo, resultava no absolutismo de certos direitos, especialmente os de cunho patrimonial. Ao titular desses direitos, assim, era dado um poder desmensurado, conferindo a possibilidade de atuar sem o respeito a qualquer outro interesse à exceção do seu.

Porém, há que se recordar que, desde o Direito romano arcaico, na Lei das XII Tábuas são previstas certas limitações ao direito de propriedade, a fim de que seu exercício não viesse a prejudicar vizinhos ou a própria sociedade (Milagres, 2011).

Ao final do século XIX, na Europa, movimentos sociais questionavam o papel do Estado no âmbito das relações privadas. O exercício do direito de propriedade passa a receber uma leitura menos individualista, sobremaneira por força da atuação interpretativa dos tribunais, sendo possível perceber hipóteses nas quais as faculdades jurídicas inerentes ao domínio, especialmente, o uso e gozo, começam a ser limitadas em prol do interesse de terceiros não proprietários. O titular do direito exerceria de maneira abusiva suas prerrogativas, quando ficasse provado que determinado uso não lhe traz qualquer utilidade ou comodidade, sendo animado pela intenção de prejudicar interesses de outrem. Aquele viés absoluto de outrora vai paulatinamente sendo relativizado.

Contudo, este ambiente europeu do final do século XIX não foi retratado no projeto do Código Civil Brasileiro, apresentado por Clóvis Bevilágua em 1895, com lenta tramitação até sua aprovação em 1916. O momento histórico que se fez presente nesta codificação era aquele retratado fundamentalmente na Codificação Francesa de 1804, ou seja, com resguardo dos ideais burgueses no período pós-revolução gloriosa. Dessa maneira, no CC/1916 houve o predomínio dos interesses dos proprietários rurais, da iminente burguesia mercantil e do marido como chefe de família. A propriedade era fruto daquela liberdade individual, sendo assegurada por normas de interpretação limitada que concediam ao seu titular a devida segurança jurídica para manutenção de seu *status*, frente a uma enorme e crescente massa de proletários.

Em rápida passagem sobre este momento histórico da propriedade no Brasil, Rodrigo Reis Mazzei (2006) aponta que

> Nestas condições, o enunciado que tratava do direito de propriedade (art. 524) na esperada Codificação, reproduzia o entendimento tradicional e individualista sobre aquele instituto jurídico e, por isso, não refletia qualquer risco de alteração das linhas traçadas no art. 72, § 17, da Constituição de 1891 ("O direito de propriedade mantém-se em toda sua plenitude, salvo desapropriação por necessidade, ou utilidade pública, mediante indenização prévia"). Assim, as influências histórico-sociais que deram origem à ordem constitucional de 1891, quanto à propriedade, também acabaram por interferir na redação do art. 524 do CC/1916, sendo a propriedade sempre tratada como instituto com índole estrita de direito individual, sem despontar no referido direito subjetivo a existência de um quadrante social (Mazzei, 2006, p. 379).

Sendo assim, a discussão sobre a função da propriedade ficou fora das normas brasileiras de então. As ideias de Leon Duguit, a quem se atribui a concepção embrionária da função social da propriedade, foram desveladas na França quase ao mesmo tempo em que se debatia no Brasil o projeto de Código ora apresentado.[26]

Como matéria constitucional, a Constituição de Weimar de 1919, reconstruindo a Alemanha após a Primeira Grande Guerra, teve o mérito de consolidar a ideia da função social, ao dizer em seu art. 153 que a propriedade obriga, devendo seu exercício ser também uma prestação de serviço ao bem comum.[27]

No Brasil, a Constituição de 1934 foi a primeira a debater o tema, prevendo um claro limite negativo ao exercício do direito de propriedade, quando em seu art. 113 dispôs que seria garantido tal direito, que não poderia, entretanto, ser exercido contra o interesse social ou coletivo, na forma que a lei viesse a determinar. (BRASIL, 1934). Com pequenas alterações, este ditame foi seguido também pelas Constituições seguintes da República Federativa do Brasil, merecendo destaque a Carta Política atual, em que a propriedade e sua função social são resguardadas tanto no título dos direitos e deveres individuais e coletivos quanto nos princípios gerais da atividade econômica, além de vários outros dispositivos.[28]

O Código Civil de 2002, acompanhando a disciplina da atual Constituição, trouxe várias regras que citam diretamente a função social da propriedade, ou implicitamente se utilizam desta para estabelecer algum regramento. Sistematicamente, tal postura da codificação atual se justifica por ter sido adotada, dentre as várias diretrizes teóricas do trabalho, a diretriz da socialidade (ou sociabilidade). Por meio desta, aos interesses coletivos deve ser dado o mesmo patamar de relevância dos interesses individuais. Ou seja, um interesse só será legitimado pela atual ordem jurídica se, a um só tempo, preservar interesses do indivíduo e da coletividade na qual ele está imerso. Dessa maneira, a função social é colocada como uma das limitações existentes ao exercício dos direitos privatísticos. Se não

---

26. Em que pese Leon Duguit afirmar que a propriedade dever ser vista, nela mesma, como função social, não sendo correto se falar em um direito subjetivo de proprietário, grande parte da doutrina imputa ao insigne jurista francês o mérito da construção do conceito (MAZZEI, 2006, p. 382).

27. Cronologicamente, deve ser destacado que a Constituição Mexicana de 1917 foi a que primeiro dispôs sobre o tema da função social, apesar de não ter gerado o mesmo impacto e repercussão da lei alemã. O art. 27 daquela Constituição dizia que: no art. 27 da constituição mexicana, se dizia que: "A nação terá a todo tempo o direito de impor à propriedade privada as modalidades que dite o interesse público, assim como o de regular, em benefício social, o aproveitamento dos elementos naturais suscetíveis de apropriação, com objetivo de fazer uma distribuição equitativa da riqueza pública, cuidar de sua conservação, alcançar o desenvolvimento equilibrado do país e o melhoramento das condições de vida da população urbana e rural" (MÉXICO, 1917).

28. Na CRFB/88, pode-se citar a função social da propriedade, pelo menos, nos seguintes artigos: 5º, XXIII, 156, §1º, 170, III, 182, §2º e 4º, 184, *caput*, 185 e 186 (BRASIL, 1988).

4 • BENS DIGITAIS

atendida tal função, pode-se configurar o abuso do direito subjetivo, nos termos preconizados pelo art. 187, CC/2002.

Especificamente no que toca ao direito patrimonial, após assegurar as faculdades jurídicas do direito de propriedade, o Código trouxe a determinação de atendimento à função social, como se vê no art. 1228 *caput* e §1º.[29] Em vez de se utilizar de uma técnica regulamentar para disciplinar a questão, o legislador atual optou por traçar uma norma aberta, a partir da regulação por uma cláusula geral, que permitirá ao aplicador do Direito ter a devida flexibilidade em prol do alcance da dimensão proposta pela Constituição.[30]

Logo, o direito de propriedade na contemporaneidade está condicionado ao cumprimento da função social, vale dizer, além das limitações impostas pela lei, só será digno de tutela tal direito subjetivo se ficar provado que seu titular vinha dando à sua propriedade a devida função. Os poderes de agir, concedidos no âmbito do exercício da autonomia privada, estão condicionados à satisfação de deveres perante o corpo social, sob pena de ilegitimidade do atuar.

Retratando essas disposições do Código Civil atual, especialmente do art. 1228, Judith Martins-Costa e Gerson Luiz Carlos Branco (2002) asseveram que

> De uma visão liberal-individualista, passou-se para uma concepção social-humanista de propriedade, que deixou de ser um direito do exclusivo e ilimitado. Embora o exercício do direito de propriedade seja limitado pelas disposições dos §§ 2º e 3º, as disposições do § 1º não tratam somente do exercício, mas do próprio direito, que tem sua existência condicionada à função social e econômica, com relevante destaque para a preservação dos valores centras do ordenamento, ligados à dignidade da pessoa e à preservação do valor ecologia (Martins-Costa; Branco, 2002, p. 67).

A função social amplia sua influência no âmbito privado, indo para além da propriedade. Hoje é correto se perquirir sobre a presença desta função no âmbito obrigacional (eficácia externa dos contratos), da responsabilização (adoção da teoria do risco e variadas hipóteses de responsabilidade objetiva) e até mesmo do direito familiar (finalidade das entidades familiares é promover a dignidade de seus membros).

---

29. Art. 1.228. O proprietário tem a faculdade de usar, gozar e dispor da coisa, e o direito de reavê-la do poder de quem quer que injustamente a possua ou detenha. § 1º O direito de propriedade deve ser exercido em consonância com as suas finalidades econômicas e sociais e de modo que sejam preservados, de conformidade com o estabelecido em lei especial, a flora, a fauna, as belezas naturais, o equilíbrio ecológico e o patrimônio histórico e artístico, bem como evitada a poluição do ar e das águas (Brasil, 2002).

30. A utilização de cláusulas gerais foi uma tônica da legislação conduzida pela Comissão liderada por Miguel Reale, a fim de se permitir a abertura sistêmica, antes repelida pela pretensa intenção de se conceder segurança jurídica quando da aplicação da norma. Abandonou-se, assim, a visão codificadora oitocentista que buscava na técnica regulamentar, tão cara à Escola da Exegese, fechar o sistema jurídica aos novos valores vigentes na sociedade.

Retomando a visão retratada nos itens anteriores, acerca da existência de diversas propriedades, há que se considerar que a mesma Constituição que resguarda as múltiplas manifestações de interesses patrimoniais consagra também a necessidade de atendimento à função social para todos estes. Na perspectiva constitucional, a propriedade é ampla, se identificando com o gênero dos bens jurídicos, sejam estes corpóreos ou incorpóreos. Incidindo sobre a própria estrutura da propriedade, a função social recairá sobre qualquer tipo de bem, variando conforme as utilidades que deste bem se possam extrair em concreto.

Dessa maneira, seria correto hoje afirmar a existência de uma função social da propriedade intelectual, a partir da disposição existente no art. 5º, XXIX, CRFB/88, quando se diz sobre o privilégio temporário para a utilização de inventos industriais por parte de seu autor, ou mesmo o interesse social ligado à propriedade das marcas, nomes de empresa e outros signos distintivos.

De igual forma, propala-se muito nos tempos atuais sobre a função social da empresa (ou da propriedade empresarial). A exploração da atividade econômica empresarial deve ocorrer de forma a serem preservados os interesses da comunidade que recebe os produtos ou serviços comercializados pela pessoa empresária. Ao gerar riquezas, empregos, tributos, a empresa promove o bem-estar social, devendo ser evitadas condutas que possam lesar os direitos alheios, sejam estes individuais ou coletivos, tais como a formação de cartéis ou oligopólios. Assim também, a empresa deverá pautar sua atividade seguindo à risca normas de cumprimento legal (no direito estrangeiro denominadas de *compliance*), evitando-se relacionamentos indevidos com governos, partidos políticos ou grupos criminosos. Ao atuar dessa maneira, a função social da propriedade empresarial estará sendo cumprida.

Por todo o exposto, a propriedade de bens digitais, como qualquer propriedade nos dias atuais, fica submetida ao cumprimento da função social exigida pelo direito civil constitucionalizado. Sendo um tipo diferente de bem jurídico, haverá por certo um regime próprio de satisfação desta função, a partir da análise da utilidade que tal bem poderá ter em concreto. Caberá ao aplicador do Direito, em especial ao magistrado, concretizar casuisticamente a cláusula geral que determina o cumprimento da função social.

Em uma sociedade que busca garantir igualdade de acesso à propriedade, a garantia da autonomia dos bens digitais, sobremaneira com a difusão ampla dos serviços de Internet, como vem ocorrendo recentemente no Brasil, é essencial para que a parcela mais carente da população, usualmente excluída das propriedades tradicionais, possa aceder a este novo modelo proprietário. Ter a proteção de ativos digitais significará, em breve tempo, para muitos, a segurança de que o Estado protege efetivamente os direitos fundamentais patrimoniais.

Para se valer de um exemplo, garantir a alguém a possibilidade de transmissão de seus arquivos digitais a outrem (como uma biblioteca virtual), por um preço entre eles autonomamente ajustado, será a mais plena demonstração das variadas formas de proteção à propriedade funcionalizada.

Nesse sentido também, adverte-se sobre a polêmica questão do registro de domínios no mundo virtual. O direito ao uso de um domínio de Internet, liga-se à projeção da pessoa natural ou jurídica detentora do nome ou marca correlato. Logo, a titularidade deste tipo de domínio afigura-se como mais um bem tecnodigital patrimonial. Entretanto, escapando-se da visão social aqui retratada, ainda vigora na lógica cibernética o velho brocardo que asseverava que "melhor no tempo, melhor no Direito". Quem registra um domínio em primeiro lugar, independentemente de ser titular de nome civil ou marca, acaba sendo o proprietário daquele endereço eletrônico. Isso faz com que vários sujeitos sejam obrigados a negociar com inescrupulosos registradores cibernéticos a propriedade de nomes que, no mundo real, lhe pertencem. Essa conduta meramente formal de registro não deveria prevalecer sobre a realidade da titularidade do nome ou marca, sob um viés de respeito à função social da propriedade tecnodigital.

Na mesma direção, perfis falsos de redes sociais, ou mesmos sites, construídos com a finalidade de prejudicar direitos alheios, como, por exemplo, dedicados à troca de materiais como livros, músicas, aulas e outros bens de conteúdo econômico, não merecem tutela por parte de nosso ordenamento jurídico, uma vez que, ao desrespeitarem deveres jurídicos impostos por nossa ordem pública, não cumprem qualquer função social. A suposta finalidade de se permitir um maior intercâmbio de informações não pode prevalecer à custa do sacrifício dos direitos de outrem.

Questionando este momento atual da sociedade da informação, Nelson Rosenvald e Cristiano Chaves de Farias (2012) pontuam que

> As relações de propriedade na era cibernética paradoxalmente se encontram no mesmo estado de coisas em que, há mais de dois séculos, eram solucionadas as disputas de terras, com base na visão utilitária de Locke. Os espaços virtuais mais valiosos já foram ocupados. Não podemos reproduzir a história pela farsa. O revolucionário francês tomou o poder em busca de ideias libertários e logo depois entregou o bastão à burguesia. Será que o mesmo acontecerá em detrimento do revolucionário da Internet? (Rosenvald; Farias, 2012, p. 350).

Um excepcional exemplo da função social dos bens digitais pode ser visto em maio de 2020. Após o cruel assassinato do afro-americano George Floyd pelo inapto policial Derek Chauvin em Minneapolis nos Estados Unidos, uma onda de movimentos antirracistas se espalhou pelo mundo ocidental. Celebridades internacionais tiveram então uma brilhante iniciativa: ceder o uso de seus perfis de redes sociais para que ativistas de movimentos negros pudessem compartilhar suas dores, seus conhecimentos, como forma de educar e conscientizar a grande audiência digital.

Os precursores desta ideia foram Lady Gaga, Selena Gomez e Shaw Mendes. Em âmbito nacional, o ator e comediante Paulo Gustavo, titular de um perfil com mais de 13 milhões de seguidores na rede social Instagram, resolveu ceder gratuitamente o uso deste seu ativo digital para que a escritora e ativista Djamila Ribeiro pudesse publicar conteúdos relacionados à questão racial, durante todo o mês de junho de 2020. Foram feitas mais de vinte publicações sobre racismo estrutural, a relação entre racismo e escravidão, práticas antirracistas, lugar de fala, lugar social, políticas públicas, entre outros tópicos. Seguiram-no a atriz Ingrid Guimarães (cedeu seu perfil ao youtuber "Spartakus"), a chef de cozinha Paola Caroselha (cedeu à ativista Winnie Bueno) e o comediante Fábio Porchat (que transferiu o uso a Nina Silva).

Para além da louvável perspectiva educacional, estas iniciativas se enquadrariam juridicamente como um comodato de redes sociais. O titular de um bem digital, no pleno exercício das faculdades que emanam de seu domínio, tais como o uso, gozo e disposição, pode livremente ceder a outrem o uso desta titularidade, como consectário do exercício de seu direito subjetivo. O comodatário do bem digital, além do dever de restituir o bem conforme a convenção, deve utilizá-lo nos estritos fins sociais que motivaram a cessão. E ao assim agir, irá atender não apenas aos interesses das partes contratantes, mas fundamentalmente os interesses de toda a coletividade, auxiliando na construção de uma sociedade livre, igualitária e principalmente solidária.

Em síntese e à guisa de conclusão, os bens digitais patrimoniais, como qualquer propriedade à luz da Constituição e do Código Civil, só serão dignos de tutela se ficar provado, diante de um caso concreto, ter utilidade a um titular, sendo a partir daí dimensionada as suas exigências de cumprimento de sua função social. Essa visão será importante se a intenção for reconstruir o direito privado contemporâneo a partir do paradigma da socialidade, pois, como dito, esses ativos digitais serão, com toda a certeza, uma forma de patrimônio cada vez mais relevante e comum na sociedade atual.

4.3.6. Patrimônio digital na Reforma do Código Civil

Os trabalhos da Comissão de Juristas responsável pela revisão e atualização do Código Civil, desenvolvidos em especial pela Subcomissão de Direito Digital, criada pelo Ato do Presidente do Senado (ATS) nº 11, de 2023, resultaram num novo livro complementar que, se aprovado o projeto encaminhado, será uma importante novidade em termos legislativos no Brasil.

Os membros desta Subcomissão foram os professores Laura Contrera Porto (Subrelator), Laura Schertel Mendes e Ricardo Resende Campos. Eles elaboraram o Parecer nº 01 que foi aprovado sem ressalvas pela Comissão, em abril de 2024. Neste parecer, houve a previsão da criação de um livro complementar ao Código Civil, para abrigar temas ligados ao Direito Digital.

Muito nos alegrou a lembrança e citação expressa de nosso nome neste parecer final dos trabalhos desta Subcomissão.

Dentro deste novo Livro do Direito Digital, foi feita a divisão em nove Capítulos. A nosso sentir, a divisão deveria ser feita em Títulos, depois em Capítulos, como acontece no Código Civil atual, a fim de se respeitar a técnica e metodologia utilizadas no texto original.

No Capítulo V, a Subcomissão tratou do "Patrimônio Digital" em sete artigos.[31] Destes dispositivos sugeridos, coleta-se primeiramente uma definição sobre o que seria patrimônio digital. A visão trazida pela Subcomissão em muito se

---

31. Capítulo V – Patrimônio digital.

Art. X – Considera-se patrimônio digital o conjunto de ativos intangíveis, com conteúdos de valor econômico, pessoal ou cultural pertencentes a um indivíduo ou entidade, existentes em formato digital. O que inclui, mas não se limita a dados financeiros, senhas, contas de mídia social, ativos de criptomoedas, tokens não fungíveis ou similares, milhagens aéreas, contas de games e jogos cibernéticos, conteúdos digitais como fotos, vídeos, textos, ou quaisquer outros ativos digitais, armazenados em ambiente virtual.

Art. X – Os direitos da personalidade que se projetam após a morte constantes de patrimônio essenciais e personalíssimos, tais como privacidade, intimidade, imagem, nome, honra, dados pessoais, entre outros, observarão o disposto em lei especial e no Capítulo II do Título I do Livro I da Parte Geral.

Art. X – A transmissão hereditária dos dados e informações contidas em qualquer aplicação de internet, bem como das senhas e códigos de acesso, pode ser regulada em testamento.

§ 1º – O compartilhamento de senhas, ou de outras formas para acesso a contas pessoais, serão equiparados a disposições contratuais ou testamentárias expressas, para fins de acesso dos sucessores, desde que, devidamente comprovados.

§ 2 º – Integram a herança o patrimônio digital de natureza econômica, seja pura ou híbrida.

§ 3º Os sucessores legais poderão, se desejarem, pleitear a exclusão da conta ou a sua conversão em memorial, diante da ausência de declaração de vontade do titular.

Art. X – Salvo expressa disposição de última vontade e preservado o sigilo das comunicações, e a intimidade de terceiros, as mensagens privadas do autor da herança difundidas ou armazenadas em ambiente virtual não podem ser acessadas por seus herdeiros, em qualquer das categorias de bens patrimoniais digitais.

§ 1º Mediante autorização judicial e comprovada a necessidade de acesso, o herdeiro poderá ter acesso às mensagens privadas da conta, para os fins exclusivos autorizados pela sentença e resguardado o direito à intimidade e privacidade de terceiros.

§ 2º O tempo de guarda destas mensagens privadas pelas das plataformas deve seguir legislação especial.

§ 3º Diante da ausência de declaração de vontade do titular, os sucessores ou representantes legais poderão, se desejarem, pleitear a exclusão da conta, sua conversão em memorial, ou a manutenção da mesma, garantida a transparência de que a gestão da conta é realizada por terceiro.

§ 4º Serão excluídas as contas públicas de usuários brasileiros mortos, quando não houver herdeiros ou representantes legais do falecido, contados 180 dias da comprovação do óbito.

Art. X – São nulas quaisquer cláusulas contratuais voltadas a restringir os poderes da pessoa, titular da conta, de dispor sobre os próprios dados e informações.

aproxima, conceitualmente, do que é defendido nesta obra desde 2017, ano de sua primeira edição. Na primeira parte, do primeiro artigo do capítulo, tem-se que:

> Considera-se patrimônio digital o conjunto de ativos intangíveis, com conteúdos de valor econômico, pessoal ou cultural pertencentes a um indivíduo ou entidade, existentes em formato digital.

E, na continuidade do dispositivo, a Subcomissão se utiliza de um rol exemplificativo, para especificar que este conjunto de ativos, incluiria, mas não se limitaria a:

> O que inclui, mas não se limita a dados financeiros, senhas, contas de mídia social, ativos de criptomoedas, tokens não fungíveis ou similares, milhagens aéreas, contas de games e jogos cibernéticos, conteúdos digitais como fotos, vídeos, textos, ou quaisquer outros ativos digitais, armazenados em ambiente virtual.

Neste tópico, temos severas dúvidas sobre a real necessidade de se incluir tal rol de possíveis bens digitais numa futura legislação. Ao que nos parece, à doutrina e à jurisprudência caberia o papel de designar tais exemplos, realizando a adequação ao conceito legal.

De lege ferenda, acreditamos que a simples conceituação de propriedade digital como sendo o conjunto de ativos intangíveis, existentes no universo online e dotados de valor econômico, seria suficiente para fazer brotar em doutrina e na prática do Poder Judiciário de uma série de novos cenários abarcados por estes bens digitais patrimoniais.

Na sequência do parecer final da Subcomissão de Direito Digital, verifica-se que o segundo dispositivo sugerido, se liga aos direitos da personalidade, senão vejamos:

> Os direitos da personalidade que se projetam após a morte constantes de patrimônio essenciais e personalíssimos, tais como privacidade, intimidade, imagem, nome, honra, dados pessoais, entre outros, observarão o disposto em lei especial e no Capítulo II do Título I do Livro I da Parte Geral.

Ao que parece, a Subcomissão optou expressamente por excluir expressamente do conceito de patrimônio digital as eventuais projeções dos direitos da personalidade. Mas, deixou a entender que estes direitos podem integrar patrimônios essenciais e personalíssimos. A justificação apresentada ao final não coloca fim a este dilema. Logo, a nosso ver, continua a questão: estes direitos da

---

Art. X – O titular de um patrimônio digital tem o direito à plena proteção de seus ativos digitais, incluindo a proteção contra acesso, uso ou transferência não autorizadas.

Art. X – Os prestadores de serviços digitais devem garantir medidas adequadas de segurança para proteger o patrimônio digital dos usuários e fornecer meios eficazes para que os titulares gerenciem e transfiram esses ativos de acordo com a sua vontade, com segurança.

personalidade exercitáveis por meio de plataformas online, fazem parte de um patrimônio ou não? E quando estes direitos existenciais, como imagem, nome, dados, liberdade de expressão geram intensa monetização na internet? Ainda assim devem ser tratados como meras projeções de atributos existenciais? Aqui, talvez, seria melhor se tratar da categoria dos bens digitais mistos, como a seguir se detalha na sequência desta obra.

E outro ponto importante: esta projeção da personalidade só foi enxergada pela Comissão pelo viés da sucessão post mortem, o que evidentemente limita por demais o fértil campo dos bens digitais. O foco foi demasiado na questão da herança digital, infelizmente. Nada foi dito a respeito, por exemplo, da compra e venda de perfis de redes sociais, de milhas aéreas, de blogs ou canais do youtube. Esta já é uma realidade que passou despercebida pela comissão.

Tanto isto é verdade que o terceiro dispositivo do capítulo foca exatamente na transmissão hereditária do patrimônio digital:

> A transmissão hereditária dos dados e informações contidas em qualquer aplicação de internet, bem como das senhas e códigos de acesso, pode ser regulada em testamento.
>
> § 1º O compartilhamento de senhas, ou de outras formas para acesso a contas pessoais, serão equiparados a disposições contratuais ou testamentárias expressas, para fins de acesso dos sucessores, desde que, devidamente comprovados.
>
> § 2º Integram a herança o patrimônio digital de natureza econômica, seja pura ou híbrida.
>
> § 3º Os sucessores legais poderão, se desejarem, pleitear a exclusão da conta ou a sua conversão em memorial, diante da ausência de declaração de vontade do titular.

Neste ponto da herança digital, há certo consenso que a vontade do titular há que ser respeitada, como fruto de sua autonomia privada. A Subcomissão entende que seria possível haver o testamento virtual, em respeito à vontade manifestada expressamente.

Todavia, se não há uma vontade declarada em vida, fato que certamente será muito mais comum na prática, o parágrafo 3º transfere o poder de decisão para os sucessores legais. Esta típica situação que se esperaria a presença de uma legislação para destinar soluções.

Aqui faz ainda mais sentido a observação feita acima. Ora, citar patrimônio digital de natureza pura ou híbrida só faria sentido se anteriormente houvesse a admissão de que há uma classificação de bens digitais patrimoniais, existenciais e mistos, como defendido nesta obra. E tal classificação não foi feita, nem no Livro dos Bens na Parte Geral, nem no Livro do Direito Digital.

A nosso sentir, mostra-se como correta a intenção da Subcomissão em solucionar o dilema da sucessão de bens digitais patrimoniais e de bens digitais mistos, que há pelo menos uma década atormenta o Poder Judiciário e gerou inúmeros trabalhos acadêmicos. Contudo, seria melhor que primeiramente houvesse uma conceituação mais robusta.

Prova disto é o quarto artigo previsto, com seus quatro parágrafos:

Art. X – Salvo expressa disposição de última vontade e preservado o sigilo das comunicações, e a intimidade de terceiros, as mensagens privadas do autor da herança difundidas ou armazenadas em ambiente virtual não podem ser acessadas por seus herdeiros, em qualquer das categorias de bens patrimoniais digitais.

§ 1º Mediante autorização judicial e comprovada a necessidade de acesso, o herdeiro poderá ter acesso às mensagens privadas da conta, para os fins exclusivos autorizados pela sentença e resguardado o direito à intimidade e privacidade de terceiros.

§ 2º O tempo de guarda destas mensagens privadas pelas das plataformas deve seguir legislação especial.

§ 3º Diante da ausência de declaração de vontade do titular, os sucessores ou representantes legais poderão, se desejarem, pleitear a exclusão da conta, sua conversão em memorial, ou a manutenção da mesma, garantida a transparência de que a gestão da conta é realizada por terceiro.

§ 4º Serão excluídas as contas públicas de usuários brasileiros mortos, quando não houver herdeiros ou representantes legais do falecido, contados 180 dias da comprovação do óbito.

Interessante notar que aqui, houve opção expressa pela nomenclatura "bens patrimoniais digitais", ao final do *caput*. Pela ordem de ideias, o melhor teria sido a utilização de bens digitais patrimoniais, destacando que "patrimoniais" seria espécie do gênero bens digitais.

O dispositivo em questão endereça solução à possibilidade ou não de acesso a contas e às mensagens existentes neste tipo de serviço. Aqui se tem contas de e-mail, aplicativos de mensagens instantâneas (como por exemplo, WhatsApp, Telegram, Signal, Threema, iMessage, Facebook Messenger, Viber, Line, entre outros), ou mesmo outros tipos de serviço em plataformas. A regra geral traçada pelo projeto da Subcomissão de Direito Digital foi vedar o acesso de terceiros, ainda que ostentem a condição de herdeiros, salvo se houver autorização expressa do falecido.

Obviamente, que se houver autorização do morto, é possível que o acesso seja concedido pelas plataformas, conforme previsão do parágrafo terceiro. Este dispositivo está totalmente alinhado com o previsto no dispositivo anterior, relevando o papel da autonomia privada

Não havendo autorização do falecido, a regra é novamente o não acesso. Porém, de forma correta, o projeto apresentado autoriza excepcionalmente o acesso de herdeiros, mediante autorização judicial específica, desde que comprovada a necessidade de acesso. Nestes casos, caberá ao juiz especificar os limites deste acesso, preservando-se os interesses de terceiros que com o falecido houvera mantido contato no passado. A forma mais adequada para situações assim será o juiz determinar ao provedor de serviços de internet a criação de conta espelho, limitando-se o acesso à temática detalhada no pedido.

A título de exemplo, suponha-se a situação de um filho que deseja ter acesso ao serviço de armazenamento em nuvem contratado por seu falecido pai, para que possa verificar os arquivos de fotos ou vídeos de família. Ou, ainda, de uma viúva que solicita ao Judiciário o acesso ao e-mail do falecido marido para checar sobre a existência de apólices virtuais de seguros de vida.

No quarto parágrafo, cuida o projeto daquelas situações nas quais não há manifestação do titular em vida, tampouco a presença de um herdeiro. O que as plataformas devem fazer com aquelas contas fantasmas? A solução apresentada foi outorgar às plataformas o direito potestativo de excluir a conta, desde que superado o prazo de 180 (cento e oitenta) dias da comprovação do falecimento.

Voltando-se à questão dos termos e condições de serviço, contratos virtuais de adesão que são necessários para o acesso a uma série de prestações de serviços ofertadas por plataformas, fundamentais para a existência de Bens Digitais, o parecer final da Subcomissão de Direito Digital, de forma correta e adequada, dispõe que:

> São nulas quaisquer cláusulas contratuais voltadas a restringir os poderes da pessoa, titular da conta, de dispor sobre os próprios dados e informações.

Entendemos que neste ponto o projeto foi perfeito, uma vez que no conflito entre o forte e o fraco, entre o estipulante e o aderente, forneceu razão à parte mais vulnerável, o consumidor de serviços digitais, que usa as plataformas para finalidades diversas. A regra exposta acima traduz algo básico no universo do direito privado: há que se respeitar a autonomia do sujeito. Se há uma manifestação de vontade no sentido de se conceder acesso post mortem à conta, ao perfil, ao serviço, não cabe ao provedor ou plataforma negarem este acesso a quem de direito. Esta é uma decorrência lógica de princípio fundamental da proteção de dados pessoais: o consentimento.

Entendendo-se que há um patrimônio digital, logo um possível direito de propriedade, o parecer da Subcomissão também criou um dispositivo a fim de que sejam reconhecidas faculdades inerentes a tal direito. Assim:

> O titular de um patrimônio digital tem o direito à plena proteção de seus ativos digitais, incluindo a proteção contra acesso, uso ou transferência não autorizadas.

Novamente, não se entende a razão pela qual se recusou a utilização da expressão bens digitais. Se no caput de dispositivo anterior utilizou-se a expressão bens patrimoniais digitais, porque aqui se optou por "ativo digitais"? De toda forma, a regra reconhece a existência de um direito subjetivo e, como consequência, a presença de faculdades jurídicas, com o direito de usar, fruir, dispor, reivindicar, especialmente face a lesões à propriedade digital. Andou bem a Subcomissão em mais este tópico regulamentar.

No sétimo e último artigo proposto no parecer final, a Subcomissão de Direito Digital estabelece que:

> Os prestadores de serviços digitais devem garantir medidas adequadas de segurança para proteger o patrimônio digital dos usuários e fornecer meios eficazes para que os titulares gerenciem e transfiram esses ativos de acordo com a sua vontade, com segurança.

Neste dispositivo legal sugerido, há um direcionamento de regras para os prestadores de serviços digitais, aos moldes da LGPD. Fica estipulado um dever jurídico de cuidado, consistente na garantia de medidas adequadas à proteção do patrimônio digital dos usuários. Por exemplo, as plataformas devem adotar providências quando identificados os famosos "sequestros de contas", ou seja, quando criminosos se valem de malwares ou outros artifícios informáticos, para solicitar pagamento de valores para devolução do perfil de rede social. Há, aqui, uma ótima regra que, quando conjugada com o Marco Civil da Internet, pode trazer amplitude da deficitária proteção aos bens digitais e que será melhor explorada no capítulo sobre Responsabilidade Civil e Bens Digitais, ao final desta obra.

Por tudo o que se expôs, o estudo do trabalho da Subcomissão de Direito Digital nos mostra que teria sido mais interessante criar um capítulo próprio para os Bens Digitais, endereçar alguns conceitos iniciais, para depois de forma mais robusta, enfrentar a problemática questão da herança digital, da posse, da responsabilidade civil, da proteção de dados pessoais, dos contratos cujo objeto serão os bens digitais, das garantias reais, do divórcio, da partilha de bens, entre outros tópicos.

Da forma como fora apresentado, o projeto de Livro de Direito Digital é insuficiente para abordar adequadamente a intricada e adorável temática dos Bens Digitais. Com a ampliação do debate no Congresso Nacional, será possível enriquecer ainda mais os capítulos sugeridos a este Livro Complementar ao Código Civil.

Com caráter colaborativo e ciente de que o parecer apresentado é uma obra em construção, entende-se que um capítulo (ou título) para a temática dos bens digitais, consagrando-se esta nomenclatura, poderia abranger mais regras, com profunda conexão com o restante do Código e com a legislação extravagante.

Neste caso, substituir o nome de Patrimônio Digital para Bens Digitais, seria conduta alvissareira, que abrangeria as classificações dos bens digitais, um conceito, e uma alusão à Parte Geral do Código Civil. Feitas estas digressões iniciais, o Capítulo (ou Título), poderia repetir as regras colocadas pela Subcomissão nos sete artigos e ir além, dizendo por exemplo sobre a possibilidade de compra e venda, empréstimo, faculdades jurídicas, reflexos no direito da posse, da propriedade, da função social, enfim, uma série de perspectivas que clamam por alguma regulamentação legal.

Para além do trabalho da Subcomissão de Direito Digital que ora se analisa, é importante também registrar novamente os avanços na temática dos bens digitais promovidos pelo relatório final elaborado pela a Subcomissão responsável pelo Direito das Sucessões.

Sob o comando do professor Mário Luiz Delgado, e tendo como integrantes os professores Giselda Maria F. Novaes Hironaka, Gustavo Tepedino e Cesar Asfor Rocha, esta Subcomissão optou por assumir expressamente a nomenclatura bens digitais para denominação de patrimônios digitais.

Na proposta de alteração legislativa, esta Subcomissão de Direito das Sucessões adota logo no início, no art. 1.791-A a expressão bens digitais, ao dispor que "os bens digitais do falecido, de valor economicamente apreciável, integram a sua herança."

A título exemplificativo e a fim de dinamizar e maximizar o conceito, acaba por adotar conceito muito próximo ao defendido nesta obra desde sua primeira edição, em 2017, ao prever no art. 1.791-A, § 1º:

Compreende-se como bens digitais, o patrimônio intangível do falecido, abrangendo, entre outros, senhas, dados financeiros, perfis de redes sociais, contas, arquivos de conversas, vídeos e fotos, arquivos de outra natureza, pontuação em programas de recompensa ou incentivo e qualquer conteúdo de natureza econômica, armazenado ou acumulado em ambiente virtual, de titularidade do autor da herança.

E, corretamente, separa os bens digitais patrimoniais, dos bens digitais existenciais, ao expressamente dizer, no parágrafo segundo deste artigo, que:

Os direitos da personalidade e a eficácia civil dos direitos que se projetam após a morte e não possuam conteúdo econômico, tais como a privacidade, a intimidade, a imagem, o nome, a honra, os dados pessoais, entre outros, observarão o disposto em lei especial e no Capítulo II do Título I do Livro I da Parte Geral, bem como no Livro de Direito Civil Digital.

Procurando vedar o abuso do direito subjetivo de redigir cláusulas em contratos de adesão, tão comum em termos de condições e serviços previstos pelas plataformas digitais, o relatório final traz, por fim, no parágrafo terceiro, que serão nulas de pleno direito quaisquer cláusulas contratuais voltadas a restringir os poderes da pessoa de dispor sobre os próprios dados, salvo aqueles que, por sua natureza, estrutura e função tiverem limites de uso, de fruição ou de disposição.

No relatório final desta Subcomissão, a expressão bens digitais ainda é citada no art. 1.791-C e em seus parágrafos, ao dispor que cabe ao inventariante ou a qualquer herdeiro, comunicar ao juízo do inventário, ou fazer constar da escritura de inventário extrajudicial, a existência de bens de titularidade digital do sucedido, informando, também, os elementos de identificação da entidade controladora da operação da plataforma.

Bens digitais são igualmente citados na nova redação do art. 1.881, ao consagrar a possibilidade de testamentos digitais, permitindo-se, inclusive, o codicilo em vídeo, que dispensaria a assinatura para sua validade.

Na proposta de art. 1.918-A, admite-se a possibilidade de legados de bens digitais, podendo abranger dados de acesso a qualquer aplicação da internet de natureza econômica, perfis de redes sociais, canais de transmissão de vídeos, bem como dados pessoais expressamente mencionados pelo testador no instrumento ou arquivo do testamento. Em seus parágrafos, este artigo entende ser possível, inclusive, a nomeação de administrador aos bens digitais, sob a forma de administrador digital, por decisão judicial, negócio jurídico entre vivos, testamento ou codicilo. Havendo esta nomeação, pelo autor da herança ou por decisão judicial, os bens digitais ficariam submetidos à sua administração imediata até que se ultimasse a partilha, com a obrigação de se prestar contas.

Ao prever regras sobre o fideicomisso, a Subcomissão também trouxe, no art. 1.952-A, a possibilidade dos bens digitais também serem objeto de fideicomisso.

Na proposta em debate, foi inserida a intricada questão da avaliação de bens digitais. Se estes ativos podem ser objeto de sucessão patrimonial, como se fará para avaliar economicamente o bem? Afinal, a morte aumentaria ou reduziria o valor de um ativo digital? Obviamente que a resposta a estas perguntas dependerá do caso concreto. Por isso, acertadamente, o art. 2.019, §4º, prevê que em se tratando de bens digitais, é possível que haja avaliação posterior, para fins de composição da sobrepartilha.

Por tudo o que se vê, as Subcomissões encarregadas da revisão da Parte Geral, do Direito das Sucessões e do novo Livro do Direito Digital, optaram por tratar do patrimônio digital. Como dito nos capítulos anteriores, espera-se que com o debate no Congresso, a nomenclatura Bens Digitais possa ser utilizada como padrão em todos os novos dispositivos legais propostos, como o fez a Subcomissão de Direito das Sucessões, fortalecendo-se o entendimento sobre as possibilidades trazidas por esta nova categoria de bens jurídicos e, assim, padronizando o entendimento dos inúmeros problemas que já aparecem e que cada vez mais surgirão nesta era da hiperconexão.

4.4. BENS DIGITAIS EXISTENCIAIS

4.4.1. A dignidade da pessoa humana

Para bem compreender os bens jurídicos existenciais torna-se fundamental proceder a uma breve incursão pelo princípio da dignidade da pessoa humana.

A partir do segundo pós-guerra e dos traumas promovidos pelo nazifascismo, ocorreu uma releitura da dogmática constitucional, centrada na necessidade de se conceder dignidade à pessoa humana, atrelada aos direitos fundamentais e ao Estado Constitucional Democrático. Para alguns autores, como Luís Roberto Barroso (2007, 2015), tal momento deveria ser denominado de neoconstitucionalismo (ou constitucionalismo contemporâneo), por possuir três características principais:

a) a formação do Estado Constitucional de Direito, consolidado ao final do século XX (marco histórico);

b) o pós-positivismo,[32] com a reaproximação do direito e a ética, bem como com a centralidade dos direitos fundamentais (marco filosófico);

c) a força normativa da Constituição, a expansão da jurisdição constitucional e uma nova dogmática da interpretação constitucional (marco teórico) (Barroso, 2015).

O neoconstitucionalismo passaria pela constitucionalização do Direito, importando na irradiação dos valores abrangidos nos princípios e regras da Cons-

---

32. Marcelo Novelino salienta que o Neoconstitucionalismo não deve ser confundido com o Pós-positivismo, nos seguintes termos: "Embora existam convergências, não podem essas concepções serem tratadas como sinônimas (como idênticas). Com isso, podemos observar aproximações e pontos comuns, bem como, diferenciações entre os termos neoconstitucionalismo e pós-positivismo. Assim sendo, conforme acurada síntese, 'assemelham-se, não apenas por terem surgido e desenvolvido no período do segundo pós-guerra, mas também por adotarem uma metodologia idêntica, por compartilharem de uma mesma plataforma teórica e por terem uma ideologia muito próxima. Diferem-se, no entanto, por atuarem em planos distintos e por não advogarem, ao menos necessariamente, a mesma tese acerca da relação entre o direito e a moral. O pós-positivismo pretende ser uma teoria geral do direito aplicável a todos os ordenamentos jurídicos, cujo aspecto distintivo consiste na defesa de uma conexão necessária entre o direito e a moral. O neoconstitucionalismo, por seu turno, propõe-se a ser uma teoria desenvolvida para um modelo específico de organização jurídico-política (constitucionalismo contemporâneo) característico de determinados tipos de Estado (Estado constitucional democrático), no qual, a incorporação de um extensivo rol de valores morais pelo direito, sobretudo por meio dos princípios constitucionais, inviabiliza qualquer tentativa de separação entre os valores éticos e o conteúdo jurídico' (NOVELINO apud FERNANDES, 2015, p. 63).

tituição por todo o ordenamento jurídico, inclusive pelo próprio direito privado, já que as normas constitucionais teriam força normativa. Tal força, aliada à centralidade da Constituição, produziria a efetividade dos direitos fundamentais nas relações interprivadas, ou seja, uma eficácia horizontal desses direitos, bem como um condicionamento interpretativo das demais normas existentes (Barroso, 2015).

Dessa forma, velhos processos interpretativos nascidos no direito privado, como o método da exegese ou subsunção, deveriam ser substituídos por novas práticas hermenêuticas vinculadas às teorias da argumentação, buscando-se racionalidade das decisões judiciais sob o filtro da Constituição.

O ordenamento jurídico marcado pela onipresença da Constituição faz com que esta seja a fonte primária também do direito privado, retirando do Código Civil a antiga posição de centralidade. Ocorre a constitucionalização do direito privado, tanto assim que, no caso brasileiro, a CRFB/88 trata, como analisado, de direito de propriedades, direito das famílias e autonomia privada em geral. Esse é o novo paradigma do direito privado, necessariamente aplicado à luz de princípios emanados da Constituição.

A nova tábua de valores que transforma as normas constitucionais tende a promover uma releitura destes institutos privados clássicos, ao determinar o respeito e incremento da dignidade humana, da solidariedade social e da igualdade substancial. A pessoa deve ter relevância sobre o patrimônio; as relações jurídicas devem ser despatrimonializadas, com o *ser* preponderando sobre o *ter*.

Nesse sentido, Nelson Rosenvald (2005) pontua que

> O mérito de qualquer Carta Constitucional compromissada com a dignidade da pessoa humana se encontra no reconhecimento da normatividade dos princípios e na essencialidade dos direitos fundamentais, permitindo-se um retorno da ética ao direito pela recepção do valor justiça, com um diálogo entre legalidade e legitimidade. (Rosenvald, 2005, p. 44).

Nesse contexto e seguindo a trilha de Ingo Wolfgang Sarlet (2006), a dignidade humana, para ser melhor compreendida, merece ser analisada sobre três enfoques: a partir de seu significado e conteúdo; de sua caracterização como norma jurídica principiológica e as funções que daí decorrem; da concepção materialmente aberta de direitos fundamentais (Sarlet, 2006, p. 114).

Ao prever expressamente a dignidade da pessoa humana em suas disposições iniciais, o Constituinte de 1988 estabeleceu, ainda que de forma vaga e imprecisa, que toda a atuação estatal se dá em função do ser humano. Sua delimitação e concretização será uma tarefa cotidiana, a partir do exercício dos poderes pelos órgãos estatais. Como todo princípio, será o caso concreto quem irá delimitar seu conteúdo. Sendo inerente a cada ser humano, a dignidade existe independentemente de definições preconcebidas. Ela é um dado que antecederia a noção de ordenamento jurídico, cabendo a este a tarefa de reconhecer e resguardar tal valor. Com significado e conteúdo fluidos, o que se percebe, com Ingo Wolfgang Sarlet (2006) é que

> Em última análise, onde não houver respeito pela vida e pela integridade física do ser humano, onde as condições mínimas para uma existência digna não forem asseguradas, onde a intimidade e a identidade do indivíduo forem objeto de ingerências indevidas, onde sua igualdade relativamente aos demais não for garantida, bem como onde não houver limitação do poder, não haverá espaço para a dignidade da pessoa humana, e está não passará de mero objeto de arbítrio e injustiças. (Sarlet, 2006, p. 122).

Dissertando sobre a incidência do princípio da dignidade nos dias atuais, Anderson Schreiber (2011), lembrando a vagueza conceitual da norma, afirma que

> A visão cientificista do direito cede espaço a um viés principiológico e valorativo, que estimula o reenvio da solução dos casos concretos ao patamar mais elevado dos fundamentos do Estado Democrático de Direito. Nesse contexto, a dignidade humana tem sido aplicada diretamente a um sem-número de casos concretos. Sua invocação tem se tornado cada vez mais frequente, não apenas nos debates acadêmicos, mas também nas motivações das decisões judiciais, nas peças advocatícias, nas decisões administrativas, nos debates parlamentares, nas justificativas de projetos de lei e assim por diante. Toda essa imensa importância revela-se ainda mais espantosa quando se verifica que a dignidade humana é uma noção raramente conceituada (Schreiber, 2011, p. 07).

Possuindo *status* jurídico-normativo, a dignidade da pessoa humana não poderia ser considerada um simples direito e garantia fundamental, já que sua disposição topográfica no corpo da Carta Maior antecede à daquele título. O constituinte originário de 1988 optou por inserir a dignidade como princípio fundamental no art. 1º, III, não sendo, portanto, uma mera declaração de cunho ético ou moral. Assim, a dignidade seria um guia não apenas para a aplicação dos direitos tidos como fundamentais, mas de toda a ordem constitucional, o que justificaria sua supremacia dentre os demais princípios de igual hierarquia.

Como princípio com ampla densidade constitucional, se apresentaria normativamente sob dois aspectos (ou sendo portador de duas funções): negativo e positivo. No primeiro deles, tal princípio teria a eficácia normativa de impor tanto ao Estado, quanto a particulares, a vedação de objetificação do ser humano. Partindo de uma premissa kantiana, a dignidade seria violada toda vez que o ser humano viesse a ser tratado como um meio e não como um fim em si mesmo. Nesse sentido e a título exemplificativo, se o Estado estabelecer a submissão de presidiários como cobaias em testes de medicamentos, estaria ocorrendo violação a este aspecto negativo da dignidade. A concepção do homem-objeto é a antítese da noção de dignidade da pessoa humana (Sarlet, 2006, p. 122).

Já em seu viés positivo, o princípio da dignidade teria um caráter promocional, ao impor um dever de proteção e incentivo às condições de vida digna, por intermédio do mínimo existencial, ou seja, por um conjunto de bens e utilidades indispensáveis a uma vida com dignidade, tais como saúde, moradia e educação.

Ou seja, pode-se afirmar que o aspecto negativo da dignidade irá procurar desenvolver ferramentas de proteção da pessoa, pelo simples fato de sua existência. E o fundamento para esta tutela não estaria em um direito natural, mas, sim, no próprio ordenamento jurídico.[33] Esta percepção negativa do princípio em comento fundamenta a construção de uma categoria própria de direitos subjetivos existenciais, denominados hoje pela doutrina majoritária e pela própria lei de direitos da personalidade, a qual será tratada com mais detenção à frente.

Na perspectiva positiva, a dignidade seria então uma garantia de pleno desenvolvimento da personalidade de cada indivíduo, a quem a ordem jurídica asseguraria um mínimo de condições para que pudesse vir a viver nos termos do programa constitucionalmente traçado. Nesse sentido, a previsão de um patrimônio mínimo a cada indivíduo permitiria a funcionalização da propriedade em prol dos interesses da pessoa humana, concedendo então uma parcela irredutível de propriedade, infensa a pretensões de terceiros. Exemplifica-se com o clássico exemplo do bem de família, seja a impenhorabilidade automática do único imóvel residencial, prevista na Lei 8.009/90 (Brasil, 1990), seja a modalidade voluntária prevista nos arts. 1.711 e seguintes do Código Civil.

Para concluir este ligeiro esboço, a concepção aberta de direitos fundamentais busca indubitavelmente na dignidade humana o seu substrato. A liberdade, a igualdade, a vida, a integridade física, a intimidade e a privacidade são, para além de direitos fundamentais, direitos que garantem a própria dignidade do ser, explicitando, em maior ou menor grau, a dimensão do princípio ora tratado.

Não se quer com isso atribuir à dignidade humana uma abstração tal que inviabilize sua própria aplicação enquanto norma-princípio. Inclusive, a generalização absoluta deste princípio é hoje um mal contra o qual se deve lutar. Quando tudo se torna dignidade humana, há que se recordar que o tudo se aproxima do nada. Explanando sobre o tema, Maria Celina Bodin de Moraes (2003) relembra que

> O valor da dignidade alcança todos os setores da ordem jurídica. Eis a principal dificuldade que se enfrenta ao buscar delinear, do ponto de vista hermenêutico, os contornos e os limites do princípio constitucional da dignidade da pessoa humana. Uma vez que a noção é ampliada pelas infinitas conotações que enseja, corre-se o risco de generalização absoluta, indicando-a

---

33. A opção positivista de enxergar o fundamento da proteção à pessoa no próprio ordenamento jurídico parece ser a mais acertada.

como *ratio* jurídica de todo e qualquer direito fundamental. Levada ao extremo, essa postura hermenêutica acaba por atribuir ao princípio um grau de abstração tão completo que torna impossível qualquer aplicação sua (Moraes, 2003, p. 116-117).

E para evitar essa abstração, a autora propõe a formulação de quatro postulados que comporiam o substrato material do princípio em comento, quais sejam:

> › o reconhecimento pelo sujeito moral da existência de outros sujeitos como iguais a ele;

> › esses outros sujeitos merecem o mesmo respeito à integridade psicofísica;

> › esses sujeitos são dotados de vontade livre, autodeterminação; e

> › eles são parte do grupo social, donde ressai a garantia de não ser marginalizado.

Quando se reconhece a existência de outros sujeitos iguais, surge o princípio da igualdade. Merecendo igual respeito, protegida estaria a sua integridade. Se a pessoa é realmente livre para manifestar sua vontade, seria preciso garantir juridicamente essa liberdade. Se essa pessoa faz parte do grupo social, daí decorrerá o princípio da solidariedade social (Moraes, 2003, p. 117). Buscando esta adequação em cada caso concreto, a dignidade teria uma eficácia precursora dos direitos fundamentais.

Com a evolução da sociedade, das novas tecnologias, novos direitos fundamentais não escritos expressamente pela Constituição, podem vir a ser reconhecidos a partir da densificação da dignidade, como, por exemplo, temas de Biodireito[34] ou mesmo o direito de propriedade dos bens digitais.

4.4.2. A personalidade

O Direito existe pelas pessoas e para regular as relações entre estas, ou seja, são elas o fundamento ontológico da ciência jurídica. Assim, as pessoas constituem, em sua essência, o início e o fim do Direito. Verificando a presença da qualidade de ser humano em um ente, o Direito passa a imputar-lhe certos atributos, dentre os quais se destaca a personalidade.

---

34. Maria de Fátima Freire de Sá e Bruno Torquato de Oliveira Naves (2015), indagando sobre o conceito de identidade genética, sua projeção na intimidade e a relação desta com a dignidade humana, afirmam que: "O conhecimento dos dados genéticos suscita, também, problemas relacionados a uma nova dimensão da intimidade. Intimidade é a esfera individual de projeção do indivíduo em sua relação interior. O direito à intimidade genética construiu-se a partir do princípio constitucional da intimidade, e pode ser definido como o direito de determinar as condições de acesso à informação genética. Está ligado de maneira estreita ao princípio da dignidade humana, razão pela qual sua interpretação traz consequências relevantes na determinação dos sujeitos ativo e passivo. (Sá; Naves, 2015, p. 233).

Logo, como premissa introdutória ao estudo da personalidade está a própria noção de pessoa para o Direito. Decerto, pessoa é um conceito interdisciplinar, alcançando várias outras ciências, como a sociologia, a antropologia, a filosofia no campo das ciências humanas, a biologia, a medicina, no âmbito das ciências biológicas, dentre outras.

O conceito de pessoa, assim, para a Ciência do Direito, pode ser retirado das lições de Diogo Luna Moureira (2009), para quem

> Ser pessoa a partir da Teoria do Direito é ter reconhecida a possibilidade de escolher e agir em um recorte de determinada situação jurídica, podendo ali exercer efetivamente as liberdades (direitos) e não-liberdades (deveres) normativamente estatuídas. E para tanto, ser indivíduo humano não é condição *sine qua non* de ser pessoa neste sentido, embora seja ele o primeiro referencial. (Moureira, 2009, p. 105).

A pessoa é juridicamente conceituada, comumente, como sendo então o ser dotado de personalidade.[35] Sendo anterior à própria noção de ordenamento, a pessoa natural é por este reconhecida, ao contrário de vários institutos jurídicos, concebidos pela ordem posta, como a própria pessoa jurídica. Ao se reconhecer a pessoa, fornece-se a ela o atributo da personalidade, o que historicamente possibilitou ao sujeito ser titular de direitos e deveres na órbita civil.

Portanto, a tradicional concepção de personalidade[36] liga-se a uma suscetibilidade abstrata para que um sujeito venha a titularizar direitos e se submeta ao cumprimento de deveres. Esta aptidão genérica concedida a todas as pessoas está vinculada a um aspecto patrimonial, pois o sujeito poderia vir a ser titular de bens a partir do momento em que viesse a adquirir esta personalidade, denominada então de personalidade jurídica ou personalidade civil.

É da tradição do direito brasileiro estabelecer que a aquisição desta personalidade jurídica ou civil se dê com o nascimento com vida, nos termos do atual art. 2º, CC. Nasceu com vida, adquiriu a personalidade civil. Assim, os nascituros, seres já concebidos, mas ainda não nascidos, não poderiam ser dotados desta personalidade, tendo, então, quanto a direitos patrimoniais, meras expectativas, que somente se concretizariam se houvesse separação do corpo da mãe e troca de oxigênio de maneira autônoma, ou seja, se viesse a nascer com vida. O nascimento atuaria como uma espécie de condição suspensiva para a aquisição de direitos de natureza patrimonial.

---

35. Neste sentido, Francisco Amaral (2003) defende que pessoa é um termo que possui dois significados: um vulgar e outro jurídico. O primeiro significado refere-se à pessoa como indivíduo humano. Já o segundo refere-se ao ser com personalidade jurídica, isto é, o ser dotado de aptidão para a titularidade de direitos e deveres. (AMARAL, 2003, p. 216).

36. A esta concepção tradicional de personalidade os alemães dão o nome de *Rechtsfähigkeit* (VASCONCELOS, 2014, p. 27).

Na explicação de Elimar Szaniawski (2005)

O direito civil clássico vem sustentando há muito tempo, que todo indivíduo adquire personalidade a partir de seu nascimento com vida, assegurando, porém, uma certa proteção aos direitos do nascituro. Esta concepção tem origem na opinião dos civilistas que cultuam a tradição romana, pois o direito romano considerava o embrião como parte das vísceras da mulher, não vislumbrando o feto como um ser vivo independente, um ser humano que está em desenvolvimento.

Segundo a doutrina tradicional, o codificador do direito civil brasileiro, inspirado em modelos alienígenas, não teria se apartado desta concepção ao editar o Código Civil. (Szaniawsky, 2005, p. 63-64).

Entretanto, com o florescer do conceito de dignidade da pessoa humana em meados do século passado, conforme explicado no item anterior, amplificou-se uma nova categoria de direitos subjetivos de natureza extrapatrimonial, os quais se denominam mais comumente de Direitos da Personalidade. Nascia aí o segundo sentido técnico para o termo personalidade, que hoje encontra também guarida na legislação civilista brasileira, a partir do art. 11 do Código Civil.

Esses direitos seriam compostos pelo conjunto de atributos inerentes à condição de ser humano, englobando então direitos como a vida, a integridade psicofísica, o direito ao corpo, ao nome, à privacidade, à intimidade, à identidade, à honra, à imagem, dentre outros. Se inerentes à condição de ser humano, sua proteção não deveria se ligar diretamente ao nascimento com vida, como se passa com o primeiro sentido técnico do vocábulo personalidade. Desde o surgimento da vida, ou seja, desde a concepção do sujeito e consequente formação do embrião, esses atributos deveriam ser protegidos pela ordem jurídica, até como forma de se permitir o próprio desenvolvimento da vida, ainda que em estágio inicial intrauterino.

Enaltecendo essa distinção entre personalidade jurídica e direitos da personalidade, Maria de Fátima Freire de Sá e Bruno Torquato de Oliveira Naves (2015) destacam que

Num primeiro sentido, tem-se o atributo de constituição do sujeito enquanto partícipe de relações e situações jurídicas – a personalidade. A pessoa é o ente dotado de personalidade e, como tal, apta a possuir direitos e deveres na ordem jurídica. Em outro sentido, veem-se aspectos próprios da pessoa atuando como objeto de relações ou situações jurídicas – os direitos de personalidade.

Dito de outra forma: o primeiro enfoca a pessoa em seu aspecto subjetivo, permitindo que alguém seja sujeito de relações e situações jurídicas. Já os direitos de personalidade concentram-se no aspecto objetivo, isto é, são objeto de relações e situações jurídicas. Direitos da personalidade são aqueles que têm por objeto os diversos aspectos da pessoa humana, caracterizando-a em sua individualidade e servindo de base para o exercício de uma vida digna. São direitos de personalidade a vida, a intimidade, a integridade física, a integridade psíquica, o nome, a honra, a imagem, os dados genéticos e todos os demais aspectos que projetam a sua personalidade no mundo. (Sá; Naves, 2015, p. 53).

No mesmo sentido também caminham Gustavo Tepedino, Heloisa Helena Barboza e Maria Celina Bodin de Moraes (2004) ao afirmarem que

> A rigor, há dois sentidos técnicos para o conceito de personalidade. O primeiro associa-se à qualidade para ser sujeito de direito, conceito aplicável tanto às pessoas físicas quanto às jurídicas. O segundo traduz o conjunto de características e atributos da pessoa humana, considerada objeto de proteção privilegiada por parte do ordenamento, bem jurídico representado pela afirmação da dignidade humana, sendo peculiar, portanto, à pessoa natural (Tepedino; Barboza; Moraes, 2004, p. 04).

Em que pese a existência de forte debate doutrinário acerca das teorias que buscam explicar o início da personalidade,[37] acredita-se que tal debate hoje seria desnecessário. Há que se pontuar que estas teorias surgiram sob a vigência do Código formulado por Clóvis Beviláqua (ao final do século XIX), com vertente fortemente individualista, liberal e patrimonialista. Assim, se no Código Civil de 1916 o legislador optou por trabalhar apenas uma concepção de personalidade, a tradicional, ligada a direitos patrimoniais, o Código atual preferiu abordar as duas concepções que o vocábulo comporta, nos dois capítulos iniciais do título referente à pessoa natural.

Dessa maneira, entende-se que a teoria natalista, a concepcionista e a da personalidade condicionada foram criadas à luz da lei revogada, para regular o problema de uma personalidade, a personalidade jurídica ou civil. Para essa concepção de personalidade, a discussão teórica ainda poderia ser válida, sobremaneira para aqueles que ainda insistem em polemizar sobre o *status* jurídico do nascituro.

Porém, ao se vislumbrar como dito, duas concepções distintas para o termo *personalidade*, há que se proceder à correta divisão dessas teorias. A teoria natalista, vinculada então ao nascimento com vida, aplicar-se-ia à personalidade jurídica, personalidade em seu viés subjetivo, da possibilidade abstrata de titularidade. Já para os direitos da personalidade, deve-se pensar na aplicação da teoria concepcionista, uma vez que, desde a concepção, a vida do nascituro,

---

37. Classicamente, três teorias buscam explicar o início da personalidade: a) teoria natalista – a personalidade só se iniciaria com o nascimento com vida, nos termos do art. 2º, primeira parte, do Código Civil; b) teoria concepcionista – a personalidade se iniciaria desde a concepção, até como forma de se tutelar a vida do embrião formado, ou seja, certos direitos estariam resguardados para o nascituro, nos termos do art. 2º, *caput*, parte final, CC; c) teoria da personalidade condicionada – a personalidade se iniciaria desde a concepção, desde que no futuro o nascituro viesse a nascer com vida (condição para implemento retroativo da personalidade, desde a concepção).

4 • BENS DIGITAIS

99

bem como outros direitos inerentes à sua condição humana, merecem a tutela pelo direito.[38]

Enxergando-se duas concepções de personalidade, esta tormentosa questão referente à condição do nascituro, se é uma pessoa ou não, dotada ou não de personalidade, passa a ser vista de modo um pouco mais lúcida. O nascituro, em que pese não ter personalidade jurídica, já é titular de direitos da personalidade. Se estes, como se verá, são intrínsecos à condição de pessoa, deve-se considerar o nascituro como uma pessoa em formação que, se ainda não está na plenitude de suas possibilidades jurídicas, ao menos já goza de proteção condizente com seu *status*.

A partir do momento em que o ser humano vai se virtualizando no mundo digital, com o desenvolvimento da tecnologia, a sua personalidade, em ambas as vertentes, acompanha inexoravelmente esse desenrolar. A pessoa vale-se de sua personalidade jurídica para, por exemplo, celebrar diversos contratos online. De igual forma, a proteção de seus atributos intrínsecos em rede, como a imagem e a honra, é cada vez mais objeto de discussão. Não será despropositado defender, em breve tempo, a existência de uma personalidade virtual, condensadora da personalidade jurídica e dos direitos da personalidade, quando projetados no universo digital.

A personalidade jurídica, nos moldes então estudados, será importante na análise dos bens digitais patrimoniais, visto que só poderá vir a titularizar tais objetos aqueles que já tiverem nascido com vida e, portanto, já detenham a aptidão genérica para integrar relações jurídicas, ainda que no âmbito virtual.

Quanto aos direitos da personalidade, serão fundamentais para a compreensão dos bens digitais existenciais, possibilitando que o ser humano, ainda que nascituro, seja protegido em seus atributos essenciais, diante de ameaças, lesões no mundo real ou no ambiente digitalizado.

4.4.3. Os direitos da personalidade

Historicamente a previsão da tutela da pessoa por meio de um direito de personalidade remonta ao início do século XX, a partir da escola pandectística alemã,[39] sob a perspectiva da existência de um direito sobre a própria pessoa, sobre a existência pessoal, sobre a exteriorização e desenvolvimento das faculdades

---

38. Neste sentido, vale citar o Direito Penal, que, no caso brasileiro, sempre optou por inserir a vida do nascituro como digna de tutela, ao tipificar a conduta de abortar nos art. 124 e seguintes do Código Criminal. (BRASIL, 1940).

39. A escola ou movimento pandectístico formou-se principalmente na Alemanha, na segunda metade do século XIX. O BGB – *Bürgerliches Gesetzbuch* (Código Civil Alemão) de 1900 foi fruto desta pandec-

de pensar e sentir. Ou seja, o poder emanado da vontade humana poderia surtir efeitos externamente, sobre objetos ou outras pessoas, como também internamente, dizendo respeito ao próprio indivíduo.

Com arrimo juspositivo no direito ao nome facultado pelo §12º do Código Civil Alemão, a doutrina e jurisprudência germânicas construíram duas concepções acerca destes direitos sobre a própria pessoa. A primeira delas, que ficou conhecida como direito geral de personalidade, defendia que o poder do sujeito sobre a sua própria pessoa configurava um direito geral à livre atuação e manifestação de sua individualidade, em qualquer sentido ou dimensão, englobando assim não apenas o nome, a privacidade, mas qualquer traço de expressão daquela individualidade, independentemente de sua tipificação. O caso concreto possibilitaria a averiguação pontual da presença deste traço individualizante.[40]

Contra essa amplitude desmedida de um direito geral de personalidade, os partidários da segunda concepção entendiam que a personalidade humana e suas manifestações já encontravam sua tutela na lei civil, em normas de polícia e também na legislação criminal (Gonçalves, 2008, p. 79). Logo, não havia razão para uma abertura desmedida a um direito geral de personalidade.

De todo modo, a visão favorável ou contrária a um direito geral de personalidade acabou por sedimentar a categoria autônoma dos direitos da personalidade, passando então a doutrina europeia da primeira metade do século XX a considerá-los em seus escritos, como direitos originários.

Dessa forma, a legislação do velho continente passou paulatinamente a aceitar expressamente esta nova categoria de direitos, como ocorrera na França, na década de 1950, com a Comissão de Reforma do Código Civil Francês, na Itália, com a edição do Código Civil de 1942, e, em especial, com o Código Civil Português de 1966.[41]

Compreendidos como uma faceta dos Direitos do Homem e de sua especial dignidade, tão em voga, como dito nos itens anteriores, após a segunda guerra mundial, os direitos da personalidade foram estruturados concomitantemente com os direitos fundamentais. Com a consolidação desta categoria, alçadas em nosso ordenamento a verdadeira cláusula pétrea, vários dos direitos inerentes à condição de ser humano, como o direito à vida, à imagem, à honra e à privacida-

---

tística, caracterizando-se pela sistematização do direito (com a divisão do Direito Civil, por exemplo, em uma parte geral e outra especial) e dos conceitos jurídicos.

40. Ennerccerus, contrário à ideia de um direito geral de personalidade, apontava como defensores desta visão favorável (REGELSBERGER; GIERKE apud GONÇALVES, 2008, p. 78).

41. Destaque-se que estes dois últimos diplomas (Italiano e Português) foram fonte de grande inspiração para a Comissão de Juristas liderada por Miguel Reale, ao redigir o Projeto de Lei nº 634-B, de 1975, convertido no nosso atual Código Civil (Lei 10.406/2002). (BRASIL, 2002).

de, foram inseridos exatamente no título dos direitos e garantias fundamentais. Enquanto estes se projetam especialmente para as relações verticais, ou seja, a relação de direito público que vincula o Estado e os cidadãos que o compõem, os direitos da personalidade teriam natureza horizontal, típica das relações de direito privado.

Assim, já se disse que todo direito da personalidade se qualifica constitucionalmente como um direito fundamental. Porém, a recíproca não se afigura como verdadeira, pois vários direitos fundamentais não guardam pertinência direta com atributos da pessoa humana (p.ex.: a duração razoável do processo é uma garantia fundamental acrescentada em nossa CRFB/88 por força da EC nº 45/2004, que não se configura como um direito da personalidade). (Brasil, 2004).

Numa perspectiva internacional, os direitos da personalidade e a categoria mais ampla dos direitos fundamentais, não raras vezes, são objeto de tratados de direitos humanos, como a própria Declaração Universal dos Direitos do Homem, de 1948, um dos grandes instrumentos normativos do pós-guerra. Portanto, direitos da personalidade, direitos fundamentais e direitos humanos, por vezes, possuirão o mesmo objeto: o resguardo da pessoa humana e seus atributos essenciais. Todavia, o âmbito de eficácia será distinto. Acredita-se que os direitos humanos devem se projetar dentro de uma órbita transnacional (a questão do tratamento digno aos refugiados de guerras, que migram para outros países fugindo dos problemas vividos em sua pátria, é tipicamente de direitos humanos), os direitos fundamentais no âmbito das relações públicas entre cidadão e Estado (a violência policial contra a população inocente é uma matéria de violação aos direitos fundamentais), os direitos da personalidade, por sua vez, incidiriam principalmente no trato das relações privadas (um órgão de imprensa que indevidamente publica uma reportagem com fatos falsos, a fim de denegrir a imagem e honra de um terceiro).[42]

Pelo exposto, a proteção do ser humano e seus atributos imanentes poderá ter um caráter público ou privado. No primeiro caso, têm-se os direitos humanos na esfera internacional e os direitos fundamentais na vertente constitucional

---

42. Promovendo a diferenciação técnica entre os termos direitos humanos e direitos fundamentais, Ingo Wolfgang Sarlet (2006) afirma: "Em que pese sejam ambos os termos ('diretos humanos' e 'direitos fundamentais') comumente utilizados como sinônimos, a explicação corriqueira e, diga-se de passagem, procedente para a distinção é de que o termo 'direitos fundamentais' se aplica para aqueles direitos do ser humano reconhecidos e positivados na esfera do direito constitucional positivo de determinado estado, ao passo que a expressão 'direitos humanos' guardaria relação com os documentos de direito internacional, por referir-se àquelas posições jurídicas que se reconhecem ao ser humano como tal, independentemente de sua vinculação com determinada ordem constitucional, e que, portanto, aspiram validade universal, para todos os povos e tempos, de tal sorte que revelam um inequívoco caráter supranacional (internacional)". (SARLET, 2006, p. 35-36).

positivada, com caráter mais amplo que os direitos de índole privatística. No segundo, se encontrar-se-iam precisamente os direitos da personalidade (Fiuza; Gama, 2009, p. 111).

A partir do momento em que a Constituição de 1988 estabeleceu a dignidade da pessoa humana como princípio fundamental, passa a ser tarefa do Estado legislador dar concreção a esta norma, concedendo a devida abertura à pluralidade existencial imanente a cada ser. A dignidade inicia seu processo democrático de consolidação. A proteção integral da pessoa abrangeria, por conseguinte, a sua personalidade.[43]

Não previstos pelo Código Civil de 1916, os direitos da personalidade já chamavam a atenção da doutrina brasileira, antes mesmo de virem previstos de forma expressa no Código Civil de 2002, entre os artigos 11 a 21.

Renunciando à árdua tarefa de conceituar os direitos da personalidade, bem como de estabelecê-los de forma pormenorizada, o Código atual seguiu a linha daquela primeira concepção, ao estabelecer um direito geral de personalidade. Nas palavras de Judith Martins-Costa e Gerson Luiz Carlos Branco (2002)

> Diversamente do Código de 1916, no qual são ausentes as regras a respeito dos direitos de personalidade, o Código recém-aprovado dedica o Capítulo II, do Título I, do Livro I, da Parte Geral, ao seu regramento. Em boa hora os codificadores renunciaram tanto à tentativa de conceituar os direitos da personalidade quanto a promover a sua indicação pontual e sua taxinomia. Esta é tarefa própria à atividade doutrinária, sabendo-se que desde Von Gierke dedicou-se pioneiramente ao tema, a doutrina e jurisprudência não cessam de reconhecer novas espécies de direitos que derivam do mero fato de existirmos e possuirmos, por isso, especial dignidade. (Martins-Costa; Branco, 2002, p. 98-99).

Logo, se o Código propositalmente não conceituou os direitos da personalidade, optando por trazer algumas de suas características no art. 11, sua forma de tutela no art. 12 e discriminando poucas regras para alguns destes direitos entre os arts. 13 e 21, coube à doutrina tratar de sua definição.

E, buscando na doutrina, encontra-se em Maria de Fátima Freire de Sá e Bruno Torquato de Oliveira Naves (2015) a seguinte conceituação

> Direitos da personalidade são aqueles que têm por objeto os diversos aspectos da pessoa humana, caracterizando-a em sua individualidade e servindo de base para o exercício de uma vida digna. São direitos de personalidade a vida, a intimidade, a integridade física, a

---

43. Neste sentido, Diogo Luna Moureira (2009) assevera: "Trazer a dignidade humana para o Código Civil é exigir e efetivar uma interpretação constitucionalizada das normas vigentes no Direito Civil a partir de uma compreensão compartilhada de direitos, sobretudo no que diz respeito aos Direitos Fundamentais. Trata-se de reconhecer e efetivar uma autonomia privada plena, que possibilita que o indivíduo assuma, ele próprio, as coordenadas da própria vida [...]". (MOUREIRA, 2009, p. 159-160).

integridade psíquica, o nome, a honra, a imagem, os dados genéticos e todos os demais aspectos que projetam a sua personalidade no mundo. (Sá; Naves, 2015, p. 53).

Abandonando também a tradicional técnica legislativa regulamentar, tão cara à Escola da Exegese, o Código atual, ao traçar o direito geral de personalidade, optou por se valer, uma vez mais, de uma grande cláusula geral de proteção à pessoa humana. Em vez de tentar abarcar na prévia inserção legal todas as manifestações da personalidade, o legislador preferiu dizer que qualquer que seja a ameaça ou lesão a direitos da personalidade (genericamente) devem ser objeto de proteção pelo Poder Judiciário. O Legislativo reconhece sua incapacidade de prever todas as situações faticamente passíveis de ocorrência, para estabelecer uma norma aberta que deverá ser concretizada pelo julgador casuisticamente.[44]

Ao abordar a riqueza de possibilidades trazida pela previsão propositadamente lacunosa, Judith Martins-Costa e Gerson Luiz Carlos Branco (2002) lembram que a técnica das cláusulas gerais permite tanto a ligação intrassistemática (entre as normas do próprio Código) quanto a intersistemática (por exemplo, entre o Código e a Constituição) e mesmo extrassistemática (colocando-se o intérprete fora do sistema jurídico, a fim de concretizar um valor ou diretiva). O juiz poderá, assim, buscar na lei, na CR ou mesmo em outra ciência conceitos que lhe sejam válidos para preencher os vazios normativos deixados pelo legislador, tendo um dever de otimização quanto à proteção da pessoa humana. Fomenta-se o diálogo entre as diversas fontes. (Martins-Costa; Branco, 2002, p. 99).

Luiz Edson Fachin (2006) relembra que a própria Constituição já havia previsto esta cláusula geral de tutela do ser humano

> Sem embargo da disciplina infraconstitucional e verticalizada dos direitos da personalidade pelo Código Civil de 2002, não se pode olvidar da existência, na Constituição, da cláusula geral de proteção dos direitos da personalidade na interseção do fundamento da dignidade com os direitos fundamentais, o que, na prática, propicia uma mobilidade necessária para o intérprete [...]. (Fachin, 2006, p. 641).

E, contrariamente ao que se afirmou linhas atrás, o autor arremata ao dizer que o Código Civil não trouxe uma cláusula geral de tutela da personalidade, sendo esta veiculada apenas pela Constituição (Fachin, 2006, p. 641). Nessa mesma linha caminham César Fiuza e André Couto e Gama (2009, p. 125), ao afirmarem que somente na Carta Maior se encontrariam a proteção e promoção do ser humano, por ter o Código Civil optado pela teoria monista, ao invés da previsão de tal

---

44. Esta cláusula geral está prevista no *caput* do art. 12, CC: "Pode-se exigir que cesse a ameaça, ou a lesão, a direito da personalidade, e reclamar perdas e danos, sem prejuízo de outras sanções previstas em lei" (BRASIL, 2002).

cláusula geral de tutela da personalidade. De qualquer modo, esses dois últimos autores, em exercício dialético, apresentam a visão daqueles que acreditam ter o Código Civil encampado, sim, a cláusula em comento

> Para os adeptos da cláusula geral de tutela da personalidade, a personalidade seria um valor, ou o valor supremo de uma sociedade democrática, do qual decorreria não só a proteção à dignidade humana, mas também a proteção do ser humano. Assim, o ordenamento jurídico, com base na cláusula geral de tutela da personalidade, não só daria ensejo à reparação dos atentados aos Direitos da Personalidade como induziria a atuação do intérprete ao molde axiológico dessa cláusula, qual seja, a pessoa humana (Fiuza; Gama, 2009, p. 120).

Pelo que se apresenta, a sede dos Direitos da Personalidade será não apenas o Código Civil, mas também a própria Constituição da República de 1988. Ao se promover um diálogo entre os dois diplomas legais, vê-se que a intenção do constituinte originário foi exatamente construir um sistema jurídico sob o manto do qual qualquer ameaça ou lesão à pessoa humana pudesse ser digna da devida proteção, seja esta tutela preventiva ou repressiva. Essa forma de raciocínio promoveria não apenas os valores fundamentais como a dignidade humana e o solidarismo social, mas também os próprios direitos, qualificados desde o início do século XX, igualmente como fundamentais, tais como o livre manifestar e pensar, a imagem, a honra e a própria vida.

Considerando a tessitura de uma cláusula geral de proteção à personalidade, seja esta oriunda diretamente da Constituição, ou das previsões estabelecidas no Código Civil, seria possível reconhecer já no presente momento e no futuro próximo a existência de bens da personalidade que se projetam com grande eficácia no mundo digital. Talvez os três maiores exemplos, sem pretensão de esgotamento, sejam o direito de imagem, a honra e a privacidade.

Por meio da rede mundial de computadores, uma imagem, seja ela na forma de fotografia ou vídeo, pode ser compartilhada livremente como conteúdo por milhares ou mesmo milhões de usuários num curto espaço de tempo. Da mesma maneira, a honra de um indivíduo pode ser colocada em xeque pela divulgação injusta de fatos relativos à sua pessoa em questão de instantes. E, ao se pensar que hoje grande parte dos contatos interpessoais é desenvolvida por meio da Internet, por intermédio de e-mails, serviços de mensagem ou formas de comunicação similares, a privacidade está sob premente ameaça, diante da possibilidade sempre presente de uma intrusão não autorizada numa dessas contas virtuais.

4.4.4. A identidade virtual

Por tudo o que se expõe, a pessoa, sua dignidade e sua personalidade vão sendo projetadas no mundo digital. Logo, o corpo, como reduto desses conceitos, poderia ser visualizado não como um, mas, sim, como vários. Esta concepção moderna e múltipla sobre o corpo (que em alguma medida se confundiria com a própria pessoa) é trazida por Stefano Rodotà (2010), para quem seria possível a coexistência entre o corpo físico e o eletrônico, o material e o virtual, o biológico e o político. Por se enquadrar dentro da perspectiva trazida neste estudo, a visão do autor italiano será utilizada também como forma de auxílio na construção da noção de bem tecnodigital existencial (Rodotà, 2010, p. 93). Entretanto, opta-se pela utilização da expressão identidade virtual, na linha já exposta nos capítulos iniciais deste trabalho, em substituição àquela cunhada pelo autor, qual seja, corpo eletrônico.

Seguindo o raciocínio do autor, há que se indagar a quem pertenceria o corpo do indivíduo: a ele próprio, à sua família, a um Deus, à natureza, a um poder social, a um médico ou a um juiz que determina seu destino? Esta resposta em muito dependeria de que corpo se está a falar.[45]

Historicamente, reinou a ideia de que o corpo pertenceria à natureza. A materialidade do corpo e o domínio deste pela vontade do indivíduo não foram fatos que passaram alheios ao Direito. A promessa do *habeas corpus*, insculpida na Carta Magna de 1215, para libertar o corpo diante de possíveis ilegalidades é uma marca do Estado que aspira ser moderno e de uma civilização que deseja ser considerada jurídica.

Entretanto, esta modernidade jurídica deixou de lado a corporeidade e construiu uma série de conceitos abstratos, definindo o sujeito abstraindo-se de todas suas condições materiais de existências. Isso fica evidente nas grandes codificações do século XIX, como os Códigos da França, Itália e Alemanha, que, apesar de se iniciarem com referências às pessoas, deixam de lado o aspecto físico do corpo, dedicando apenas poucas regras ao nascimento e à morte. Nesse mesmo sentido andaram nossos dois códigos civis: o atual e o revogado.

Debatendo diretamente o corpo físico, Stefano Rodotà (2010) assevera que um caso extremo que aterroriza os humanos é a possibilidade de clonagem de suas células. Talvez por isso, há imposições explícitas que proíbem tal procedimento (como o art. 3º da Carta dos Direitos Fundamentais da União Europeia). Porém, ao se conceber a ideia de um corpo eletrônico, assim considerado aquele conjunto de informações existentes sobre nós e sobre a maneira que nos apresentamos na rede, fácil é perceber a possibilidade de ocorrerem clonagens no universo virtual. Na era digital, qualquer sujeito pode, caso queira, ter múltiplas personalidades. Se tal usurpação não é uma inteira novidade, em tempos de Internet tal fenômeno

---

45. Estas perguntas são feitas por Stefano Rodotà (2010) no início do capítulo dedicado ao Corpo, no livro "*La vida y las reglas*", às p. 93 e seguintes.

ganha proporções magníficas, podendo inclusive passar a ser algo ordinário, ao invés de eventual (Rodotà, 2010, p. 96). Pode-se dizer que a clonagem eletrônica é um dos males da sociedade da informação. É plenamente factível a possibilidade de criação do corpo falsificado. Alguém pode criar um corpo eletrônico seme-lhante ao de um indivíduo e passar a colocar informações inverídicas sobre seus pensamentos e ideias. Caberá ao corpo físico buscar constantemente na rede a verificação se essas informações estão corretas. As mesmas cautelas usualmente adotadas para a proteção do corpo físico devem também ser adotadas em relação ao corpo eletrônico. Passa a haver uma relação estreita entre corpo físico e cor-po eletrônico, podendo se pensar inclusive num novo e complexo corpo único, segundo a proposta do autor italiano (Rodotà, 2010, p. 115-116).

A multiplicação de identidades virtuais pode, inclusive, ocorrer por força da conduta do próprio interessado, por diversas razões (até para se ganhar le-gitimidade no discurso). Não se pode, como regra geral, referendar este tipo de conduta, devendo existir normas cogentes para também converter em ilegal o comportamento online, e não apenas o offline.

Entretanto, Stefano Rodotà (2010) também entende ser legítima a assunção de múltiplas identidades, ainda que fictícias, como forma de se alcançar a pleni-tude do eu, sem se esquecer, contudo, dos riscos psicológicos que esta conduta pode produzir (exemplo: o exilado de um país deseja, por meio do anonimato, expor suas opiniões sobre o regime, sem colocar em risco seus parentes e amigos).

Esses pontos colocam em xeque o vínculo entre normas, corpo e identidade. Este vínculo fora em grande parte construído a partir da progressiva incorporação do direito ao nome sob o âmbito da norma jurídica. O nome volta a se apresen-tar como uma instituição social modelada conforme necessidades existenciais, seguindo o corpo em suas exigências mutacionais. Ao se modificar o corpo, o nome acompanharia essas mudanças, fazendo com que, inclusive, o princípio da imutabilidade do nome esteja cada vez mais debilitado (com existência de dezenas de exceções). Por isso tudo, os corpos com identidades distintas podem se multiplicar no tempo e no espaço, especialmente com a crescente dimensão virtual, tornando-se mais complexa a noção de identidade pessoal. Ou seja, o mundo digital contribui para a complexidade da noção de identidade.

Porém, o corpo não apenas se multiplica, mas também se distribui no tempo e no espaço, sob essas novas dimensões. Há uma crescente profusão de bancos nos quais se depositam partes ou produtos do corpo humano: banco de sangue, de game-tas, tecidos, células, DNA. Tudo isso vem gerando um aumento da funcionalidade do próprio corpo, que poderá ser reparado e reintegrado quanto a funções perdidas.

Nesse sentido e para aclarar estas novas dimensões, Stefano Rodotà (2010) cita o caso de um alemão que sofreu com um câncer na bexiga que, prestes a sofrer uma intervenção cirúrgica com sequela reprodutiva, decide pelo depósito de esperma em clínica especializada. Por problemas de espaço, a clínica solicita aos depositantes que, num prazo de quatro semanas, comuniquem sua vontade de conservar seu esperma. O indivíduo responde dentro do prazo, mas sua carta não é incorporada ao dossiê. Cumprido o prazo, seu esperma é destruído. No mesmo ano, após se casar, ele solicita à clínica seu esperma, para ter um filho por meio de reprodução assistida. Ante a resposta negativa da clínica, entra com uma ação de indenização, sendo indeferido o pedido em primeira e segunda instâncias, por ausência de uma lesão ao corpo, pois uma coisa separada não poderia receber o mesmo tratamento do corpo e de sua integridade. A Corte de Cassação, contudo, fez algumas distinções importantes: a separação no caso do sêmen e corpo é apenas provisória, mantendo uma unidade funcional com o corpo de origem. A intenção seria reintegrá-lo ao corpo do qual fora separado (exemplos: sangue separado para autotransfusão, óvulo separado para fertilização *in vitro*). No caso do esperma, apesar de a reintegração ser em corpo alheio, esta seria a única forma de transmissão das informações genéticas para seus filhos. Logo, pode ser qualificada como lesão ao corpo, aquelas que impedem a recomposição desta unidade funcional (Rodotà, 2010, p. 99).

Proteger o corpo, ainda que este esteja situado em lugares distintos (proteção para além dos limites da identidade física), é uma forma de se concretizar o direito individual de autodeterminação. Nesse sentido, poderiam ser reconhecidos como dano pessoal:

a) as lesões ao cão-guia de um cego; e

b) o tratamento de próteses como partes do corpo.

No caso do corpo eletrônico, esta proteção diferenciada no tempo e no espaço se torna ainda mais evidente, transformando aquilo que, em se tratando de corpo físico, é extraordinário, em algo comum. Isso amplia a necessidade de proteção ao acesso aos dados pessoais arquivados eletronicamente, onde quer que estes se encontrem. Essa proteção de dados alcança não apenas a questão de seu acesso, mas também a conservação, exclusão e eventual retificação.

Ainda nesse sentido, a eventual decomposição do corpo eletrônico traz um outro problema: a sua recomposição. De posse desses dados virtuais, uma empresa pode, por exemplo, segmentar indivíduos por exigências de mercado, o que pode inclusive ser contrário a seus interesses ou incentivar práticas discriminatórias.

Para evitar esse risco da perda de intimidade e da posse do eu, há que se estabelecer limites baseados no consentimento do interessado e nas normas que regulamentam e permitem a interconexão desses dados. Porém, estas normas devem ainda se atentar para a supranacionalidade do corpo eletrônico, bem como em face às das políticas de segurança e dos interesses dos provedores de serviços virtuais.

O consentimento individual deve extrapolar as fronteiras nacionais, evitando-se que, mesmo diante de tratados internacionais, existam "paraísos informáticos", onde as informações pessoais poderiam ser cruzadas e reconhecidas livremente. Essa proteção jurídica mais intensa para o corpo eletrônico se vê ainda mais ameaçada diante de políticas de segurança, como as Leis Patrióticas norte-americanas, editadas fundamentalmente após os atentados terroristas de 11.09.2001.

O corpo eletrônico se vê encurralado entre exigências de mercado e policiais. Daí a importância cada vez maior de o corpo eletrônico ser analisado dentro de um contexto (ex.: um IP que acessou um site de pornografia infantil; pode ser um pedófilo, um pesquisador, um policial, uma visita ocasional e despropositada). O cruzamento das informações existentes nos variados bancos de dados é essencial. O contexto no ambiente virtual é o fator construtor da verdadeira identidade.

Stefano Rodotà (2010) sugere, nesse sentido, a criação de uma página de internet com nossos dados verdadeiros, a fim de que os serviços buscadores forneçam informações precisas a quem quer acessar nossa real identidade (Rodotà, 2010, p. 103-104).

Sobre as implicações da tecnologia sobre o corpo, a medicina mostra a todo momento as incessantes modificações que sobre ele se operam, salvando-o, reintegrando-o, aumentando sua funcionalidade. O corpo modificado pela medicina passa a ser a regra; as inovações científicas, portanto, delimitam uma nova fronteira para o corpo. Mas não apenas elas. As transformações culturais também promovem essa expansão (implante de próteses de silicone, tatuagens, *piercings*, dentre outros).

Nessas questões corporais, deve-se ter muito de autonomia individual e sobriedade legislativa, como os princípios da não comercialização, da reversibilidade (em caso de implantes eletrônicos). Ou ainda em outro exemplo, no caso de transsexuais, não se exigir necessariamente a cirurgia de mudança de sexo como essencial para a alteração jurídica do estado sexual e do prenome. Menos é mais, quando se trata de intervencionismo estatal nesta seara (Rodotà, 2010, p. 107-108).

Na atual sociedade da vigilância, o corpo controlado se converte em um novo e diferente objeto social. São vídeos, biometria, implantação de chips e etiquetas, rastreando nossos hábitos, contatos, movimentos. Esta conexão permanente em rede altera o sentido e o conteúdo da autonomia individual. Há uma perigosa redução do ser humano a um objeto, em clara violação à dignidade da pessoa, como se vê nos exemplos que se seguem:

a) em 2004, o governo inglês pretendeu colocar chips em criminosos condenados considerados mais perigosos;

b) em linha similar, o governo mexicano inseriu chips em seus procuradores, para evitar que eles fossem sequestrados pelo crime organizado;

c) boates europeias implantam chips em seus clientes, permitindo que ingressem e consumam mais facilmente seus produtos e serviços;

d) hospital romano quer colocar chips subcutâneos para identificar seus pacientes;

e) escola californiana colocou uma medalha com chip em seus alunos, para que seus movimentos dentro da escola fossem permanentemente rastreados.

A tecnologia não pode reduzir o ser a um objeto digno de constante monitoramento, sob pena de supressão da liberdade e autonomia individual. Por mais medo ou comodidade que se busque, deve haver limites nos controles realizados sobre seres humanos, sob pena de rompimento dos valores democráticos e imposição de uma sociedade autoritária.

Portanto, há que se ter um retorno ao corpo, sob a influência da tecnologia, sem que haja sua redução pelas inovações tecnológicas e científicas. A biografia é mais forte que a biologia. Não há como esquecer o ambiente e contexto no qual vivemos. O corpo eletrônico tende a restringir a possibilidade de um conhecimento integral, das relações com o ambiente e com os demais seres humanos. Mas, sem dúvida, é uma nova dimensão existencial, da qual os habitantes deste mundo contemporâneo não podem se furtar à análise, participação e detida reflexão. Para encerrar com Stefano Rodotà (2010)

> O imperioso retorno do corpo a atenção do mundo convive com sua redução a uma dimensão que se define pelas inovações científicas e tecnológicas. Se diz, com frequência, que somos nossos genes, que somos nossas informações. Nos prendemos assim à mística do DNA e da eletrônica, e ignoramos que a biografia é mais forte que a biologia, esquecemos o contexto em que vivemos e temos de ser valorados. Esta brusca redução do corpo a uma dimensão que potencializa unicamente a materialidade imediata, física ou eletrônica, restringe a possibilidade de um conhecimento integral, feito de processos biológicos complexos, de relações com o ambiente e com os demais seres humanos. O corpo se distancia da vida e a vida abandona o corpo. (Rodotà, 2010, p. 118, tradução nossa).[46]

---

46. "El imperioso retorno del cuerpo a la atención del mundo convive con su reducción a una dimensión que se define por las innovaciones científicas y tecnológicas. Se disse, con frecuencia, que somos nuestros genes, que somos nuestras informaciones. Nos plegamos así a la mística del ADN y de la eletrónica, e ignoramos que la biografia es más fuerte que la biologia, olvidamos el contexto en que vivimos y hemos de ser valorados. Esta brusca reducción del cuerpo a una dimensión que potencia unicamente la materialidad imediata, física o electrónica, restringe la posibilidad de un conocimiento integral, hecho de procesos biológicos complejos, de relaciones com el ambiente y com los demás seres humanos. El cuerpo se aleja de la vida y la vida abandona el cuerpo".

4.4.5. Os bens da personalidade como bens digitais existenciais

Volvendo-se ao conceito de bens firmado para os fins deste estudo, no item 3.1.5, afirmou-se que a pessoa será detentora de bens jurídicos que lhe são inerentes, sem que com isso esteja se objetivando o ser humano. Tais bens deveriam ser corretamente denominados de bens da personalidade. Daí se concluir que a aplicação da cláusula geral de proteção da personalidade terá por finalidade precípua resguardar a titularidade desses bens.

A dignidade humana, assim como a pessoa e sua personalidade serão projetadas dentro desta perspectiva de um corpo eletrônico. Quando os bens da personalidade se manifestarem de alguma maneira neste já não tão novo mundo digital, há que se reconhecer que, na linha do que se está a defender, devam ser denominados de bens digitais existenciais.

Recorde-se que no item 4.1 os bens digitais foram conceituados como sendo aqueles bens incorpóreos, os quais são progressivamente inseridos na Internet por um usuário, consistindo em informações de caráter pessoal que lhe trazem alguma utilidade, tenham ou não conteúdo econômico.

Dessa forma, quando a informação inserida na rede mundial for capaz de gerar repercussões extrapatrimoniais, há que se entender que ela será um bem tecnodigital existencial. A informação sem repercussão econômica poderá solicitar a proteção aos direitos da personalidade, nos termos expostos e aceitos por nosso ordenamento jurídico.

Cada ser humano, a partir do momento em que se tornar usuário da Internet, terá a possibilidade de titularizar ativos digitais de natureza personalíssima. E esse movimento é altamente comum nos dias atuais, com a proliferação tantas vezes demonstrada neste estudo das redes sociais. O sujeito irá realizar o upload de fotos, vídeos, externar suas emoções, seus pensamentos, suas ideias, sua intimidade, com um número ilimitado de pessoas. Este conjunto de atributos extrapatrimoniais digitalizados ao longo do tempo, formaria a noção de bem tecnodigital existencial.

Portanto, teriam essa natureza os arquivos de fotografias pessoais armazenados em nuvens ou redes sociais, os vídeos, com imagem-voz e imagem-retrato do próprio sujeito que estejam arquivados ou foram publicados, as correspondências trocadas com terceiros, seja por meio de e-mail, seja por meio de outro serviço de mensagem virtual, dentre outros. Qualquer que seja a forma como se apresenta, a tutela trabalhada neste estudo no item 4.4.3 será aplicada em sua integralidade.

4.5. BENS DIGITAIS PATRIMONIAIS-EXISTENCIAIS

Interessante observar, após o que fora demonstrado, que certos ativos digitais não poderão ser enquadrados como exclusivamente patrimoniais ou existenciais, navegando por uma zona cinzenta, numa coluna do meio, entre um e outro.

Opta-se por denominar estes ativos como bens digitais patrimoniais-existenciais por envolverem a um só tempo questões de cunho econômico e existenciais. Acredita-se que, com o evoluir do mundo digital, tais bens serão cada vez mais comuns, especialmente se for levado em conta que as manifestações do intelecto são monetizadas mais facilmente no ambiente virtual.

O ambiente virtual fomentou também o nascimento de novas profissões, como os denominados *blogueiro profissional* e os *youtubers*. Nesse caso, a atividade profissional do sujeito é realizada por meio da inserção de informações na Internet, especialmente em páginas eletrônicas denominadas de blogs ou no canal de vídeos youtube, amplamente conhecido e gerido pelo Google, um dos maiores conglomerados digitais do mundo. O blogueiro ou youtuber pode ser um jornalista, um chefe de cozinha, uma pessoa antenada em moda, um militante político ou religioso, ou simplesmente um adolescente que deseja se comunicar com uma audiência, trazendo à tona suas ideias, sua visão de mundo, sobre temas diversos.

À medida em que as pessoas passam a se interessar por aquele endereço eletrônico, esta audiência pode ser convertida em recursos financeiros, num processo conhecido como "monetização". Logo, o que a princípio era apenas fruto de uma liberdade de expressão, torna-se um rentável negócio. O blog ou canal do youtube se torna um relevante ativo digital de natureza híbrida: só existirá por força da intelectualidade do seu administrador, ao mesmo tempo em que lhe gera recursos econômicos.[47]

Teriam também esta feição econômica e extrapatrimonial os diversos perfis de redes sociais, quando destinados a alguma finalidade empresarial. Exemplo recente da história brasileira se passou com o perfil caricato da presidenta do Brasil, apelidado de "Dilma Bolada". O publicitário Jeferson Monteiro, segundo reportagens, receberia de uma agência de propaganda ligada ao partido da presidenta a verba de R$ 20.000,00 (vinte mil reais) mensais, para apoiá-la publicamente em seu perfil da rede social Twitter (Coutinho, 2015).

Como dito, mesmo adolescentes e crianças poderiam ser titulares destes ativos digitais, sob a supervisão de seus pais, no legítimo exercício do poder

---

47. Vale a visita a dezenas de blogs com este perfil, em que o administrador acaba por indicar produtos de patrocinadores da página a seus espectadores ou leitores. Dentre eles: sobre moda (THÁSSIAEM, 2015); sobre gastronomia (RITA, 2015); sobre comportamento (BEL PESCE, 2015).

familiar. E aqui, registre-se: há profícuo espaço para mais uma interessante discussão: quais seriam os limites do poder familiar, no exercício da titularidade de um bem digital? Poderiam os pais proibirem os filhos de interagirem no mundo virtual? Haveria abuso do exercício do poder familiar quando pais invadem sem consentimento a rede social de seu filho? Certo é que não há resposta hermética a estes questionamentos, sendo a análise casuística o melhor referencial.

Com uma câmera na mão e uma ideia na cabeça, vários jovens postam periodicamente vídeos debatendo qualquer tipo de questão do mundo *teen*, alcançando assim, em poucos dias, marcas expressivas de audiência. Esses vídeos são patrocinados de acordo com a política de monetização da sociedade que administra a rede social, gerando dinheiro para a essas influentes celebridades da internet, que inclusive já recebem, como dito, o apelido de *youtubers*, uma nova profissão já objeto de desejo de muitos. Pesquisas realizadas mostram que alguns destes astros digitais chegam a ser mais venerados que estrelas da música pop, algo impensável há décadas atrás. O fenômeno dos influenciadores mirins e suas titularidades digitais não pode passar despercebido pelo Direito nesta quadra histórica em que se vive.

Para finalizar, outra questão tormentosa que tem surgido na esteira das celebridades de redes sociais, seria a possibilidade de nascituros virem a ser titulares de bens digitais. Para ilustrar a controvérsia, chamou a atenção em 2024 a seguinte situação: uma influenciadora digital de nome "Virgínia",[48] casada com um cantor de músicas sertanejas brasileiras, denominado de "Zé Felipe", engravidou de seu terceiro filho cujo nome será "Zé Leonardo". A influenciadora criou um perfil para seu feto e que já conta com quase um milhão de seguidores numa das redes sociais.[49] Vale ressaltar que o casal em questão também administra um outro perfil, de suas duas filhas crianças, denominado de "Mariasbaby", relativos à rotina de Maria Alice e Maria Flor, com mais de sete milhões de seguidores.

Do ponto de vista jurídico, a escolha de Virgínia e Zé Neto, de criar um perfil para seu nascituro, enquadra-se na esfera jurídica de poderes que derivam do poder familiar, por maiores que possam ser as críticas de psicólogos, pediatras, jornalistas etc. Todavia, pode-se dizer que o nascituro, em casos assim, seria titular deste perfil, ou seja, deste bem digital? A nosso sentir, não.

Primeiramente, a titularidade de um bem digital não escaparia às regras gerais de toda e qualquer outra titularidade no Direito. Conforme ensina o Código

---

48. Virgínia Fonseca Ferrão Costa, titular do perfil @virgina no Instagram e em outras redes sociais, contava no momento da atualização desta 3ª Edição com 47.000.000 (quarenta e sete) milhões de seguidores.

49. O perfil "@zeleonardo", no momento da atualização desta edição do livro, já contava com 970.000 (novecentos e setenta mil) seguidores, na rede social Instagram.

Civil em seus primeiros artigos, a titularidade pressupõe a personalidade jurídica (ou civil), que só se adquire com o nascimento com vida. E esta personalidade jurídica remete à ideia de direitos de caráter patrimonial. Por tal razão, qualquer doação ou disposição testamentária patrimonial feita em benefício do nascituro, só poderia gerar efeitos após seu nascimento com vida, nos termos do art. 2º, CC. Antes deste evento, há mera expectativa de direitos subjetivos patrimoniais.

As discussões a respeito da presença de personalidade antes do nascimento, segundo nosso entendimento, deveriam ficar reservadas à proteção dos direitos da personalidade, não fazendo mais sentido as teses natalistas ou concepcionistas de outrora, ao menos como eram apresentadas no passado. Personalidade jurídica, pressuposto das titularidades, se adquire do nascimento com vida, razão pela qual o nascituro não pode ser titular de patrimônio digital (bens digitais patrimoniais).

Questão mais controversa seria a exposição de direitos da personalidade deste nascituro em ambiente digital, antes de seu nascimento, algo que hoje, com o show de imagens proporcionadas por telefones inteligentes, ultrassom 4D e outros avanços da tecnologia moderna, passa a ser algo corriqueiro na sociedade em rede. Seria possível a tutela dos direitos da personalidade do nascituro? Indubitavelmente, sim. Direitos de índole existencial merecem a devida proteção deste o momento da concepção. Vida, integridade física e psíquica, imagem, direito ao corpo, seriam ótimos exemplos para que se possa compreender a necessidade de proteção dos direitos da personalidade, ainda na fase intrauterina.

Sendo assim, em que pese não ser titular de um eventual bem digital patrimonial, o nascituro poderia ter seu bem digital existencial, como forma de projeção, para o universo online, de seus próprios direitos da personalidade. Evidentemente, esta tutela, via de regra, partiria da atuação de seus pais.

Logo, um perfil de rede social de um nascituro, mais se enquadraria num patrimônio digital de seus próprios pais, já que por eles idealizados, possivelmente para fins de monetização com parcerias publicitárias, por exemplo. Todavia, há que se reconhecer a titularidade deste bem digital em seu viés existencial, permitindo-se a proteção a personalidade do nascituro, face a ameaças ou lesões indevidas.

Mesmo no Direito, uma seara tipicamente mais conservadora, vem crescendo o número de juristas que optam por manifestar suas opiniões na Internet, seja por meio de blogs ou mesmo de perfis em redes sociais, em vez de escrever artigos para revistas especializadas ou livros. De um comentário sobre as repercussões jurídicas de notícias do dia a dia, até breves anotações sobre um julgado de Tribunal ou uma nova lei publicada, o dinamismo proporcionado pelo mundo digital vem fomentando a crescente utilização dessas ferramentas pelos cientistas do Direito. Alguns professores, inclusive, possuem *status* de celebridades virtuais, com milhares de seguidores em seus perfis.

Estes ativos digitais seriam dignos de sucessão pelos herdeiros? Poderiam ser objeto de disposições de última vontade? Seria possível a cessão para terceiros? Devem ser eternizados como murais que retratam a opinião e visão de mundo do titular, no momento em que postaram ou escreveram o texto.

Ainda que neste capítulo tenham sido feitas digressões sobre o trabalho da Comissão de Juristas encarregada pela revisão e atualização do Código Civil, esta terceira edição de Bens Digitais, escrita em 2024, procurará manter seu espírito pioneiro e originário, tentando seguir a mesma sequência metodológica que levou à sua produção, visando responder a estas e outras questoes nos próximos capítulos.

5
MORTE, INCAPACIDADE E BENS DIGITAIS

5.1. A MORTE

O mais democrático dos eventos: a morte. Assim devem ser iniciadas as reflexões sobre o termo mais temido para as pessoas integrantes, em especial, das sociedades ocidentais cristãs. A partir da crença de que a morte marca o início de uma nova fase, no paraíso ou no inferno, a depender de sua fé, religiosidade, atitudes em vida, o cristianismo imputou a este acontecimento natural uma dimensão calcada na fantasia e no idealismo, que acaba por amedrontar cristãos e, quiçá, pagãos.

Em introdução sobre o tema, Maria de Fátima Freire de Sá e Bruno Torquato de Oliveira Naves (2015) asseveram que

> A morte não se encontra à margem da vida, mas, ao contrário, ocupa posição central na vida. O homem é inteiramente cultura, da mesma forma que é inteiramente natureza. Contudo, embora a morte faça parte da vida, as pessoas, de maneira geral, não parecem psicologicamente aptas a lidar com o pensamento do estado de morte, aquela ideia de inconsciência permanente, e essa é uma razão para negá-la. (Sá; Naves, 2015, p. 41).

Na sociedade da informação, entretanto, a morte começa a ser encarada de uma nova maneira, ao menos quando comparada à tradição dos últimos séculos na porção à esquerda do planisfério. Com texto de Juliana Carpanez (2015), um dos maiores portais de Internet do Brasil anuncia que

> A cada vez mais comum exposição pública da vida começa a valer para a morte. Aos poucos, sai o véu que escondia a dor da perda e o luto passa a ser falado, exposto e compartilhado – dentro e fora das chamadas redes sociais (Carpanez, 2015).

A internet permite aos familiares em luto trocar experiências mais facilmente com outras pessoas que já passaram por situações semelhantes, conversar com amigos próximos do ente que falecera, participar de grupos de apoio online, compreendendo de forma mais elaborada o inevitável término do ciclo vital. Se no passado os enlutados procuravam se fechar diante da dor,[1] o mundo digital viabiliza uma abertura, como a recente possibilidade de se criar uma página em forma de memorial, em que os que desejarem poderão postar fotos, redigir mensagens, ou outros atos que relembrem o morto, confortando-se, dessa maneira, aqueles que permaneceram vivos.

E essa possibilidade não está ao alcance apenas dos familiares: o próprio indivíduo tem a oportunidade de compartilhar com um número infinito de pessoas os seus últimos dias, quando for, por exemplo, um doente terminal ainda dotado de consciência ou mesmo alguém que planeja seu suicídio.

Isso aconteceu com Thomas Loconti, um jovem artista de rua de Chicago – EUA, conhecido popularmente como "PlainWhiteTom", que, resolvendo suicidar-se, postou suas últimas palavras em seu perfil do Facebook, em 01 de janeiro de 2013, para desespero de seus parentes e amigos. Em premiado minidocumentário sobre este evento, foram gravados depoimentos de sua mãe e amigos próximos. Na visão deles, este perfil de rede social de Tom jamais deveria ser deletado, pois seria como sua segunda morte. A mãe, em depoimento emocionado, diz que o Facebook de seu falecido filho lhe dá o alento necessário a continuar vivendo, já que por meio dele pode perceber o quanto seu filho era querido e amado por todos (In Memory..., 2015).

Este incipiente novo modelo de enfrentamento do fim da vida se apresenta como aquele que possivelmente irá prevalecer nas próximas décadas, se for levada em conta toda a construção feita neste estudo sobre os bens digitais, o mundo conectado em rede e a civilização do espetáculo.

---

1. O historiador francês Philippe Ariès, no livro "A história da morte no ocidente", de 1975, faz uma síntese do enfrentamento da morte ao longo dos tempos. Segundo o autor, na idade média, vigorava o desespero, o luto imediato chegava a ser violento. Logo após a morte, os presentes rasgavam suas roupas, arrancavam os cabelos, esfolavam suas faces, caíam desmaiados e podiam até beijar apaixonadamente o morto que era elogiado, sendo este ritual comum entre ricos e pobres. Já no século XII, havia uma resignação coletiva, no sentido de que todos teriam o mesmo destino, criando assim um exacerbado apego à vida e à existência. No século XIII, vem à tona a ideia de testamento, quando o homem poderia então ser seu próprio juiz, sendo salvo se renunciasse às suas posses, ou condenado se optasse por levá-las consigo. Por sua vez, o século XIV trouxe a importância da sepultura, dando-se ênfase ao local onde o sujeito seria enterrado, algo relativamente irrelevante até então. O século XV traz a morte como cerimônia pública, com visitas ao defunto e cortejo pelas ruas, havendo então uma romantização do evento. Nos dois séculos seguintes, vem à tona a ideia da sepultura como uma propriedade do morto e de sua família. Já no século XVIII, cria-se a percepção da separação, ocasionando dor e desespero aos que ficaram, consagrando-se então os rituais de luto. No século XIX, há uma tentativa de se abrandar esta dor, poupando a sociedade da tristeza dos que sofrem com a perda. Por sua vez, o século XX traz a mudança do local da morte, da casa para o hospital; os eventos públicos do luto são mantidos, porém os excessos são condenados. A dor demasiada, ao invés de inspirar pena, gera repugnância, fazendo-se então do luto um estágio solitário dos que sofrem. (COMO..., 2015).

José Saramago (2005), tratando a própria morte como personagem principal, alertava em sua ficção – as intermitências da morte – que a vida eterna, tão sonhada e desejada, poderia trazer consequências às vezes impensadas. Na obra, o autor narra a história de uma nação na qual, de repente, a partir de um primeiro de janeiro, as pessoas deixam de morrer. Moribundos vagam pelas ruas; os hospitais se abarrotam de doentes que, por vezes, preferem morrer a sentir as dores de suas enfermidades; as funerárias vão à falência; uma máfia surge para levar aqueles que desejam morrer a outras regiões onde possam descansar em paz. (Saramago, 2005).

Seria assim a Internet aquela nação pensada pelo gênio do Prêmio Nobel de literatura? O corpo eletrônico seria de certa forma imortal? A imortalidade, seja no mundo real (descolando-se da inevitável contradição em seus próprios termos, pela impossibilidade natural), seja no ambiente virtual, seria portadora de dezenas de problemas. Se não houver ferramentas que permitam o cancelamento de contas virtuais, a pessoa tende a se eternizar em seus perfis de redes sociais, para ficar apenas neste exemplo, por enquanto.

Já no campo do Direito, a morte é, sem dúvida, um dos acontecimentos da natureza que mais irá produzir efeitos, por criar, modificar ou gerar a extinção de vários direitos. O legislador, preocupado com a regulamentação dos interesses do falecido, de seus familiares, do Estado e de terceiros, traz uma farta regulamentação para tal evento. Por essa razão, o falecimento de uma pessoa terá a natureza jurídica de fato jurídico em sentido estrito, conforme comumente apontado pela doutrina.[2] A morte é assim tida como a extinção da personalidade, nos termos do art. 6º, CC.

Desde a criação de um livro próprio dentro da Parte Especial do Código Civil, o livro das Sucessões, à extinção de obrigações personalíssimas, do usufruto, do mandato, do direito real de uso, do dever de prestar alimentos, dentre outros no campo privado, ou mesmo a constituição de fato gerador de tributos de transmissão de propriedade, a extinção da punibilidade, o requisito para pagamento de benefícios previdenciários na seara do direito público, são dezenas as consequências do falecimento de alguém.[3]

---

2. Para Francisco Amaral (2003): "Fatos jurídicos são acontecimentos que produzem efeitos jurídicos, causando o nascimento, a modificação ou a extinção de relações jurídicas e de seus direitos. [...] Tais acontecimentos podem constituir-se em simples manifestação da natureza, sem qualquer participação da vontade humana. São acontecimentos naturais e chamam-se fatos jurídicos em senso estrito" (AMARAL, 2003, p. 343-344).
3. Ainda sobre os efeitos da morte no Direito Civil, conferir os arts. 1.412, 1.414, 1.700, 682, II, 1.410, 560, 835, 1.764, 428, dentre outros do Código Civil de 2002 (Brasil, 2002).

Em distinção clássica, a doutrina opera o distanciamento da morte real e da morte presumida. A primeira ocorreria quando houvesse a possibilidade de atestar a ocorrência do fim da vida, a partir de exames médicos realizados sobre um corpo. Verificada a interrupção das atividades encefálicas, seria possível constatar a morte, com a confecção de um laudo, nos termos do art. 3º da Lei nº 9.434/97 (Brasil, 1997).[4]

Já no caso da morte presumida, não há a presença de um cadáver sobre o qual tais exames seriam realizados. A pessoa desapareceu em circunstâncias conhecidas ou não. Existem apenas fatos que fazem com que se possa presumir a ocorrência do falecimento. Tais eventos podem ensejar um alto grau de convicção a respeito da morte, sendo então dispensável o procedimento denominado de ausência. A declaração da morte presumida sem ausência, então, está prevista no art. 7º do Código Civil, para situações nas quais há desparecimento de uma pessoa sob premente risco para sua vida, tais como acidentes aéreos, naufrágios, desabamentos, explosões, sequestros, guerras, dentre outros.

No procedimento de ausência, previsto nos arts. 22 a 39 do Código Civil e nos arts. 744 e 745 do Novo Código de Processo Civil, após o desaparecimento de uma pessoa de seu domicílio, sem deixar notícias ou representante constituído, os familiares poderão solicitar a declaração de sua ausência, com a consequente nomeação de um curador, que terá a função de gestor patrimonial. Passado um ano desta declaração, poderá ocorrer a sucessão provisória, com a imissão dos possíveis herdeiros na posse dos bens deixados. Dez anos após a sucessão provisória, tais possuidores poderão solicitar a sucessão definitiva, convertendo-se então em proprietários dos bens do ausente. É exatamente neste instante, da sucessão definitiva, que o desaparecido será considerado presumidamente morto, nos termos do art. 6º do Código Civil.

Seja a partir da ocorrência da morte real, seja da presumida, a pergunta a ser feita é: qual deve ser o destino dos bens digitais titularizados pelo morto?

---

4. "Art. 3º A retirada *post mortem* de tecidos, órgãos ou partes do corpo humano destinados a transplante ou tratamento deverá ser precedida de diagnóstico de morte encefálica, constatada e registrada por dois médicos não participantes das equipes de remoção e transplante, mediante a utilização de critérios clínicos e tecnológicos definidos por resolução do Conselho Federal de Medicina.

    § 1º Os prontuários médicos, contendo os resultados ou os laudos dos exames referentes aos diagnósticos de morte encefálica e cópias dos documentos de que tratam os arts. 2º, parágrafo único; 4º e seus parágrafos; 5º; 7º; 9º, §§ 2º, 4º, 6º e 8º, e 10, quando couber, e detalhando os atos cirúrgicos relativos aos transplantes e enxertos, serão mantidos nos arquivos das instituições referidas no art. 2º por um período mínimo de cinco anos.

    § 2º As instituições referidas no art. 2º enviarão anualmente um relatório contendo os nomes dos pacientes receptores ao órgão gestor estadual do Sistema único de Saúde.

    § 3º Será admitida a presença de médico de confiança da família do falecido no ato da comprovação e atestação da morte encefálica (Brasil, 1997).

A indagação é problemática ao se perceber que existem diversos interesses em jogo, quais sejam:

a) os dos familiares;

b) os do próprio falecido;

c) os de terceiros; e

d) os dos provedores de serviços de Internet.

Para responder a esta questão, este estudo irá, nos itens seguintes, construir argumentos para a perseguição de uma solução adequada.

5.2. A MORTE E OS BENS DIGITAIS

5.2.1. Noções gerais

Conforme ressaltado no item 4.2 deste estudo, não há como ignorar a presença e importância dos bens digitais no momento atualmente vivido pela sociedade moderna. Se em vida centenas de circunstâncias irão cotidianamente chamar a atenção para a relevância da tutela da titularidade desta nova categoria de bens, com o crepúsculo vital uma série de interesses, por vezes contrastantes, irão se fazer igualmente presentes.

Imagine-se, em caráter exemplificativo, três casos que envolvem a morte e os bens digitais, para que possam ser enxergados com mais clareza os tipos de problemas que podem surgir.

Numa primeira situação hipotética, um militar americano estava integrando a missão estadunidense na guerra no Iraque, em 2004, quando veio a falecer em virtude da explosão de um carro bomba na cidade de Fallujah. Sua esposa e seu pai desejam ter acesso a seu e-mail junto ao provedor Yahoo, porém este, seguindo seu termo de condições, ao qual o militar havia aderido quando da contratação do serviço, nega o acesso, alegando que, neste contrato de adesão eletrônico, não haveria esta permissão. Os parentes obtêm, junto à justiça norte-americana, uma decisão favorável, determinando que o provedor lhes forneça o pretendido acesso. Respeitando a decisão, o provedor transfere todo o conteúdo das pastas arquivadas naquele correio eletrônico, em forma de um download virtual, sem conceder, entretanto, a senha de acesso. Para a infelicidade da esposa, ela descobre em meio às mensagens que seu falecido marido estava vivendo um romance homoafetivo com um colega de forças armadas, fato esse sobre o qual ela não tinha qualquer elemento indiciário. Já o pai, também para seu completo desgosto, descobre que o filho falecido era um soldado covarde, que temia os campos de batalha e procurava a todo momento uma forma de desertar e abandonar a missão.[5]

Num segundo exemplo, uma famosa escritora morre subitamente. Todavia, durante sua vida, ela deixou claro que não queria que nenhum trabalho inacabado viesse a ser publicado após a sua morte, pois corria-se o risco de ser revelado algum tipo de segredo, o qual ela não teria permissão ou intenção de expor ao público. Assim, ela, antes de sua morte repentina já havia destruído todos os manuscritos inacabados, evitando-se que tal fato indesejado ocorresse. No entanto, ela havia deixado um romance inacabado armazenado em um serviço de arquivos digitais, popularmente conhecido como "nuvem", ofertado por um provedor. Em seu testamento deixara tudo a cargo de sua editora literária, que tinha conhecimento dessas suas preocupações acima narradas. Contudo, seu filho único convenceu o provedor a lhe dar acesso aos arquivos de sua mãe que estavam sob custódia daquele, apresentando, para tanto, cópia de seus documentos e da certidão de óbito da genitora. Ele então realizou o download do romance inacabado e o vendeu por uma quantia considerável a um editor internacional.[6]

Terceira situação: uma jovem de vinte e quatro anos morre em uma festa, após sofrer overdose pelo uso abusivo de álcool e outras drogas. A partir do dia seguinte, seu perfil na rede social Facebook passa a receber uma série de depoimentos, fotografias e outras homenagens. Seus pais, que não eram usuários da rede social, são alertados por amigos sobre tal fato. Para a infelicidade deles, ao checarem tais comentários na rede, perceberam que vários estavam relacionados realmente a bebidas e uso de substâncias proscritas. Assim, realizaram dois pedidos: que o Facebook finalizasse o perfil retirando-o do ar e, ao mesmo tempo, fornecesse acesso à conta, para que encontrassem quem poderia ter encorajado a filha a ter aquele estilo de vida. Ao conseguirem o acesso e piorando ainda mais o quadro de sofrimento, os pais encontraram também fotos que mostravam a filha caída na fatídica festa, provavelmente já estando inclusive morta.[7]

---

5. Exemplo semelhante é fornecido por Lilian Edwards e Edina Harbinja (2013a), no texto "Protecting post-mortem privacy: reconsidering the privacy interests of the deceasead in a digital world", ao relembrar, em parte, o Ellsworth Case vs Yahoo, caso que ganhou notoriedade por ser um dos primeiros que, nos EUA, tratou da questão dos ativos digitais e acesso às contas de e-mail após a morte.

6. Idem item 106.

7. Este exemplo pode ser adaptação da história vivenciada em solo brasileiro pela Sra. Dolores Pereira Coutinho, cuja filha Juliana Ribeiro Campos veio a falecer após uma cirurgia em Campo Grande-MS. A mãe sofria muito ao ver o memorial da filha no Facebook e, assim, requereu à justiça sul-mato-grossense que determinasse à rede social a retirada da página do ar. Após certa relutância do Facebook, o perfil fora retirado do ar, quando a magistrada atuante no caso fixou o prazo de 48h, sob pena de fixação de medidas de sub-rogação. (PUFF, 2013).

Em todos esses casos temos em comum a questão da manifestação dos direitos da personalidade *post-mortem* no ambiente digital, em especial a proteção da privacidade, o direito de imagem, a reputação e a intimidade. Conforme conceituação usada no item 4.4 deste estudo, esta categoria deve ser denominada de bens digitais existenciais. Teria o titular desses ativos digitais o poder de controlar o destino a ser dado a tais bens, após sua morte? Esses bens deveriam ser tratados como um mero direito de propriedade ou há que se ter um regramento próprio para disciplinar a questão?

Em primeiro lugar, acredita-se que, para fornecer uma resposta ideal às perguntas propostas, é importante se utilizar da divisão proposta neste trabalho, entre bens digitais patrimoniais e bens digitais existenciais, a fim de se averiguar se o ativo digital deixado se enquadra dentre aqueles com conteúdo econômico ou não.

Com a morte tem-se a abertura da sucessão. Excepcionalmente, a sucessão poderá ocorrer sem a comprovação efetiva da morte, a partir do procedimento relativo aos bens do ausente. Sem se aprofundar numa análise histórica sobre o momento da transmissão, registre-se que, pelo menos desde o Alvará de 1754, passando-se pelo Código Civil de 1916 e também pelo Código atual, está assentado no Direito Brasileiro que a transmissão dos bens se dará no exato momento do falecimento do *de cujus*. É a consagração do *droit de saisine*, oriundo da tradição francesa do século XIII.[8] Assim, os bens existentes na esfera jurídica do titular serão transmitidos incontinentemente aos seus herdeiros, sejam estes legítimos ou testamentários (caso tenha sido formulado o negócio jurídico unilateral – testamento), sem que haja qualquer fase intermediária de liquidação do passivo (como por vezes ocorre em países que adotam o sistema da *common law*).

Logo, o titular tem o direito de dispor de seus bens, elaborando, caso queira, o testamento. Caso tenha parentes mais próximos, como filhos, por exemplo, a lei brasileira cria a classe dos herdeiros necessários, gerando então uma restrição àquela liberdade de disposição. Sobre a possibilidade da prática deste ato negocial e sua repercussão no âmbito dos bens digitais, falar-se-á mais adiante neste estudo, quando da abordagem da autonomia privada.

---

8. Caio Mário da Silva Pereira (2009c. v.6.) recorda que: "Na Idade Média, institui-se a praxe de ser devolvida a posse dos bens, por morte do servo, ao seu senhor, que exigia dos herdeiros dele um pagamento, para autorizar a sua imissão. No propósito de defendê-lo dessa imposição, a jurisprudência no velho direito costumeiro francês, especialmente no Costume de Paris, veio a consagrar a transferência imediata dos haveres do servo aos seus herdeiros, assentada a fórmula: *Le serf mort saisit le vif, son hoir de plus proche*. Daí ter a doutrina fixado por volta do século XIII, diversamente do sistema romano, o chamado *droit de saisine*, que traduz precisamente este imediatismo da transmissão dos bens, cuja propriedade e posse passam diretamente da pessoa do morto aos seus herdeiros: *le mort saisit le vif*" (PEREIRA, 2009c. v.6., p. 15).

Volvendo-se ao objeto da sucessão, tem-se que com a abertura desta haverá uma mudança na titularidade do patrimônio existente, antes na esfera do falecido, agora na de seus herdeiros. Esta mutação subjetiva, em que pese seu caráter universal, não se estenderá a todos os bens titularizados pelo morto. Há certas categorias de direitos e deveres que irão se extinguir com a morte, como visto. Isso irá ocorrer com direitos personalíssimos (como o usufruto, o uso e a habitação, por exemplo), os direitos de família puros (tais como o poder familiar), os direitos políticos previstos na Carta Magna e, em regra, os direitos da personalidade.[9]

5.2.2. Sucessão dos bens digitais patrimoniais

Os bens digitais poderiam ser objeto de sucessão? Indubitavelmente sim, especialmente se o ativo tem caráter patrimonial. A solução mais acertada, em respeito aos direitos fundamentais e aos cânones do direito sucessório, é permitir que haja transmissão de seu patrimônio digital aos herdeiros, seja pela via testamentária ou legítima. Para tanto, há que se ter o cuidado de arrolar tais bens nos inventários que forem abertos, permitindo-se que o Estado chancele tal transmissibilidade.

A título de exemplo e utilizando-se das hipóteses trazidas no item 4.3 deste estudo, imagine-se o falecimento de um importante empresário que realizava, por anos, viagens semanalmente mundo afora. Sem margem de erro, este indivíduo acumulou milhares de milhas aéreas, que podem não ter sido usadas até o fim de sua vida. Se esse ativo digital tem potencial econômico, podendo ser comercializado,[10] utilizado para emissão de passagens aéreas ou mesmo compra de bens, há que se permitir sua transmissibilidade, em que pese a vedação usualmente contida nos contratos de adesão junto às companhias aéreas administradoras deste tipo de serviço.[11] Aliás, há que se perquirir sobre a validade destas cláusulas

---

9. Sobre a extinção ou não dos direitos da personalidade com a morte, o estudo trará abordagem sobre isso na sequência.

10. Hoje existem dezenas de sites e aplicativos na Internet dedicados ao comércio de milhas aéreas. Em que pese não contarem com o consentimento expresso dos programas de fidelização das companhias aéreas, não há por parte desta, qualquer mecanismo de controle, havendo uma verdadeira tolerância por parte destas, que são beneficiadas indiretamente, a partir do momento em que passam, inclusive, a obter lucros indiretos com a ocupação maior de suas aeronaves e vendas de outros serviços associados (BARBOSA, 2013).

11. No regulamento do programa Smiles, promovido pela Gol Linhas Aéreas S.A., há a expressa estipulação da intransmissibilidade das milhas, em contradição inclusive com as próprias medidas adotas pela companhia, conforme se vê no item anterior. "5.2. Transações com Milhas Smiles – Quaisquer transações ou transferências de Milhas Smiles entre Contas Smiles, Participantes ou Programas são expressamente vedadas, dado o caráter pessoal e intransferível das Milhas Smiles, salvo no caso de eventual produto ou promoção desenvolvidos pela Smiles e/ou pelo Parceiro. As Milhas Smiles não poderão ser convertidas em dinheiro, total ou parcialmente. 5.2.1. As Milhas Smiles não poderão ser vendidas, doadas, cedidas, ou de qualquer forma alienadas ou oneradas, nem são passíveis de sucessão

5 • MORTE, INCAPACIDADE E BENS DIGITAIS | **123**

diante do arcabouço protetivo traçado pelo Código de Defesa do Consumidor, sobremaneira quando estas mesmas companhias aéreas passam a vender estas milhas diretamente, permitir pagamento para reativação de milhas vencidas, dentre outras condutas que alteram significativamente o caráter de bônus que os programas inicialmente continham. Imagine que o empresário acima citado, além de acumular milhas voando pela companhia (a qual escolhia exatamente pela possibilidade de concentrar seus pontos em um só programa), também havia gastado um bom dinheiro, comprando outras milhas diretamente junto ao site da companhia. Seria correto que, com sua morte, estas milhas existentes simplesmente fossem canceladas? Acredita-se que tais cláusulas sejam incompatíveis com o sistema de proteção ao consumidor, por implicar a extinção de ativos digitais de caráter patrimonial, sendo, portanto, abusivas, em desacordo ao preceituado pelo princípio da boa-fé objetiva. Além disto, poderia inclusive ser arguida a teoria dos atos próprios, a partir da aplicação do *nemo postest venire contra factum proprium*, como forma de limitar o exercício dessas posições contraditórias, por parte das companhias aéreas. Não faz qualquer sentido vender milhas e depois, com a morte, dizer que esses ativos digitais estão simplesmente cancelados. Logo, tais cláusulas devem ser reputadas como nulas, nos termos do art. 51, IV, Código de Defesa do Consumidor (CDC).[12]

O que dizer então dos *bitcoins* e outras moedas virtuais que, como dito, estão sendo objeto inclusive de regulamentação por bancos centrais mundo afora? De certo, estas novas formas de moedas possuem caráter patrimonial e devem ser transmitidas pelo direito de *saisine* aos herdeiros do titular morto. Não seria despropositado afirmar que os programas de milhas aéreas estão, cada vez mais, se tornando verdadeiros bancos administradores de um tipo específico de moeda digital.

A discussão passa a se avolumar quanto à questão das videotecas, bibliotecas e musicotecas digitais. O ator hollywoodiano Bruce Willis vem travando uma

---

por herança, salvo em caso de eventual produto ou serviço desenvolvido por Parceiro em conjunto com a Smiles, que possua regras específicas que o permitam. Em caso de falecimento do Participante, seu Número Smiles será encerrado e as Milhas Smiles canceladas. A utilização indevida de Milhas Smiles de Participante falecido sujeitará o infrator às medidas judiciais cabíveis, bem como ao cancelamento de sua Conta Smiles em virtude da infração cometida e comprovada pelo Smiles" (Smiles..., 2015).

12. O Tribunal de Justiça do Distrito Federal (TJDFT) entendeu que as milhas aéreas possuem realmente valor econômico. Entretanto, por não poderem ser convertidas facilmente em dinheiro, não permitiu que elas viessem a ser objeto de penhora: "Civil e processual civil. Agravo de instrumento. Expedição de ofício. Companhias aéreas. Direitos creditórios do devedor decorrente de programa de milhagens. Ineficácia da medida. Penhora sobre milhas aéreas. Impossibilidade. Mecanismo de conversão em dinheiro. Ausência. Decisão mantida. 1. Conquanto possuam expressão econômica, as "milhas aéreas" não podem ser objeto de penhora, ante a ausência de mecanismos seguros e idôneos que permitam sua conversão em dinheiro e possuem caráter pessoal e intransferível. 2. Recurso Conhecido e não provido (DISTRITO FEDERAL, AGI: 20150020026408/DF 0002670-20.2015.8.07.0000, 2015, p. 140).

briga com a empresa Apple, a fim de que sua extensa coleção de livros e músicas digitais adquirida junto ao programa iTunes possa ser transmitida em testamento a seus filhos, ao invés de simplesmente voltarem à propriedade daquela empresa, como consta no regulamento de utilização do serviço.[13]

Ainda que se trate de uma licença de uso, como alega a Apple, o fato é que Bruce Willis e milhões de outros consumidores adquiriram um bem tecno-digital desembolsando valores pelos mesmos. Imagine-se quanto dinheiro é gasto diariamente com a compra de músicas, filmes e livros numa loja virtual como a ofertada pela empresa norte-americana. O modelo de negócios de uma sociedade empresária teria o condão de simplesmente desconfigurar a noção de patrimônio e, consequentemente, a de sucessão? Para um novo tipo de comércio, há que se ter uma nova norma que exclua a possibilidade de sucessão dos ativos digitais? Acredita-se que não. As musicotecas, videotecas e bibliotecas virtuais devem ser consideradas verdadeiros patrimônios digitais aptas, portanto, a serem transmitidas aos herdeiros, como forma de respeito às regras sucessórias, seja por meio de sucessão legítima ou testamentária. Não fosse a intenção de o usuário adquirir estes arquivos, em grande parte por meio de contratos online, teria ele outras opções, como simplesmente ouvir a música em diversos sites, ler o livro em bibliotecas digitais abertas, ou mesmo alugar o filme o qual preferiu comprar. Por todas essas razões, há que se ter a possibilidade de sucessão desses ativos com nítido caráter patrimonial.

5.2.3. Sucessão ou extinção dos bens digitais existenciais

Já no que toca aos bens digitais de caráter existencial, a questão tende a ser um pouco mais complexa. Isso porque há uma discussão preliminar: saber se os direitos da personalidade extinguem-se, ou não, com a morte de seu titular.

A morte faz cessar a própria essência da pessoa, extinguindo-se assim a possibilidade de esta vir a titularizar relações jurídicas, ou seja, colocando fim à sua personalidade civil. Entretanto, os direitos da personalidade de um sujeito irão repercutir para além de sua vida, especialmente quanto a possíveis agressões cometidas por terceiros. Com claro intuito de proteger os atributos da pessoa humana, o Código Civil trouxe duas regras, bastante semelhantes, mas que devem ser aplicadas sob o prisma da especialidade, evitando-se pretensa antinomia. São elas: o art. 12, parágrafo único (norma geral aplicável a todo e qualquer direito da personalidade) e o art. 20, parágrafo único (norma especial

---

13. Reportagem do jornal britânico The Guardian apresenta este possível conflito entre o ator e a empresa californiana, sob o título "Bruce Willis to fight Apple over right to leave iTunes library in will". (BRUCE Willis..., 2015).

5 • MORTE, INCAPACIDADE E BENS DIGITAIS

aplicável apenas à honra e imagem). Por tais normas, os parentes próximos ao falecido terão legitimidade ativa para proteger *post mortem* as irradiações dos direitos da personalidade deste.

Ao arrolar os legitimados, parece ter o Código Civil confundido os direitos da personalidade com interesses patrimoniais, ao praticamente repetir o catálogo de herdeiros necessários. Tecendo a mesma crítica, afirma Anderson Schreiber (2011) que

> O legislador parece ter se apegado excessivamente ao rol dos herdeiros, pensado e construído sob a ótica patrimonial. A postura é perigosa, já que muitos conflitos neste campo derivam justamente de uma invocação oportunista de direitos da personalidade por parte de parentes que, algumas vezes, não perseguem nada mais que o próprio enriquecimento. Trata-se de exercício abusivo de uma faculdade atribuída pelo Código Civil, que deve ser sempre empregada de acordo com aquele que seria, em vida, o interesse do falecido. (Schreiber, 2011, p. 25).

Estas normas significariam a perpetuação do direito de personalidade para além da morte do sujeito? Haveria um direito sem um titular que viesse a titularizá-lo? Algumas respostas são dadas pela doutrina sobre a situação dos direitos da personalidade do morto, as quais são bens condensadas por Maria de Fátima Freire de Sá e Bruno Torquato de Oliveira (2015) Naves nos seguintes termos

> a) não haveria um direito da personalidade do morto, mas um direito da família, atingida pela ofensa à memória de seu falecido membro; b) há tão somente reflexos *post mortem* dos direitos da personalidade, embora personalidade não exista de fato; c) com a morte, transmitir-se-ia a legitimação processual, de medidas de proteção e preservação, para a família do defunto; d) os direitos da personalidade que antes estavam titularizados na pessoa, com sua morte passam à titularidade coletiva, já que haveria um interesse público no impedimento de ofensas a aspectos que, ainda que não sejam subjetivos, guarnecem a própria noção de ordem pública. (Sá; Naves, 2015, p. 83).

E após tecer críticas a cada um desses posicionamentos, a dupla de autores acima citada constrói uma nova forma de pensar o tema, a partir da constatação de que não é necessário reconhecer ao morto, ou à sua família, direitos da personalidade, para se estar diante de uma esfera de não liberdade a ser respeitada por todos. Apesar de o morto não ser mais titular do direito em si, a lei estabelece um dever jurídico genérico, oponível em face da coletividade. Haveria uma situação jurídica gravitando em torno do morto, e é exatamente essa situação o objeto da proteção retratada nas normas do Código Civil anteriormente mencionadas. E concluem afirmando que

> À família não são transferidos "direitos da personalidade", mas é-lhe atribuída uma esfera de liberdade processual na defesa da não infração de deveres que se refiram à "figura" do morto. Logo, o que se tem é tão somente o deferimento de uma legitimidade processual

na defesa dessa situação jurídica de dever, na qual o morto se insere, em face do juízo de reprovabilidade objetivada normativamente. (Sá; Naves, 2015, p. 86).

Acredita-se que esta forma de encarar a problemática relativa ao morto é a que melhor atende aos objetivos buscados neste trabalho, senão vejamos.

Vários dos bens digitais existenciais são projeções no ambiente virtual de direitos da personalidade de um determinado indivíduo, como já dito anteriormente. Com o foco no primeiro exemplo fornecido linhas atrás, existiria direito de intimidade e privacidade do militar, mesmo depois de morto, em relação a seus familiares, na questão relativa ao acesso de sua conta de e-mail do provedor Yahoo?

Como alertado, é importante perceber que nestes casos vários interesses se farão presentes concomitantemente. Os familiares podem sim ter uma legítima intenção em buscar nos ativos digitais informações relativas ao falecido que possam a um só tempo lhes confortar no dimensionamento da dor sofrida ao trazer novas revelações para compreender as causas e circunstâncias da própria morte. Podem ainda ter interesse em acessar arquivos digitais de interesse de toda a família, como uma apólice de seguro enviada ao e-mail do morto ou mesmo o álbum de fotografia da família enviada por este a um serviço de nuvem.

Mas seria possível falar em um direito de privacidade *post mortem*? Há interesse do morto em ver resguardados seus segredos eventualmente contidos em conversas travadas por correio eletrônico? Aplicando-se a ideia de uma esfera de não liberdade, crê-se que configuraria indevido o acesso irrestrito dos familiares a toda e qualquer comunicação digital realizada pelo falecido. Em que pese não ser correto se falar em um verdadeiro direito subjetivo de tutela da privacidade, pois o titular já morrera, há que se entender que certos segredos e comunicações devem ser mantidos longe do alcance de familiares.

Outro interesse presente seria aquele dos terceiros que mantiveram estas conversas com o morto. Há que se pontuar que, ao ter acesso às correspondências eletrônicas do parente, acaba-se por alcançar também a intimidade e privacidade destes outros indivíduos. Imagine-se no caso hipotético do militar norte-americano: a família saberia não só da opção sexual do ente falecido, mas também da do colega que com ele mantinha a relação homoafetiva. Quanto aos interesses dos terceiros interlocutores, há verdadeiro direito da personalidade, digno de tutela nos termos da Constituição da República e do Código Civil. Mais um argumento, portanto, para que fosse impedido o acesso irrestrito à conta de e-mail após a morte.

Fora do ambiente digital, a questão mereceu a devida detenção, quando da discussão sobre as cartas manuscritas que eram deixadas pelos mortos, hoje cada vez mais raras. Registre-se que, em se tratando de cartas, o regramento é

5 • MORTE, INCAPACIDADE E BENS DIGITAIS · 127

um pouco distinto do atualmente dispensado aos e-mails, já que nestes últimos costuma-se existir conversas entre os interlocutores, sendo que nas primeiras a redação era tipicamente unilateral.

Dissertando sobre a temática das antigas cartas, José Adércio Leite Sampaio relembra que restou assentado, desde meados do século XIX, ao menos pela jurisprudência norte-americana, que haveria um direito de autor sobre as missivas, qualquer que fosse o seu conteúdo, protegendo assim o direito à intimidade e à privacidade, sobretudo do redator das cartas (Sampaio, 1998, p. 42).

Os familiares poderiam violar a intimidade do morto ou, mais precisamente, daqueles que com este se relacionaram pelo meio digital, ao acessaram não apenas a conta de e-mail, mas também o perfil de redes sociais, os arquivos de nuvem ou outro tipo de conta na qual se contenha esta parcela da vida privada. E tal violação ocorreria pelo mero conhecimento da informação ali contida, independentemente da efetiva divulgação destas.

Nesse sentido José Adércio Leite Sampaio (1998) relembra que

> Há quem defenda a tese de que o verdadeiro ataque à intimidade só se opera com a divulgação de alguns dados, fatos ou situações de caráter reservado e não com o seu simples conhecimento. Tal posição é mais frequente entre os que, a exemplos de muitos estudiosos italianos, distinguem a intimidade ou reserva do segredo. De outro lado estão os que afirmam que em todo ato contrário à intimidade deve existir sempre, como base essencial, um ato de intrusão na intimidade alheia. A maioria reconhece a existência de duas formas de violação da intimidade: o conhecimento e a difusão de fatos privados (Sampaio, 1998, p. 370).

Como se vê, a tecnologia traz por certo enormes desafios no trato dos direitos da personalidade, sobremaneira quando ocorre, como se está vendo, a morte do titular dos bens digitais existenciais. Necessário então se reconstruir a ideia de vida privada na era digital, a fim de que se possa buscar uma resposta ao problema que se coloca.

Stefano Rodotà (1995) propõe uma redefinição do conceito de privacidade, com uma noção fortemente dinâmica, a partir das mudanças determinadas pela tecnologia. Aquele velho conceito de privacidade, ligado à ideia de "um direito de ser deixado só", não pode mais ser encarado como um valor geral a denotar a essência deste direito. Na sociedade da informação tende-se a prevalecer a definição funcional da privacidade, que de modo diverso faz referência à possibilidade de conhecer, controlar, endereçar, interromper o fluxo da informação que a resguarda. Ou seja, a privacidade na era digital deve se aproximar de um direito de manter o controle sobre suas próprias informações (Rodotà, 1995, p. 101).

Ao mesmo tempo em que se modifica o conceito de privacidade, há também uma progressiva ampliação da noção de esfera privada. Quantitativamente, há uma ampliação da proteção jurídica. Qualitativamente, se amplia para além do próprio sujeito e de seu comportamento reservado (intimidade). Pode-se definir assim a esfera privada como o conjunto de ações, comportamento, opiniões, preferências, informações pessoais, sobre os quais o interessado pretende manter o controle exclusivo. E esta esfera privada, insista-se, pode estar no ambiente virtual ou não.

A privacidade, nesse sentido que está sendo colocado, pode ser identificada como a tutela das escolhas de vida, contra todas as formas de controle público e estigmatização social, ou seja, como uma liberdade de realizar as escolhas existenciais de acordo com os interesses do próprio indivíduo. O privado quer invocar a noção de algo pessoal, e não na visão de outrora, quando se confundia com a ideia de algo em segredo.

Na visão de Stefano Rodotà (1995), a sequência quantitativamente relevante neste novo momento seria "pessoa-informação-circulação-controle" e não mais "pessoa-informação-segredo", em torno da qual teria sido construída a noção clássica de privacidade (Rodotà, 1995, p. 102, tradução nossa).[14]

A tecnologia da informação reforça a tendência de se separar os espaços privados, seja dentro de uma vila, seja dentro da própria casa. Isso dá uma ilusão de que a esfera privada estaria reforçada, gerando no indivíduo uma possibilidade de ver seus laços sociais com seus pares serem quebrados ou fragilizados, com uma tendência ao isolamento do indivíduo. Tal visão se mostra acertada quanto às tecnologias que precederam à Internet, tal como ocorrera com o aparelho televisor, o videocassete, o aparelho de som portátil. Porém, como analisado neste estudo, a grande rede multiplica as relações interpessoais que agora passam a ocorrer em um outro ambiente, distinto do anterior. Não é incomum que parentes, dentro de uma residência, hoje se utilizem da própria Internet para se comunicar, estando todos presentes no mesmo ambiente físico.

Ao mesmo tempo, há que se ter em conta que a tecnologia da informação pode gerar uma vulneração do espaço privado, ao invés de ampliá-lo, já que os próprios hábitos de consumo dos indivíduos podem ser pesquisados por empresas, que poderão, por meio de ferramentas virtuais, monitorar hábitos de consumo, impelindo a pessoa a contratar mais e mais. A riqueza da esfera privada na sociedade da informação é ao mesmo tempo frágil exposta a perigos. Isto justifica a necessidade de reforço da proteção jurídica, bem como de um alargamento da fronteira do direito à privacidade.

---

14. "Partendo da questa constatazione, si può dire che oggi la sequenza quantitativamente più relevante è quella persona-informazione-circolazione-controllo, e no più soltanto quella persona-informazione-segretezza, intorno ala quale è stata costruita la nozione clássica di privacy."

A necessidade de confidencialidade da informação pode fazer com o indivíduo possa querer excluir qualquer tipo de circulação desta, como, por exemplo, informações sobre a saúde, hábitos sexuais, crenças, mesmo no ambiente digital. Ao se acessar a conta de e-mail ou de uma rede social, mesmo após a morte, o conhecimento desses detalhes reservados do sujeito leva a uma inevitável vulneração de sua esfera privada, alcançando eventualmente a de terceiros, como dito. Evitar a circulação dessas informações pode fazer com que se previnam situações de discriminação aos próprios parentes do falecido ou, ainda, de arranhão à reputação construída pelo sujeito em vida. Pense-se no exemplo do militar, novamente, que estava traindo sua pátria quando fora vítima do atentado. Por isso, entende-se que estes aspectos confidenciais deveriam ser qualificados como dados sensíveis (Rodotà, 1995, p. 105-106).

Ao revés, convicções políticas, sindicais, religiosas não deveriam se enquadrar dentro deste aspecto, uma vez que existem num estado democrático com a finalidade de compor o espaço público de atuação do indivíduo. O desafio, portanto, estaria na harmonização da necessidade de circulação de certos dados individuais diante de interesses públicos. Os dados de trabalho ou de outros contratos realizados pelo indivíduo seriam um exemplo desta espécie de dados que poderiam sim circular. A ampliação do estatuto privado não seria tão grande a ponto de excluir os interesses de caráter público.

Cria-se neste ponto um interessante paradigma para se poder mensurar o grau de acesso dos familiares às contas digitais do morto. As informações confidenciais, que guardam a intimidade do defunto, não deveriam, como regra, ser alcançadas pelos interesses dos familiares, pois em nada irão ampliar suas situações jurídicas patrimoniais ou existenciais. Qual a mais valia da viúva do militar em saber que este tinha comportamentos homoafetivos? Este conhecimento, pelo contrário, só lhe serve para gerar ainda mais desconforto e sofrimento. Os dados que compunham aquele espaço público de atuação do indivíduo morto poderiam ser acessados pelos parentes, sem que com isso se violem os ora denominados como dados sensíveis. Por exemplo, os álbuns de família arquivados em nuvem, a apólice de seguro que fora enviada ao e-mail do morto, ao serem acessados, não trariam qualquer implicação no sentido de violação da confidencialidade dos dados tidos por sensíveis.

Talvez o grande detalhe aqui seja: como será feita essa triagem? Como deverão ser separados os dados sensíveis das informações que compõem o espaço público? Entra em cena o papel dos provedores de serviços de Internet auxiliados, ou não, por um inventariante dos ativos digitais, como se verá na sequência deste trabalho.

Por todo o exposto, Stefano Rodotà (1995) acredita haver um direito à autodeterminação informativa, como verdadeiro direito fundamental do cidadão, marcando então uma tendência ao reconhecimento como direitos fundamentais de posições individuais e coletivas relevantes no âmbito da informação. Nesta linha, o autor defende a existência de uma "Constituição Informativa", ou um "Information Bill of Rights", consistente não apenas nesta autodeterminação informativa, mas também no direito de procurar, receber e difundir informações, um direito à "privacidade informática." (Rodotà, 1995, p. 107). Este cenário não é contraditório com a visão da privacidade como um conjunto de direitos, dentro da esfera dos direitos da personalidade, já que como afirmado anteriormente, todo direito da personalidade é ao mesmo tempo um direito fundamental.

Este reconhecimento da privacidade como direito fundamental, tal qual se passa no cenário constitucional brasileiro, concede ao indivíduo um poder de perseguir sua informação pessoal, mesmo quando esta passe a integrar a disponibilidade de outra pessoa, ou seja, o sujeito poderá ter acesso às suas informações, ignorando o critério formal do processo de informação. Este reforço ao direito individual de privacidade, não por acaso, fez com que se disseminassem leis de proteção dos dados pessoais e acesso à informação (regra: pública ordinariamente, mas privado em certos casos).

No Brasil, o Marco Civil da Internet é uma norma que visa exatamente resguardar tal perspectiva, a partir do instante em que traz como princípio que disciplinam o uso da Internet a proteção da privacidade e dos dados pessoais, nos incisos II e III do art. 3º, bem como em seu art. 7º, I, II e III, quando se assegura ao usuário da rede a inviolabilidade da intimidade, da vida privada e o sigilo das comunicações virtuais realizadas.[15]

Ao ter a possibilidade de controlar suas informações, para além da privacidade, contribui-se também para a consolidação de outros direitos da personalidade, como o direito de publicidade e o direito à identidade pessoal, influindo então no modo como o sujeito se apresenta publicamente (aos olhos do público), por meio

---

15. "Art. 3º A disciplina do uso da internet no Brasil tem os seguintes princípios:
   I – garantia da liberdade de expressão, comunicação e manifestação de pensamento, nos termos da Constituição Federal;
   II – proteção da privacidade;
   III – proteção dos dados pessoais, na forma da lei (...)"
   "Art. 7º O acesso à internet é essencial ao exercício da cidadania, e ao usuário são assegurados os seguintes direitos:
   I – inviolabilidade da intimidade e da vida privada, sua proteção e indenização pelo dano material ou moral decorrente de sua violação;
   II – inviolabilidade e sigilo do fluxo de suas comunicações pela internet, salvo por ordem judicial, na forma da lei;
   III – inviolabilidade e sigilo de suas comunicações privadas armazenadas, salvo por ordem judicial (...)"(BRASIL, 2014a).

das informações que lhe dizem respeito. Pensando-se assim, e focado na ideia de uma sociedade do espetáculo, permeada pela grande rede mundial de computadores, esta forma de apresentação ao público ganha contornos jamais dantes imaginados. Eleger qual parcela de sua intimidade se tornará uma informação, alimentando redes sociais e outros ativos digitais, faz parte da nova construção da identidade de cada indivíduo na era digital.

Aqui surgem interessantes questionamentos, levantados por Stefano Rodotà (1995). O que deve poder ser visto pelo público? Qual imagem cada indivíduo tem a intenção de construir e fornecer? A atribuição de um forte poder a um sujeito para construção de sua esfera privada pode se traduzir em um direito exclusivo de auto apresentação? (Rodotà, 1995, p. 109).

Há vários motivos para se dizer que ninguém pode querer ter o monopólio de sua própria apresentação em público. Mas a força do sistema de informação é tal que nos induz a pensar que ali se opera a verdadeira construção da esfera privada de cada um. Porém, isso requer o desenvolvimento de regras de comunicação; diferenciação de acordo com cada meio, da situação, da condição do sujeito retratado (pessoa pública ou não). O direito à autodeterminação informativa não pode gerar um vínculo absoluto com a forma de apresentação ou composição da informação que é apresentada a terceiros. Se assim fosse, haveria o risco da estandardização da sociedade, com seres perfeitos à luz dos olhos alheios.

Em alguma medida, no mundo digital, há realmente a tendência de as pessoas se mostrarem cada vez mais belas, bem-vestidas, visitando locais interessantes, bem-humoradas e até mesmo se alimentando fantasticamente. Essa exposição excessiva da vida privada, especialmente no âmbito de redes sociais, apresenta uma tendência, ou ao menos uma tentativa, de querer se ter o monopólio da autoapresentação, conquistando-se a admiração dos demais consumidores da sociedade capitalista, como alertado no item 2.5, referente à sociedade do espetáculo.

Ainda assim, é impossível se deter o monopólio das informações, sobremaneira na sociedade de serviços em que se vive, com serviços tecnológicos que demandam uma cota cada vez maior de informações pessoais. Isso faz com que se tenha uma grandeza diretamente proporcional; quanto mais os serviços se alargam, maior será a possibilidade de interconexão de banco de dados e disseminação até em nível internacional da informação recolhida. E quanto mais transnacional for este fluxo informacional, maior será a dificuldade em se controlar as informações relativas ao sujeito, ainda que existam tratados nesse sentido.

Tal perspectiva reforça a impossibilidade ordinária de se suceder os ativos digitais do parente morto, já que nunca se saberá efetivamente o quanto de informação em vida aquele sujeito disponibilizou a prestadores de serviço mundo afora. Se é complicado para a pessoa controlar em vida suas informações digitais, quem dirá após a sua morte. Ainda que se admita a possibilidade de sucessão, esta seria sempre algo parcial, ante a impossibilidade de se alcançar todas as informações virtualizadas relativas ao morto.

Em complemento aos questionamentos realizados, há que se indagar ainda se este direito de uma pessoa se autoapresentar da maneira como bem entende, poderia se erguer também em face de sua própria família. Se sim, há aqui mais um argumento então a impedir o acesso *post mortem* a seus arquivos digitais, sob pena de desconstrução da imagem e identidade construídas em vida. Imagine-se a situação daquele indivíduo que sempre se apresentava feliz, sorridente, de bem com a vida vindo a morrer subitamente. Sua família, ao acessar seus ativos digitais, descobre que a jornada vivida estava bem longe de ser a alegria exteriorizada, recheada por desilusões, episódios depressivos, que inclusive vieram a ser a causa de sua morte. Qual identidade deveria prevalecer: a real, internalizada na intimidade, ou a aparente, que a todos cativava?

Deveria então haver um controle na cessão das informações pessoais, como forma de assegurar direitos existenciais do cedente? Qual seria o limite para este tipo de cessão? Talvez, o primeiro passo deveria ser individualizar em quais situações se apresenta como legítima a requisição de dados pessoais do sujeito.

Nesse sentido, na primeira geração as leis protetivas, citadas no item 4.4.3 deste estudo, foram muito abertas, o que acabou por permitir formas graves de vigilância e discriminação do cidadão. Stefano Rodotà (1995) defende então que, numa segunda geração de leis, dever-se-ia passar à elaboração de normas mais analíticas e rigorosas, que compreendam diversas formas de categorias de informação, de acordo com a modalidade de tecnologia adotada (RODOTÀ, 1995, p. 114). Esta vem sendo, indubitavelmente, a linha traçada pelos Estados Unidos da América, ao tentarem criar uma legislação para conciliação dos interesses dos atores envolvidos na sucessão dos bens digitais, conforme se verá no item 7.1 na sequência.

Portanto, o princípio da finalidade poderia ser um marco a orientar o acesso, o controle e o intercâmbio de informações disponíveis nos bancos de dados acumulados pelos prestadores de serviço na Internet, evitando assim a criação de perfis individuais ou coletivos que possam determinar pesadas formas de controle e discriminação. A criação de perfis coletivos pode gerar por evidente a discriminação do perfil da minoria, fazendo então com que se privilegie um comportamento conforme aquele traço prevalente, sendo muito difícil a produção de nova identidade coletiva, com risco à dinâmica social e à organização democrática (risco de padronização da sociedade). Frente a tudo isso, deve ser afirmada fortemente a existência de um "direito a não deixar registro" (Rodotà, 1995, p 116).

Se está a se falar de um direito a não deixar registro, amplia-se a noção ora defendida, ao se estabelecer que a regra deva ser a não sucessão de ativos digitais de caráter existencial. As informações só deveriam ser transmitidas, inclusive a parentes, se houvesse a presença de uma finalidade apta a justificá-la, pois só assim a esfera privada estaria efetivamente protegida.

O reconhecimento do direito à privacidade como um direito fundamental e um direito da personalidade é acompanhado de um regime de exceção. A limitação ao direito à privacidade, portanto, só poderá decorrer de outro da mesma categoria dos direitos fundamentais, sejam estes pertencentes a terceiros (como pode ser o caso de um próprio parente) ou mesmo diante de interesses públicos primários. Assim, interesses estatais como segurança interna e internacional, de saúde coletiva, de informação difusa podem ser determinantes para afastar a proteção da privacidade no que toca aos bancos de dados. E já há legislação que consagra esta possibilidade, inclusive no caso brasileiro, valendo citar uma vez mais o Marco Civil da Internet (Brasil, 2014a).

Não se está assim a defender a exclusão absoluta dos parentes do acesso aos bens digitais existenciais. Porém, insista-se, o acesso não pode e não deve ser a regra. A privacidade não deve ser tratada como uma mera propriedade. A distinção apresentada neste trabalho, entre bens digitais existenciais e bens digitais patrimoniais, quer exatamente evitar este tipo de confusão.

Um caso particularmente delicado e que serve para exemplificar a possibilidade deste acesso excepcional seria o de um descendente que se depara com a morte de seu ascendente em virtude de uma doença rara. Sabe-se que o falecido não disse em vida sobre qual era a correta tipificação médica da moléstia, não revelando sequer se recebera ou não o tratamento. É certo que o morto exercera seu direito ao resguardo, evitando a publicização da sua doença. Todavia, o descendente depende das informações do ascendente até para saber como está ou poderá ficar sua própria saúde. A construção de esfera privada depende da esfera de outrem. Nessa hipótese, se provado que, acessando as contas digitais do defunto, há a possibilidade de se obter os resultados dos exames que lhe haviam sido enviados pela Internet, estar-se-ia diante de uma excepcional situação em que poderia ser autorizado o acesso, a partir da análise destas circunstâncias, em concreto, pelo Poder Judiciário. Ainda assim, acredita-se que tal ingresso nos ativos digitais não deveria ser ilimitado, vertendo-se apenas para o ponto de interesse apresentado na fundamentação.

O ascendente morto teria o dever de informar sobre a doença, tendo-se em mira os interesses dos descendentes? O eventual dever de comunicação poderia ressaltar este novo aspecto na construção da esfera privada. Há casos complexos em que o sujeito, ao eleger quais serão os elementos caracterizadores de seu âmbito privado, poderá gerar consequências até mesmo definitivas e existenciais para outras pessoas. Daí, há que se questionar qual a medida para o direito de não saber, como fator determinante para a construção livre da personalidade, afinal tal direito pode e muito influenciar nas escolhas futuras de vida.

Stefano Rodotà (1995) fornece então uma renovada definição de privacidade, como sendo o direito de manter o controle sobre sua própria informação e de determinar a forma de construção da própria esfera privada. O objeto deste direito de privacidade seria o patrimônio informativo atual ou potencial de um sujeito (Rodotà, 1995, p. 122).

Por tudo o que se expõe, acredita-se que os bens digitais existenciais não seriam dignos de ser sucedidos pelos familiares, ressalvada a manifestação de vontade expressa nesse sentido pelo próprio titular em vida, conforme se verá no capítulo seguinte, quando se trabalhará a questão da autonomia privada. De qualquer forma, excepcionalmente, mesmo sem consentimento dado em vida pelo morto, deve ser possível o acesso a estes bens, quando houver para tanto uma justa razão, a ser avaliada pontualmente pelo Poder Judiciário, a partir de uma interpretação construtiva, que consiga da melhor forma possível conciliar os interesses em jogo. Somente assim se estará concretizando a cláusula geral de tutela da pessoa humana, prevista pela CRFB/88 e pelo Código Civil de 2002.

5.3. A INCAPACIDADE: PERSPECTIVA HISTÓRICA E RELEITURA À LUZ DO ESTATUTO DA PESSOA COM DEFICIÊNCIA

A construção do conceito de capacidade, ao lado da personalidade jurídica, serviu historicamente para reafirmar a necessidade de mensuração da possibilidade de se praticar determinados atos da vida civil, pessoalmente. Ao se permitir que um sujeito dotado de personalidade possa praticar tais atos por si só, o ordenamento entende que não há qualquer necessidade de proteção ao patrimônio daquele, uma vez que muito possivelmente aquela pessoa já possui o necessário discernimento para a prática do ato.

Essa noção de capacidade seria dividida tradicionalmente em duas espécies, quais sejam, a capacidade de direito (também denominada de capacidade de gozo, ou capacidade de aquisição) e a capacidade de fato (chamada ainda de capacidade de exercício). Na primeira, tem-se um conceito muito similar ao da própria personalidade civil, envolvendo a aptidão para adquirir direitos e deveres por cada sujeito. Na segunda espécie, ter-se-ia a possibilidade de exercer esses direitos e deveres adquiridos, pessoalmente, desde que em concreto se tenha discernimento.

Ocorre que certas pessoas, por razões de imaturidade ou insanidade, não possuem esse discernimento, ou o tem de maneira reduzida. Logo, o patrimônio destas está em constante risco de dilapidação, a partir da eventual prática de atos de disposição. Para evitar tal situação, construiu-se a teoria das incapacidades.

Tal teoria, com escopo nitidamente protetivo, inibe a produção de efeitos jurídicos quando o ato vier a ser praticado isoladamente pelo carente de discernimento. Por isso, a lei irá exigir a presença de um representante – substituindo a vontade do representado, ou de um assistente – coadjuvando com seu assistido, para que tais atos jurídicos não sejam reputados inválidos, nos termos dos arts. 166, I e 171, I, CC, para ficar apenas nestes dois efeitos quando da presença de um incapaz.

Os critérios descritos pelo legislador para estabelecer quais sujeitos merecem esta proteção podem ser sucintamente divididos em duas categorias:

a) maturidade, medida pelo fator etário – critério objetivo; e

b) sanidade, mensurada pela presença de alguma doença que afeta o discernimento do sujeito – critério subjetivo.

E, logo no início do Código Civil, esses critérios foram utilizados para categorizar os sujeitos em: absolutamente incapazes (art. 3º), relativamente incapazes (art. 4º) e plenamente capazes (art. 5º). Cabe ressaltar que a lei trabalha com a ideia fundamental de que a capacidade é a regra e a incapacidade a exceção, exsurgindo assim o velho ditame hermenêutico no sentido de que as exceções devem comportar interpretação restritiva.

Focando no critério da maturidade, pelo fator etário, tem-se que a idade do indivíduo irá determinar, por si mesma, em princípio, sua qualificação como capaz ou incapaz. Hoje, contudo, há que se reconhecer a possibilidade de aquisição de certo grau de maturidade pelos jovens, bem antes do que a lei friamente estabelece. Não é incomum que menores acumulem seus próprios recursos, fruto de doações ou pequenos serviços, vindo a celebrar negócios jurídicos sem a presença de seus representantes ou assistentes. Deveriam tais atos ser reputados inválidos pela simples presença de um incapaz? Há que se realizar uma interpretação sistêmica para que se alcance uma resposta que, a um só tempo, tutele os interesses desse menor e também da sociedade no bojo da qual o ato fora praticado.

Se o escopo perseguido pelo legislador é exatamente proteger pessoas, a aplicação nua e crua da teoria das incapacidades poderá gerar situações no sentido contrário ao buscado pela lei, ou seja, produzindo desproteção. Veja-se o seguinte exemplo: um adolescente de catorze anos de idade acumula dinheiro durante mais de um ano, a fim de adquirir seu primeiro computador. Comparece sozinho a uma loja do gênero e adquire a máquina pelo preço de mercado. Sua intenção era ampliar seus estudos, interagir com os colegas da escola e participar de torneios de games online. Chegando em casa com o objeto adquirido, seu pai discorda da aquisição, dizendo que garotos daquela idade não precisam de um computador. Sua mãe, ao revés, sente-se orgulhosa pela forma como o filho se portou, vendo nele um jovem disciplinado, independente e maduro para a idade. Deveria tal ato ser invalidado pela simples ausência do representante quando da manifestação de vontade? Acredita-se que a resposta deva ser fortemente negativa. Se não há necessidade de proteção, não há espaço para aplicação da teoria das incapacidades. Em resumo, a tutela buscada por esta teoria deve ser vista sempre em concreto, ainda que diante de caso de incapacidade pelo critério objetivo-etário, pois só assim a finalidade traçada legalmente será alcançada.

De igual forma, a vontade dos menores deve ser juridicamente relevante quando a situação na qual estejam envolvidos for tipicamente de concretização de seus próprios interesses existenciais, tais como uma adoção, guarda, cessão de direito de imagem, doação de órgãos, tecidos ou outras substâncias humanas etc. Nesses casos, desde que demonstrem discernimento, o consentimento dos incapazes deve ser levado em conta, não devendo então prevalecer a vontade do representante ou assistente.[16]

Nessa direção, bem caminhou o Novo Código Civil Argentino (Argentina, 2014), ao prever a autonomia progressiva dos adolescentes, em seu artigo 26, afirmando que os adolescentes entre treze e dezesseis anos, que apresentam em concreto a devida maturidade, devem ser ouvidos quando de decisões sobre situações existenciais que lhes digam respeito. E, ainda, serão considerados maiores já aos dezesseis anos, quanto às decisões que envolvam o cuidado de seu próprio corpo.[17] De certa forma, o estabelecido pelo legislador portenho em muito se

---

16. Nesse sentido, existem dois enunciados emanados das Jornadas de Direito Civil promovidas pelo Conselho de Justiça Federal, quais sejam:

    - Enunciado 138: A vontade dos absolutamente incapazes, na hipótese do inc. I do art. 3º, é juridicamente relevante na concretização de situações existenciais a eles concernentes, desde que demonstrem discernimento bastante para tanto".

    - "Enunciado 402: O art. 14, parágrafo único, do Código Civil, fundado no consentimento informado, não dispensa consentimento dos adolescentes para a doação de medula óssea prevista no art. 9º, §6º, da Lei 9.434/97 por aplicação analógica dos arts. 28, §2º (alterado pela Lei nº12.010/2009), e 45, §2º, do ECA". (CONSELHO DE JUSTIÇA FEDERAL, 2015).

17. Art. 26, Ley 26.994/2014: "Ejercicio de los derechos por la persona menor de edad. La persona menor de edad ejerce sus derechos a través de sus representantes legales.

    No obstante, la que cuenta con edad y grado de madurez suficiente puede ejercer por sí los actos que le son permitidos por el ordenamiento jurídico. En situaciones de conflicto de intereses con sus representantes legales, puede intervenir con asistencia letrada.

    La persona menor de edad tiene derecho a ser oída en todo proceso judicial que le concierne así como a participar en las decisiones sobre su persona.

assemelha ao que já estava previsto também na Convenção Internacional dos Direitos da Criança, de 1989.[18]

Por tudo o que se pontua, o Código Civil de 2002, talvez por força do longo e demorado processo legislativo que o precedeu, nasceu ultrapassado na questão do regramento dos interesses dos menores, esquecendo-se da importância de criação de espaços de autonomia a estes sujeitos, mesmo antes do alcance da maioridade. E, ao assim proceder, não levou em consideração, inclusive, as previsões constantes do Estatuto da Criança e do Adolescente, a Lei 8.069/90, que já assegurava certo atendimento à vontade do menor, com a criação de uma nova identidade a esses seres. Portanto, ao menor deve ser concedida a autonomia necessária para que ele possa, também, ser um articulador de seus interesses, expressando sua vontade, sempre que possível, no âmbito de sua vida familiar e social.[19]

Quanto ao critério da sanidade, operou-se, recentemente, verdadeiro giro hermenêutico no tratamento da questão da incapacidade. Pela tradição de nosso Direito, aqueles que fossem detentores de alguma doença que de alguma maneira pudesse alterar seu discernimento eram considerados *a priori* como incapazes. Nesse sentido estavam redigidos os art. 3º, I, II, III e art. 4º, II, III, CC. Usa-se o verbo no passado exatamente para demonstrar a mudança de concepção produzida pelo advento do Estatuto da Pessoa com Deficiência, a Lei 13.146/2015 (Brasil, 2015b), com vigência a partir de janeiro de 2016.

Este novo Estatuto advém da ratificação pelo Brasil da Convenção Internacional dos Direitos das Pessoas com Deficiência (CDPD), que pode ser conside-

---

Se presume que el adolescente entre trece y dieciséis años tiene aptitud para decidir por sí respecto de aquellos tratamientos que no resultan invasivos, ni comprometen su estado de salud o provocan un riesgo grave en su vida o integridad física.

Si se trata de tratamientos invasivos que comprometen su estado de salud o está en riesgo la integridad o la vida, el adolescente debe prestar su consentimiento con la asistencia de sus progenitores; el conflicto entre ambos se resuelve teniendo en cuenta su interés superior, sobre la base de la opinión médica respecto a las consecuencias de la realización o no del acto médico.

A partir de los dieciséis años el adolescente es considerado como un adulto para las decisiones atinentes al cuidado de su propio cuerpo" (ARGENTINA, 2014).

18. O art. 12 da Convenção Internacional dos Direitos da Criança – 1989 traz a seguinte disposição: "1. Os Estados-partes assegurarão à criança, que for capaz de formar seus próprios pontos de vista, o direito de exprimir suas opiniões livremente sobre todas as matérias atinentes à criança, levando devidamente em conta essas opiniões em função da idade e maturidade da criança. 2. Para esse fim, à criança será, em particular, dada a oportunidade de ser ouvida em qualquer procedimento judicial ou administrativo que lhe diga respeito, diretamente ou através de um representante ou órgão apropriado, em conformidade com as regras processuais do direito nacional".

19. Nesse sentido, Simone Eberle (2004) pontua que: "Há mais de uma década o Estatuto da Criança e do Adolescente vem apregoando uma nova identidade para os menores. No ideário daquele diploma legal, o menor abandonou o posto de subserviência e silêncio que antes lhe reservava o Código Civil de 1916 para tornar-se agente articulador de seus interesses, quer expressando suas próprias opiniões, quer participando da vida familiar, comunitária e política" (EBERLE, 2004, p. 191).

rado o primeiro tratado que busca realmente especificar os direitos das pessoas com deficiência pelo viés dos direitos humanos, adotando um modelo social de deficiência. Por tal modelo, a deficiência não pode se justificar apenas pelas limitações pessoais decorrentes de uma patologia. O problema é direcionado agora para o cenário social, normalmente excludente e discriminador quanto às naturais dificuldades daqueles que possuem deficiências. Há que se construir uma estratégia social que promova o pleno desenvolvimento e integração da pessoa com deficiência, com respeito à sua especial dignidade.[20]

O objetivo da Convenção citada é cambiar o atual modelo, denominado de "modelo médico", que tem a inalcançável pretensão de reabilitar a pessoa deficiente para se adequar à sociedade na qual vive, por um "modelo social". Logo, a intenção passa a ser reabilitar a sociedade, para que esta possa conseguir conviver com o diferente e suas naturais dificuldades.

Será buscada, assim, no novo modelo, para além da igualdade no regramento da capacidade de fato, a concessão de uma educação inclusiva, de uma vida independente tanto quanto possível, bem como a inserção no mercado de trabalho. Por todas essas razões, reconhece o Preâmbulo da CDPD,

> [...] a deficiência é um conceito em evolução e que a deficiência resulta da interação entre pessoas com deficiência e as barreiras devidas às atitudes e ao ambiente que impedem a plena e efetiva participação dessas pessoas na sociedade em igualdade de oportunidades com as demais pessoas (Brasil, 2009).

Pela visão anterior, a pessoa com deficiência deveria ser interditada, a pedido de seus familiares, sendo então instituído o regime protetivo da curatela, pelo qual o curador seria representante ou assistente, a depender do grau de discernimento da pessoa interditada. Este grau seria apurado em juízo, no âmbito do procedimento de jurisdição voluntária expressamente previsto tanto pelo Código de Processo Civil (CPC) de 1973 (Brasil, 1973), quanto pelo CPC de 2015. (brasil, 2015a).

A Lei nº 13.146/2015, visando adaptar o ordenamento existente a esta nova realidade, logo no art. 2º conceitua a pessoa com deficiência como aquela que tem impedimento de longo prazo de natureza física, mental, intelectual ou sensorial. Ou seja, toda pessoa que possui um déficit em sua capacidade psíquica, física ou sensorial, independentemente do grau, será considerada deficiente. Já de acordo com o art. 84, a pessoa com deficiência tem assegurado o direito ao exercício de sua capacidade legal em igualdade de condições com as demais pessoas. No

---

20. Em explicação sobre a renovação operada no sistema de incapacidades com o advento do Estatuto da Pessoa com Deficiência, verificar (ROSENVALD, 2015), "Em 11 perguntas e respostas: tudo o que você precisa para conhecer o Estatuto da Pessoa com Deficiência".

5 • MORTE, INCAPACIDADE E BENS DIGITAIS | 139

parágrafo primeiro deste artigo, fica estabelecido que, quando necessário, a pessoa com deficiência será submetida à curatela, conforme a lei. Em conclusão, o parágrafo terceiro prevê que a definição de curatela de pessoa com deficiência constitui medida protetiva extraordinária, proporcional às necessidades e às circunstâncias de cada caso, e durará o menor tempo possível.

Portanto, agora, o tradicional modelo jurídico da curatela é excepcional e não está associado necessariamente à incapacidade absoluta. O novel Estatuto traz então a remissão a dois modelos jurídicos distintos de deficiência:

a) sem curatela;

b) com curatela.

Em resumo: será possível a coexistência de deficientes capazes e deficientes relativamente incapazes, que, aí sim, serão submetidos ao regime excepcional da curatela, a partir de procedimento judicial no qual seja assegurada a ampla defesa e contraditório. Caberá a quem alega a incapacidade do deficiente a sua prova plena e cabal. Caso contrário, não deverá haver qualquer declaração de incapacitação do deficiente, a fim de que seja cumprido o desiderato pretendido pelo Estatuto. O que não é mais possível, assim, é a visão anterior de uma incapacidade em linha de princípio. Na esteira do art. 6º da Lei 13.146/2015 (BRASIL, 2015b), a deficiência não afeta a plena capacidade civil da pessoa. Operou-se a correta distinção entre incapacidade e vulnerabilidade. O fato de o deficiente se apresentar como vulnerável em certas situações concretas, ou seja, o fato de ele estar em situação de desvantagem em relação aos demais personagens sociais, não implicará necessariamente a sua incapacidade. O nosso ordenamento já há muito prevê uma série de proteções a sujeitos vulneráveis, sem que com isso esteja se alterando a capacidade jurídica desses indivíduos (p. ex.: a situação do trabalhador, do idoso ou do consumidor).

Por tudo o que se expõe, a Lei n. 13.146/2015 realiza importante relativização no esqueleto tradicional da teoria das incapacidades, mas de maneira alguma a suprime do regramento do Código Civil.

Dessa maneira, os deficientes submetidos ao regime protetivo da curatela são removidos do rol dos absolutamente incapazes, trazido no art. 3º, CC e remetidos para o catálogo dos relativamente incapazes. Agora, é possível dizer com segurança que somente serão enquadrados como absolutamente incapazes os menores de 16 (dezesseis) anos. Logo, não houve a extinção da incapacidade civil. E registre-se uma vez mais que o legislador optou por localizar a incapacidade no âmbito da concretude, seguindo, de certa maneira, inclusive, uma das diretrizes teóricas do próprio Código Civil. Há que se ter uma impossibilidade real e duradoura de a pessoa manifestar sua vontade, residindo então o marco separatório da distinção entre capacidade e incapacidade não nas características e condições da pessoa, mas, sim, no fato de se encontrar em situação que as impeça de corretamente expressar sua intenção.

Por evidente, o Estatuto da Pessoa com Deficiência (EPD) não irá modificar o fato natural no sentido de que inúmeras pessoas continuarão a viver sem noção da realidade que os cercam. Assim, permanece em pleno vigor a figura da representação, descrita no art. 115, CC, para aqueles que forem submetidos ao regime excepcional da curatela. E uma densa atividade argumentativa pesará sobre os ombros do juiz, ainda maior que aquela já prevista no regime anterior, pois poderá estabelecer o curador como representante para todos os atos, assistente para tantos outros, ou mesmo, modulando os efeitos, estipular a representação para atos patrimoniais e assistência para atos existenciais, por exemplo.

Por fim, há que se destacar ainda a criação de um novo modelo protetivo, denominado de Tomada de Decisão Apoiada, a partir da inserção do art. 1.783-A, no Código Civil. Por esse instituto, que coadjuvará com a tutela e a curatela, o denominado apoiador poderá auxiliar o deficiente para que este tenha a oportunidade de conduzir sua vida civil da maneira mais normal e isonômica possível, sem interferências em sua capacidade de fato. Na linguagem da lei, a tomada de decisão apoiada é o processo pelo qual a pessoa com deficiência elege pelo menos duas pessoas idôneas, com as quais mantenha vínculos e que gozem de sua confiança, para prestar-lhe apoio na tomada de decisão sobre atos da vida civil, fornecendo-lhes os elementos e informações necessários para que possa exercer sua capacidade. A tomada de decisão apoiada tem claro apelo de preservação da autonomia do deficiente, relegando ao apoiador a execução e interpretação da vontade manifestada por aquele.

Por tudo o que se expõe, à toda evidência, os incapazes, seja por fatores etários, seja por fatores de sanidade, também serão titulares de bens digitais na era atual, razão pela qual há que se prever regulamentações quanto ao exercício da titularidade desses bens pelos próprios incapazes, seus representantes, assistentes ou apoiadores, preservando, sempre que possível for, a autonomia daqueles.

5.4. INCAPACIDADE E OS BENS DIGITAIS

Como seres imersos no paradigma social digital, os incapazes, assim como as demais pessoas que os cercam, também irão aceder ao universo virtual, possuindo inúmeras contas junto a provedores de Internet.

O desenvolvimento vertiginoso da tecnologia faz nascer a denominada geração de nativos digitais, ou seja, pessoas que já veem ao mundo conectadas,

5 • MORTE, INCAPACIDADE E BENS DIGITAIS   141

interagindo, desde a mais tenra infância, com dezenas de aparelhos eletrônicos e tendo à sua inteira disposição um manancial infinito de informações junto à Internet.[21] Esses indivíduos, nascidos especialmente após o ano de 1995, não sabem diferenciar a vida online da off-line, por não terem conhecido o mundo sem internet.

Portanto, não se trata mais de discutir hoje se os menores devem ou não acessar a grande rede, já que este contato é inevitável. Outras questões se projetam, tais como: como proteger estes incapazes, em face dos riscos existentes na Internet? O acesso deve ocorrer sob supervisão parental ou não? Como deve transcorrer a titularidade de bens digitais e seu consequente exercício por estes sujeitos em formação?

Há inegáveis vantagens ao se permitir o contato da criança e do adolescente com o universo da Internet, já que, até o presente momento da humanidade, jamais se havia construído uma ferramenta com tamanho grau de possibilidade de acesso ao conhecimento. Logo, ao dispor de acesso à rede, os menores têm a oportunidade de acederem informações que certamente contribuem para sua educação. Porém, existem também perigos em potencial, já que todo tipo de conteúdo pode ser encontrado e a fase de experimentação pela qual estes indivíduos passam leva a uma natural curiosidade de buscar outras temáticas, nem sempre ligadas àquilo que seria adequado para a idade, tais como pornografia, pedofilia, racismo e violência.[22]

Sendo usuários da Internet, os menores irão possuir contas de e-mail, pontos em serviços de games online e perfis em redes sociais. Há, inclusive, uma infinidade de adolescentes tornando-se verdadeiros astros da Internet, a partir da publicação de vídeos com comentários diversos sobre a vida, conforme destacado

---

21. Esta geração de nativos digitais é também comumente denominada de "geração Z". Ver (MENDONÇA, 2015) "Conheça a geração Z: nativos digitais que impõem desafios às empresas" – sobre esta conceituação e características desta nova geração.

22. Hugo Alfredo Vaninetti (2014, p. 146-148), destaca, nesse sentido, algumas expressões:

- *Grooming*: provém de um vocábulo de língua inglesa, que se refere ao verbo groom, no sentido de aproximação, preparação e aliciamento de algo. O *grooming* engloba todas aquelas práticas que adultos com certas patologias realizam (pedófilos e pederastas), para ganhar a confiança e empatia de um menor, a fim de satisfazer seus apetites sexuais.

-Sexting: consiste no envio de conteúdos, normalmente fotos ou vídeos, produzidos pelo próprio remetente, por meio da Internet (seja por e-mail, serviços de mensagens instantâneas ou mesmo redes sociais).

- *Sextorsion*: com a posse destes vídeos ou fotos, o adulto ameaça a criança ou adolescente de divulgar aquele conteúdo, forçando-os a ter um encontro real, quando pode ocorrer o abuso sexual ou outras formas de atos libidinosos.

- *Ciberbullying*: ato de crueldade para com outra pessoa, a partir do envio ou publicação de material danoso ou que implique outras formas de agressão social, por via da Internet.

no item 4.5 deste estudo.[23] E a questão que aqui se coloca é: há autonomia desses menores para a criação e gestão destes bens digitais?

O referencial de partida deveria ser o próprio termo e condição de serviço, contrato de adesão apresentado pelos provedores àqueles que desejam ser consumidores das plataformas ofertadas. O Facebook, por exemplo, estabelece em suas regras a idade mínima de treze anos para que alguém crie um perfil na rede social. E, ainda, trabalha com uma série de recursos para tentar proteger esses menores, como, por exemplo, fornecer informações específicas sobre o que significa fazer uma publicação pública, proteger informações confidenciais, tais como dados para contato, nome da escola, data de nascimento e, ainda, advertir no sentido de que só devem ser aceitas solicitações de amizade de pessoas conhecidas (O QUE ..., 2015). Outras redes sociais seguem o mesmo caminho, estabelecendo idades mínimas e alertas aos menores.

Como destacado no item anterior, há que se permitir realmente que os menores tenham um espaço para desenvolvimento de sua personalidade, com autonomia e preservação de regras protetivas, adequadas à sua condição de ser em formação. Proibir ao menor a interação digital com outros atores sociais, como colegas, amigos e familiares, seria equivalente ao isolamento, especialmente se observado o dinamismo e hiperconexão da geração dos nativos digitais.

A aplicação da teoria das incapacidades aos menores tal como estabelecida no Código Civil, neste ponto, pouca ou nenhuma serventia teria. De todo modo, caberá aos pais, como dever decorrente do poder familiar, supervisionar o acesso e a titularidade dos ativos digitais, evitando-se situações nas quais o menor vulnerável possa ser vítima de adultos, ou mesmo do comportamento de outros menores. Assim, os pais poderão também verificar se o uso da Internet se dá de maneira correta ou abusiva, por parte do próprio filho, até como forma de educá-lo adequadamente na era digital.

Portanto, será tarefa dos pais escutar os filhos menores, concedendo-lhes a autonomia progressiva, em conformidade com sua idade e grau de maturidade, para virem a ser titulares de bens digitais. Serão legítimas indagações sobre a finalidade do acesso, do registro de uma nova conta, fazendo-se alertas quanto aos riscos e limites de uso, harmonizando-se dessa maneira os interesses dos menores e os deveres de educação e proteção estabelecidos pelo poder familiar. Mesmo porque, recorde-se, os pais são responsáveis pelos atos ilícitos praticados pelos seus filhos menores, nos termos do art. 932, I, do Código Civil.[24]

---

23. Vide item 106.
24. "Art. 932. São também responsáveis pela reparação civil: I – os pais, pelos filhos menores que estiverem sob sua autoridade e em sua companhia; (...)" (BRASIL, 2002).

Em caso de morte do menor, deve-se seguir, como sugerido neste estudo no item 5.2.2 e 5.2.3, o regramento previsto para os adultos, desde que o menor falecido tenha mostrado discernimento necessário para decidir acerca de seu futuro.

Ainda sobre a autonomia do menor, lembre-se de que o Código Civil, atento à possibilidade de manifestação de vontade personalíssima, permite ao relativamente incapaz a realização de testamento, sem a necessária participação de seu assistente, nos termos do art. 1.860[25] (Brasil, 2002). Ou seja, mesmo o atual Código, não tendo dado o adequado tratamento à situação especial dos menores, ainda assim houve um lampejo de lucidez ao se possibilitar a conservação da vontade do maior de dezesseis anos. Isso reforça a ideia aqui defendida, no sentido de se preservar a autonomia dos incapazes em conceder o destino que lhes parecer adequado, aos seus ativos digitais.

Acredita-se, assim, que os bens digitais patrimoniais seriam dignos de ser sucedidos pelos familiares do menor, ressalvada a manifestação de vontade expressa em sentido contrário, pelo próprio titular em vida, desde que presente o discernimento. Não seria despropositado defender que um menor, vítima de doença terminal, deixasse seus pontos, armas e outros recursos de um jogo virtual a um grande amigo, também participante da aventura irreal.

Já quanto aos bens digitais existenciais, na mesma linha defendida anteriormente, não há que se falar em sucessão, sendo vedado o acesso a seus perfis virtuais pelos pais ou outros parentes, salvo manifestação de vontade em vida nesse sentido. De toda forma, excepcionalmente e em caráter pontual, mesmo sem consentimento do menor, havendo justa causa avaliada pelo Poder Judiciário, poderia ser concedido esse acesso. Pense-se no exemplo dos pais que procuram entender as causas do suicídio do filho adolescente a partir do acesso às suas redes sociais.

Quanto aos incapazes por critérios de sanidade, como é o caso da pessoa com deficiência, deve-se caminhar no rumo traçado pelo EPD, ou seja, concessão de autonomia para todos os ramos da vida daquele sujeito, sendo legítimas apenas restrições episódicas e excepcionais. Não se pode evitar que pessoas portadoras de impedimentos duradouros de natureza física, mental, intelectual ou sensorial tenham participação plena e efetiva na sociedade em igualdade de condições com as demais pessoas, inclusive no ambiente digital.

A própria Lei 10.098/2000 (Brasil, 2000) que dispõe sobre a acessibilidade das pessoas portadoras de deficiência prevê que o acesso à comunicação e à

---

25. "Art. 1.860. Além dos incapazes, não podem testar os que, no ato de fazê-lo, não tiverem pleno discernimento. Parágrafo único. Podem testar os maiores de dezesseis anos" (BRASIL, 2002).

informação devem ser garantidos a esses sujeitos, eliminando-se as eventuais barreiras existentes, nos termos de seu art. 2º, reformado pelo EPD.[26]

---

26. "Art. 2º (...)

I – acessibilidade: possibilidade e condição de alcance para utilização, com segurança e autonomia, de espaços, mobiliários, equipamentos urbanos, edificações, transportes, informação e comunicação, inclusive seus sistemas e tecnologias, bem como de outros serviços e instalações abertos ao público, de uso público ou privados de uso coletivo, tanto na zona urbana como na rural, por pessoa com deficiência ou com mobilidade reduzida;

II – barreiras: qualquer entrave, obstáculo, atitude ou comportamento que limite ou impeça a participação social da pessoa, bem como o gozo, a fruição e o exercício de seus direitos à acessibilidade, à liberdade de movimento e de expressão, à comunicação, ao acesso à informação, à compreensão, à circulação com segurança, entre outros, classificadas em:

a) barreiras urbanísticas: as existentes nas vias e nos espaços públicos e privados abertos ao público ou de uso coletivo;

b) barreiras arquitetônicas: as existentes nos edifícios públicos e privados;

c) barreiras nos transportes: as existentes nos sistemas e meios de transportes;

d) barreiras nas comunicações e na informação: qualquer entrave, obstáculo, atitude ou comportamento que dificulte ou impossibilite a expressão ou o recebimento de mensagens e de informações por intermédio de sistemas de comunicação e de tecnologia da informação;

III – pessoa com deficiência: aquela que tem impedimento de longo prazo de natureza física, mental, intelectual ou sensorial, o qual, em interação com uma ou mais barreiras, pode obstruir sua participação plena e efetiva na sociedade em igualdade de condições com as demais pessoas;

IV – pessoa com mobilidade reduzida: aquela que tenha, por qualquer motivo, dificuldade de movimentação, permanente ou temporária, gerando redução efetiva da mobilidade, da flexibilidade, da coordenação motora ou da percepção, incluindo idoso, gestante, lactante, pessoa com criança de colo e obeso;

V – acompanhante: aquele que acompanha a pessoa com deficiência, podendo ou não desempenhar as funções de atendente pessoal;

VI – elemento de urbanização: quaisquer componentes de obras de urbanização, tais como os referentes a pavimentação, saneamento, encanamento para esgotos, distribuição de energia elétrica e de gás, iluminação pública, serviços de comunicação, abastecimento e distribuição de água, paisagismo e os que materializam as indicações do planejamento urbanístico;

VII – mobiliário urbano: conjunto de objetos existentes nas vias e nos espaços públicos, superpostos ou adicionados aos elementos de urbanização ou de edificação, de forma que sua modificação ou seu traslado não provoque alterações substanciais nesses elementos, tais como semáforos, postes de sinalização e similares, terminais e pontos de acesso coletivo às telecomunicações, fontes de água, lixeiras, toldos, marquises, bancos, quiosques e quaisquer outros de natureza análoga;

VIII – tecnologia assistiva ou ajuda técnica: produtos, equipamentos, dispositivos, recursos, metodologias, estratégias, práticas e serviços que objetivem promover a funcionalidade, relacionada à atividade e à participação da pessoa com deficiência ou com mobilidade reduzida, visando à sua autonomia, independência, qualidade de vida e inclusão social;

IX – comunicação: forma de interação dos cidadãos que abrange, entre outras opções, as línguas, inclusive a Língua Brasileira de Sinais (Libras), a visualização de textos, o Braille, o sistema de sinalização ou de comunicação tátil, os caracteres ampliados, os dispositivos multimídia, assim como a linguagem simples, escrita e oral, os sistemas auditivos e os meios de voz digitalizados e os modos, meios e formatos aumentativos e alternativos de comunicação, incluindo as tecnologias da informação e das comunicações;

A titularidade de bens digitais por estes deficientes será, se bem arquitetada, uma relevante forma de inclusão social, podendo ampliar significativamente sua autonomia, independência e qualidade de vida.

Evidentemente, em certos casos, será importante a participação de um curador ou apoiador (no caso da definição em concreto da tomada de decisão apoiada), auxiliando o eventual incapaz no exercício da titularidade desses bens, como também irá ocorrer em outros segmentos da vida desses indivíduos. Lembrando apenas que, agora, com o Estatuto da Pessoa com Deficiência, a regra será a não instituição da curatela, nos termos do art. 84. E, ainda quando instituída a curatela, insista-se, esta deverá se limitar a atos patrimoniais ou negociais, não alcançando, em princípio, o direito ao próprio corpo, à sexualidade, ao matrimônio, à privacidade, à educação, à saúde, ao trabalho e ao voto, conforme previsão do art. 85 (Brasil, 2015b).

Ou seja, o incapaz por razões de insanidade não deve perder o direito a manejar seus bens digitais, especialmente aqueles vinculados a direitos existenciais. Portanto, poderá esse incapaz ter um perfil em rede social, uma conta de e-mail, um arquivo de fotos ou vídeos. No entanto, no que disser respeito a bens digitais de caráter patrimonial, pode ser que o caso concreto demande a presença de um curador, a quem caberá assistir o incapaz naquilo que for necessário, evitando-se indesejada dilapidação patrimonial.

Como será analisado no capítulo seguinte, pode ser que o incapaz, antevendo a possibilidade de chegada de alguma situação que lhe retire o pleno discernimento e capacidade de raciocínio, opte por elaborar uma diretiva antecipada da vontade, a fim de estabelecer os cuidados de saúde que deseja receber, ou não, bem como delimitando o que deverá ser feito com seus ativos digitais no futuro.

De igual forma, deve ser concedida a prerrogativa para se estabelecer em testamento o destino de seu patrimônio, desde que demonstre discernimento para tanto, dentre os quais poderão estar inclusive os bens digitais. Esta é a melhor interpretação que se faz dos dispositivos trazidos pela novel legislação, que reconfigurou a teoria das incapacidades originariamente trazida pelo Código Civil.

Acaso a pessoa se torne incapaz, subitamente, sem manifestar sua intenção quanto ao destino de seus bens digitais, deverá, assim como ocorre em caso de morte, ser verificado em concreto, qual(is) interesses irão prevalecer, a partir de construção argumentativa pelo Poder Judiciário. Não se pode afirmar, aprioristicamente, que a vontade do eventual curador nomeado, ou mesmo dos familiares,

---

X – desenho universal: concepção de produtos, ambientes, programas e serviços a serem usados por todas as pessoas, sem necessidade de adaptação ou de projeto específico, incluindo os recursos de tecnologia assistiva" (BRASIL, 2000).

tem o condão de simplesmente dar o destino que lhes aprouver àqueles bens. É possível, até mesmo, se pensar na reconstrução judicial da vontade, buscando em declarações inequívocas do sujeito, quando consciente, qual sua intenção quanto ao destino de seus ativos digitais, a fim de se preservar a autonomia do incapaz, ou do falecido.

5.5. CONCLUSÃO SOBRE O CAPÍTULO

Quer se trate da morte ou da incapacidade, acredita-se que a questão do destino dos bens digitais, a fim de que sejam conciliados os interesses manifestados em vida pelo morto, o interesse dos familiares, dos provedores e mesmo de terceiros, deva ser resolvida, em primeiro lugar a partir do exercício da autonomia privada, como será demonstrado com ainda mais ênfase no capítulo seguinte. Cada titular de um ativo digital deveria ter a faculdade de conceder a destinação que melhor entendesse a seu patrimônio virtualizado. E caberia ao ordenamento jurídico resguardar o exercício deste direito subjetivo.

O trabalho da Comissão de Juristas encarregada da Revisão do Código Civil, entregue em abril de 2024, parece ir no sentido de preservação a autonomia privada em situações como a descrita neste capítulo. Há que se aplaudir o relatório final da Subcomissão de Direito Digital neste tópico. As disposições feitas pelo morto devem ser atendidas e respeitadas. Esta é uma linha coerente, inclusive, quando se analisa o ordenamento pátrio por inteiro, já que em outros segmentos, como direito ao corpo, esta é a opção.

De todo modo, a modulação desta destinação deveria se basear, preliminarmente, nas espécies de bens digitais. Se se estiver diante de um bem de natureza patrimonial, deve-se permitir a transferência, seja por ato *inter vivos* ou *mortis causa*, pois se trata de objetos de valor econômico que integram esta nova noção de patrimônio, rascunhada neste estudo.

Entretanto, se o bem em questão tiver caráter existencial, a sucessão, em princípio, deve ser inviabilizada, como forma de proteger a privacidade, a intimidade, a reputação, a esfera privada do morto ou do incapaz. Apenas excepcionalmente se deverá, mediante justificativa, autorizar o acesso aos bens dessa natureza.

6
AUTONOMIA PRIVADA
E REGULAÇÃO ESTATAL

6.1. AS NOVAS FRONTEIRAS DA AUTONOMIA PRIVADA

A conceituação da autonomia privada não é tarefa das mais fáceis. Isso porque o dimensionamento do conceito dependerá fortemente do ordenamento jurídico do qual se está diante e suas mutáveis configurações limitativas da liberdade. Porém, como ponto de partida, pode-se utilizar o conceito traçado por Pietro Perlingieri (2008), segundo o qual a autonomia privada poderia ser entendida como

> O poder, reconhecido ou concedido pelo ordenamento estatal a um indivíduo ou a um grupo, de determinar vicissitudes jurídicas como consequência de comportamentos – em qualquer medida – livremente adotados. (Perlingieri, 2008, p. 335).

É comum se dizer que o vocábulo grego *auto-nomía*, formado por *autos* -significando "por si mesmo" e *nomos* – significando "lei", seria a origem da palavra autonomia. Ou seja, autonomia significaria algo como "norma própria"; antônimo, portanto, da expressão heteronomia, que teria como significado "norma por outro". Donde se conclui que: quando se tem exercício de autonomia, a norma partirá do próprio sujeito, que definirá para si regras de conduta. Ao revés, quando se tem heteronomia, a norma partirá de um ente externo, alcançando o sujeito.

Há uma tendência em se identificar a autonomia privada como possibilidade de construção, a partir da manifestação da vontade, da norma própria que regulará a vida do indivíduo. Porém, para que isso ocorra de forma legítima, este sujeito deverá se enquadrar nos limites propostos pelo próprio ordenamento, ou seja, sua liberdade de agir estará condicionada previamente pela força da lei. Se cada um é o juiz de seus próprios interesses, nada mais correto que permitir, dentro do âmbito do direito de liberdade, a tomada de decisão que melhor lhe convenha, pautada pela vontade, pela autorregulamentação.

Historicamente, a formulação da autonomia privada remonta às doutrinas individualistas que inseriam a vontade no centro do ordenamento, conferindo ao sujeito o poder de regular suas relações jurídicas de cunho patrimonial. Aqueles que defendem esta visão são, comumente, denominados de voluntaristas, para quem a vontade manifestada seria então vinculante, se corresponder de fato à efetiva intenção do sujeito. Já para os normativistas, mais importante que a simples manifestação de vontade seria a confiança de quem recebe essa declaração volitiva. O exteriorizado é mais relevante que o desejado, sobrelevando-se assim a responsabilidade daquele que livremente se manifestou. Esta segunda visão possibilitaria se enxergar a autonomia como fonte de direito, sendo, do ponto de vista moral, aquela que mais vincularia o indivíduo (Perlingieri, 2008, p. 340-341).

A autonomia hoje, portanto, seria melhor denominada como privada, ao invés de autonomia da vontade. Isso não é apenas um giro linguístico ou um preciosismo, pelo contrário, denota a migração da mera vontade desprovida de análises outras, como a da própria ordem jurídica, para uma dimensão de construção da esfera privada em conformidade ao preceituado e disposto pelo ordenamento jurídico previamente, por meio da imposição de limites positivos ou negativos.[1]

A autonomia da vontade era fruto da ideologia liberal, tão em voga no direito oitocentista, trazendo uma noção de autonomia ilimitada, sem freios estatais. Tal conjuntura fez com que essa liberdade individual se convertesse em arbítrio, com o domínio do fraco pelo forte. A abstenção do estado no campo privado, em nome do direito de liberdade, gerou a própria supressão deste, levando à derrocada do Estado Liberal Clássico. Houve então a necessidade de reconfiguração da visão de autonomia. E essa mudança levou em conta não apenas a estrutura consolidada dos atos privados, mas também a visão da função que estes procuravam alcançar. Vai-se da estrutura à função.

Assim, percebeu-se o quanto era importante reconstruir a ideia de autonomia, com respeito não apenas ao espaço individual privado, mas também a preservação do espaço público, no qual as diversas autonomias seriam exercitadas. Para além da preservação de uma função individual, era necessário perseguir, evitando-se abusos, a função social no campo privado. A atuação do ser humano só seria respaldada a partir do momento em que sua liberdade não viesse a invadir o espaço de determinação do outro. Nesses termos, Maria de Fátima Freire de Sá e Maíla Mello Campolina Pontes (2009) afirmam que

---

1. Maria de Fátima Freire de Sá e Bruno Torquato de Oliveira Naves (2015) assim estabelecem: "Preferimos a utilização da expressão autonomia privada em detrimento da antiga autonomia da vontade. Esta possui uma conotação psicológica, ligada ao momento do Estado Liberal em que a vontade ocupava lugar privilegiado, sendo suficiente para criar Direito, cabendo ao Estado apenas sancioná-la. Assim, com a autonomia privada, substitui-se a carga individualista da autonomia da vontade" (Sá; Naves, 2015, p. 41).

6 • AUTONOMIA PRIVADA E REGULAÇÃO ESTATAL 149

A adoção de uma concepção de autonomia integradora dos espaços público e privado é a única que, diante de uma pluralidade, propicia a preservação da variável individual dentro de uma realidade intersubjetivamente compartilhada na qual cada um possa se preservar, mas, ao mesmo tempo, reconhecer o outro e participar da construção desse universo comungado sem que, para tal, excluam-se as diferenças. (Sá; Pontes, 2009, p. 45).

Pietro Perlingieri (2008) caminha no mesmo sentido ao afirmar que o ato de regulação de um interesse pode provir de um ator público ou privado e não será isso que irá determinar o fenômeno da autonomia. Este poder de agir conforme a vontade, emanado do ordenamento, alcançará ambos os ambientes, sendo então por vezes um mesmo contrato, regido por normas de natureza pública e privada a um só tempo. Logo, não haveria autonomia apenas sobre o privado, como já se pensou no passado. Certo será que, por vezes, os sujeitos públicos, vocacionados que são a gerir interesses supraindividuais, irão exercer sua autonomia respeitando alguns procedimentos traçados pela lei, a fim de se assegurar outros princípios publicistas, como a moralidade, a impessoalidade, a publicidade e a própria legalidade (Perlingieri, 2008, p. 336).

Tanto isso é verdade que crescem significativamente os atos tipicamente privados no âmbito da administração pública, podendo ser citados no Brasil a regulamentação das parcerias público-privadas, a adesão a programas de refinanciamento e parcelamento de dívidas, os contratos com o terceiro setor.[2]

Redesenhando então a tradicional concepção de autonomia, o autor italiano propõe que a expressão mais adequada para colher a vasta gama das exteriorizações da autonomia deveria ser "autonomia negocial", que abrangeria tanto a autonomia contratual, a autonomia dos negócios unilaterais e a dos negócios de conteúdo não patrimonial. E assim conceitua dizendo que autonomia seria "O poder reconhecido ou atribuído pelo ordenamento ao sujeito de direito público ou privado de regular com próprias manifestações de vontade, interesses privados ou públicos, ainda que não necessariamente próprios." (Perlingieri, 2008, p. 338).

Na mesma linha, Nelson Rosenvald e Cristiano Chaves de Farias (2012), entendem que a autonomia privada transcende os limites dos negócios jurídicos patrimoniais, não podendo então se fazer uma associação direta e reducionista entre a expressão e o termo contratos. Na visão dos autores, a autonomia privada deveria ser vista como um gênero, sendo portadora de três espécies: a autonomia

---

2. Nesse sentido, Daniel Sarmento (2007) afirma que: "Se, por um lado, o Direito Público se privatiza, este processo não anula a publicização do Direito Privado, operada durante o Estado Social. Ao contrário, vivencia-se hoje no país algo que ultrapassa a mera continuidade na edição de normas de ordem pública editadas para a disciplina das relações entre particulares. Trata-se de processo, já identificado como verdadeira "revolução copernicana" no Direito Privado, consistente na sua progressiva constitucionalização" (Sarmento, 2007, p. 44).

contratual, a autonomia negocial unilateral e a autonomia existencial. Indubitavelmente, a contemporaneidade ampliou a arquitetura inicial da autonomia privada, passando esta então a se apresentar tanto no âmbito das situações jurídicas patrimoniais, como nas existenciais. E os autores arrematam afirmando que

> A autonomia privada transcende o perímetro dos negócios jurídicos patrimoniais, pois, em uma ordem pós-positivista, afirma-se como exercício de liberdade e instrumento de concretização do princípio da dignidade da pessoa humana. Quer dizer, a autonomia privada não se reduz ao espaço normativo em que o sujeito realiza a atividade econômica (art. 170, CF), sendo também localizada sempre que o ser humano manifesta situações jurídicas da personalidade, concretizando os seus projetos espirituais (art. 1º, III, CF). Aqui, afirma-se a "autonomia existencial" (Rosenvald; Farias, 2012, p. 148).

Dentre as possíveis reconstruções dos paradigmas do Direito Privado, portanto, encontra-se esta renovada acepção do princípio da autonomia privada, alcançando tanto o campo dos particulares, quanto o do direito público, projetando-se para além da mera perspectiva patrimonial, apta a atingir também aspectos existenciais do indivíduo.

Outro ponto relevante nesta visão contemporânea da autonomia privada, segundo Daniel Sarmento (2007), residiria na própria teoria dos direitos e garantias fundamentais. Na percepção do autor, há que se alertar que, mesmo diante da possibilidade de eficácia horizontal dos direitos fundamentais, originária da jurisprudência e doutrina alemã, da década de 1950, a autonomia privada deve ser preservada. Isso porque, ao se admitir a eficácia interprivada, corre-se o risco de se ver asfixiada a espontaneidade das relações humanas, sob o pretexto de um fundamentalismo dos direitos fundamentais no espaço privado. Mesmo essa possibilidade eficacional não pode suprimir a relevante dimensão da autonomia privada, já que esta também é forma de concretização da dignidade humana (Sarmento, 2007, p. 47). Não se pode então impor de maneira arbitrária a uma relação privada o respeito a direitos fundamentais ou a preceitos de ordem pública, como forma de aniquilamento do poder concedido para que cada uma realize, em conformidade com seus interesses, seu projeto pessoal-constitucional. Por exemplo, não se pode impedir que alguém elabore um contrato por meio do qual resolva alienar seu único imóvel residencial ou mesmo oferecê-lo voluntariamente em penhora, sob o pretexto de que a moradia é um direito fundamental e, portanto, indisponível por parte do devedor titular do bem.[3]

---

3. Contrariando tal visão, o STJ possui julgados nos quais se entende que o bem de família legal (Lei 8.009/90) não poderia ser ofertado por um devedor quando de execução promovida pelo seu credor. "Processual civil e tributário. Execução fiscal. Bem de família oferecido à penhora. Renúncia ao benefício assegurado pela Lei. 8.009/90. Impossibilidade. 1. A indicação do bem de família à penhora não implica em renúncia ao benefício conferido pela Lei 8.009/90, máxime por tratar-se de norma cogente

6 • AUTONOMIA PRIVADA E REGULAÇÃO ESTATAL

Na sociedade da informação, com a ampla possibilidade de novos contatos e contratos, sobreleva-se a autonomia privada. A titularidade de bens digitais se enquadra exatamente dentro deste novel panorama. Se no passado era impossível se conceber os numerosos contratos eletrônicos celebrados com provedores de serviços virtuais, hoje há uma realidade da qual não se pode fugir. Tenha ou não aspectos patrimoniais, diariamente, bilhões de pessoas em todo o globo alimentam e são alimentadas pela Internet, com informações que, como visto, podem ser encaradas como verdadeiros bens jurídicos, pois dotadas de utilidade.

Se a sociedade descortina novas formas de relacionamento, é certo que o Direito deve a elas se adaptar. E nesse sentido, a autonomia privada é exercida também no ambiente eletrônico, cada vez de forma mais contundente, por meio das declarações unilaterais de vontade, da oferta de serviços públicos, da celebração de contratos online ou mesmo da exacerbada exposição da imagem.

Essas novas fronteiras da autonomia privada permitem considerar que o ordenamento jurídico autoriza a titularidade dos bens digitais, quer tenham caráter patrimonial ou existencial. E se a titularidade é resguardada, igualmente deve ser possível o exercício deste direito por parte do sujeito, regrando a forma como se dará o uso, bem como o destino em caso de uma fatalidade no futuro.

E na ausência de legislação específica para disciplinar os ativos digitais de um sujeito, intensifica-se a importância do exercício de sua autonomia privada, como primeira fonte normativa de regramento desses interesses. Por evidente, a prática de atos regulamentares, a partir da manifestação de vontade, estará adstrita ao ordenamento jurídico em geral, merecendo ser destacada a força normativa da própria Constituição em casos dessa natureza.

Eventuais limites à autonomia privada serão determinados pelo caso concreto, na constante tensão principiológica das diretivas estabelecidas pelo próprio ordenamento. Seria até melhor se trabalhar com a ideia de conformação em vez de limitação, já que o que se passa, em verdade, é uma constante adequação da vontade, como poder conferido aos particulares, às regras de ordem pública.[4]

---

que contém princípio de ordem pública, consoante a jurisprudência assente neste STJ. 2. Dessarte, a indicação do bem à penhora não produz efeito capaz de elidir o benefício assegurado pela Lei 8.009/90. Precedentes: REsp 684.587 – TO, Relator Ministro Aldir Passarinho Junior, Quarta Turma, DJ de 13 de março de 2005; REsp 242.175 – PR, Relator Ministro Ruy Rosado de Aguiar, Quarta Turma, DJ de 08 de maio de 2.000; REsp 205.040 – SP, Relator Ministro Eduardo Ribeiro, Terceira Turma, DJ de 15 de abril de 1.999). 3. As exceções à impenhorabilidade devem decorrer de expressa previsão legal. 4. Agravo Regimental provido para dar provimento ao Recurso Especial" (BRASIL, 2005).

4. Sobre tal passagem, Maria de Fátima Freire de Sá e Bruno Torquato de Oliveira Naves (2015) afirmam que: "A determinação do que chamam 'limites à autonomia privada' é efetuada pelo próprio ordenamento na constante tensão principiológica que as situações fáticas vêm determinar. Em vez de 'limitações', que traz a ideia de conformação externa, preferimos o termo 'conformações', que traduz melhor a ideia

Recorde-se, por fim, que, mesmo ante a presente ausência legislativa, vários ativos digitais têm sua disciplina regrada a partir de contratos de adesão celebrados junto aos provedores que ofertam os serviços na Internet, como já destacado neste estudo. Entretanto, como sói acontecer com aqueles que detêm o poder de estipular unilateralmente cláusulas contratuais, abusos são claramente percebidos. E a velocidade das relações virtuais colabora ainda mais para que os aderentes sequer procedam à leitura dessas normas, que irão regular suas relações com os prestadores.

Em 2012, causou bastante polêmica, a título de exemplo, a mudança nos termos e condições de serviço da rede social Instagram. Pela modificação, seria possível à rede (integrante do grupo Facebook) vender as fotos publicadas por um usuário, sem que a empresa houvesse que pagar, ou mesmo notificar, ao titular da fotografia (INSTAGRAM..., 2012). Diante do mal-estar causado, o Instagram voltou atrás em 2013, sem que isso signifique um abrandamento em sua política de uso.[5]

A partir da leitura de vários desses termos – já que a maioria dos serviços em rede possui seus próprios regramentos –, pode-se observar que, em vários deles, os dados de usuários captados são um ativo digital relevante para as empresas, que podem comercializá-los livremente, ao menos segundo o que nesses contratos fica estabelecido. Questões como a privacidade, intimidade, produção e envio de lixos eletrônicos ficam à mercê de uma regulamentação estatal quanto à proteção de dados. Seria hoje impossível ao usuário, em face do volume de contratos celebrados, impugnar judicialmente cada um desses normativos, previamente. Há que se ter a proteção desses dados, para além da simples autonomia privada.[6]

---

de que o conteúdo da autonomia privada é determinado internamente, pela conformidade como próprio ordenamento, que estabelece qual o conteúdo dos poderes conferidos aos particulares" (SÁ; NAVES, 2015, p. 42).

5. Destaque-se as seguintes passagens deste termo: "O Instagram se reserva o direito de modificar ou encerrar o serviço ou seu acesso a ele por qualquer motivo, sem aviso prévio, a qualquer momento, e sem responsabilidade. Além disso, a empresa informa que mesmo que você apague sua conta, conteúdos como seu nome de usuário e fotos ainda podem aparecer no serviço". "O Instagram diz não reivindicar nenhuma propriedade sobre qualquer conteúdo publicado por você ou pelo serviço. Mas ao aderir aos termos, você concede a eles uma licença não exclusiva, transferível e mundial para o Instagram usar o que você publicar na rede social ou por meio dela. Você não recebe pagamento por isso". "O Instagram compartilha suas informações, de acordo com a Política de Privacidade do site, com vários agentes. Se você tornou seu perfil público, outros usuários poderão ver seu nome de usuário, fotos e comentários. Se você usa outras redes sociais que se conectam ao Instagram, seus dados também serão compartilhados com elas. Parceiros do Instagram, entre eles os de publicidade, também podem ter seus dados compartilhados com eles. O Facebook, como empresa compradora do Instagram, também tem acesso a esses dados compartilhados" (IKEDA, 2013).

6. No documentário "Terms and conditions may apply" é apresentado todo o interesse comercial existente por detrás dos termos e condições de serviços impostos pelos provedores. E, apresentando um dado interessante, afirma que, se uma pessoa que usa medianamente a Internet se dispusesse a ler todos os

6 • AUTONOMIA PRIVADA E REGULAÇÃO ESTATAL | **153**

Destaque-se que a maioria desses termos não permite a transferência do perfil para terceiros, nem o acesso sem o consentimento do titular da conta. Isso repercute na esfera de discussão trazida neste trabalho, já que, em princípio, estar-se-ia proibindo, como fruto da autonomia das partes, o acesso a contas deixadas por pessoas mortas ou que porventura venham a se tornar incapazes. A regra seria então a não sucessão de contas, ao menos a partir do contrato firmado. Relembre-se de que, no exemplo do militar norte-americano, o provedor Yahoo negou inicialmente o acesso à conta de e-mail deixada, tendo então a esposa e o pai que se dirigirem ao Judiciário para conseguir o pretendido acesso.[7]

Em resumo, a autonomia privada alcança novas fronteiras na atualidade, podendo ser enxergada como gênero, do qual seriam espécies a autonomia contratual, a autonomia negocial unilateral e a autonomia existencial. De igual forma, essa possibilidade de autogoverno escapa à esfera apenas do privado, alcançando muitas vezes também a seara do tradicionalmente denominado direito público. A eficácia horizontal dos direitos fundamentais não é apta a suprimir a autonomia do indivíduo, sendo ainda necessária a remodelação da autonomia na perspectiva de um mundo digital, a fim de que possa se permitir não apenas a titularidade de bens digitais, mas também a proteção de dados pessoais quando da contratação de serviços em rede.

6.2. TESTAMENTO DIGITAL (DIGITAL WILL): POR UM NOVO FORMATO DE TESTAMENTO PARTICULAR

Ao herdeiro é deferida a herança, seja por força de lei, ou por disposição de última vontade levada a efeito por meio de um testamento. Não havendo que

---

termos firmados cotidianamente, gastaria aproximadamente 180 horas por ano. Conclui afirmando que nenhum serviço ofertado na Internet é verdadeiramente gratuito (TERMS..., 2015).

7. "Even where rules do exist though, there is a patent potential for conflict on death between the rules of contract and the rules of succession/executry, as well as between the wishes of the deceased and the wishes of the survivors. This major problem was first explored judicially in the celebrated case in re Ellsworth. In the landmark Ellsworth case, Yahoo!, a webmail provider, initially refused to give the surviving family of a U.S. marine who was killed in action the log-in rights to his e-mail account. They pled that their terms of service (i.e. the subscriber contract) forbade transfer of details to third parties on death, and which Yahoo! claimed were designed to protect the privacy of the account owner. The family argued that as his heirs, they should be able to see his e-mails – his "last words" – and sought access not only to those e-mails sent to them, but also to those sent by the deceased to others, and to those sent by others to the deceased. There was a serious imminent danger that the e-mails would be lost forever if Yahoo!, according to its non-survivorship policy, deleted the account. The judge, in a judgment of Solomon, allowed Yahoo! to abide by its privacy policy, in that the judge did not order transfer of log-in and password information, but rather, ordered Yahoo! to enable access to the deceased's account by providing the family with a CD containing copies of the e-mails in the account. Yahoo!, it seems, also provided a paper copy" (EDWARDS; HARBINJA, 2013, p. 04).

se falar em superioridade de uma sobre a outra, convivem harmonicamente em nosso sistema jurídico as duas tradicionais formas de sucessão: a legal e a testamentária.

No âmbito dos fatos jurídicos, destaca-se a possibilidade concedida a cada indivíduo de manifestar sua vontade unilateralmente, buscando alcançar efeitos pretendidos, desde que sejam respeitados certos limites impostos pelo ordenamento jurídico. Essa autonomia, denominada no tópico anterior, de autonomia negocial unilateral é o substrato para a confecção do negócio denominado de testamento.

Historicamente, a transmissão de bens em virtude da morte ligava-se à religião, como decorrência da continuidade de um culto. Com a morte do pai, o filho recebia os bens, não por ser pertencente ao mesmo sangue, mas, sim, por imposição dos deuses. Cabia assim a esse recebedor do patrimônio dar sequência à liturgia religiosa no seio familiar. Ou seja, inicialmente, a transferência se dava por força de uma lei divina.

Entretanto, com a consolidação do instituto da propriedade privada, passou-se a admitir que o proprietário viesse a escolher aquele que receberia suas riquezas, após sua morte, ainda que como continuação da ideia de um culto.

Assim, no Direito Romano tinha-se que o testamento era o mais importante ato da vida civil do cidadão, participando de sua formulação não apenas os interessados diretos, mas também toda a comunidade. O ato de última vontade era assim submetido à solenidade da assembleia das cúrias (*cumitia curiata*). Somente assim se permitia ao titular de bens alterar a lei que regulava a sucessão, optando pela sua autonomia (Pereira, 2009c. v.6., p. 68).

Com a popularização dos testamentos em Roma, firma-se o princípio da livre disposição dos bens, como regra geral. Isso fez com que o titular de patrimônio houvesse que escolher entre morrer *intestatus* ou *testatus,* ou seja, sem testamento ou com tal disposição volitiva. Não havia convivência entre as duas modalidades.

Na tradição brasileira, o Código Civil de 1916 permitiu tal convivência, tendência seguida pelo Código atual. Permite-se a sucessão testamentária, com as normas cogentes que sobre ela recaem, dentre as quais se destaca o respeito à denominada legítima (parcela indisponível do patrimônio, em caso de existência de herdeiros necessários). Não havendo testamento ou sendo este inválido por alguma razão, a sucessão seguirá o regramento previsto estritamente em lei, sendo denominada, assim, de legal ou legítima.

Pelo exposto, o ato de testar é sem dúvida um exercício de autonomia, derivado do princípio da liberdade. Como dito, não se trata de uma liberdade irrestrita, trazendo a lei vedações quando do exercício desse poder, sendo a maioria

6 • AUTONOMIA PRIVADA E REGULAÇÃO ESTATAL **155**

delas fruto de opções políticas feitas pelo legislador. A título de exemplo, antes do Código de Beviláqua (CC 1916), no Brasil vigorava a proibição à disposição de mais de um terço dos bens do testador, havendo herdeiros necessários, nos termos da Consolidação das Leis Civis de Teixeira de Freitas, do ano de 1857.[8] Com os debates sobre o Código de 1916, houve uma tentativa de se abolir qualquer restrição no âmbito da sucessão testamentária, a partir de emenda legislativa ao projeto, na linha de países liberais. Contudo, tal proposta fora rejeitada na Câmara dos Deputados, sendo então mantida no CC revogado e no atual a restrição à disposição de metade dos bens.[9]

Firmado então está o princípio da intangibilidade da legítima, que não poderá ser rebaixada, nem mesmo por cláusula testamentária. Tem-se, assim, uma premissa básica de todo o direito sucessório, sobre a qual Carlos Maximiliano (1937) escreveu

> A legítima ou reserva é a porção dos bens do espólio que a lei manda caber, de pleno direito e obrigatoriamente, aos parentes do testador em linha direta, chamados à sucessão. Estes se denominam herdeiros necessários, forçados, legitimatários ou reservatários; porque só mediante renúncia espontânea, ou por motivos especiais determinados em lei, alegados e provados, ficam despojados de sua quota primacial (MAXIMILIANO, 1937, v. 2, p. 354).

Numa leitura civil-constitucional, o princípio em comento encontraria na Carta Maior seu fundamento entre a proteção à família (art. 226, CRFB/88) e o direito de propriedade do falecido (art. 5º, XXII e XXX, CRFB/88) (Brasil, 1988), sem estar, contudo, expressamente previsto. Ao garantir à família metade dos bens deixados, efetiva-se a especial proteção à entidade familiar exigida pelo texto fundante, evitando-se o desamparo com a morte e consolidando-se a solidariedade entre os membros daquela microcomunidade. Ao mesmo tempo, ao permitir também a disponibilidade de metade do patrimônio amealhado em vida, consagrava-se a livre-iniciativa e o direito à propriedade privada, podendo o *de cujus* destinar parcela de bens a outras pessoas ou instituições que permearam sua biografia.

E, como princípio, esta intangibilidade, além de gerar dezenas de regras no âmbito do Direito das Sucessões, irá produzir efeitos também por outros livros do Código Civil, como nas normas atinentes à compra e venda entre descentes e ascendentes (art. 496), na troca ou permuta (art. 533, II), bem assim nas doações (art. 544 e 549). (Brasil, 2002).

---

8. "Art. 1008. Os herdeiros necessários têm direito a duas partes dos bens do testador, que só pode dispor da sua terça" (FREITAS, 2003, v. 2).
9. Art. 1.721, CC 1916 (BRASIL, 1916) e art. 1.789, CC 2002 (BRASIL, 2002).

Focando-se na questão testamentária, há que se destacar que atualmente pode o testamento conter disposições de caráter patrimonial ou existencial, sendo então o ato jurídico em questão não apenas uma manifestação da autonomia negocial, mas também uma possível exteriorização da autonomia existencial, como ressaltado no item anterior. Logo, tem-se como possível regrar volitivamente para após a morte tanto a questão da transmissão de bens, quanto o reconhecimento de situações jurídicas existenciais, tais como o reconhecimento de uma paternidade (art. 1.609, III, CC), a cessão gratuita do corpo a entidade de pesquisas científicas (art. 14, CC) ou a nomeação de tutor para os filhos (art. 1.729, parágrafo único, CC).

Válido registrar, dessa forma, que o princípio da intangibilidade da legítima, por evidente, só irá alcançar a parte patrimonial do testamento, não afetando essas demais disposições carentes de conteúdo econômico.

De todo modo, o nosso atual Código não trouxe uma definição de testamento, limitando-se a afirmar, no art. 1.857, *caput*, que toda pessoa capaz pode dispor, por testamento, da totalidade dos seus bens, ou de parte deles, para depois de sua morte. E o parágrafo segundo desse artigo define expressamente que são válidas as disposições testamentárias de caráter não patrimonial, ainda que o testador somente a elas se tenha limitado, seguindo de certa maneira os Códigos Português de 1966 e Italiano de 1942, suas inspirações europeias como já afirmado.[10]

E, em termos de sucessão testamentária, importante também lembrar a distinção existente entre as figuras do herdeiro e legatário. Nesse sentido, Zeno Veloso, ao ressaltar o interesse prático da diferenciação entre esses sujeitos, afirma

> Até em razão de não apresentar interesse puramente acadêmico, mas porque determina consequências práticas, efeitos diversos, submetendo as espécies a regimes jurídicos diferentes, é oportuno, neste passo, ressaltar que os sucessores podem ser chamados a título de herdeiros ou de legatários. Herdeiro é o que sucede na universalidade, na totalidade da herança, ou numa quota-parte, numa fração do patrimônio do de cujus; legatário, o que sucede a título particular, em bens ou valores determinados. O critério fundamental da distinção está na determinação ou na indeterminação do objeto, dos bens sucessíveis (Veloso, 2015, p. 04).

Tendo-se em conta essas premissas introdutórias e a fim de traçar uma definição que venha a ser útil a este trabalho, pode-se conceituar testamento como sendo o negócio jurídico unilateral, por meio do qual um sujeito dispõe

---

10. Ao contrário do CC 2002, o Código de 1916 trazia expressamente a definição de testamento, seguindo tradição napoleônica, quando estabeleceu no art. 1.626 que: "Considera-se testamento o ato revogável que alguém, de conformidade com a lei, dispõe, no todo ou em parte, de seu patrimônio, para depois de sua morte." (BRASIL, 1916). Como se vê, esqueceu-se por completo das questões não patrimoniais.

integral ou parcialmente de seu patrimônio em prol de herdeiro ou legatário, tendo ainda a possibilidade de fazer outras disposições de última vontade de cunho existencial.

Estariam presentes no testamento, ainda, as seguintes características: ato personalíssimo, formal, gratuito, revogável e com eficácia diferida. Em breve síntese, será personalíssimo, nos termos do art. 1.858, CC, por só poder emanar da vontade direta do testador, sendo, portanto, inviável a figura da representação, seja legal, voluntária ou judicial, para a formalização de tal ato. Nem mesmo as pessoas jurídicas podem testar, sendo atributo vinculado à condição de ser humano (até mesmo porque somente este ser poderá tecnicamente morrer). Considera-se também ato formal, já que o testador deverá obedecer a uma das formas previstas em lei, cumprindo rigorosamente as solenidades estabelecidas, para que a declaração seja válida, não vigorando o princípio da liberdade das formas, previsto no art. 107, CC. Será estipulado o testamento sempre gratuitamente, sendo em regra vedada a contraprestação por parte do herdeiro ou legatário, salvo nos casos de encargo imposto como fator de eficácia do negócio. Essencialmente revogável, pois a qualquer momento o testador poderá rever suas ideias, desconsiderando as disposições anteriormente feitas, até mesmo levando em conta as atitudes em vida de eventuais sucessores. Esta conduta não esbarra na vedação à adoção de comportamentos contraditórios, como figura decorrente do exercício abusivo do direito, violadora do princípio da boa-fé objetiva, comumente denominada de *nemo postest venire contra factum proprium*, pelo fato de os sucessores não nutrirem expectativas dignas de tutela, acaso o declarante ainda se encontrar vivo. Ressalva-se, nesse ponto, a impossibilidade de revogação do reconhecimento de paternidade, nos termos do art. 1.610, CC. Por fim, é negócio com eficácia diferida, pois se veda-se ao testamento a produção de efeitos enquanto vivo estiver seu declarante; só com o advento da morte, deflagrar-se-ão os efeitos tidos como queridos pelo testador.

Em que pese a previsão da faculdade de testar pela lei civil, fato é que a grande maioria das pessoas, seja no Brasil ou no exterior, falece sem um ato de disposição de sua última vontade. Isso faz com que a sucessão legítima se torne muito mais comum no âmbito de procedimentos de inventário.

Segundo dados de setembro de 2015, o número de testamentos no Brasil vem crescendo nos últimos anos, conforme números publicados pelo Colégio Notarial do Brasil. Entre 2010 e 2014, o aumento foi de cerca de 62%, muito provavelmente em virtude do incremento da condição econômica da população nesse período, o que permite um maior acúmulo de bens e, consequentemente, uma preocupação com sua forma futura de transmissão. Apenas em 2014, foram lavrados pelos Cartórios de Notas de todo o Brasil 28.542 testamentos (Número..., 2015).

Se for levada em conta a taxa bruta de mortalidade por mil habitantes no Brasil, estável no mesmo período acima referido, em cerca de 6%, segundo dados do IBGE, fácil depreender que, no universo de cerca de 200 milhões de brasileiros, morrem por ano aproximadamente 1,2 milhão de pessoas no País (Instituto Brasileiro de Geografia e Estatística, 2015). Assim, se foram lavrados 28.542 testamentos em um só ano, pode-se considerar que, mesmo diante do crescimento do número de testamentos, o percentual de pessoas que exercem tal poder regulamentar é ínfimo.

Já na Inglaterra, onde não vigora o princípio da intangibilidade da legítima, o número de pessoas que formula seus testamentos já sobe para patamares consideráveis. Cerca de 40% da população adulta inglesa, segundo dados de 2012, já havia confeccionado seu testamento (Thornhill, 2012). Ainda assim, vê-se que a maioria da população, mesmo num País de origem anglo-saxã, falece *ab intestato*.

Supõe-se, por tudo, que, entre os jovens, especialmente no Brasil, as taxas de testamentos elaborados sejam próximas de zero: a uma porque, como visto, não é da tradição civilista brasileira confeccionar tal documento; em segundo lugar, porque em se tratando de jovens, é comum um certo sentimento de imortalidade.

Tais dados são trazidos para que se possa ser feita a devida reflexão, acerca do papel da vontade do titular, na sucessão ou destino dos bens digitais. Como já fora debatido nos itens 5.2.2 – sucessão dos bens digitais patrimoniais e 5.2.3 – sucessão ou extinção dos bens digitais existenciais, há que se permitir a transferência dos primeiros, e a possibilidade excepcional de acesso no caso dos segundos.

A questão que agora se coloca é saber se o testamento, em sua roupagem tradicional, seria instrumento adequado à definição da destinação destes bens digitais. Preliminarmente, relembre-se de que neste trabalho está a se defender a autonomia privada como fonte normativa primária do futuro dos ativos digitais. Sendo o testamento a via voluntária ofertada pelo ordenamento jurídico para regrar a transmissão dos bens por ocasião da morte, deve-se admitir que esse instrumento possa também regulamentar a sucessão dos bens digitais, com as observações que se seguem.

Quanto aos bens digitais patrimoniais: seriam dignos de ser transmitidos, por integrarem o acervo patrimonial do *de cujus*, por meio da sucessão legítima ou mesmo testamentária. Polêmica poderá haver sobre o valor desses bens, dado este essencial para que se proceda ao cálculo da parte indisponível em testamento. Se for o caso, pode-se inclusive solicitar a convocação de um perito, nos termos dos arts. 156 a 158 do NCPC, a fim de se imputar o valor devido àquele ativo deixado. Nesse sentido, Gustavo Tepedino (2004b), dissertando sobre os desafios na sociedade da tecnologia, afirma que

> A revolução cibernética repercute tanto no que concerne à substituição gradual da técnica legislativa regulamentar pelas cláusulas gerais e conceitos jurídicos indeterminados, quanto no que tange às teorias da interpretação, que invocam categorias exógenas e um sistema aberto de fontes normativas para a compreensão dos problemas surgidos.
>
> Menos atenção, todavia, vem sendo dedicada a aspecto igualmente inquietante, consistente na incapacidade dos órgãos judicantes em decidir questões cada dia mais sofisticadas, que extrapolam o saber jurídico ordinário para enveredar em nuances técnicas, as quais dependem não apenas do recurso a matérias atinentes a outras áreas do conhecimento mas pressupõe, ainda, o domínio de ramos especializados do direito interno ou comparado. (Tepedino, 2004b, p. III).

Certamente será complicado ao magistrado, ao inventariante ou ao testamenteiro arbitrar valores aos ativos digitais de caráter econômico, como nos exemplos já citados de milhas, programas de pontos, recursos utilizados em games, uma musicoteca, videoteca ou biblioteca digital. O perito, com seu conhecimento técnico, poderá ser de grande valia, mensurando o valor dos bens virtuais, permitindo assim ao juiz analisar se houve ou não respeito à legítima, quando de eventual sucessão testamentária.

E esses bens, ao integrarem o patrimônio deixado, servirão também para formação da base de cálculo para pagamento dos eventuais tributos de transmissão.

Optando pela via testamentária, não se enxerga qualquer impedimento de ordem legal para que esses bens tenham seu futuro regulamentado, por intermédio de mais uma cláusula do testamento, devendo ser respeitadas, como em qualquer outra hipótese, as formalidades relativas a cada uma das modalidades de testamento. Desnecessária a formatação de um documento específico que disponha somente acerca dos bens digitais patrimoniais.

Já quanto aos bens digitais existenciais, como afirmado anteriormente, não seria possível, como regra, a sua sucessão, não se aplicando aqui o princípio de *saisine*, previsto no art. 1.784, CC. A distinção construída neste trabalho entre bens de natureza patrimonial e existencial, nesse ponto, se faz sentir fortemente. Não se deve tratar todo e qualquer ativo digital como sendo uma mera propriedade, sob pena de violação à própria dignidade da pessoa humana e seus direitos correlatos. E ressalte-se que nem mesmo como propriedade intelectual a questão deve ser tratada, já que nesta senda se projetam verdadeiros direitos da personalidade do sujeito, como a imagem, a honra e a privacidade.

Se não deve ser tratado como mera propriedade, não se admitindo sucessão, o questionamento sobre o destino desses bens digitais existenciais se mantém e merece ser respondido, afinal a morte real nem sempre coincide com morte virtual.

E é precisamente aí que entra a manifestação de vontade do titular dos ativos digitais. Defende-se ser possível, no bojo de um testamento tradicional, a inserção de uma cláusula para que possa conceder o destino aos bens desta natureza, sendo então mais uma disposição de caráter não patrimonial. E, como dito linhas atrás, ainda que o testamento tenha somente esta função, ele deve ser lavrado, como admitido pelo próprio art. 1.857, § 2º, do Código Civil.

Dessa maneira, o titular poderá optar, voluntariamente, entre pelo menos seis destinos para esses bens, quais sejam:

a) transformar, se for possível tecnicamente, a conta digital em um memorial, em que as pessoas próximas possam deixar recados, fotos, vídeos ou outros registros em homenagem ao morto;

b) excluir a conta, ou outro ativo, não permitindo assim que ninguém a eles tenha acesso;

c) congelar a conta, a fim de que apenas aquilo que fora postado em vida seja digno de acesso, sem qualquer permissão para novas inserções de informações;

d) ceder a administração da conta a um terceiro determinado, a fim de que este possa acessar as informações existentes e fazer novas alimentações (*post-mortem*), em conformidade com o que fora declarado como expressão da última vontade do *de cujus*;

e) permitir o acesso à conta de maneira irrestrita por seus familiares;

f) permitir o acesso à conta apenas por pessoas expressamente indicadas, sem que estas possam, contudo, realizar modificações.

Acredita-se que essas possibilidades oriundas do poder concedido pela liberdade inerente à autonomia privada seriam a forma mais coerente de respeito aos desejos do morto.

Outro ponto que se coloca como relevante é saber se seria possível essas manifestações virem a ser firmadas no próprio meio digital, em vez do formal e tradicional instrumento do testamento. É de se indagar, portanto, se poderia ser admitida a figura do testamento digital ou online.

Crê-se fortemente que sim. Se o meio do qual está a se tratar é um ambiente novo, que traz enormes desafios à Ciência do Direito, como já exposto, dever-se-ia permitir que, por intermédio desse mesmo meio, pudesse ser veiculada a declaração de vontade do sujeito, quanto ao destino de seus bens digitais existenciais. E, apesar de não se aplicar o princípio da liberdade de forma ao testamento, conforme apresentado acima, entende-se que o legislador, ao prever a forma solene a este ato jurídico, sequer imaginou as novas fronteiras que a tecnologia constantemente apresenta à sociedade e ao jurista.

6 • AUTONOMIA PRIVADA E REGULAÇÃO ESTATAL **161**

Obviamente, no caso, o testamento assumiria a forma particular, prevista no art. 1.876 e seguintes do Código Civil. O próprio *caput* estabelece que esta modalidade de testamento pode ser escrita de próprio punho ou mediante processo mecânico. A inserção de dados em um computador em rede pode ser considerada um processo mecânico, adequando-se assim o significado da lei à realidade atual. Os requisitos legais de validade estabelecidos para tal ato nos parágrafos deste artigo podem ser superados com certa tranquilidade, a partir da utilização das ferramentas existentes no meio digital. A exigência de assinatura do testador poderia ser suprida pela inserção de senhas, ou mesmo por métodos de certificação digital. O mesmo se diz quanto a eventuais testemunhas.

E essa parece ser a melhor maneira de interpretar o texto legal, adaptando-o a esta nova sociedade. Para Hans-Georg Gadamer (2014), o texto só poderá falar por meio de seu intérprete. Somente por intermédio da atividade deste signos escritos se reconvertem em sentido. O intérprete, portanto, deve participar do sentido do texto, levando então a uma fusão de horizontes: o do autor daquele (no caso em tela, o legislador) e o do intérprete, não devendo haver inflexão, mas, sim abertura para novas possibilidades. O significado de um texto, conclui-se, sempre estaria por vir, jamais se esgotando nas intenções de seu autor. Isso porque algumas variáveis irão incidir, como o contexto histórico e a tradição do próprio intérprete. Haveria sempre uma certa instabilidade quanto ao próprio texto e sua significação. A interpretação, poder-se-ia dizer, seria situacional, como num diálogo entre o passado (momento do autor) e o presente (momento do intérprete) (Gadamer, 2014, p. 502-504).

Aprofundando-se ainda nas possibilidades trazidas pela tecnologia, o testamento particular poderia ser viabilizado no próprio ambiente online, especialmente se o que se quer fixar é o destino de bens digitais. Alguns empreendedores já perceberam o quanto pode ser lucrativa a oferta de um serviço de testamento digital na Internet. Talvez o mais notável desses serviços seja o Legacy Locker, recentemente renomeado de PasswordBox. Apresentando-se como um "gerente da vida digital", o provedor promete armazenar as senhas, bem como compartilhá-las com terceiros, em vida ou após o falecimento, se isso for da vontade do usuário.[11]

Se os bens digitais são viabilizados, em sua maioria, a partir de contratos que são celebrados com provedores, o ideal seria que cada provedor pudesse construir ferramentas, por meio das quais se procedesse ao questionamento ao usuário sobre o destino de seus ativos digitais. Tais procedimentos poderiam inclusive constar dos termos de condições e serviços.

---

11. Ver (LEGACY LOCKER, 2015).

Tanto é que, preocupados com os crescentes problemas gerados por mortes de usuários, dois grandes provedores mundiais desenvolveram recentemente tais ferramentas, permitindo aos aderentes ao serviço optar pelo destino dos bens, a partir de perguntas e respostas diretas.

O provedor Google oferta desde 2013 a ferramenta "gestão de contas inativas", que permite ao usuário do serviço de e-mail "Gmail" designar dez pessoas que serão contatadas após certo tempo de inatividade da conta (o que pode denotar a morte do usuário). Para configurar, o usuário deve definir um período de tempo de inatividade, que pode ser de três, seis, nove ou doze meses, quando o sistema deverá então adotar as ações previstas. Quando esse período terminar, o Google enviará uma mensagem de texto (SMS) para o celular cadastrado pelo usuário e para um endereço de e-mail secundário. Se o internauta não responder, o sistema poderá tomar as providências que foram traçadas pelo usuário "em vida". Sem dúvida é uma ferramenta de planejamento da "morte digital". O usuário pode avisar essas pessoas sobre o que deve ser feito com seus dados pessoais digitais, se algo lhe ocorrer.

No mesmo sentido, o Facebook, no início de 2015, criou o que denominou de "contrato de herdeiro" (ou "contrato de legado"), que nada mais é que um testamento digital, em que a pessoa escolhida pelo titular poderá controlar parcialmente sua conta, após sua eventual morte. O designado poderá alterar o nome, a foto do perfil, aprovar solicitações de novas amizades e escrever uma postagem que ficará fixa no topo da página da rede social. Acima do nome do falecido, virá a informação "em memória de". Contudo, esse terceiro nomeado não poderá visualizar mensagens privadas trocadas pelo usuário em vida, ou fazer postagens em nome do falecido. Há, por fim, nessa mesma ferramenta, a opção do perfil ser encerrado permanentemente em caso de morte.

Essas duas iniciativas dos dois maiores provedores mundiais de serviços de Internet, em número de usuários, são louváveis e podem ser um indicativo do que virá a acontecer em breve tempo. Os demais provedores também irão instituir recursos dessa natureza, evitando-se, inclusive, problemas judiciais surgidos do conflito de interesses entre familiares e os próprios prestadores de serviços.

Por tudo o que aqui se demonstra, um dos maiores problemas, em termos de destino de bens digitais existenciais, parece ser a ausência de manifestação de vontade por parte dos titulares de contas, o que efetivamente ocorre, ainda hoje, na maior parte dos casos. Diferentemente dos casos de doações de órgãos e tecidos, regulados no Brasil pela Lei 9.434/97 (Brasil, 1997), em que o silêncio do morto transfere a seus familiares o poder de decisão sobre o destino a ser dado a tais partes do corpo, a não manifestação de intenção por parte do usuário deveria redundar na não concessão de acesso a seus ativos digitais, sendo vedada aos familiares a tomada desta decisão. Essa interpretação é coerente, pois aplica analogicamente regulamento existente sobre destino de bens da personalidade, em que pese chegar a solução distinta. Há que se levar em conta, no ponto, o argumento moral, já que os órgãos e tecidos retirados do falecido serão reaproveitados em outra pessoa, melhorando, em princípio, sua condição existencial. No caso do acesso a ativos digitais, não há como se vislumbrar, via de regra, uma mais valia na vida alheia.

Em conclusão, o testamento pode ser utilizado, seja em sua forma tradicional ou mesmo em sua disposição online, como recurso adequado para se dar destino aos bens digitais existenciais, em conformidade com a vontade do morto. Essa seria a melhor maneira de respeitar os interesses daquele que, em vida, construiu em rede uma série de perfis, contas, dentre outros ativos. Há que se ter muito de autonomia e pouco de intervencionismo estatal neste campo.

6.3. DIRETIVAS ANTECIPADAS DA VONTADE E A POSSIBILIDADE DE REGULAMENTO DO DESTINO DOS BENS DIGITAIS

Denomina-se comumente de diretivas antecipadas da vontade a declaração de vontade de um indivíduo, visando estabelecer, de maneira prévia, quais cuidados médicos deseja receber, ou não receber, quando, porventura, estiver incapaz de expressar sua vontade por alguma razão, podendo ainda designar alguém para dar cumprimento a essa declaração volitiva.[12]

Estas diretivas comportariam duas espécies: o testamento vital (proveniente da tradução da expressão "living will") e o mandato duradouro. Esta segunda instituiria o intitulado "procurador de saúde", a partir da nomeação de uma pessoa de confiança do declarante para ser consultado pela equipe médica, caso seja necessário tomar alguma decisão sobre os cuidados médicos a serem adotados em relação àquele paciente. Este mandatário poderia também auxiliar os médicos a interpretar o testamento vital elaborado pelo declarante, decidindo sempre com base na vontade deste último.[13]

---

12. As diretivas antecipadas de vontade (na legislação da Espanha "documento de instrucciones previas", na Argentina "directivas anticipadas", no México "voluntad anticipada") foram muito bem definidas no art. 2º da Lei nº 25/2012 de Portugal: "As diretivas antecipadas de vontade, designadamente sob a forma de testamento vital, são o documento unilateral e livremente revogável a qualquer momento pelo próprio, no qual uma pessoa maior de idade e capaz, que não se encontre interdita ou inabilitada por anomalia psíquica, manifesta antecipadamente a sua vontade consciente, livre e esclarecida, no que concerne aos cuidados de saúde que deseja receber, ou não deseja receber, no caso de, por qualquer razão, se encontrar incapaz de expressar a sua vontade pessoal e autonomamente" (PORTUGAL, 2012).
13. Sobre esta composição entre gênero e espécies ver: (DIRETIVAS..., 2014).

O tema é relativamente recente no mundo. Em meados da década de 1960, médicos norte-americanos ligados à questão da eutanásia passaram a defender a importância da existência de um documento pelo qual o indivíduo pudesse prever seu desejo de interromper as intervenções médicas que mantivessem artificialmente sua vida, especialmente em caso de doenças terminais.

Ou seja, inicialmente, a ideia alcançava apenas a possibilidade de se declarar a não intenção de ser mantido vivo artificialmente. Por isso, naquele momento o que se convencionou denominar "living will" foi associado a um direito de optar por sua própria morte.

Histórias horríveis sobre como médicos agiam para que um paciente fosse mantido vivo começaram a ser difundidas nos Estados Unidos e, dessa forma, aos poucos surgiram as primeiras declarações nesse sentido, dizendo que, se o sujeito for acometido por uma doença terminal e não for capaz de tomar decisões sobre seu tratamento, determina-se ao médico a paralisação ou retirada do tratamento que prolongue o processo de morte, não sendo isso necessário ao seu conforto ou para aliviar sua dor.

A primeira legislação sobre a questão surgiu no estado da Califórnia, em 1976, legalizando os "living wills" por meio do California Natural Death Act, sendo seguida por outros Estados norte-americanos nos anos posteriores (Winslade, 1977).

Porém, essas leis foram contestadas na justiça por defensores de movimentos pró-vida que entendiam que o testamento vital poderia gerar uma espécie de eutanásia passiva, ao serem retirados, por exemplo, tubos de alimentação do paciente. A fim de contornar tal impasse, que acabava por gerar uma série de decisões judiciais supressoras da eficácia dos "living wills", os defensores do direito de morrer acrescentaram dispositivos nas leis, dizendo então que água e comida estariam entre os tipos de cuidados que não poderiam ser retirados de um paciente.

Porém, essa disposição sobre comida e água durou pouco. Os defensores do testamento vital sugeriram um novo documento denominado "durable powers of attorney for health care", que foi a semente do que se conhece hoje como o procurador de saúde. Esta nova espécie permitia que outra pessoa, normalmente um parente ou um amigo, fosse nomeada para tomar todas as decisões que envolvessem cuidados de saúde, se o paciente estivesse mentalmente incapacitado.

Após um caso de enorme repercussão (Nancy Cruzan feeding tube case – que se iniciou no estado do Missouri e chegou até a Suprema Corte dos Estados Unidos em 1990), houve um grande impulso na agenda do direto de morrer, acentuando-se os debates. Havia provas claras de que Nancy, que estava há sete anos em estado vegetativo após um acidente de carro, havia declarado (verbalmente) que não gostaria de viver artificialmente se um dia estivesse nesta situação. A justiça norte-americana, num primeiro momento, negou o direito de se retirar os tubos de alimentação de Nancy. Porém, a simpatia da sociedade americana ao drama dos pais de Nancy foi tão grande que a justiça voltou atrás. Foram colhidos depoimentos de três ex-amigos que testemunharam que, dez anos antes daquela situação, Nancy declarara que não gostaria de viver assim. Foram doze longos dias entre a retirada do tubo de alimentação e sua morte.

Neste ambiente, no mesmo ano de 1990, veio a primeira lei federal sobre o tema nos Estados Unidos. A denominada Patient Self-Determination Act (PSDA) foi aprovada pelo congresso norte-americano e trouxe as diretivas antecipadas como gênero, estabelecendo que a espécie testamento vital (assim traduzido no Brasil) seria utilizada quando a incapacidade do paciente for resultado de uma doença fora das possibilidades terapêuticas (doença terminal). Já o mandato duradouro, outra espécie regulamentada nesta lei, deveria ser utilizado em caso de incapacidade permanente ou temporária, sendo o procurador de saúde aquela pessoa que decidirá em nome do paciente, em caso de incapacidade deste.

Atualmente, dezenas de países já possuem normas legais que disciplinam as diretivas antecipadas, dentre os quais:

a) Alemanha;

b) Áustria;

c) Bélgica;

d) Holanda;

e) Espanha;

f) França;

g) Portugal;

h) Inglaterra;

i) a própria União Europeia.

j) Argentina;

k) Uruguai;

l) Porto Rico; e

m) México (Legislação..., 2014).

No Brasil, contudo, ainda não há lei que regulamente as diretivas antecipadas de vontade. Por incrível que possa parecer, ainda não há um único projeto de lei tratando sobre o tema. A falta de dispositivo legal não inibe, de qualquer modo, a formulação do documento de diretivas antecipadas no País. Fortes nos princípios constitucionais da dignidade da pessoa humana (art. 1º, III, CRFB/88), da autonomia privada (art. 170, CRFB/88), e na vedação ao tratamento desumano (art. 5º, III, CRFB/88), bem como tendo em vista os direitos fundamentais à liberdade e à saúde, é possível defender a admissão das diretivas em território pátrio (Brasil, 1988).

O Código Civil, em seu art. 15, também estabelece que, em respeito à autonomia individual, qualquer pessoa tem o direito de escolher se é de seu interesse se submeter ou não a determinado tratamento de saúde ou cirurgia, restando claro que não há um dever de se manter vivo (Brasil, 2002).

Como a realidade fática sempre se antecipa à realidade jurídica, algumas entidades já procuraram trazer certa regulamentação ao tema, tais como o Conselho Federal de Medicina[14] e algumas Corregedorias de Justiça dos Tribunais Estaduais.[15] Nesses normativos, é interessante observar que a vontade do paciente prevalecerá sobre a eventual vontade de seus parentes, devendo o médico registrar no prontuário do paciente as diretivas porventura fornecidas diretamente por este. Ou seja, ao que parece, mesmo se o paciente fizer a declaração verbalmente perante seu médico, este profissional poderia por elas se orientar, desde que seja feito o registro adequado junto ao prontuário.

Por tudo o que se expõe, vê-se que o gênero diretivas antecipadas de vontade, na classificação dos fatos jurídicos, se encaixaria como uma espécie de declaração unilateral de vontade, modernamente denominada de atos unilaterais e prevista como Título no Livro das Obrigações no atual Código Civil (art. 854 e seguintes, CC). Teria, assim, natureza de negócio jurídico, sem que haja, entretanto, um sujeito específico a quem a vontade do declarante se dirige. A vontade manifestada não espera ser recepcionada por quem quer que seja; deverá apenas ser atendida

---

14. A fim de regulamentar a conduta médica em face das diretivas antecipadas da vontade, o Conselho Federal de Medicina (CFM) editou a Resolução nº 1995/2012. Nesta, estabelece-se em seu art. 1º um conceito de diretivas ("Definir diretivas antecipadas de vontade como o conjunto de desejos, prévia e expressamente manifestados pelo paciente, sobre cuidados e tratamentos que quer, ou não, receber no momento em que estiver incapacitado de expressar, livre e autonomamente, sua vontade."), para em seguida, no art. 2º, determinar aos médicos o respeito ao que fora previamente declarado pelos pacientes através de um documento, ou ainda através da figura de um procurador de saúde (CONSELHO FEDERAL DE MEDICINA, 2012).

15. A título de exemplo, o Tribunal de Justiça de Minas Gerais, em seu Código de Normas do ano de 2013, da Corregedoria-Geral de Justiça, trouxe a possibilidade da lavratura de escritura pública por pessoas capazes, denominada diretivas antecipadas. Além de não se utilizar da expressão testamento vital, o tema veio tratado em Capítulo próprio: "Capítulo X – Das Declarações Antecipadas de Vontade". Interessante observar que no regramento citado, a Corregedoria-Geral de Justiça entendeu que no mesmo documento pode também ser constituído procurador(es) para cuidados de saúde, sendo o instrumento público registrado no Livro de Notas (Livro N) e considerados como dois atos cartorários (escritura pública e procuração).

e cumprida. O declarante diz qual é sua intenção e aguarda que as pessoas, notadamente um médico, a respeitem.

Como visto no item anterior, seria então indevida a denominação de testamento, ainda que vital, àquela espécie de diretivas, pois o testamento para a doutrina majoritária teria natureza de negócio jurídico unilateral, personalíssimo, gratuito, solene, revogável, com disposições patrimoniais e extrapatrimoniais, a fim de se produzir efeitos *post mortem*.

O popularmente denominado "testamento vital", apesar de unilateral, personalíssimo, gratuito e revogável, só terá disposições existenciais, não exige solenidades (recorde-se que não há lei regulamentando o tema), produzirá seus efeitos ainda em vida e, como dito, não depende de qualquer ato de aceitação por terceiros.

Focada nessa polêmica sobre a melhor terminologia, Luciana Dadalto (2013) critica a tradução da expressão *living will* para a língua portuguesa. Segundo a pesquisadora, a tradução literal mais adequada teria sido "desejos de vida" ou "disposições de vontade de vida". A fim de se conceder uma melhor compreensão ao tema, a autora sugere que no Brasil o testamento vital passe a ser denominado como "declaração prévia de vontade do paciente terminal" (Dadalto, 2013).

O documento escrito das diretivas pode conter as mais diversas disposições, como muito bem colocado pela legislação portuguesa sobre o tema, tais como:

a) não ser submetido a tratamento de suporte artificial das funções vitais;

b) não ser submetido a tratamento fútil, inútil ou desproporcional ao quadro clínico, inclusive as medidas de hidratação e alimentação artificiais que apenas retardam o processo da morte;

c) receber os denominados "cuidados paliativos" adequados a uma doença com caráter irreversível;

d) não ser submetido a tratamentos em fase experimental;

e) autorizar ou recusar a participação em programas de investigação científica ou ensaios clínicos. Dessa maneira, chega-se à conclusão de que o DAV (diretivas antecipadas da vontade) não deve conter disposições de caráter patrimonial.

Quanto à forma, ante a inexistência de lei no Brasil, é de se crer que qualquer manifestação de vontade nesse sentido, inclusive a verbal, deva ser recebida como diretivas antecipadas. A própria Resolução do CFM caminha nessa direção. Além disso, acredita-se que requisitos de validade de uma declaração só podem ser estabelecidos por uma lei. Ausente a norma legal, seria válida a declaração irrefutável, clara e inequívoca feita por paciente, seja frente a seus familiares, seja ao seu médico.

Quanto à capacidade, acredita-se que, por se tratar da prática de um ato jurídico, devem ser exigidos os requisitos gerais de validade, previstos no art. 104 e seguintes do CC. Logo, só pessoas maiores e com plena capacidade de fato poderiam fazer estas disposições, ressalvada a autonomia concedida pelo EPD aos deficientes. Aqueles que já se encontram interditados ou de alguma forma inconscientes não poderiam elaborar as diretivas. O documento, então, deve ser um instrumento fruto do mais ilibado exercício do direito de liberdade, de autonomia, jamais como uma imposição de terceiros.

A pergunta, a orientar o presente estudo, deve ser: pode alguém estabelecer, em sede de diretivas antecipadas de vontade, qual será o destino de seus bens digitais, em caso de morte ou incapacidade?

Preliminarmente, sob uma perspectiva inclusive histórica e funcional do instituto das diretivas, a resposta deveria ser negativa. Isso porque, como visto, a declaração que compõe as diretivas tem eminentemente conteúdo relacionado aos cuidados de saúde que uma pessoa pretende receber, num momento futuro, caso ocorra a perda de sua capacidade de assentimento.

Não há qualquer conteúdo patrimonial nessas declarações volitivas. Dessa maneira, seria inviável a utilização das diretivas para dar destinação aos bens digitais de caráter patrimonial, sob pena inclusive de aproximá-las ainda mais de um testamento com efeitos em vida.

Entretanto, como traço da autonomia privada, acredita-se que as diretivas poderiam ser utilizadas, também, para conceder destino aos bens digitais existenciais. No documento elaborado, poderia haver uma cláusula dispondo expressamente que, em caso de incapacidade, o declarante deseja que seus bens de caráter existenciais, inclusive aqueles que se projetam no mundo virtual, tenham o destino que lhe aprouver.

Esta é a melhor forma de promover as situações jurídicas subjetivas de um indivíduo, sob o viés marcadamente funcionalista. A pergunta feita de modo inverso faz chegar claramente à resposta ora proposta: por que se deveria proibir, por meio do instrumento das diretivas antecipadas, a regulamentação do destino dos bens digitais existenciais? Não se enxerga razão de ser para eventual proibição.

Sobremaneira no Brasil, onde, como dito, não há regulamentação legal das diretivas antecipadas, seria de se admitir a disposição proposta. Ao não estabelecer limites à manifestação de vontade nesse sentido, o legislador deixou ao particular um espaço de autonomia para que este pudesse dispor de seus bens da personalidade da maneira que melhor viesse a atender aos seus interesses próprios. Isso já é sentido, por exemplo, na Lei 9.434/97 (BRASIL, 1997), a lei de remoção de órgãos, tecidos e partes do corpo humano para fins de transplantes, quando se concede tal espaço de liberdade. Se um dia o legislador pátrio resolver regulamentar a questão, aí sim ter-se-ão maiores elementos para afirmar ou negar a possibilidade ora defendida. No vácuo legislativo, não há como negar a construção volitiva do espaço privado.

Se a liberdade do indivíduo é circunscrita pelos valores constitucionais, esta declaração de vontade traz densa carga de interesses, buscando-se um resultado que minore os possíveis sofrimentos futuros aos quais alguém possa vir a estar submetido. O poder da vontade individual serve como instrumento de libertação. Utilizar, assim, as diretivas para atenuar as dores do sujeito passa a ser sua função natural. Imagine-se o que o acesso indevido a uma conta digital poderá trazer em termos de sofrimento, não apenas ao próprio titular, mas também a seus familiares ou terceiros. Logo, há que se admitir que o controle dessas informações arquivadas em rede possa ser também objeto, ainda que lateral ou acessório, das diretivas antecipadas.

6.4. INTERVENÇÃO ESTATAL: LIMITES DE ATUAÇÃO DO ESTADO E O MARCO CIVIL DA INTERNET

Diante de todo o quadro apresentado, resta saber se há, ou não, necessidade de intervenção específica do Estado no âmbito dos bens digitais, a fim de se prevenir e solucionar possíveis conflitos entre os sujeitos em cena:

a) o falecido;

b) a sua família;

c) os terceiros com quem o falecido manteve relacionamento no ambiente virtual; e

d) os provedores de Internet.

No próximo capítulo, a temática em debate será analisada à luz do Direito Estrangeiro, quando então ter-se-á a oportunidade de verificar que países desenvolvidos, tais como Estados Unidos e os integrantes do Bloco Europeu, já estão caminhando, especialmente o primeiro, no sentido ter um microssistema próprio para a tutela destes variados interesses.[16]

Certo é que no Brasil os projetos de lei que tramitam ou já tramitaram no Congresso Nacional, tendo como objeto o destino dos bens digitais, são abso-

---

16. O capítulo 7 é inteiramente destinado à análise da temática no direito comparado.

lutamente simplórios, contentando-se no mais das vezes em inserir artigos no Código Civil, especialmente no Título do Direito das Sucessões. Defende-se, uma vez mais, que o Brasil tome uma atitude corajosa e necessária para enfrentamento deste emaranhado de interesses distintos. É preciso que se caminhe no mesmo rumo dos Estados Unidos neste ponto, quando da formulação de sua UFADAA, como se verá pormenorizadamente no capítulo seguinte. Só assim será possível a conciliação das vontades dos sujeitos acima enumerados.

Entretanto, enquanto este modelo legal ideal não vem, caberá ao Judiciário brasileiro ofertar aos seus jurisdicionados a melhor e mais adequada solução a cada caso concreto que lhe for apresentado. Para tanto, este estudo tentará humildemente fornecer algumas balizas.

Como destacado no item 6.1 deste trabalho, no tratamento de disciplina tão cara à pessoa, deve-se ter muito de autonomia privada e pouco de intervenção estatal. Isso, entretanto, não equivaleria a dizer que uma anomia na temática ora trabalhada seja o melhor dos caminhos a ser trilhado. Não se quer afirmar também que a solução ideal seja positivar cada intrincado detalhe fático já enfrentado ou por vir. Mesmo porque, é certo, a evolução da tecnologia sempre surpreenderia o aplicador do Direito, com novas e desafiadoras situações, que possivelmente não iriam encontrar na letra fria de uma lei, sua melhor resposta jurídica. Casos difíceis (*hard cases*) serão sempre muito comuns quando se estiver diante de bens digitais.

E a intenção neste estágio do presente trabalho não é simplesmente superar ou criticar o positivismo jurídico, registre-se.[17] Mesmo porque, tal teoria teve seu valor histórico, num momento de afirmação de direitos e busca de segurança jurídica, sobremaneira em estados nacionais em formação, que pretendiam afirmar a existência de uma ordem jurídica pré-concebida.

Portanto, neste item do estudo, deve-se percorrer dois pontos fundamentais, quais sejam:

a) os limites da intervenção estatal; e

b) a aplicação da legislação já existente ao tema dos ativos digitais.

Em primeiro lugar, numa ordem constitucional que prima pela preservação da liberdade, da privacidade e intimidade, a eleição dos objetivos e planos de vida deve ser deixada à própria pessoa, obviamente respeitando-se os direitos de terceiros. A tarefa relegada ao Estado é de ordem promocional, ou seja, criar e fomentar as condições necessárias para que cada indivíduo possa levar ao fim

---

17. O item 6.5, ao abordar as teorias da argumentação, voltará a tecer comentários sobre o possível papel do positivismo no âmbito do tratamento dos bens digitais.

suas escolhas, agindo de acordo com estas. Não seria papel do Estado direcionar vidas, orientar o sujeito em algum sentido, ainda que, seguindo este planejamento, se pudesse chegar ao denominado bem comum.

Cada pessoa, como ser racional e responsável, tem a competência pela definição quanto às suas escolhas, sejam estas boas ou más (se é que existe critério ontológico para esta avaliação). O sujeito moral elege o caminho a ser dado à sua própria existência, não cabendo ao Estado, insista-se, planejar biografias privadas. Esta é, aliás, uma questão filosófica antiga; saber qual deveria ser o projeto de vida boa na visão de cada indivíduo.

O Estado deve estar a serviço da pessoa, não o contrário, pois só assim a dignidade humana irá prevalecer como princípio maior do ordenamento jurídico. A fim de manter a liberdade individual, o Estado necessita se colocar num certo distanciamento e neutralidade, em relação às diversas formas com as quais sujeitos encaram o mundo, a vida em sociedade, seus próprios destinos.

E esta postura do Estado caminha na direção da proteção dos direitos fundamentais, sendo então a intervenção apenas excepcional. Há que se pontuar que hoje não se concebe mais que direitos fundamentais sejam exclusivamente enquadrados numa perspectiva individualista. Há uma dimensão objetiva desses direitos, conferindo à pessoa não apenas direitos subjetivos, mas também construindo as bases jurídicas da ordem jurídica da coletividade, impondo então limites quanto a seu exercício e direcionando a atuação do próprio poder público (Sarmento, 2007, p. 82).

Nesse sentido, o Estado terá que intervir estabelecendo deveres a estes titulares, para assegurar os direitos fundamentais de todos os indivíduos. Há deveres mínimos da própria sociedade em relação a seus membros, sendo este um dos sentidos que se extrai do princípio da solidariedade constitucional. A obrigação da sociedade para com os mais excluídos, portanto, não seria apenas moral, mas também de fundo constitucional.

Os limites interventivos estatais, assim, devem perpassar pelo respeito aos direitos fundamentais, estabelecendo-se deveres que sejam necessários para a busca deste resguardo. Não há que se firmar rota de colisão entre autonomia privada e intervenção estatal. Ao revés, há que se ter uma convergência entre interesses públicos e particulares, ao menos do ponto de vista ideal, a fim de se promover direitos fundamentais.

Se o que se pretende com a regulação *de lege ferenda* dos ativos digitais é a preservação dos interesses multifacetários que se fazem presentes, muitos deles constitutivos de direitos fundamentais, como a propriedade, a reputação e a privacidade, a pergunta que se coloca é em que medida deveria ocorrer intervenção estatal neste campo.

Numa leitura constitucional da questão, há fortes elementos de convencimento para que se afirme que não se faz necessária qualquer regulamentação específica, principalmente se for levada em conta a dimensão normativa da Carta Maior. A Constituição, neste momento histórico vivido, busca superar o modelo de regras que vigorou fortemente durante todo o século XX. A tarefa do juiz seria construir uma resposta correta diante de cada caso concreto, evitando-se decisionismos. Não haveria, assim, razão para se pensar numa lei específica para os ativos digitais. A aplicação dos princípios de matriz constitucional seria suficiente para que se fornecesse às partes a solução adequada para eventuais litígios.

Ocorre que esta densificação das normas constitucionais, do ponto de vista prático, demandaria um processo argumentativo, que nem de longe poderia ser indutivo ou subsuntivo. Tampouco se entende que deveria passar pela largamente utilizada ponderação de princípios. Neste processo, há que se ter em mente a necessidade de redução do campo de discricionariedade judicial, com necessidade de fundamentação de cada decisão, justificando a solução encontrada para o caso concreto à luz da Constituição.

Nesse sentido, inclusive, caminha o Novo Código de Processo Civil, ao exigir na mesma linha do art. 93, IX, CRFB/1988 (Brasil, 1988), que o juiz fundamente suas decisões. No art. 489, § 1º, NCPC (Brasil, 2015a), se estabelece, inclusive, quando a decisão será considerada como não fundamentada. O que se busca é renovar o conteúdo da norma constitucional, evitando-se decisões ficticiamente fundamentadas, garantindo-se assim às partes o verdadeiro sentido do contraditório, sabendo-se as razões pelas quais seu pedido fora deferido ou julgado improcedente.

O ordenamento processual constitucional já forneceria elementos para que houvesse a proteção dos ativos digitais, especialmente se relembrada a existência da cláusula geral de proteção da pessoa humana, trazida a partir da previsão do princípio da dignidade da pessoa humana. Portanto, é possível defender a desnecessidade de uma lei específica para regular o destino dos bens digitais, argumentando-se que tal norma geraria mais inflação legislativa, tendo os juízes a possibilidade clara de extrair a melhor decisão, a partir da leitura, interpretação e aplicação dos princípios constitucionais, especialmente aqueles que buscam concretizar direitos fundamentais.

Todavia, não parece que apenas a eficácia normativa da Constituição seja a melhor solução em termos de ativos digitais. Inúmeros problemas podem advir da falta de regulamentação, ensejando, inclusive, farta contrariedade de decisões judiciais num primeiro plano, bem como desproteção aos direitos fundamentais numa perspectiva mais avançada.

6 • AUTONOMIA PRIVADA E REGULAÇÃO ESTATAL 173

Certamente surgiriam várias dúvidas sobre a natureza destes bens, quais deveres jurídicos deveriam ser impostos aos provedores, se prevalente a autonomia privada do usuário ou eventuais direitos sucessórios dos familiares, a privacidade de terceiros, dentre outras. A existência de um regramento específico para os ativos digitais poderia, então, inclusive, evitar uma enxurrada de processos judiciais, com o Legislativo cumprindo com seu papel de estabelecer diretrizes gerais e preventivas em temática tão nova e sensível.

Vários países mundo afora caminham no sentido da elaboração de leis específicas, como será visto no capítulo seguinte. A regulamentação dos bens digitais não é, definitivamente, uma necessidade apenas brasileira. É uma questão global na sociedade da informação.

Vistos então os limites da intervenção estatal, há que se perquirir sobre a possibilidade da aplicação da legislação existente ao tema dos ativos digitais. Recorde-se que, recentemente, o Brasil deu um importante passo rumo à regulação da Internet com a aprovação de seu Marco Civil, veiculado por meio da Lei 12.965/2014 (Brasil, 2014a). Há que se verificar se legislação teria alguma aplicabilidade em sede de bens digitais e, caso positivo, em que medida.

Desde meados da primeira década do presente século, sentia-se na sociedade brasileira uma necessidade de construção de uma norma que pudesse veicular os direitos civis no território da Internet, traduzindo para este ambiente os princípios fundamentais da Constituição da República de 1988. Não bastava apenas estabelecer novos tipos penais ligados, com núcleos ligados a condutas praticadas na grande rede; era preciso ir além.[18]

E a ideia do time de professores convocados pelo Governo Federal para levar adiante o projeto de Marco Civil foi usar a própria Internet para captar opiniões, incentivar o debate, comparar as legislações de diferentes países, até que se construísse um rascunho pioneiro, calcado nesta perspectiva de uma democracia expandida.[19] E não apenas foram recolhidas opiniões por meio da ferramenta própria criada para tal fim, como também foram captadas manifestações em rede aberta, como, por exemplo, nas redes sociais. Concluído o esboço do projeto, fora este encaminhando então ao Congresso Nacional em agosto de 2011, onde tramitou com intenso debate por mais três anos, até vir a ser aprovado definitivamente em 2014.

---

18. O projeto de lei conhecido como "Lei Azeredo", assim batizada em virtude de seu apadrinhamento pelo ex-senador Eduardo Azeredo, propunha o estabelecimento de uma ampla legislação criminal para a Internet. Porém, este projeto acabava por encetar novos tipos penais que criminalizava condutas comuns na rede, como uma simples transferência de arquivos de música de um dispositivo para outro ou desbloquear um celular de operadoras diferentes (LEMOS, 2014, p. 04).

19. Os debates foram realizados principalmente através da plataforma digital, ver: (COBO, 2015).

Na visão de um dos professores que contribuiu para a elaboração do Marco Civil, Ronaldo Lemos, seria possível afirmar que este fora um dos projetos de lei mais amplamente debatidos no país em múltiplas mídias, tendo inaugurado uma nova metodologia de construção legislativa que pode informar em grande medida os caminhos da democracia em uma sociedade cada vez mais digital (Lemos, 2014, p. 07).

Até mesmo Lênio Luiz Streck (2014) concorda que havia uma necessidade de se aprovar a citada legislação, para que fossem estabelecidos parâmetros para a regulamentação do uso da internet no Brasil, avançando no tratamento jurídico das relações sociais virtuais

> De fato, concordo que, em muitos casos, as novas leis são desnecessárias e não contribuem para uma configuração sistemática de nosso direito. No entanto, entendemos que isto não se aplica ao Marco Civil da Internet, se compreendermos a sua importância a partir da necessidade de se regulamentar o uso da internet no contexto brasileiro (Streck, 2014, p. 335).

Uma das grandes colaborações desta Lei 12.965/2014 é a segurança jurídica trazida no trato de questões relacionadas à Internet, fomentando o empreendedorismo digital, imputando responsabilidades, garantindo o acesso aberto, participativo e neutro (sem distinções de usuários). E isso só foi possível a partir do instante em que vários direitos fundamentais previstos na Carta Constitucional de 1988 foram repetidos e adaptados para o ambiente virtual. A inviolabilidade da intimidade e da vida privada de empresas e particulares, de seus dados e suas comunicações, a liberdade de expressão, a proteção ao consumidor, políticas de transparência sobre coleta e guarda daqueles dados são alguns destes direitos consagrados nos arts. 3º, 7º e 8º da citada norma, que de certa forma repetem os incisos IV, IX, X, XII, XIV e XXXII do art. 5º da CRFB/88.

Superando a discussão sobre como se estabeleceria a vinculação dos particulares aos direitos fundamentais, se de forma direta (decorrente da própria eficácia normativa imediata do texto constitucional) ou indireta (a partir da intervenção do legislador ordinário), pode-se afirmar que a eficácia horizontal dos direitos fundamentais, no que toca às relações interprivadas travadas na Internet, está garantida, na modalidade mediata (ou indireta), uma vez que há agora uma lei ordinária que especifica como se dará a aplicação dos direitos fundamentais aos particulares usuários da rede.[20]

---

20. Segundo Daniel Sarmento (2003): "A teoria da eficácia horizontal mediata ou indireta dos direitos fundamentais (Mittelbare Drittwirkung) foi desenvolvida originariamente na doutrina alemã por Günter Dürig, em obra publicada em 1956, e tornou-se a concepção dominante no direito germânico, sendo hoje adotada pela maioria dos juristas daquele país e pela sua Corte Constitucional. Trata-se de construção intermediária entre a que simplesmente nega a vinculação dos particulares aos direitos fundamentais, e aquela que sustenta a incidência direta destes direitos na esfera privada. [...] A teoria

6 • AUTONOMIA PRIVADA E REGULAÇÃO ESTATAL **175**

Mais importante então que meramente repetir estes dispositivos é fazer com que eles sejam efetivos para os usuários da rede mundial. Logo, a regulamentação ora proposta é uma importante linha de largada para que futuramente se consiga construir, ao menos em território nacional, uma internet que seja realmente democrática, promova segurança e ao mesmo tempo respeite a vida privada de seus usuários. E isso só será conquistado a partir do instante em que esta novel legislação puder contar com estrutura institucional e consciência situacional individual de sua importância para regrar as diversas relações em rede.

Entretanto, esta repetição feita pelo Marco Civil não escapou de críticas. Lênio Luiz Streck (2014) afirma que a maioria dos princípios colocados ali é despicienda, uma vez que de maneira alguma poderiam ser contrários à Constituição. Tratar-se-ia de mera técnica retórica a evitar, por parte de magistrados, uma postura mais atenta à necessidade de fundamentação intersubjetiva (Streck, 2014, p. 341).

Certo é que o Marco Civil estabelece a proteção à privacidade e intimidade no ambiente digital (art. 3º, II e III, conjugado com art. 7º, I) e, independentemente de ser ou não uma norma que se extrai diretamente da Constituição, tem sua importância, por clarificar que o Brasil, enquanto ente estatal ou regulador desta atividade, não irá suportar violações indevidas neste campo notoriamente transnacional.

Nesse sentido, já é possível afirmar que qualquer cláusula existente no âmbito de contratos junto a provedores (os famosos "termos e condições de serviço") que estabeleça violações à inviolabilidade e o sigilo de comunicações particulares, pela Internet, será nula de pleno direito, nos termos previstos no art. 8º, parágrafo único, da Lei em questão.[21]

Ainda que tal contrato seja firmado entre um brasileiro e um provedor localizado no estrangeiro, fator extremamente comum, diga-se de passagem, esse negócio jurídico será alcançado pelo regramento do Marco Civil. Por isso, esse mesmo parágrafo único do dispositivo legal citado, trouxe também expres-

---

da eficácia mediata nega a possibilidade de aplicação direta dos direitos fundamentais nas relações privadas porque, segundo seus adeptos, esta incidência acabaria exterminando a autonomia da vontade, e desfigurando o Direito Privado, ao convertê-lo numa mera concretização do Direito Constitucional. [...] Portanto, para os adeptos da teoria da eficácia indireta, cabe antes de tudo ao legislador privado a tarefa de mediar a aplicação dos direitos fundamentais sobre os particulares, estabelecendo uma disciplina das relações privadas que se revele compatível com os valores constitucionais" (SARMENTO, 2003, p. 210).

21. Discorda-se, apenas, quanto ao famigerado uso da expressão "nulas de pleno direito", já que no Brasil, toda nulidade existente em negócios jurídicos deverá ser declarada pelo Poder Judiciário, não havendo a possibilidade de cassação automática dos efeitos jurídicos produzidos.

samente a previsão de que será nula a impossibilidade de se discutir tal contrato junto à Justiça do Brasil.[22]

A proteção de dados pessoais, tema relacionado diretamente à proteção da vida privada na Internet, também mereceu a atenção do Marco regulatório, ainda que de forma imprecisa e incompleta. Ao contrário do que se passa em outros países,[23] que possuem seu regulamento específico para tais dados, a lei brasileira optou por não conceituar o que seriam dados pessoais, o que traz certa dificuldade no âmbito da aplicação das normas que a eles se referem. De qualquer modo, há que se registrar que o Governo Federal, por meio do Ministério da Justiça, lançou a debate público um anteprojeto sobre esses dados individuais, visando garantir a dignidade humana e os direitos fundamentais, com ampla proteção e regras destinadas ao setor público e privado, além de fixar parâmetros para a transferência internacional desses dados, outro fator que causa receio num mundo tão globalizado. Se aprovado, o Brasil irá se alinhar a vários países desenvolvidos, estabelecendo um controle maior sobre o comércio, cessão gratuita, finalidades de uso dos milhões de dados pessoais recolhidos em rede diariamente.

Como dito, a pergunta que se coloca, para responder aos anseios deste trabalho, é saber se este Marco Civil estabeleceu ou não algum tipo de tratamento aos bens digitais. Perpassando-se por todos os artigos da Lei 12.965/2014, não é encontrado nenhum dispositivo que se refira direta ou indiretamente a eventual conceito de ativos digitais, seu destino, o respeito à autonomia privada e o direito dos familiares em caso de morte e incapacidade. Em que pese os louváveis esforços do legislador pátrio em estabelecer parâmetros para o uso da Internet no país, há uma lacuna no tratamento da sensível temática ora pesquisada.

E frise-se que esta postura não deve ser, em princípio, digna de críticas, como um apressado leitor poderia supor. Como será visto no capítulo seguinte, o regramento dos ativos digitais é algo novo em todo o mundo, sendo realmente difícil supor que uma lei, cujo debate se iniciou em 2009, poderia prever toda a intrincada teia de interesses revelada pelo assunto.

De qualquer forma, é possível, a partir de esforço hermenêutico, propugnar pela aplicação de algumas das normas do Marco à questão dos bens digitais. Conforme já mencionado, são direitos do usuário de Internet a inviolabilidade da intimidade e da vida privada, sua proteção e indenização pelo dano material

---

22. "Art. 8º A garantia do direito à privacidade e à liberdade de expressão nas comunicações é condição para o pleno exercício do direito de acesso à internet. Parágrafo único. São nulas de pleno direito as cláusulas contratuais que violem o disposto no *caput*, tais como aquelas que: I – impliquem ofensa à inviolabilidade e ao sigilo das comunicações privadas, pela internet; ou II – em contrato de adesão, não ofereçam como alternativa ao contratante a adoção do foro brasileiro para solução de controvérsias decorrentes de serviços prestados no Brasil" (BRASIL, 2014a).

23. Algumas destas leis de proteção de dados serão analisadas no capítulo 7 deste trabalho.

6 • AUTONOMIA PRIVADA E REGULAÇÃO ESTATAL | 177

e moral decorrente de sua violação, bem como também são invioláveis o fluxo de suas comunicações pela Internet, mesmo aquelas que estejam armazenadas (art. 7º, I a III). Ressalte-se que neste último caso, de comunicações estabelecidas ou armazenadas, poderá haver ordem judicial determinando ao provedor o fornecimento dessas informações, no âmbito de um processo, ou seja, mediante cláusula de reserva de jurisdição, é possível haver a relativização desta esfera privada, como já o faz a própria Constituição da República de 1988.

Transplantando tal dispositivo aos bens digitais, especialmente aqueles de caráter existencial, pode-se afirmar que o Marco Civil traz como regra a vedação ao acesso, seja por quem for, mesmo parentes que se qualifiquem como herdeiros de um usuário morto ou um curador, no caso de usuário incapacitado. Entretanto, seguindo a linha exposta, é possível que haja ordem judicial que venha a relativizar tal proteção à privacidade e intimidade do usuário, diante de uma justificativa apresentada em concreto por um interessado.

Debruçando-se sobre o art. 10 do Marco, vê-se que

> a guarda e a disponibilização dos registros de conexão e de acesso a aplicações de internet de que trata esta Lei, bem como de dados pessoais e do conteúdo de comunicações privadas, devem atender à preservação da intimidade, da vida privada, da honra e da imagem das partes direta ou indiretamente envolvidas [...], (BRASIL, 2014a).

Logo, o provedor responsável somente está obrigado a disponibilizar tais dados mediante ordem judicial, nos termos dos parágrafos primeiro e segundo deste dispositivo. Ou seja, uma vez mais, o regulamento da Internet brasileira vale-se de um paralelismo constitucional, como não poderia deixar de ser, para afirmar que o acesso por terceiros a dados, contas e perfis, só poderia ocorrer mediante reserva jurisdicional, casuisticamente.

Nos termos de uso e serviço, os provedores devem deixar claro, ainda, que os ativos digitais não serão dignos de acesso *post mortem*, salvo manifestação expressa em vida pelo usuário, como forma de respeitar o art. 7º, VI, VII, VIII e XI, da lei em comento.[24]

---

24. "[...] VI – informações claras e completas constantes dos contratos de prestação de serviços, com detalhamento sobre o regime de proteção aos registros de conexão e aos registros de acesso a aplicações de internet, bem como sobre práticas de gerenciamento da rede que possam afetar sua qualidade; VII – não fornecimento a terceiros de seus dados pessoais, inclusive registros de conexão, e de acesso a aplicações de internet, salvo mediante consentimento livre, expresso e informado ou nas hipóteses previstas em lei; VIII – informações claras e completas sobre coleta, uso, armazenamento, tratamento e proteção de seus dados pessoais, que somente poderão ser utilizados para finalidades que: a) justifiquem sua coleta; b) não sejam vedadas pela legislação; e c) estejam especificadas nos contratos de prestação de serviços ou em termos de uso de aplicações de internet; [...] XI – publicidade e clareza de eventuais políticas de uso dos provedores de conexão à internet e de aplicações de internet" (BRASIL, 2014a).

BENS DIGITAIS • Bruno Zampier

Analisando ainda o inciso X deste artigo, que prevê a possibilidade de exclusão definitiva dos dados pessoais fornecidos a determinada aplicação de internet, a requerimento do usuário, ao término da relação entre as partes, é possível também concluir que esse usuário poderá solicitar a exclusão definitiva de seu perfil, conta ou qualquer outro dado pessoal, quando do término da relação jurídica entre ele e o provedor. Assim, a morte seria, em tese, uma forma de fim desta relação, dado seu pretenso caráter personalíssimo. Reforça-se a possibilidade então da autonomia privada manifestada em vida pelo sujeito regular o destino dos ativos digitais, sobremaneira quando este for a extinção dos dados em rede.

Concluindo, apesar de o Marco Civil não dispor especificamente sobre o destino dos bens digitais, quer tenham estes caráter existencial ou patrimonial, é possível afirmar que, em reforço aos preceitos protetivos de direitos fundamentais previstos na Constituição, especialmente no que toca à tutela da vida privada, a Lei 12.965/2014 pode ser utilizada para se entender que a regra geral deve ser o não acesso aos bens daquela natureza, por quem quer que seja, sem que isso exclua tal possibilidade quando autorizado expressamente pelo usuário, ou definido judicialmente por estarem presentes razões que justifiquem o afastamento pontual desta proteção constitucional. Ou seja, quanto aos ativos digitais existenciais, pode-se buscar no Marco um norte interpretativo para o destino desses bens, em caso de morte ou incapacidade do usuário titular, sem que isso afaste, evidentemente, as normas gerais de proteção da pessoa humana previstas na Constituição de 1988 ou no Código Civil de 2002.

6.5. SOLUÇÕES PARA O DESTINO DOS BENS DIGITAIS A PARTIR DA ANÁLISE DAS TEORIAS DA ARGUMENTAÇÃO

Ante a ausência de regulamentação legislativa específica do tema no Brasil, até o presente momento, e da não confecção, na maior parte dos casos, de testamentos comuns ou digitais, a questão que se coloca é: como devem ser resolvidos os problemas crescentes ligados ao destino dos ativos digitais?

Há uma verdadeira lacuna legal, que dificilmente poderá ser preenchida pela simples aplicação dos tradicionais recursos previstos no art. 4º da Lei de Introdução às Normas do Direito Brasileiro (LINDB) (BRASIL, 1942). Os magistrados serão provocados, cada vez mais, a dar respostas a essas instigantes questões que o mundo digital, a morte e incapacidade de usuários suscitam.

Os problemas surgidos no âmbito da titularidade e exercício dos bens digitais não podem ser resolvidos no Brasil, até o presente momento e quiçá no futuro, por uma lógica de subsunção de um caso particular a uma generalidade. Há que se ter muito de pré-compreensão por parte dos juízes, para que possa ser

6 • AUTONOMIA PRIVADA E REGULAÇÃO ESTATAL | 179

fornecida a melhor interpretação que o caso vier a comportar. E esta pré-compreensão envolve ter as devidas informações a respeito do ambiente digital, suas dificuldades e problemas que surgem cotidianamente. Só assim se poderá alcançar a melhor interpretação acerca dos casos que cada dia mais irão se avolumar nas prateleiras do Judiciário.

A visão dos ativos digitais como mero direito de propriedade, amplamente transmissível, deriva do fato da ausência desta pré-compreensão. Tratar um fenômeno novo à luz da centenária construção do direito de *saisine* não parece ser a melhor solução, como demonstrado. Se não se tem dados antecipados sobre a dinâmica do mundo virtual, haverá uma clara tendência da interpretação dos casos difíceis como sendo meras repetições de direitos sucessórios do passado.

Assim, a hermenêutica que se solicita para solução de casos ligados a bens digitais, ao que parece, não é a metódica e normativa, mas, sim, a hermenêutica filosófica. A aplicação do Direito aqui irá requerer do intérprete não este ou aquele método, mas, sim, uma tarefa criativa, já que não será encontrada na intenção do texto originário, ao menos até o presente momento ante sua ausência, a solução para os problemas surgidos com a incapacidade ou morte do usuário titular de contas virtuais. Sempre serão encontrados novos sentidos a partir da interpretação dos casos submetidos à análise.

Lênio Luiz Streck (2011), ao comentar a perspectiva interpretativa de Konrad Hesse, e partindo da pré-compreensão de Gadamer, afirma sobre este ponto que

> O intérprete compreende o conteúdo da norma a partir de uma pré-compreensão, que é a que vai lhe permitir contemplar a norma desde certas expectativas, fazer uma ideia do conjunto e perfilar um primeiro projeto, ainda necessitado de comprovação, correção e revisão através da progressiva aproximação à coisa por parte dos projetos em cada caso revisados, com o que a unidade de sentido fica claramente fixada. Dada esta presença do pré-juízo em toda compreensão, trata-se de não se limitar a executar as antecipações da pré-compreensão, sendo, pelo contrário, consciente das mesmas e explicando-as, respondendo assim ao primeiro comando de toda interpretação: proteger-se contra o arbítrio das ideias e a estreiteza dos hábitos de pensar imperceptíveis e dirigir o olhar "para as mesmas coisas" (Streck, 2011, p. 276).

Portanto, a própria visão do intérprete será determinante para se extrair da Constituição, do Código Civil e do próprio Marco Civil, como se disse no tópico anterior, a melhor conjugação de normas, a fim de se tutelar os interesses em jogo no caso de bens digitais. Ao se debruçar sobre esses textos, como não há uma única e expressa solução apresentada legalmente, a norma será construída pelo intérprete, para resolver os dilemas em concreto. Ou seja, a perspectiva protetiva encetada pelos textos normativos ora existentes será lida à luz das pré-compreensões daquele que se dispõe a interpretar. Na visão de Hans-Georg Gadamer (2014)

> No redespertar o sentido do texto já se encontram sempre implicados os pensamentos próprios do intérprete. Nesse sentido o próprio horizonte do intérprete é determinante, mas também ele não como um ponto de vista próprio que se mantém ou se impõe, mas como uma opinião e possibilidade que se aciona e coloca em jogo e que ajuda a apropriar-se verdadeiramente do que se diz no texto. Descrevemos isto como fusão de horizontes. (Gadamer, 2014, p. 503).

E é dessa fusão de horizontes entre o intérprete e o texto que se quer falar. No caso em estudo, o juiz terá esta função hermenêutica de buscar no corpo de normas jurídicas já existentes, a construção da solução mais adequada para os diversos direitos porventura conflitantes. Esta decisão não será a única possível dentre aquelas que se apresentam no ambiente descortinado. Por isso a visão gadameriana parece ser uma das mais apropriadas para lidar com o tema dos ativos digitais, pois expressamente se coloca que o horizonte do intérprete, com suas pré-compreensões, irá adicionar mais uma possibilidade, que não se manterá de forma rígida e imutável para o futuro, mas colaborará para que, ao longo de um período, possa se concluir pela existência de um conjunto mais ou menos seguro de decisões fundamentadas, que buscam solucionar a problemática ora objeto deste trabalho.

Valendo-se mais uma vez da ideia de "tradição" (aquilo que tem sido transmitido, o que nos forma, o que nós incorporamos ao longo da existência), Hans-Georg Gadamer (2014) assevera que, ao se compreendê-la, não se compreendem apenas textos, mas também se adquirem discernimentos e se reconhecem verdades. Logo, a tradição seria uma chave para a compreensão, ou seja, um meio para se alcançar a verdade (especialmente importante em se tratando das ciências do espírito).

A hermenêutica não seria, portanto, um método a mais que vem a se somar aos demais métodos científicos modernos existentes, a fim de se alcançar a verdade. Qualquer ação ou comportamento do ser humano no mundo já seria hermenêutica.

O conjunto de experiências no mundo, portanto, seria fundamental para que o juiz que está diante da questão dos ativos digitais possa fornecer ao problema apresentado a melhor solução, harmonizando-se os interesses envolvidos. Esta tradição no trato dos bens jurídicos, que não se enquadrariam dentro daquela perspectiva tradicional, é essencial para que possa ser analisada a questão em seu mérito. É no mínimo estranho se pensar em um juiz que sequer acessa internet, resolvendo problemas ligados a este ambiente. Ou então, um magistrado que jamais acessou uma rede social, sendo convocado a decidir sobre a exclusão, manutenção ou acesso a um perfil. A tradição incorporada ao longo da vida do intérprete se mostra, mais uma vez, primordial para que boas soluções sejam encontradas. Se esta tradição digital não se fizer presente no intérprete, haverá uma tendência a se continuar concedendo a qualquer tipo de bem a velha visão de transmissibilidade, decorrente do princípio de *saisine*.

E a esta pré-compreensão, tradição e fusão de horizontes de Hans-Georg Gadamer (2014) podem ser adicionados alguns tópicos da teoria da argumentação de Ronald Dworkin (2007), construída em período marcadamente pós-positivista,[25] vez que este autor se valeu das contribuições da hermenêutica filosófica, para conceber o Direito como um sistema de princípios que, em cada caso, abre sempre espaço para a melhor resposta possível. Para tanto, trabalha-se com a perspectiva de um sistema jurídico aberto, no qual se mostra como possível o aprimoramento de mecanismos de interpretação (sem que se esteja construindo e falando de um método) capazes de dar a resposta correta para o caso concreto.

Ao elaborar críticas ao positivismo jurídico e aos métodos de interpretação tão caros a tal teoria (em especial ao método da subsunção), Ronald Dworkin (2007) assevera que o positivismo jurídico encara o direito como um sistema de regras que se referem a situações previamente definidas, estipuladas ante um juízo antecipatório do legislador. Tal visão não seria suficiente para oferecer legitimidade às decisões jurídicas, porque abriria margem a eventuais pragmatismos, dotando-se juízes de um poder de escolha meramente decisionista, diante de uma série de possibilidades normativas abertas. O dever de fundamentar poderia restar abalado, inclusive.

Propondo então que cada caso tenha uma resposta correta, a partir da abertura sistêmica permitida, Ronald Dworkin (2007) nega a possibilidade de discricionariedade judicial nas decisões adotadas. Entretanto, o tormentoso questionamento surgido a partir dessas afirmações é o de como se deve chegar a esta melhor decisão. Se já se sabe o que não se quer, é preciso definir o caminho apto a se alcançar aquilo que efetivamente se deseja.

Assim, o citado autor sugere um modelo de interpretação construtiva,[26] capaz de oferecer a resposta correta para cada caso, especialmente em se tratando de

---

25. O prefixo "pós" não implicaria, por si só, a superação ou negação do positivismo jurídico, enquanto teoria relevante, sobremaneira durante o século XX. Nesse sentido, Alexandre Travessoni Gomes e Jean-Christophe Merle (2007) asseveram que o "o pós-positivismo deve ser definido com base em sua tarefa, que é superar o positivismo jurídico no que diz respeito, sobretudo, ao problema da validade material (legitimidade) do direito, incorporando, contudo, os avanços da teoria positivista" (Gomes; Merle, 2007, p. 158).

26. Esclarece Ronald Dworkin (2007) que "Em linhas gerais, a interpretação construtiva é uma questão de impor um propósito a um objeto ou prática, a fim de torná-lo o melhor exemplo possível da forma ou do gênero aos quais se imagina que pertençam. Daí não se segue, mesmo depois dessa breve exposição, que um intérprete possa fazer de uma prática ou de uma obra de arte qualquer coisa que desejaria que fossem; [...] Pois a história ou a forma de uma prática ou objeto exerce uma coerção

hard cases, quando não se tem ainda uma pronta ou prévia interpretação, ou seja, a aplicação do direito sempre pressupõe a problematização de todas as questões envolvidas diante do sistema aberto de princípios (Chamon Júnior, 2006, p. 57).

A fim de ver explicada como se efetivaria a proposta da interpretação construtiva, Ronald Dworkin se utiliza das metáforas do "romance em cadeia" e, uma vez mais, por recorrente em sua obra, do juiz "sobre-humano" Hércules. Este viveria em uma comunidade jurídica que é autora de uma "obra", qual seja, o próprio Direito. Este, então, não seria fruto apenas da comunidade atual, nem se basearia apenas no passado, sendo objeto de um contínuo processo de interpretação aberto para o futuro. O Direito seria visto, nessa perspectiva, como uma unidade integrada, sendo possível que cada princípio seja interpretado em dado momento, dando assim a devida continuidade a esta prática social (Chamon Júnior, 2006, p. 57).

O Direito seria obra de um único autor, a comunidade jurídica, em que pese os juízes sempre sejam chamados a atualizar as passagens desta obra, como um verdadeiro romance em cadeia; cada magistrado recebe aquela obra até o momento em que ela foi escrita, sendo responsável, entretanto, por fornecer àquela novos e importantes capítulos, que por sua vez serão complementados futuramente por outros autores. E cada autor terá a responsabilidade de escrever o melhor capítulo possível, tendo-se em mira o conjunto daquela obra. Esta complexidade reproduz a complexidade de decidir um caso difícil de direito como integridade (Dworkin, 2007, p. 275-276).

Comparando juízes a críticos literários, o autor propõe que, ao se proceder à interpretação de uma norma jurídica decidindo um caso, são introduzidos novos elementos que permitem que os sujeitos sejam ao mesmo tempo autores e críticos dessa prática. E tal modo de agir fará com que os futuros juízes se deparem com uma tradição renovada, e assim consecutivamente. Criar um romance único, coerente, contínuo e com a melhor qualidade possível, como se houvesse sido escrito por um único autor; este o desafio proposto por Ronald Dworkin, equiparando-o à tarefa de um magistrado diante de um caso difícil (Dworkin, 2007, p. 275).

Ou seja, ao perceber o direito como integridade afirma-se que as proposições jurídicas são elementos interpretativos, que levam em consideração o passado e

---

sobre as interpretações possíveis destes últimos, ainda que, como veremos, a natureza dessa coerção deva ser examinada com cuidado. Do ponto de vista construtivo, a interpretação criativa é um caso de interação entre objeto e propósito. [...] Diríamos, então, que toda interpretação tenta tornar um objeto o melhor possível, como exemplo de algum suposto empreendimento, e que a interpretação só assume formas diferentes em diferentes contextos porque empreendimentos diferentes envolvem diferentes critérios de valor ou de sucesso" (DWORKIN, 2007, p. 63-65).

o futuro. Pelo que fora visto, esta noção de Ronald Dworkin se aproxima daquela fusão de horizontes proposta por Hans-Georg Gadamer (2014). O intérprete funde sua visão à do texto ou do precedente judicial, formando-se, para o futuro, uma nova tradição que irá auxiliar outros juízes a dar sequência neste processo interpretativo, que seria um dos conteúdos do próprio Direito. O que fora feito no passado seria pré-compreensão para auxiliar a arquitetura de novas decisões, coerentes com aquela comunidade jurídica formada por princípios abertos.

Relevante frisar ainda que Ronald Dworkin (2007) menciona que tal processo de interpretação em cadeia envolve dois níveis, correspondentes à adequação e à justificação. A partir do primeiro, ele afirma que é possível encontrar duas ou mais interpretações que se apoiam no mesmo texto legal e na mesma *praxis* jurídica como adequadas para aquela dada situação. Todavia, para saber qual dessas interpretações é a melhor entre as possíveis, há que se valer de uma segunda dimensão – a justificação –, a fim de se revelar qual delas melhor satisfaz a interpretação de uma *moralidade política*, que, na leitura de Chamon Júnior (2006), nada mais é que *"um conjunto de discursos práticos racionais conformados institucionalmente"* (Chamon Júnior, 2006, p. 60), e que no atual Estado Democrático de Direito representa a efetivação de direitos fundamentais em toda a práxis jurídica nacional.

É a partir dessas considerações que o destino dos bens digitais deve ser interpretado, sobremaneira diante da ausência de regramento específico no ordenamento pátrio, como apresentado. Tal destino há de ser concretizado segundo uma orientação hermenêutica que fará da titularidade destes ativos mais um instrumento de efetivação dos direitos fundamentais dos indivíduos-usuários, tendo em conta a história e a integridade institucional do ordenamento jurídico brasileiro.

As novas questões trazidas pela necessidade de definição do destino dos bens digitais podem ser encaradas como esses casos difíceis mencionados por Ronald Dworkin (2007), desafiando os magistrados a encontrar a melhor solução dentro desse sistema aberto de princípios, tais como a autonomia privada, a proteção à privacidade, o direito sucessório, a propriedade privada e a livre iniciativa.

Desse modo, conclui-se pela necessidade de construção, para o futuro próximo, de legislação específica sobre o tema dos bens digitais, demarcando de forma legítima e democrática, quais os princípios estão em evidência, orientando a atuação judicial diante de um volume considerável de possíveis novos casos difíceis.

Com isso não se quer dizer que hoje, sem a existência desta legislação sobre ativos digitais, não haja condições, a partir do ordenamento vigente, de se conceber qual deveria ser o destino dos bens digitais. Ao serem concretizadas as cláusulas gerais propostas pela Constituição, Código Civil e, mesmo, com apoio do Marco Civil da Internet, será possível dar o tratamento adequado a esta temática, necessitando-se, para tanto, de juízes dispostos a abandonar o pragmatismo e decisionismo, buscando-se construir a melhor decisão possível no caso concreto.

A Comissão de Juristas designada no Senado Federal em 2023 para elaboração de um revisão do Código Civil de 2002, ao entregar seu relatório final em abril de 2024, marcou seu posicionamento em prol da autonomia privada do titular de ativos digitais, ao averbar que:

> A transmissão hereditária dos dados e informações contidas em qualquer aplicação de internet, bem como das senhas e códigos de acesso, pode ser regulada em testamento.

Ou seja, a CJCODCIVIL preservou a autonomia individual, para que cada sujeito pudesse conceder o destino que lhe aprouver a seus bens digitais, como inclusive defendemos desde a primeira edição desta obra.

A título de exemplo do que se expõe, tome-se a seguinte situação hipotética: um sujeito falece, sem deixar qualquer referência sobre o destino de seus ativos digitais. Sua esposa solicita ao provedor de e-mail o acesso à conta do falecido. O provedor nega o acesso, em que pese ter lhe sido apresentada a documentação comprobatória da morte. A negativa do provedor se baseia no contrato online aceito pelo usuário morto, que vedava este acesso por terceiros. A viúva ingressa com demanda judicial, alegando como principal argumento a justificar a necessidade de acesso uma declaração do esposo, que, em seu leito de morte, disse ter contratado um seguro de vida em seu benefício, estando a apólice arquivada na caixa de entrada daquela conta de e-mail. A melhor decisão a ser tomada pelo juiz da causa, dentro da perspectiva enunciada por Ronald Dworkin (2007), decerto não seria permitir o acesso integral da esposa ao e-mail, como se poderia supor. Aplicando-se os princípios regentes, tais como a proteção à privacidade de terceiros e o direito de propriedade da esposa, o juiz deveria oficiar ao provedor de acesso questionando se há armazenada, na conta agora inativa, alguma correspondência eletrônica, em cujo conteúdo seja possível perceber tratar-se de uma apólice de seguro. Caso positivo, o provedor deveria remeter o conteúdo desta correspondência ao juízo, para que aí sim pudesse ser franqueado o acesso à viúva peticionária. Esta seria a melhor e mais adequada decisão que o caso comportaria.

7
BENS DIGITAIS
NO DIREITO ESTRANGEIRO

7.1. A POLÊMICA DOS ATIVOS DIGITAIS NOS ESTADOS UNIDOS

Em 2010, no Estado norte-americano de Delaware, veio a falecer, subitamente, o Sr. Ray Johnson, vítima de um infarto fulminante do coração. A Sra. Donna Johnson, filha do morto, foi surpreendida ao saber que sua mãe, Sra. Cláudia Johnson, mesmo sendo viúva e inventariante dos bens do falecido, não teria direito a acessar sua conta de e-mail, nem seu arquivo digital com as fotos da família.

Segundo relatos, mãe e filha se sentiram ainda mais atribuladas emocionalmente diante desta impossibilidade, sobremaneira após aquela morte tão inesperada. Não ter acesso, principalmente ao álbum da família digitalizado nem mesmo às contas que eram pagas de maneira online pelo marido, causava não apenas sofrimentos, mas transtornos de ordem econômica, com notificações sobre ausências de pagamentos de prêmios de seguros, dentre outras prestações. A vida do Sr. Johnson, como a de tantas outras pessoas, estava em grande parte arquivada digitalmente.[1]

Diante disso, a Sra. Donna contatou um representante do parlamento estadual, que apresentou uma lei visando resguardar os ativos digitais deixados por uma pessoa morta.

Após mais de dois anos de debate e construção, o Estado de Delaware aprovou a *House of Bill 345*, sancionada pelo governador daquele ente em 12 de agosto de 2014, com efetiva entrada em vigor apenas em 01 de janeiro de 2015. Esta legislação foi considerada a primeira em todos os Estados Unidos a abordar de maneira ampla a questão dos ativos digitais, trazendo a seguinte sinopse introdutória

> Reconhecendo o crescimento percentual do número de pessoas que conduzem sua vida de forma online e que isto tem trazido desafios após a morte ou incapacidade destas, este Ato

---

1. Esta história está narrada em dezenas de sites, em especial da imprensa do Estado de Delaware (BITTLE, 2014).

autoriza especificamente que inventariantes acessem e controlem os ativos e contas digitais de uma pessoa incapacitada ou morta, sob uma procuração, descendentes ou instituidores, e beneficiários de confiança. O ato deve ser construído deliberadamente para se permitir tal acesso e controle, especialmente quando expressamente provido por um instrumento escrito (Delaware, 2014, tradução nossa).[2]

Em 2012, no Estado do Oregon, nos EUA, os pais de um jovem suicida solicitaram à rede social Facebook o acesso ao perfil digital do falecido filho, sob a nobre justificativa de tentar descobrir as razões daquele ato fatídico. Porém, o Facebook não concedeu o acesso, ao argumento de que violaria suas regras de uso preestabelecidas e aceitas pelo filho quando da contratação do serviço. Discordando da decisão da empresa digital, a Corte daquele Estado entendeu que o perfil de um usuário deve ser considerado direito patrimonial, sendo então possível sua sucessão. Determinou, dessa forma, que o Facebook disponibilizasse aos pais o acesso à conta do defunto. Perceba-se, Oregon não tinha lei específica sobre o tema. A decisão do Judiciário deste Estado foi contrária à perspectiva ora defendida neste estudo.

Por tudo o que fora dito nos capítulos anteriores, estes perfis de redes sociais, contas de e-mail e outros ativos não devem ser tidos como meros direitos de propriedade, apesar de este entendimento ser encontrado em várias decisões, especialmente em países do sistema *common law*, onde ativos digitais são tidos como propriedades intelectuais.

Volvendo a Delaware (2014), embora esta legislação (HB 345) tenha sido realmente a mais completa em termos de regulamentação do tema, pelo menos outros oito Estados norte-americanos já haviam abordado a questão recentemente, ainda que de forma tangencial.

Em Nevada, um representante pessoal tem o poder de determinar o encerramento de uma conta de e-mail, rede social ou outra conta digital, a menos que haja um testamento ou ordem judicial em sentido contrário. Já em Louisiana, os executores poderão controlar e manusear as informações eletrônicas do falecido. Na Virginia, a legislação focou em menores que tenham morrido, concedendo aos pais a possibilidade de acesso às suas contas digitais.[3] Connecticut, Idaho,

---

2. Recognizing that an increasing percentage of people's lives are being conducted online and that this has posed challenges after a person dies or becomes incapacitated, this Act specifically authorizes fiduciaries to access and control the digital assets and digital accounts of an incapacitated person, principal under a personal power of attorney, decedents or settlors, and beneficiaries of trusts. The Act should be construed liberally to allow such access and control, especially when expressly provided for in a written instrument.

3. Os legisladores resolveram agir, após os pais do adolescente morto tentarem, sem sucesso, terem acesso à sua conta na rede social Facebook, a fim de encontrarem possíveis respostas para o ato terminal.

7 • BENS DIGITAIS NO DIREITO ESTRANGEIRO 187

Indiana, Oklahoma, Rhode Island são os demais estados que trazem, de alguma maneira, os ativos digitais em suas leis (Bergal, 2014).

Tal cenário fez com que, neste mesmo país, a Comissão de Uniformização de Leis – Uniform Law Commission (ULC), também conhecida como Conferência Nacional de Comissários na Uniformização de Leis Estaduais – National Conference of Commissioners on Uniform State Laws (NCCUSL), trabalhasse entre 2012 e 2014 para que viesse a ser publicada em 16 de julho de 2014, semanas antes da sanção da lei de Delaware, uma proposta de legislação que pudesse abarcar de forma mais ampla o acesso, por determinadas pessoas, aos ativos digitais.[4]

Esta proposta legislativa foi apelidada de Uniform Fiduciary Access to Digital Assets Act (UFADAA) e está gerando enorme debate jurídico, perante a opinião pública norte-americana. Para muitos, a própria lei de Delaware (2014) teria se baseado no relatório final desta proposta, tanto é que os projetos foram objeto de deliberação com poucas semanas de diferença.

Há que se perceber que este projeto de lei não tem a pretensão de criar uma legislação federal sobre o tema. Cada Estado-membro daquela Federação poderia, a partir da aprovação pelos Poderes Legislativos Estaduais, incorporar a redação da UFADAA em seus ordenamentos jurídicos regionais. Portanto, a ULC tem a tarefa de propor projetos de lei que sejam de interesse de vários estados, cabendo a cada um desses, individualmente, deliberar sobre a adoção integral ou mesmo parcial, daquela proposta elaborada.

Antes de se adentrar mais profundamente nas proposições sugeridas pelo projeto, deve-se destacar que a UFADAA usa o termo *fiduciary*, que não teria uma expressão sinônima no Brasil, pelo regime sucessório norte-americano ser sensivelmente diferente. Seriam enquadrados como *fiduciaries* os administradores, os representantes pessoais de cada herdeiro, os próprios herdeiros em algumas circunstâncias, os executores de um testamento (testamenteiros), dentre outros sujeitos. São inúmeras as variáveis que interferem no tipo de papel que será exercido pelos *fiduciaries*, tais como: se pessoa morreu deixando ou não um testamento, qual tipo de patrimônio fora acumulado em vida, quem e quantos são os herdeiros, dentre outras. E todo esse regramento sujeita-se, ainda, às variações existentes nas legislações estaduais. William C. Hussey bem explica a diferença entre as várias terminologias existentes naquele país.[5]

---

4. A Uniform Law Commission (ULC) é uma entidade não estatal, sem fins lucrativos, de 124 anos de existência, formada por aproximadamente 300 comissários, dentre os quais estão advogados, professores de Direito, juízes, que trabalham voluntariamente na formulação de propostas de uniformização da legislação dos Estados Federados Norte-Americanos (UNIFORM LAW COMMISSION, 2015).

5. Para compreender as várias possíveis funções e diferentes terminologias no Direito Norte-Americano, William C. Hussey bem explica, como um primeiro passo, o significado de cada expressão, resumidas

Compulsando a legislação brasileira sobre sucessões, em especial o Código Civil e o Código de Processo Civil recém aprovado, acredita-se que a figura que mais se aproxima dos *fiduciaries* seja mesmo a do inventariante, razão pela qual este estudo irá adotá-la, quando necessário, como substituta dessa palavra em língua inglesa, constantemente utilizada nas discussões conduzidas no Direito Estrangeiro.[6]

---

no termo *fiduciaries*.

"As a first step, it is helpful to know the meaning of a few common terms:

"Administrator" – (A woman is sometimes called an "administratrix") An individual (or sometimes a trust company) that settles the estate of a decedent who dies without a will according to the state laws of intestacy.

"Fiduciary" – An individual or trust company that acts for the benefit of another. Trustees, executors, administrators and other types of personal representatives are all fiduciaries.

"Grantor" – (Also called "settlor" or "trustor") An individual who conveys property by means of a trust; the person whose wishes are expressed in the trust.

"Testator" – A person who has made a valid will (a woman is sometimes called a "testatrix").

"Beneficiary" – A person for whose benefit a will or trust was made; the person who is to receive property, either outright or in trust, either presently or at a future date.

"Trustee" – An individual or trust company that holds legal title to property for the benefit of another and acts according to the terms of the trust.

"Executor" – (Also called "personal representative"; a woman is sometimes called an "executrix") An individual or trust company that settles the estate of a testator according to the terms of the will.

"Principal and Income" – Respectively, the property or capital of an estate or trust and the returns from the property, such as interest, dividends, rents etc. In some cases, gain resulting from appreciation in value may also be income."

6. Na Lei 13.105/2015, o novo Código de Processo Civil, o art. 617 traz a ordem de nomeação do inventariante, acrescido de dois incisos em relação ao CPC 1973, ou seja, foi inserida a possibilidade de o representante legal do herdeiro menor ser nomeado inventariante, assim como o cessionário dos direitos do herdeiro ou legatário. Já os arts. 618 e 619 (que apenas repetem o CPC anterior) preveem os deveres a serem cumpridos por este (BRASIL, 2015a).

"Art. 617. O juiz nomeará inventariante na seguinte ordem:

I – o cônjuge ou companheiro sobrevivente, desde que estivesse convivendo com o outro ao tempo da morte deste;

II – o herdeiro que se achar na posse e na administração do espólio, se não houver cônjuge ou companheiro sobrevivente ou se estes não puderem ser nomeados;

III – qualquer herdeiro, quando nenhum deles estiver na posse e na administração do espólio;

IV – o herdeiro menor, por seu representante legal;

V – o testamenteiro, se lhe tiver sido confiada a administração do espólio ou se toda a herança estiver distribuída em legados;

VI – o cessionário do herdeiro ou do legatário;

VII – o inventariante judicial, se houver;

VIII – pessoa estranha idônea, quando não houver inventariante judicial.

Parágrafo único. O inventariante, intimado da nomeação, prestará, dentro de 5 (cinco) dias, o compromisso de bem e fielmente desempenhar a função.

Art. 618. Incumbe ao inventariante:

I – representar o espólio ativa e passivamente, em juízo ou fora dele, observando-se, quanto ao dativo, o disposto no art. 75, § 1º;

7 • BENS DIGITAIS NO DIREITO ESTRANGEIRO 189

Volvendo à proposta de uniformização, já na nota de prefácio resta claro que a intenção seria investir os inventariantes de uma pessoa falecida da autoridade para acessar, controlar ou copiar ativos digitais e contas deixadas, dentro dos poderes e deveres que já existem para aqueles, sem que com isso fossem violadas outras normas, por exemplo, sobre contratos bancários, provas, investimentos, seguros, dentre outras.

O grande desafio, portanto, é elaborar uma legislação que possa ao mesmo tempo resguardar o interesse de acesso, especialmente de herdeiros, e proteger a privacidade e intenção eventualmente manifestada pelo titular das contas digitais.

A proposta abreviada como UFADAA foi dividida em quinze seções, podendo ser assim sintetizadas: as de número 1 e 2 trazem disposições gerais e definições de termos; a seção 3 esclarece quais os tipos de *fiduciaries* teriam acesso aos ativos digitais, afirmando ainda que a regulamentação não deveria ser aplicada em relação às contas de um empregado falecido, sendo possível então seu acesso pelo empregador no que toca às funções desempenhadas no exercício daquele trabalho; nas seções de 4 a 8 são estabelecidas as regras específicas para que o acesso efetivamente ocorra; na 9 estabelecem-se regras de governança corporativa a serem seguidas sobremaneira pelos provedores destes serviços digitais; na de número 10 é garantida imunidades a quem realiza a custódia desses ativos; e, nas de 11-15, disposições finais, tais como retroatividade e questões similares são objeto do regulamento.

Nessas disposições, a disciplina de acesso aos bens digitais serão separadas de acordo com o tipo de *fiduciary* que esteja envolvido. Assim, os diversos tipos de *fiduciaries* poderão ser classificados como:

a) representantes pessoais (*personal representative*), os quais serão denominados de inventariantes;

II – administrar o espólio, velando-lhe os bens com a mesma diligência que teria se seus fossem;

III – prestar as primeiras e as últimas declarações pessoalmente ou por procurador com poderes especiais;

IV – exibir em cartório, a qualquer tempo, para exame das partes, os documentos relativos ao espólio;

V – juntar aos autos certidão do testamento, se houver;

VI – trazer à colação os bens recebidos pelo herdeiro ausente, renunciante ou excluído;

VII – prestar contas de sua gestão ao deixar o cargo ou sempre que o juiz lhe determinar;

VIII – requerer a declaração de insolvência.

Art. 619. Incumbe ainda ao inventariante, ouvidos os interessados e com autorização do juiz:

I – alienar bens de qualquer espécie;

II – transigir em juízo ou fora dele;

III – pagar dívidas do espólio;

IV – fazer as despesas necessárias para a conservação e o melhoramento dos bens do espólio." (BRASIL, 2015a)

b) curador (*conservator*);

c) procurador (*agent of principal*);

d) administradores (*trustee*).

Compulsando-se detidamente as seções desta proposta legislativa, acredita-se que os pontos nodais que merecem ser destacados se referem à conceituação, acesso pelo inventariante do falecido, pelo curador da pessoa incapacitada, bem como por procurador ou administrador. Além disso, cabe verificar também o regramento dado aos poderes e deveres deste fiduciário, como se dará o cumprimento do acesso quando cabível, as eventuais nulidades de cláusulas contratuais existentes nos termos e condições de um serviço e ainda a possibilidade de imunidade para provedores.

Quanto à conceituação, em seus primeiros dispositivos o UFADAA traz exatamente vinte e quatro conceitos importantes para a correta compreensão do que se pretende regulamentar, dentre os quais: titular da conta, ativos digitais, conteúdo de uma comunicação eletrônica, registros de comunicação, termo e condições de um serviço etc.[7] Como normas conceituais, a intenção desta pas-

---

7. SECTION 2. DEFINITIONS. In this [act]: (1) "Account holder" means a person that has entered into a terms-of-service agreement with a custodian or a fiduciary for the person. (2) "Agent" means an attorney in fact granted authority under a durable or nondurable power of attorney. (3) "Carries" means engages in the transmission of electronic communications. (4) "Catalogue of electronic communications" means information that identifies each person with which an account holder has had an electronic communication, the time and date of the communication, and the electronic address of the person. (5) "[Conservator]" means a person appointed by a court to manage the estate of a living individual. The term includes a limited [conservator]. (6) "Content of an electronic communication" means information concerning the substance or meaning of the communication which: (A) has been sent or received by an account holder; (B) is in electronic storage by a custodian providing an electronic-communication service to the public or is carried or maintained by a custodian providing a remote-computing service to the public; and (C) is not readily accessible to the public. (7) "Court" means the [insert name of court in this state having jurisdiction in matters relating to the content of this act]. 4 (8) "Custodian" means a person that carries, maintains, processes, receives, or stores a digital asset of an account holder. (9) "Digital asset" means a record that is electronic. The term does not include an underlying asset or liability unless the asset or liability is itself a record that is electronic. (10) "Electronic" means relating to technology having electrical, digital, magnetic, wireless, optical, electromagnetic, or similar capabilities. (11) "Electronic communication" has the same meaning as the definition in 18 U.S.C. Section 2510(12) [as amended]. (12) "Electronic-communication service" means a custodian that provides to an account holder the ability to send or receive an electronic communication. (13) "Fiduciary" means an original, additional, or successor personal representative, [conservator], agent, or trustee. (14) "Information" means data, text, images, videos, sounds, codes, computer programs, software, databases, or the like. (15) "Person" means an individual, estate, business or nonprofit entity, public corporation, government or governmental subdivision, agency, or instrumentality, or other legal entity. (16) "Personal representative" means an executor, administrator, special administrator, or person that performs substantially the same function under law of this state other than this [act]. (17) "Power of attorney" means a record that grants an agent authority to act in the place of a principal. (18) "Principal" means an individual who grants authority to an agent in a power of attorney. 5 (19) "[Protected person]" means an individual for whom a [conservator] has been appointed. The term

sagem na proposta é facilitar a compreensão das normas que preveem o acesso. Dentre todos esses conceitos, quatro afiguram-se como fundamentais para o presente estudo, quais sejam:

> – *"account holder"* seria a pessoa que concordou com um termo de serviço com um provedor, ou seja, a pessoa que é titular de alguma conta digital;

> – *"digital asset"* significa um arquivo eletrônico, ou seja, há arquivos que podem existir em meio eletrônico e não eletrônico, porém a proposta de lei quer ser aplicável apenas aos que existirem no primeiro formato;

> – *"information"* que seria um dado, texto, imagem, vídeo, sons, códigos, dentre outros;

> – *"fiduciary"* que, como dito, significaria um agente, um administrador, um representante de um sucessor do falecido.

Já no que toca ao acesso pelo inventariante do falecido, a proposta estabelece que, salvo se houver ordem judicial em sentido contrário ou disposição testamentária, o representante do morto tem o direito de acessar o conteúdo de qualquer comunicação eletrônica enviada ou recebida por este, bem como qualquer outro ativo que possa interessar. Ou seja, é importante destacar que a proposta está concedendo à pessoa morta o direito de controlar este acesso via testamento, preservando assim a autonomia privada. De igual maneira, também será possível a proibição de acesso por ordem judicial, a partir da análise de um caso concreto submetido à apreciação pelo Judiciário.

De forma semelhante, o acesso pelo curador da pessoa incapacitada poderá ocorrer após a realização de audiência judicial, quando então será possível que tal representante venha a ser autorizado a ter acesso ao conteúdo das comunicações eletrônicas do curatelado, de maneira semelhante ao que se passa com a pessoa morta. Importante assinalar que o UFADAA não traz previsão sobre a possibilidade de a pessoa incapacitada ter elaborado o denominado "living will", mais conhecido como diretivas antecipadas de vontade ou testamento vital. Em que

---

includes an individual for whom an application for the appointment of a [conservator] is pending. (20) "Record" means information that is inscribed on a tangible medium or that is stored in an electronic or other medium and is retrievable in perceivable form. (21) "Remote-computing service" means a custodian that provides to an account holder computer processing services or the storage of digital assets by means of an electronic communications system, as defined in 18 U.S.C. Section 2510(14) [, as amended]. (22) "Terms-of-service agreement" means an agreement that controls the relationship between an account holder and a custodian. (23) "Trustee" means a fiduciary with legal title to property pursuant to an agreement or declaration that creates a beneficial interest in another. The term includes a successor trustee. (24) "Will" includes a codicil, testamentary instrument that only appoints an executor, and instrument that revokes or revises a testamentary instrument (ULC, 2015).

pese tal fato, é possível que o acesso se dê mediante a outorga de uma procuração, como será visto a seguir.

No que toca ao acesso por um procurador, ao atuar em nome de um mandante, pode ser que aquele tenha os mesmos direitos que acima se colocou para o representante do falecido ou do incapacitado. Porém, este poder deveria vir expresso nas procurações que lhe servem de instrumento de outorga, não sendo então possível que uma procuração com poderes em geral sirva de substitutivo de autorização. Há que se ter a permissão de forma inequívoca.

Em havendo um administrador (trustee), figura sem comparativos no sistema brasileiro, os ativos digitais deixados por uma pessoa, por ato *inter vivos* ou mesmo *causa mortis*, podem ser administrados por aqueles a quem incumbe a atuação ostensiva na proteção do patrimônio de outrem. Ou seja, esta figura será especialmente importante em se tratando de ativos de caráter patrimonial. Esses administradores poderão acessar os ativos digitais de quem representa, a menos que isso seja vedado pelo titular, pelo instrumento que lhe outorga poderes de administração ou mesmo pelo Poder Judiciário pontualmente.

A fim de regular os poderes e deveres do fiduciário, a proposta legislativa norte-americana estabelece que aquele que irá acessar os ativos digitais terá que respeitar uma série de deveres para o exercício desse poder. Tais deveres são aqueles estabelecidos para os fiduciários em geral, ou seja, os tradicionalmente expressos para os fiduciários de bens tangíveis. No caso brasileiro, seria correto apontar aqueles deveres impostos aos inventariantes. Quanto aos poderes, de igual forma, estes fiduciários não cometem qualquer ato ilícito ao acessarem os ativos, ou seja, em regra terão assegurada a possibilidade de acederem às contas e demais *digital assets*.

Questão interessante que aqui se coloca seria a relativa aos aparelhos eletrônicos deixados por um falecido, um incapacitado ou um mandante: será que seria possível serem acessados pelo fiduciário, por serem portadores em potencial de ativos digitais do titular da conta? Via de regra sim, responde a proposta de lei.

Logo, esses poderes e deveres teriam aplicação para o fiduciário que acessa as contas e aparelhos, por ter tido acesso direto às senhas (repassadas pelo próprio titular), ou para o fiduciário que acaba por conquistar o acesso com a aplicação dessas disposições da UFADAA.

Quanto ao cumprimento deste acesso, para garantir sua efetivação, a proposta legislativa determina que os provedores deverão exigir alguns documentos do representante pessoal, do curador, do procurador, devendo conceder o acesso em no máximo 60 (sessenta) dias, sob pena de receber uma ordem judicial que o efetive. Realizado o acesso ao ativo digital, daí em diante a eventual cessão deste deve ser realizada nos termos do direito sucessório comum, sendo verificado se houve testamento ou não.

Analisando-se a validade das cláusulas dos termos e condições de um serviço (*TOSA – terms-of-service-agreement*), haverá nulidade se o termo elaborado por um provedor trouxer a previsão de proibição de acesso aos ativos digitais por um *fiduciary*, por ser tal disposição contrária às normas de ordem pública. Tal disposição segue a linha traçada pelo legislador brasileiro, inclusive, já que serão reputadas como nulas as cláusulas que impliquem abdicação antecipada de direitos, no âmbito de contratos de adesão (art. 424, CC, e art. 51, CDC).

Com a clara intenção de proteger interesses dos prestadores de serviços de Internet, a proposta de lei ora em discussão estabelece a imunidade para os provedores, nos seguintes termos: se os custodiantes desses ativos digitais acabarem por fornecer, de boa-fé, acesso a esses bens, estariam imunes de qualquer responsabilidade. A finalidade dessa disposição é isentar os provedores de imputação de responsabilidade, diante das possíveis consequências maléficas oriundas do acesso ao ativo digital. Assim, se, por exemplo, o acesso vier a afetar a honra ou imagem da pessoa falecida, o provedor em nada poderá vir a ser responsabilizado pelos parentes do *de cujus*, salvo se ficar provado que houve uma divulgação daquela informação com má-fé.

Quanto ao acesso em si, se houver pedido por representantes ou curadores, havendo recusa justa do provedor em dar cumprimento, igualmente não haverá espaço para responsabilização dos prestadores desses serviços digitais. Entretanto, se a ordem de acesso for concedida pelo Poder Judiciário, o descumprimento implicaria desobediência a tal decisão, sendo então possível a responsabilização. Em suma, se houver descumprimento justificadamente de pedidos por representantes ou curadores, não há responsabilidade. Se a questão já houver sido judicializada, aí sim poderia haver a citada responsabilidade.

Sendo essas as principais questões abordadas pela UFADAA, há que se registrar que, até o presente momento, aproximadamente a metade dos Estados norte-americanos iniciou em 2015 a discussão para aprovar ou não esta proposta sobre o destino dos ativos digitais.

Entretanto, algumas polêmicas surgiram quando do debate deste projeto de lei. Dentre estas, a principal seria a oposição ferrenha dos provedores de internet em dar cumprimento às regras estabelecidas, sob a alegação de que leis federais de proteção à privacidade e contratos já firmados (ato jurídico perfeito) estariam sendo violados, especialmente quanto ao direito de terceiros que com o titular do ativo digital tenham mantido contato.[8]

---

8. Sobre esta polêmica e a oposição de várias companhias de internet quanto às disposições da UFADAA, ver a reportagem publicada pela ARMA International. (STATES..., 2015).

Tal quadro fez com que a ULC promovesse a revisão da proposta originária, a fim de ver superadas essas possíveis barreiras à efetiva aprovação do projeto nos Estados. Nessa revisão levada a efeito em julho de 2015, a ULC aumentou para 21 (vinte e uma) as seções da proposta. Uma das grandes mudanças foi o tratamento apartado das comunicações eletrônicas (como, por exemplo, os e-mails) e os demais bens digitais, seguindo-se, contudo, a separação dos diversos tipos de *fiduciaries*. O grande cerne da revisão foi, sem dúvida, proteger a privacidade de terceiros, bem como resguardar, uma vez mais, os interesses dos provedores de serviços online.

A revisão proporcionou, em síntese, alterações no texto originário quanto ao acesso às comunicações eletrônicas e outros ativos digitais pelos inventariantes, pelo curador, por procurador, por administrador, estabelecendo-se ainda efeitos para eventuais nulidades de cláusulas contratuais, procedimento para concessão do acesso, cobrança de taxas administrativas, encerramento de contas, especificação dos deveres dos fiduciários e ainda a existência de contas conjuntas.

Assim, quanto ao acesso às comunicações eletrônicas, especialmente mensagens e e-mails pelo inventariante (*fiduciaries)*, na redação original da UFADAA era permitido ao inventariante acessar as contas (como, por exemplo, de *e-mail*) após o falecimento, exceto se o próprio *de cujus* houvesse vedado tal acesso. Feita a revisão, a regra se inverte. Fica proibido o acesso, salvo se a pessoa morta, em vida, houver permitido tal ato, ampliando-se sobremaneira o papel da vontade na regulação do tema proposto. De qualquer modo, o inventariante poderá, mediante justificativa, solicitar uma autorização judicial para ingressar em uma conta do titular falecido.

No que toca a outros bens digitais, o acesso pelo inventariante ficaria permitido, como por exemplo a uma rede social ou conta de áudios e vídeos, salvo se o próprio morto houver proibido em vida. Ou seja, a revisão, neste ponto, apenas apartou o conteúdo de mensagens como e-mails e os demais ativos digitais.

Quanto ao acesso pelo curador, no caso de pessoa incapacitada a redação originária sempre exigiu autorização judicial para que este acesso pudesse ser feito. Com a revisão, o provedor de comunicações eletrônicas não tem o dever de conceder o acesso se não houver o expresso consentimento do curatelado. Essa medida vai ao encontro da maior autonomia que vem sendo concedida, em âmbito internacional, às pessoas com alguma deficiência, e que se submetem ao regime de curatela.[9] Na impossibilidade de o curatelado consentir por ausência

---

9. No Brasil foi aprovada recentemente a Lei 13.146/2015, denominada Estatuto da Pessoa com Deficiência, que promove uma maior autonomia dos deficientes, reduzindo as hipóteses de incapacidade pessoal. Esta Lei foi aprovada em decorrência da ratificação pelo Brasil do CDPD (Convenção Inter-

de discernimento, o provedor poderá suspender ou cancelar a conta a partir de uma justificativa apresentada pelo curador. No caso dos demais ativos digitais, o provedor poderá exigir ordem judicial nesse sentido (que pode inclusive ser a própria decisão que institui a curatela) e ainda a indicação correta do perfil virtual.

Já o acesso às comunicações eletrônicas e outros ativos digitais por um procurador, na redação originária, era permitido ao mandatário desde que tais poderes estivessem especificados no instrumento de procuração. Agora, com a revisão, além dessa autorização específica no mandato, o provedor pode exigir também a correta identificação do perfil virtual. Ou seja, tanto na curatela quanto no mandato, os provedores conseguiram inserir na proposta, até como forma de facilitar seu trabalho, a indicação correta da conta ou perfil digital.

O acesso às comunicações eletrônicas e outros ativos digitais por um administrador, na redação primitiva da proposta, era permitido. Os *trustees* poderiam acessar os ativos digitais, a menos que isso viesse a ser proibido pelo ato jurídico que o investia nos poderes de administração do patrimônio alheio, ou ainda por uma decisão judicial. Entretanto, com a revisão, operou-se uma separação. Se o administrador era o usuário original da conta pela qual transita uma comunicação eletrônica ou tinha esta autorização no ato que o institui, poderá acessar livremente tal conta. Porém, para os demais ativos, o administrador continua não necessitando de autorização, ressalvada a possibilidade de proibição. A fim de resguardar os interesses dos provedores, custodiantes das informações digitais, pode-se exigir, uma vez mais, a correta identificação do perfil virtual.[10]

---

nacional dos Direitos das Pessoas com Deficiência), um tratado de consenso universal que declina os direitos das pessoas com deficiência por um enfoque de direitos humanos, adotando um modelo social de deficiência. Através deste novo modelo, a deficiência não pode se resumir às limitações pessoais decorrentes de uma patologia. O problema é convertido da pessoa deficiente para o meio social no qual ela está inserida. Agora se busca alcançar a necessária estratégia social promotora do pleno desenvolvimento da pessoa com deficiência. A intenção desta nova legislação seria cambiar o atual modelo médico por um modelo social de direitos humanos. Antes, o deficiente teria que se adaptar à sociedade. Agora, esta terá que se adaptar às necessidades daquele. Ver capítulo 5.3 deste estudo.

10. Também no Brasil, tem sido comum os Tribunais exigirem que o usuário colabore com o provedor de serviços de internet na identificação de perfis virtuais, especialmente em questões que envolvam responsabilidade civil. Em 2015, o Superior Tribunal de Justiça decidiu que o Google, gestor da extinta rede social *Orkut*, não seria responsável por atos de pirataria praticados por meio daquela *social media*. Entretanto, teria o dever de retirar do ar o perfil que promovia estes atos ilícitos contra a propriedade intelectual alheia. Para tanto, a vítima teria o dever de colaborar indicando o endereço eletrônico do perfil do violador. "Direito processual civil. Necessidade de disponibilização de meios para identificação de usuário que pratica ilícito em rede social. O titular que teve direito autoral violado pela comercialização desautorizada de sua obra em rede social deve indicar a URL específica da página na qual o ilícito foi praticado, caso pretenda que o provedor torne indisponível o conteúdo e forneça o IP do usuário responsável pela violação. Precedentes citados: (BRASIL, Rcl 5.072-AC, 2014b); (BRASIL ,REsp 1.306.157-SP, 2014c); e (BRASIL, REsp 1.308.830-RS, 2012c), (BRASIL, REsp 1.512.647-MG, 2015c). Rel. Min. Luis Felipe Salomão, julgado em 13.05.2015, DJe 05.08.2015."

Acerca da nulidade da cláusula que proíbe o acesso aos ativos digitais nos termos e condições de um serviço, como dito, a redação primitiva do UFADAA trazia a nulidade de qualquer cláusula que viesse a proibir o acesso aos bens digitais pelos *fiduciaries*. Todavia, na revisão optou-se por estabelecer três fases para esta verificação. Em primeiro lugar, a vontade do usuário manifestada por meio de um serviço online prevalece sobre eventual vontade manifestada off-line (por exemplo, a designação de pessoas que poderão acessar seu e-mail no bojo do próprio serviço, prevalece sobre eventual documento que se redija fora deste). Para isso, a vontade manifestada online deve ser possível de ser modificada a qualquer tempo pelo usuário. Esta medida visa resguardar os provedores, diante da vontade manifestada pelo usuário perante o próprio serviço fornecido, evitando-se assim eventuais contradições de declarações de vontade.[11] Já na ausência de vontade manifestada online, a vontade declarada pelo usuário em um testamento, procuração ou instrumento equivalente deve prevalecer sobre as cláusulas previstas em um termo e condição de serviço (nítido contrato de adesão). Por fim, se não houve qualquer manifestação de vontade pelo usuário, o termo e condição de serviço, ou uma lei, poderá controlar como se dará esse acesso aos bens digitais.

A respeito de outras possíveis cláusulas de um termo e condição de serviço há que se destacar que os efeitos não eram previstos inicialmente. Operada a revisão, ficou assentado que esses termos devem ser prevalentes, a menos que haja manifestação de vontade do usuário em sentido contrário. Ou seja, primeiro se verifica se há diretiva do usuário; não havendo, o que fora estabelecido no termo prevalecerá. De qualquer modo, os *fiduciaries* não terão mais direitos que o próprio usuário teria.

Com a intenção de regular o procedimento para o efetivo acesso aos ativos digitais, relembre-se de que, inicialmente, não havia uma previsão de como isso ocorreria. Porém, o uso da expressão "acesso" a todo momento indicava que os *fiduciaries* teriam direito a um login para ingressar na própria conta do usuário.

---

11. Como registrado anteriormente, o provedor Google oferta desde 2013 a ferramenta "gestão de contas inativas", que permite ao usuário do serviço de *e-mail* "Gmail" designar dez pessoas que serão contatadas após certo tempo de inatividade da conta (o que pode denotar a morte do usuário). Para configurar, o usuário deve definir um período de tempo de inatividade, quando o sistema deve tomar as ações definidas, que pode ser de três, seis, nove ou doze meses. Quando este período terminar, o Google enviará uma mensagem de texto (SMS) para o celular cadastrado pelo usuário e para um endereço de e-mail secundário. Se o internauta não responder, o sistema poderá tomar as providências que foram definidas pelo usuário "em vida". Sem dúvida é uma ferramenta de planejamento da "morte digital". O usuário pode avisar essas pessoas sobre o que deve ser feito com seus dados pessoais se algo acontecer. No caso de contradição entre esta declaração feita na "gestão de contas inativas" e um testamento, por exemplo, a revisão da UFADAA permite que seja prevalente a declaração feita perante o provedor.

7 • BENS DIGITAIS NO DIREITO ESTRANGEIRO 197

Na revisão da UFADAA, facilitando-se a regulamentação desse acesso, inseriram três opções para o provedor franquear o acesso, à sua escolha:

> – permitir que o requisitante acesse diretamente a conta do usuário;

> – permitir que o requisitante acesse parcialmente a conta do usuário, se isso for suficiente para se alcançar o pretendido;

> – prover ao requisitante o depósito dos dados constantes na conta do usuário, ou seja, criar um perfil com todas as informações que estavam inseridas naquele que se quer acessar.

Ignoradas na primeira versão da proposta legislativa, a revisão trouxe a possibilidade de cobrança de taxas administrativas razoáveis pelos provedores, a depender da complexidade do trabalho, em clara intervenção promovida pelos representantes daqueles fornecedores de serviços digitais.

A respeito dos ativos excluídos pelo próprio titular, antes da morte ou incapacidade, nada fora dito na redação original. Entretanto, a revisão de 2015 assentou que os ativos que foram excluídos pelo usuário não devem ser revelados aos requisitantes. Ou seja, o acesso não se dará àquilo que já não existiria mais na conta no momento do evento decisivo.

Preocupando-se uma vez mais com os provedores, os pedidos excessiva-mente onerosos também foram trazidos na revisão, possibilitando-se ao prove-dor negar o cumprimento do acesso quando a requisição for demasiadamente complexa e onerosa, como, por exemplo, acesso a todos os e-mails que tratam de questões financeiras. Para cumprir essa solicitação onerosa, o provedor teria em tese que vasculhar toda a conta do usuário, analisando-se o conteúdo de cada mensagem recebida ou enviada, a fim de saber se é o caso de fornecer ao requisitante. Nessas situações, os interessados ou mesmo o provedor poderão recorrer ao Poder Judiciário em busca de uma orientação sobre qual medida deverá ser tomada.

Em reforço aos deveres dos fiduciários, como demonstrado anteriormente, a UFADAA se restringiu a afirmar que os fiduciários teriam apenas os deveres exigidos para o exercício de suas funções, pelas leis gerais de sucessões. Amplian-do essa perspectiva, a revisão de 2015 incorporou expressamente quais seriam esses deveres, dentre os quais os de cuidado, de lealdade e de confidencialidade, podendo-se assim dizer que nesta seara será aplicável, mais uma vez, o princípio da boa-fé objetiva.

Sobre o encerramento da conta, a questão que não fora trabalhada na pro-posta original foi expressamente trazida na revisão feita. Se esse encerramento não vier a violar nenhum dos deveres impostos aos fiduciários, estes poderão solicitar o encerramento da conta do usuário, cabendo ao provedor se cercar de cuidados na verificação da correta identificação daquele perfil e das causas que dariam suporte ao pedido.

Como tantas vezes visto na prática, vários sujeitos optam por construir contas conjuntas (muito comum entre casais em redes sociais, ou em empresas quando sujeitos trabalham no mesmo setor). O regramento dessa peculiaridade também não fora previsto no projeto inicial. A revisão concederia aos provedores a liberdade do dever de acesso, caso venham a comprovar que houve acesso à conta por outra pessoa, após o pedido feito. Isso porque o outro cotitular seria naturalmente aquele que faria o papel de fiduciário. Tal regramento diminuiria as tarefas do provedor indubitavelmente.

Quanto ao prazo para cumprimento do acesso, ficou mantido o prazo de 60 (sessenta) dias para a efetivação deste direito, devendo o requerimento conter a advertência de que o fornecimento de acesso não viola o dever de manter em sigilo as comunicações ou gravações de um cliente (já que consta como crime na legislação americana tal revelação indevida – 18 U.S.C. 2702 "Voluntary disclosure of customer communications or records").

Portanto, essa revisão procurou atender, como dito, aos interesses dos provedores e conciliar a UFADAA e a legislação federal de proteção à privacidade. Após este trabalho, a ULC confia que a maior parte dos Estados da Federação Norte-Americana irá aprovar suas leis regionais, garantindo então o acesso aos bens digitais nos termos estabelecidos no projeto ora debatido.

Entre 2016 e 2020, quarenta e seis, dos cinquenta estados que compõem a federação norte-americana, já promulgaram suas leis de regulamentação do destino dos bens digitais, nos termos da lei uniforme apresentada pela ULC. Outros três estados apresentaram o projeto de lei às suas respectivas casas legislativas, estando em trâmite a novel proposta regulamentatória.[12] Ou seja, a quase totalidade dos Estados Federados já possuem sua própria UFADAA.

O Canadá adotou este projeto norte-americano através de sua Uniform Law Conference, em 2016, porém com nomenclatura levemente distinta: UADAFA – Uniform Acess to Digital Assets by Fiduciaries Act.[13] Em sua essência, esta legislação uniforme é bastante semelhante àquela aprovada nos Estados Unidos.

---

12. Dados obtidos a partir de pesquisa realizada junto à ULC (Uniform Law Commission), através do site www.uniformlaws.org/Legislations.aspx.

13. Para obter o acesso à legislação canadense, consultar o site: https://www.ulcc.ca/images/stories/2016_pdf_en/2016ulcc0006.pdf.

7.2. A QUESTÃO NA EUROPA: A BUSCA POR REGULAMENTAÇÃO

Indo ao velho continente, percebe-se que os problemas desencadeados pela titularidade dos bens digitais começam a chamar a atenção do meio acadêmico, atraindo um debate ainda embrionário sobre uma futura regulamentação.

EC Data Protection Directive de 1995 é reconhecida como sendo a principal via de proteção das informações privadas na União Europeia, resguardando tanto informações que estejam *online*, quanto *off-line* e, ainda, em face de a possíveis agressões promovidas por particulares ou pelo Estado.[14]

Porém, produzida num período inicial do uso da internet em larga escala, esta lei não trouxe dispositivos sobre os ativos digitais, não tratando também da possibilidade da proteção da privacidade do indivíduo morto. A principal intenção desta regulamentação era proteger as pessoas naturais quanto ao tratamento e livre circulação de dados pessoais.

Mesmo reforçada em 2002, pela EC Privacy and Eletronic Communications Directive ("PECD"), Lei esta modificada em 2009, que por sua vez buscava estabelecer regras para garantir a segurança no que diz respeito ao tratamento de dados pessoais, à notificação da violação destes dados e à confidencialidade das comunicações, proibindo, também, as comunicações não solicitadas nos casos em que o usuário não tenha dado o seu consentimento, continuou-se sem regramento específico para os bens digitais,[15] em que pese a forte preocupação de resguardo da privacidade no âmbito digital.

Em 2012, a fim de se enfrentar os novos desafios impostos pela era digital e substituir a Diretiva 95/46/EC,[16] foi proposta a denominada New Data Protection Regulation ("DPREG"),[17] aprovada em 2016 na Comissão Europeia. Esta reformulação das regras de proteção de dados pessoais tem como objetivo restituir aos cidadãos o controle sobre seus dados pessoais e simplificar o marco legal para as empresas. Busca-se com isso, realizar a ideia de um mercado único digital, evitando-se que as informações pessoais fornecidas no momento em que se realiza um compra pela internet, um cadastro em qualquer tipo de site ou aplicativo, venham parar em mãos erradas. O cidadão deve ter o direito de

---

14. A íntegra desta legislação – Council Directive 95/46/EC – em português ver: (DIRECTIVA 95/46/CE DO PARLAMENTO EUROPEU E DO CONSELHO, 1995).
15. A íntegra desta legislação – Council Directive 2002/22/EC e suas posteriores modificações promovidas pelas Council Directive 2002/58/EC, Council Directive 2009/136/EC– em português, ver: (UNIÃO EUROPEIA, 2015).
16. Vide nota de rodapé 81.
17. A proposta de reforma e suas justificativas, ver: (CONSELHO DA UNIÃO EUROPEIA, 2015).

controlar esses dados e as empresas o dever de bem conservá-los.[18] O princípio do controle dos dados pelo seu titular é a guia mestra para a compreensão da UE 2016/679, o Regulamento Geral de Proteção de Dados Europeu, em vigor desde 25 de maio de 2018.

Esta legislação europeia foi a principal fonte de inspiração para que o legislador brasileiro pudesse, em 2018, aprovar a Lei 13.709, instituindo no ordenamento pátrio a Lei Geral de Proteção de Dados. Com vigência escalonada, esta lei procura trazer ao cenário nacional, conforme seu artigo inaugural, regras sobre o tratamento de dados pessoais, inclusive nos meios digitais, por pessoa natural ou jurídica, com claro objetivo de proteger direitos fundamentais, tais como a privacidade, a liberdade e o livre desenvolvimento da pessoa natural.

Em que pese as leis de proteção de dados, tanto na experiência europeia quanto brasileira, serem notáveis avanços na tutela de vários ativos digitais, em especial os dados de um indivíduo fornecidos a um provedor, estas normas não seguem a mesma linha da UFADAA norte-americana. O objetivo da proteção de dados vai em outro sentido, resguardando-se especialmente as informações pessoais frente aos crescentes problemas despertados por um comércio cada vez mais eletrônico.[19]

Compulsando-se detidamente as legislações do velho continente a também a Lei 13.709/2018, nada é encontrado sobre o destino a ser fornecido aos dados de uma pessoa falecida ou incapacitada, os deveres e direitos de seus eventuais sucessores ou curadores, bem como o resguardo da autonomia privada frente a esses problemas. Ou seja, o destino dos bens digitais não é objeto imediato de leis de proteção de dados.

---

18. Na Europa, a proteção de dados é um direito fundamental consagrado no artigo 8.º da Carta dos Direitos Fundamentais da União Europeia, bem como no artigo 16º, nº 1, do Tratado sobre o Funcionamento da União Europeia (TFUE), e que deve ser protegido em conformidade.

19. As principais propostas trazidas neste "DPReg" Europeu, ainda em discussão, seriam:

    - o reforço do direito de proteção de dados pessoais com; inserção da possibilidade de facilitação no acesso a estes, utilização de uma política de utilização com linguagem clara e simples, direito ao apagamento de dados pessoais, direito ao esquecimento, direito de portabilidade destes dados, limitação ao uso do recurso denominado de "definição de perfis" – pelos quais os provedores tratariam de forma automatizada os dados pessoais, definindo as preferências pessoais, desempenho profissional, situação econômica.

    – aumentar as oportunidades de negócios neste mercado único digital; isto assegurará a livre concorrência, favorecendo-se pequenas e médias empresas.

    – mais e melhores instrumentos para garantir o cumprimento das regras de proteção de dados, ampliando assim a necessidade de investimentos em segurança da rede.

    – garantias na transferência de dados pessoais para fora da União Europeia, verificando-se se o nível de proteção assegurado por uma organização ou governo estrangeiro é suficiente para que esta transferência seja autorizada (CONSELHO EUROPEU, 2015).

Escrevendo sobre este novo regime europeu, Edina Harbinja (2013) afirma que "O novo regime, como fora apresentado preliminarmente, parece não prover suficientemente o escopo de proteção de dados de pessoas falecidas. Ao contrário, algumas versões apresentadas explicitamente excluem o morto." (Harbinja, 2013, tradução nossa).[20]

Todavia, os princípios trazidos nas leis de proteção de dados podem auxiliar a resolução de problemas ligados ao destino de bens digitais. Na lei brasileira, tal qual na europeia, são encontradas normas fecundantes que certamente colaboram para a construção da melhor decisão por parte do Poder Judiciário. No art. 2º da LGPD (Lei 13.709/2018) está assentado que a disciplina da proteção de dados pessoais tem como fundamentos: o respeito à privacidade; a autodeterminação informativa; a liberdade de expressão, de informação, de comunicação e de opinião; a inviolabilidade da intimidade, da honra e da imagem; o desenvolvimento econômico, tecnológico e a inovação; a livre iniciativa, a livre concorrência e a defesa do consumidor; os direitos humanos, o livre desenvolvimento da personalidade, a dignidade e o exercício da cidadania pelas pessoas naturais. Ou seja, são fundamentos abundantes para que um juiz, diante de um acaso concreto possa adotar a solução mais satisfativa aos interesses em conflito.

Diante deste cenário de ausência de regulamentação específica do tema, em setembro de 2015, o European Law Institute (ELI) tenha promovido, em sua conferência anual, desta vez realizada em Viena na Áustria, um painel denominado "Fiduciary Access to Digital Assets".[21] Neste, várias palestras foram proferidas na tentativa de se demonstrar aos presentes a necessidade de haver uma regulamentação mais pormenorizada desses ativos digitais. Não por acaso, várias destas apresentações se utilizaram das regras dispostas na proposta do UFADAA norte-americano.[22]

Na palestra proferida pelo professor Sjef Von Erp (2015), da Universidade de Maastricht (Holanda), destacou-se que, em um mundo digital, a tecnologia passou a ser o verdadeiro líder, cabendo ao Direito acompanhá-la. Dessa forma, a questão dos bens digitais, naturalmente um tema sem fronteiras, deveria ser tratada de maneira harmônica pelos diversos países, não apenas do bloco europeu, mas da comunidade internacional como um todo. Em consenso com a indústria

---

20. The new regime, as currently drafted, does not seem provide scope for protection of the deceased's data. On the contrary, some versions of the proposal explicity exclude the deceased.

21. Repetindo a tradução já feita anteriormente: "Acesso Fiduciário aos Ativos Digitais".

22. Vale destacar que o ELI é o equivalente na Europa ao Uniform Law Commission (ULC) dos Estados Unidos, em que pese este último ser uma instituição centenária e o primeiro ter apenas cinco anos de existência. A função do ELI, como organização independente, é promover a qualidade da legislação europeia, procurando iniciar, conduzir e facilitar a pesquisa, fazer recomendações, bem como desenvolver o Direito Europeu (ERP, 2015).

de tecnologia, especialmente os provedores de serviços digitais, deve-se buscar uma solução para problemas relacionados à propriedade e sua transmissão, assim como a proteção da privacidade e outros direitos. O professor conclui sua apresentação fomentando a adoção pela Europa do "Uniform Fiduciary Access to Digital Assets Act" (ERP, 2015).

No continente europeu, como apresentado, ainda não há uma uniformização de legislação sobre ativos digitais, em que pese a proteção aos dados pessoais, mesmo em meios eletrônicos, ser considerada verdadeiro direito fundamental no art. 8º da Carta dos Direitos Fundamentais da União Europeia.

Entretanto, alguns países que compõem o bloco já elaboraram regras expressas em seus ordenamentos jurídicos internos que de alguma forma tangenciam o objeto deste estudo.

Na Bulgária, a Lei de Proteção de Dados Pessoais, do ano de 2002, reconhece que, em caso de morte da pessoa natural, seus direitos àqueles dados deveriam ser exercidos por seus herdeiros. Com isso, haveria uma extensão do acesso aos dados aos sucessores.[23] Ou seja, embora não haja expressamente um regramento dedicado aos ativos digitais, há como utilizar analogicamente este dispositivo legal para se permitir o acesso aos dados de um falecido por seus familiares.

Já na Estônia, a mesma Lei de Proteção aos Dados Pessoais, de 2007 (Estônia, 2007) – reformada em 2011 –, vai mais longe, ao permitir que, com alto grau de liberdade, o sujeito possa decidir, com a proximidade da morte, o que será feito com esses seus dados. Esta manifestação de vontade teria, inclusive, uma validade limitada no tempo, no caso, 30 (trinta) anos. A legislação desse país, inclusive, traz um capítulo próprio para o processamento dos dados pessoais, após a morte do usuário da rede, dizendo em síntese que alguns familiares têm permissão para realizar o manuseamento desses dados, igualmente por não mais que os 30 (trinta) anos referidos acima.[24] De qualquer modo, também não há aqui um enfrentamento direto à questão dos ativos digitais, com a proteção da privacidade de terceiros ou interesses dos provedores. Contudo, a aplicação desse dispositivo seria um bom caminho a fim de fornecer acesso aos familiares aos bens digitais deixados por alguém que falecera.

---

23. Art. 28(3) In case the individual dies, his or her rights referred [...] shall be exercised by his or her heirs (BULGÁRIA, 2002).

24. "§ 13. Processing of personal data after death of data subject (1) After the death of a data subject, processing of personal data relating to the data subject is permitted only with the written consent of the successor, spouse, descendant or ascendant, brother or sister of the data subject, except if consent is not required for processing of the personal data or if thirty years have passed from the death of the data subject. If there are more than one successor or other persons specified in this subsection, processing of the data subject's personal data is permitted with the consent of any of them but each of the successors has the right to withdraw the consent" (ESTÔNIA, 2007).

7 • BENS DIGITAIS NO DIREITO ESTRANGEIRO

Por sua vez, a Suécia, inversamente ao que se passa nos dois países acima citados, diz expressamente em sua Lei de Proteção aos Dados Pessoais, de 1998 (Suécia, 1998), que esses dados englobariam todos os tipos de informação que direta ou indiretamente possam se referir a uma pessoa natural que esteja viva. Portanto, excluídas estariam as pessoas mortas, sem grandes chances de aplicação analógica das normativas ali traçadas, a eventual legado digital.[25]

No Reino Unido, a mesma Lei, fruto da Diretiva Europeia sobre Dados Pessoais, datada de 1998 (Reino Unido, 1998), vai em caminho semelhante à legislação sueca, tratando como dados pessoais aqueles que se refiram à vida de um indivíduo, renegando-se inclusive expressamente qualquer tipo de efeito *post mortem*. Todavia, poderia haver certa relativização desta proibição, se o dado pessoal da pessoa morta viesse a repercutir, ainda que indiretamente, em outra que estivesse viva. Novamente, nada há de abordagem direta ao tema ora objeto deste trabalho.[26]

Retratando e buscando explicar este não regramento das questões ligadas à morte pela maioria destas legislações europeias sobre dados pessoais, Lilian Edwards e Edina Harbinja (2013) asseveram que

> Em geral, a relutância dos estados em estender os direitos sobre dados pessoais para a morte, demonstra a percepção de que estes direitos, por serem altamente personalíssimos e ligados aos dados do próprio sujeito, deveriam, naturalmente, morrerem juntos com ele. Onde interesses tais como a reputação familiar, herança moral ou econômica, outros institutos como leis criminais de difamações, direitos morais, direitos de autor, direitos personalíssimos podem, alternativamente, providenciar um remédio. (EDWARDS; HARBINJA, 2013a, tradução nossa).[27]

Pelo que se vê, a Europa ainda caminha em busca de uma legislação que possa, de forma direta, encarar a questão dos ativos digitais e os possíveis efeitos gerados após a morte do usuário que os titulariza. As leis acima analisadas, em sua grande maioria, dispõem sobre a proteção de dados pessoais, não enfrentando diretamente as questões despertadas pelo destino dos bens digitais.

---

25. "Personal Data – All kinds of information that directly or indirectly may be referable to a natural person who is alive" (SUÉCIA, 1998).

26. Resumo destes regramentos dos quatro países citados, Bulgária, Estônia, Suécia e Reino Unido, pode ser encontrado no artigo escrito por Lilian Edwards e Edina Harbinja (2013a). "Protecting post-mortem privacy: reconsidering the privacy interests of the deceased in a digital world".

27. In general, though, the reluctance of states to extend DP rights to the dead matches the perceptions, canvassed above, that such rights, as highly personal to the data subject, should by their nature, die with them. Where interests such as family reputation, morals or economic inheritance of the living are affected after the death of the data subject, other institutions such as criminal defamation laws, moral rights, copyright or personality rights may instead provide a remedy.

De todo modo, o ELI (European Law Institute),[28] em 2017, desenvolveu um Estudo de Viabilidade de Acesso Fiduciário a Ativos Digitais, que analisou a UFADAA da ULC norte-americana e canadense. Após várias discussões, esse Instituto entendeu que em virtude do rápido desenvolvimento tecnológico e as consequências transfronteiriças, não seria adequado se impor uma lei modelo para todo o bloco de estados comunitários. Melhor seria, na visão dos integrantes deste estudo de viabilidade, deixar que cada Estado integrante da União Europeia pudesse criar e alterar suas leis conforme suas peculiaridades, ou mesmo optar por não adotar uma legislação neste sentido.

Além disto, o ELI entendeu que algumas figuras previstas no UFADAA eram típicas da tradição do "common law", tais como os "fiduciaries" e os "trustees". A tradição europeia do "civil law", não há figuras equivalentes, razão pela qual seria difícil uma incorporação do projeto da ULC (Uniform Law Comission).

Já em 2019, o ELI, que tem sede em Viena na Áustria, decidiu implantar um projeto para que fossem construídos princípios gerais para regramento da temática dos bens digitais.[29] A previsão era de que este projeto seria concluído em setembro de 2021, sob a liderança dos professores Sjef van Erp e Jos Uitdehaag.

A ideia era que este projeto pudesse facilitar a posição das pessoas naturais titulares destes ativos virtuais e, também, direcionar a atuação daqueles que tem que lidar com dilemas oriundos destes bens, tais como juízes, notários, entre outros. E a partir destes princípios, cada Estado poderá, caso julgue conveniente, elaborar leis que tenham um entendimento comum acerca do significado de bens digitais, acesso a estes bens, direitos básicos dos titulares, auxiliando assim os profissionais do direito e de outras áreas do conhecimento.

Com este projeto, restava clara a pretensão de se obter um tratamento à herança digital, a designação de um procurador para interesses digitais no caso de incapacidade do titular, a possibilidade de penhora de ativos digitais no interesse dos credores, a utilização dos ativos digitais como forma de garantia no âmbito de contratos de empréstimo ou financiamento.

---

28. O European Law Institute (ELI) é uma organização independente sem fins lucrativos criada para iniciar, conduzir e facilitar a investigação, fazer recomendações e fornecer orientações práticas no domínio do direito europeu desenvolvimento. Com base na riqueza de diversas tradições jurídicas, a sua missão é a busca de uma melhor legislação na Europa e o reforço da integração jurídica europeia. Através dos seus esforços, o ELI procura contribuir para a formação de uma comunidade jurídica europeia mais vigorosa, integrando as conquistas das várias culturas, apoiando o valor do conhecimento comparativo e assumindo uma perspectiva genuinamente pan-europeia (texto retirado do site http:// wwweuropeanlawinstitute.eu).

29. ELI Principles on the Use of Digital Assets as Security (Princípios do European Law Institute sobre o uso de ativos digitais como segurança) está disponível neste site: https://www.europeanlawinstitute. eu/projects-publications/publications/eli-principles-on-the-use-of-digital-assets-as-security/.

O projeto "ELI Principles on the Use of Digital Assets as Security" foi finalizado em fevereiro de 2022. Mas, ainda assim, os integrantes do projeto continuam se reunindo para manterem aberta a oportunidade de novas discussões sobre a temática.

O documento final do projeto levou à produção de um conjunto de princípios em comum acordo, que orientam pessoas naturais e jurídicas, governos e entidades públicas, a lidarem com mais assertividade e segurança sobre a temática dos Bens Digitais.

Estes princípios construídos pretendem se concentrar nas situações em que partes num contrato pactuam por criar uma garantia real sobre um bem digital, a fim de se garantir o cumprimento pelo devedor da obrigação pactuada junto ao credor. Ou seja, a ideia europeia discutida no âmbito do ELI é visionária, uma vez que propõe um novo tipo de garantia, concedendo-se prioridade ao credor, quanto à excussão de um bem digital.

Afinal, quem se negaria a conceder empréstimo a um influenciador digital, com milhões de seguidores numa plataforma monetizada, sendo este ativo digital seu principal patrimônio? Certamente, há um novo e rico cenário aqui, inclusive como mola de novos modelos econômicos, que não pode ser ignorado pelos juristas tradicionais.

Em formato de uma "Blackletter",[30] foram cinco os princípios aprovados pelo ELI no que toca ao uso de bens digitais como garantia.

O primeiro deles afirma a possibilidade de se utilizar, no âmbito europeu, um bem digital como garantia voluntariamente estabelecida entre duas ou mais partes num contrato, como fruto de exercício de autonomia negocial. Este princípio não se aplicaria à apreensão de ativos digitais pelo Estado, no âmbito de seu poder de polícia. Por fim, o primeiro princípio também não deverá se sobrepor a algum tipo de regulamentação estatal sobre um bem digital em específico, como por exemplo, as criptomoedas.[31]

---

30. Nas estruturas da tradição do common law, as Blackletters são normas jurídicas bem estabelecidas, certas e não mais passíveis de discussão, demonstrando a solidez de sua construção. Seriam componentes básicos e estruturantes de uma determinada temática no âmbito jurídico.

31. Scope and Purpose 1. The Principles apply to the use of digital assets as security by private parties, whether natural or legal persons, in accordance with the terms of a security agreement, and are intended for use across legal systems, but primarily in the EU. 2. The Principles do not apply to non-consensual security interests, ie, security interests created by operation of law rather than by voluntary disposition (agreement). 3. The Principles do not apply to the seizure of digital assets by public bodies in the exercise of their public powers. 4. The Principles are without prejudice to the treatment of digital assets already regulated as !nancial instruments under national law and, where applicable, EU or other supranational law, and they are not intended to derogate from any such law. Accordingly, in the event of any inconsistency between the Principles and such other law, the latter prevails.

Já no segundo princípio, condiciona esta utilização do bem digital como garantia ao respeito à legislação que regula a temática. Por evidente, as normas gerais do direito europeu sobre prestação de garantias hão de ser respeitadas, já que não é possível criar um espaço diferenciado para as novas formas de garantias, ao menos por ora.[32]

Como terceiro princípio, tem-se que é possível a criação de participações mobiliárias em ativos digitais, ou seja, o fornecedor de valores mobiliários poderá ofertar esta participação como forma de garantir o cumprimento de obrigações, desde que tenha o poder de disposição sobre estes ativos. Será possível, inclusive, que as partes prevejam em contrato uma flutuação tolerável no valor do bem digital.[33]

---

32. Digital Assets as Security 1. A digital asset can be used as security in accordance with the terms of a security agreement between a security provider and a secured creditor (the 'Parties'). 2. The use of a digital asset as security is subject to compliance with the provisions of the law governing the creation of security interests, under Principle 3, and to the law governing the efectiveness of security interests against third parties, under Principle 4.

33. Creation of Security Interests in Digital Assets and Applicable Law 1. To create a security interest in a digital asset, the Parties to a security agreement must comply with the requirements of the applicable law for the creation of a security interest of the type intended by the Parties. 2. For the purposes of Principle 3(1), the 'applicable law' is the law of the jurisdiction in which the security provider has, at the time of the creation of the security interest, its place of business, or its central administration (if it has a place of business in more than one jurisdiction) or the law of the jurisdiction in which the security provider has its habitual residence (absent a place of business). 3. By derogation from Principle 3(2), in those cases where the digital asset itself is clearly connected with one particular jurisdiction, the law of that jurisdiction is deemed to be the 'applicable law'. 4. If the digital asset to be used as security represents a real-world asset, tangible or intangible, the question of whether and under which conditions a security interest created in the digital asset would also result in the creation of a security interest in the underlying real-world asset is to be determined by reference to the ordinary conflict of laws rules governing the proprietary aspects with respect to that real-world asset. 5. If the applicable law makes the creation of a security interest in assets conditional on their physical delivery to the secured creditor, then that condition is deemed to be fulfilled in the case of a security interest created in a digital asset where the security provider has put the secured creditor in a position where the latter can exercise control over the digital asset concerned, even if short of the actual physical delivery of the real-world asset to the secured creditor. 6. The creation of a valid security interest over a digital asset depends on the security provider's rights in it and, in particular, on the security provider's power to encumber it, but without prejudice to the rights of bona fide secured creditors or other third parties, which are a matter of effectiveness and priority of security interests against third parties under Principle 4, and whether the description of the encumbered digital asset in the security agreement reasonably allows its specification. 7. The creation of a valid security interest over a digital asset need not depend on whether the security provider enjoys intellectual property rights over the encumbered digital asset. The eventual protection of a digital asset by intellectual property law does not prevent the creation, by the security provider, of a valid security interest in that asset, provided that the conditions set out earlier in this Principle are complied with. 8. The Parties to a security agreement may make provision for fluctuations in the value of the encumbered digital asset. Such provisions do not adversely affect the validity of the security interest, except where national law or commercial practice would dictate that fluctuations resulting in the market value of the digital assets transferred by way of security exceeding that of the debt owed to the secured creditor would qualify as an unconscionable or otherwise prohibited form of over-collateralisation.

O quarto princípio veicula a questão desta garantia prestada frente a terceiros. Para gozar de eficácia contra terceiros, com a respectiva prioridade, há que se verificar se o ativo pertence ao mundo tangível (mundo real) ou intangível. E partir daí, o quarto princípio separa entre jurisdições que tem um sistema de notificação relativa a transações, daqueles que não o possuem. Certamente, este é um problema sério em se tratando de bens digitais como garantia, pois como o credor toma conhecimento da fragilização desta garantia é de suma relevância.[34]

Como quinto e último princípio, tem-se a execução e extinção da garantia prestada a partir de bens digitais. Caso o devedor não cumpra a obrigação ajustada, o credor garantido poderá exercer seu poder de excussão do objeto, como em qualquer outra garantia real prestada, devendo para tanto agir conforme a boa-fé e de forma proporcional (não abusiva). O incumprimento da obrigação poderá decorrer de conduta voluntária ou em virtude de insolvência do devedor, sendo que neste último caso deverão ser seguidas as regras do concurso de credores. Por evidente, sendo cumprida a obrigação (principal), a garantia prestada se extingue (acessório).[35]

---

34. Efectiveness of Security Interests in Digital Assets Against Third Parties and Applicable Law 1. To be efective against third parties, and to enjoy priority over their interests, a security interest in a digital asset must fulfil, where applicable, the requirements for efectiveness against third parties concerning the type of security interest intended under the applicable law. 2. For the purposes of Principle 4(1), the 'applicable law' is the law of the jurisdiction in which the security provider has, at the time of the creation of the security interest, its place of business or its central administration (if it has a place of business in more than one jurisdiction) or the law of the jurisdiction in which the security provider has its habitual residence (absent a place of business). 3. By derogation from Principle 4(2), in those cases, where the digital asset itself is clearly connected with one particular jurisdiction, the law of that jurisdiction is deemed the 'applicable law'. 4. If the digital asset to be used as security represents a real-world asset, tangible or intangible, the question of whether and under which conditions third-party efectiveness achieved with respect to a security interest in digital asset also results in third-party efectiveness of a security interest in the underlying real-world asset is to be determined by reference to the ordinary conflict of laws rules governing the proprietary aspects with respect to that real-world asset. 5. For jurisdictions where a statutory transaction filing or notice !ling system for security interests in respect of intangible assets exists, the efectiveness against third parties of a security interest in a digital asset, and its priority against competing claimants, including other secured creditors, and creditors of the security provider, can be achieved through compliance with that system, subject to any necessary adaptations. 6. For jurisdictions where neither a statutory transaction filing or notice !ling system for security interests in respect of intangible assets nor any other system establishing third party efectiveness and priority exists, a security interest in a digital asset becomes efective against third parties once the secured creditor has gained efective control of the digital asset, that is a degree of control suficient to prevent the security provider from independently disposing of the digital asset.

35. Enforcement and Extinction of Security Interests in Digital Assets 1. In the event of the debtor's default, the secured creditor may enforce on the digital asset used as security in accordance with the provisions of the security agreement, also without the involvement of judicial instances, where allowed in the relevant jurisdiction, and subject to Principle 5(4). 2. Whether or not the debtor's default is attributable to its insolvency, within the meaning of Principle 5(3), or to a failure to comply with its contractual obligations vis-à-vis the secured creditor, the latter must act in good faith and

Por fim, destaque-se que a Espanha, em 2018, através da Ley Orgánica 3/2018 (Ley de Protección de Datos y Garantía de los Derechos Digitales),[36] reformando a antiga lei de proteção de dados, estabeleceu a legitimidade dos herdeiros do titular falecido para gerirem a herança digital, exceto se houver uma determinação testamentária em sentido contrário. O art. 96 desta citada lei espanhola, em longo regramento, estabeleceu expressamente o Direito ao Testamento Digital.[37]

Diante de todo o exposto, vê-se claramente que o estudo dos bens digitais é objeto da vanguarda jurídica e que muitos novos cenários ainda estão por vir e que certamente serão tratadas nas próximas edições deste trabalho.

---

proceed in a commercially reasonable manner in exercising its enforcement rights under Principle 5(1). 3. For the purposes of Principle 5(1), the term 'default' includes the debtor's insolvency, as defined by the laws of the relevant jurisdiction. 4. Where the debtor's default is attributable to its insolvency, within the meaning of Principle 5(3), the secured creditor's rights in a digital asset used as security are to be enforced in accordance with the applicable insolvency and enforcement laws. 5. Nothing in this Principle is intended to determine whether, with regard to a digital asset used as security, a third party owes a duty to the security provider or the secured creditor. 6. Unless otherwise provided for in the security agreement, a security interest is extinguished once all secured obligations have been discharged.

36. Esta legislação espanhola está disponível neste site: https://www.boe.es/eli/es/lo/2018/12/05/3/dof/spa/pdf.

37. "*Artículo 96. Derecho al testamento digital. 1. El acceso a contenidos gestionados por prestadores de servicios de la sociedad de la información sobre personas fallecidas se regirá por las siguientes reglas: a) Las personas vinculadas al fallecido por razones familiares o de hecho, así como sus herederos podrán dirigirse a los prestadores de servicios de la sociedad de la información al objeto de acceder a dichos contenidos e impartirles las instrucciones que estimen oportunas sobre su utilización, destino o supresión. Como excepción, las personas mencionadas no podrán acceder a los contenidos del causante, ni solicitar su modificación o eliminación, cuando la persona fallecida lo hubiese prohibido expresamente o así lo establezca una ley. Dicha prohibición no afectará al derecho de los herederos a acceder a los contenidos que pudiesen formar parte del caudal relicto. b) El albacea testamentario así como aquella persona o institución a la que el fallecido hubiese designado expresamente para ello también podrá solicitar, con arreglo a las instrucciones recibidas, el acceso a los contenidos con vistas a dar cumplimiento a tales instrucciones. c) En caso de personas fallecidas menores de edad, estas facultades podrán ejercerse también por sus representantes legales o, en el marco de sus competencias, por el Ministerio Fiscal, que podrá actuar de oficio o a instancia de cualquier persona física o jurídica interesada. d) En caso de fallecimiento de personas con discapacidad, estas facultades podrán ejercerse también, además de por quienes señala la letra anterior, por quienes hubiesen sido designados para el ejercicio de funciones de apoyo si tales facultades se entendieran comprendidas en las medidas de apoyo prestadas por el designado. 2. Las personas legitimadas en el apartado anterior podrán decidir acerca del mantenimiento o eliminación de los perfiles personales de personas fallecidas en redes sociales o servicios equivalentes, a menos que el fallecido hubiera decidido acerca de esta circunstancia, en cuyo caso se estará a sus instrucciones. El responsable del servicio al que se le comunique, con arreglo al párrafo anterior, la solicitud de eliminación del perfil, deberá proceder sin dilación a la misma. 3. Mediante real decreto se establecerán los requisitos y condiciones para acreditar la validez y vigencia de los mandatos e instrucciones y, en su caso, el registro de los mismos, que podrá coincidir con el previsto en el artículo 3 de esta ley orgánica. 4. Lo establecido en este artículo en relación con las personas fallecidas en las comunidades autónomas con derecho civil, foral o especial, propio se regirá por lo establecido por estas dentro de su ámbito de aplicación.*"

7.3. ALEMANHA: LEADING CASE SOBRE A SUCESSÃO DOS BENS DIGITAIS

Em um *leading case* de 2019, o *Bundesgerichtshof* (Tribunal Alemão equivalente ao Superior Tribunal de Justiça no Brasil, conhecido pela sigla BGH) reconheceu de maneira inédita a possibilidade da autonomia privada regulamentar o destino dos ativos digitais, na linha do que este presente trabalho defende desde sua primeira edição em 2017.

Na visão do tribunal alemão, cabe ao titular do ativo decidir o destino de sua herança digital, podendo então proibir a sucessão ou mesmo indicar um ou mais responsáveis para terem acesso e concederem um destino àquela universalidade digital. Contudo, caso o titular venha a falecer sem qualquer manifestação de vontade neste sentido, aí sim há de ser aplicada a regra vigente no ordenamento jurídico germânico, no sentido de que caberá aos herdeiros a tomada de decisão acerca desta destinação. Tal qual aconteceria com o conteúdo analógico, os bens digitais seriam, portanto, objeto de transmissibilidade aos herdeiros.

Em demanda promovida pelos pais de uma garota de 15 anos, morta no metrô de Berlim, em possível situação de suicídio, o BGH enfrentou a delicada questão do acesso ao perfil de rede social *post mortem* (BGH III, ZR 183/17). O Facebook impediu os pais de acessarem essa conta, alegando que ela teria sido transformada num memorial. O fundamento do pedido dos pais era compreender melhor o trágico evento que vitimou sua filha adolescente. Procuravam indícios para se verificar se teria sido mesmo um suicídio ou um acidente. E havia mais um fundamento: os pais queriam elementos para auxílio, também, na defesa de outra ação, de reparação de danos, movida pelo condutor do transporte público.

Em artigo dedicado a comentar esse *leading case*, Karina Nunes Fritz e Laura Schertel Mendes, explicitam a *ratio decidendi* do precedente alemão.[38] Primeiramente, reconheceu-se que os contratos existentes entre os titulares e os provedores de conteúdo tem natureza obrigacional, razão pela qual deve ser possível a transmissão da posição contratual post mortem e, ainda, uma verificação pelo Poder Judiciário da validade de cláusula existentes nestes negócios jurídicos, especialmente à luz da boa-fé objetiva e demais normas cogentes. Desta maneira, cláusulas que eventualmente considerem inviável esta transmissão dos ativos digitais, poderiam ser reputadas como abusivas e, assim, deveriam ser declaradas como nulas, por naturalmente privarem o titular de um direito oriundo da própria natureza do contrato.

---

38. Artigo disponível no site: http://revistadireitoresponsabilidade.pt/2019/case-report-corte-alema-reconhece-a-transmissibilidade-da-heranca-digital-karina-nunes-fritz-e-laura-schertel-mendes/.

Para resolver o dilema apresentado, as autoras acima citadas destacam que o Tribunal Alemão não necessitou de novos instrumentos legislativos. Com a utilização das normas existentes e profícuo processo hermenêutico, foi possível se alcançar uma decisão razoável.

Além disso, o BGH ao enxergar o legítimo interesse dos herdeiros não teria dado uma carta branca para qualquer tipo de atuação por parte destes. Os herdeiros que acessam a conta digital do falecido, na satisfação de um interesse patrimonial ou moral, não podem abusar deste direito de acesso, o que configuraria indevido exercício abusivo de posição jurídica. Há que se tutelar aqui um direito à conservação dos segredos, especialmente no que toca a mensagens trocadas entre terceiros e o falecido. Acaso o herdeiro, de maneira indevida como dito, vier a desvelar o conteúdo destas mensagens, sem qualquer justa causa, é possível se pensar em indenização pelos danos injustos causados. Tal proteção estaria abarcada pelo princípio da autodeterminação informativa, aplicável em vida ou pós morte.

Ademais, impedir a transmissibilidade desta herança digital equivaleria a escolher deixar com o provedor de conteúdo, no caso dos autos, o Facebook, toda a gama de informações existentes na conta da garota falecida. Entre escolher deixar com o provedor e compartilhar o conteúdo existente com os pais, o Tribunal entendeu que o correto seria a segunda opção.

Quanto aos eventuais interesses de terceiros, com quem a adolescente houvera mantido contato, o BGH destacou que o usuário de uma rede social deveria ter a consciência de que assim como o emissor de uma carta, é impossível controlar quem terá acesso ao conteúdo postado ou enviado. Há um risco de acesso por terceiros, seja em vida ou após a morte.

Ao reconhecer a transmissibilidade dos ativos digitais, o *Bundesgerichtshof* reforçou a liberdade a partir de seu maior expoente no campo horizontalizado do direito privado: o princípio da autonomia privada, como bem destacado nos capítulos anteriores. Ampliando o poder de cada titular de bens digitais, entendeu-se que cabe a cada um destes fornecer a correta destinação ao seu legado virtual, uma vez que as disposições de última vontade, como um testamento digital, devem ser respeitados por todos. Apenas na ausência desta manifestação volitiva é que haveria tal transmissibilidade, que ainda assim, como explicitado no parágrafo anterior, não forneceria um agir livre e absoluto ao herdeiro que acessa as informações armazenadas em rede. Ou seja, uma vez mais se encontra aqui o binômio clássico que orienta a normatividade jurídica: liberdade e responsabilidade.

Avulta reconhecer, a partir deste leading case germânico, cada vez mais, a necessidade de que os provedores de conteúdo invistam em ferramentas para permitirem as declarações de última vontade dentro da própria plataforma. Além disso, seria extremamente relevante que, além de disponibilização destes instrumentos de coleta de vontade, houvesse uma forte campanha informativa aos seus usuários, acerca dos direitos quanto ao destino dos bens digitais.

Esta decisão alemã pode ser um importante farol para o Poder Judiciário Brasileiro, uma vez que lá, tal qual aqui, não há ainda uma legislação própria para reger o destino dos bens digitais. Todavia, a partir da colisão e ponderação dos direitos fundamentais em conflito, os princípios existentes em leis como o Marco Civil da Internet ou na Lei Geral de Proteção de Dados, é plenamente possível construir uma decisão que atenda e concilie os interesses em potencial estado de conflito.

Isto, insista-se, não invalida a possibilidade de tal qual nos Estados Unidos, Canadá, Espanha, ser criado um microssistema próprio para a tutela dos bens digitais, sobremaneira numa nação como o Brasil, onde infelizmente há forte decisionismo, baixo grau de fundamentação das decisão, ativismo judicial indevido e uma claudicante cultura de respeito aos precedentes.

Todavia, as decisões tomadas no âmbito da CJCODCIVIL (comissão de juristas encarregada da revisão do Código Civil) indiciam que a opção do Brasil será de, apenas, conceituar e regular parcialmente a realidade cada dia mais ampla e complexa dos bens digitais.

8
RESPONSABILIDADE CIVIL E BENS DIGITAIS

Conforme analisado nos capítulos introdutórios deste trabalho, a partir do reconhecimento da existência de uma nova categoria de bens jurídicos, os bens digitais, será possível navegar por todo vasto campo do Direito Civil, tais como o Direito das Obrigações, o Direito Contratual, o Direito das Coisas, o Direito de Família e, como visto tantas vezes, o Direito das Sucessões. Assim também o será com a mais atual e pujante parte da civilística: a responsabilidade civil.

O velho modelo de responsabilização civil, calcado unicamente na ideia de ato ilícito, culpa e danos eminentemente patrimoniais, vem merecendo profunda reformulação, com o abandono de tradicionais estruturas como fundamento único da produção de deveres de reparação a uma vítima. Também pudera, numa sociedade tecnológica, impessoal, urbana, plural e democrática como a atual, o Direito deve amoldar-se aos novos desafios trazidos por este tempo, sob uma perspectiva que atenda às complexas exigências, sejam estas de ordem econômica, social ou cultural.

Como sabido, a pessoa humana foi inserida como centro do ordenamento jurídico, fenômeno chamado por muito como personificação ou despatrimonalização do Direito. Este antropocentrismo constitucional, elevou a dignidade humana como sendo o vetor a ser perseguido, não sendo assim mero valor, mas verdadeiro sobreprincípio, que deverá inspirar a elaboração e interpretação de normas em nosso ordenamento jurídico. Desta maneira, o sistema de responsabilização civil irá inexoravelmente passar por este filtro protetivo traçado pela Carta Magna, que ainda estabeleceu, recorde-se, como princípio fundamental, a busca de uma sociedade verdadeiramente solidária, no inciso I de seu art. 3º (CRFB/1988).

Em que pese nossa Constituição da República em vigor não trazer maiores detalhamentos sobre desafios impostos pela tecnologia, mesmo porque grande parte desses imbróglios hoje existentes não são contemporâneos da última Assembleia Constituinte, será possível e necessário sempre se socorrer de princípios e regras ali inseridos, a fim de se solucionar os novos conflitos, fruto de violações a direitos sedentos por proteção.

De igual modo, o Direito Civil, assim como os demais ramos da ciência jurídica, devem ter em mira a necessidade de se atualizar e buscar responder, o quanto antes, aos problemas e gerados pela ampliação das ferramentas digitais, notadamente com o avanço do uso da internet desde a segunda metade da década de noventa do século passado. A dogmática jurídica vem desconhecendo quase que por completo este novo momento de nossa sociedade, insistindo no mais das vezes em trabalhar hipóteses que fazem referência a uma sociedade calcada apenas na realidade e não na virtualidade. Este excesso de cautela, para não dizer omissão, do Direito no que diz respeito às influências tecnológicas, favorece a criação de um espaço hermenêutico para um pensamento crítico de nossa ciência, quer sob o viés da formulação de novas normas mais adequadas, quer seja pela aplicação judicial do normativo ora existente.

Imersos no paradigma digital, os interesses buscados por cada indivíduo mudam de forma muito mais célere que outrora. E a tecnologia mostra-se como sendo o principal fator a incentivar as constantes alterações de comportamentos. Se o presente artigo estivesse sendo escrito há dez anos, quem da área jurídica poderia imaginar a criação de criptomoedas, o desenvolvimento e usabilidade intensas de aplicativos de mobilidade urbana, os potenciais riscos à privacidade gerados pelas ferramentas geridas por inteligência artificial, as responsabilidades dos denominados "digital influencers" ou mesmo aquela oriunda da utilização de drones autônomos? Logo, a tarefa do jurista do século XXI é trazer o Direito, como ciência social e, em especial a responsabilidade civil, ao cenário sempre mutante da revolução digital. Se surgem novos direitos, surgirão também novas lesões. Estamos, inexoravelmente, diante de inéditas fronteiras da responsabilidade civil.

Tradicionalmente, conduta, culpa, nexo de causalidade e dano (ou prejuízo) são tradicionalmente apontados como os elementos ou pressupostos da responsabilização civil. Dentre estes, o dano é, sem dúvidas, o mais importante, uma vez que sem sua ocorrência não há pressuposto para qualquer dever jurídico consequente, tais como a indenização, a inibição de conduta, o direito de resposta, a solicitação de retratação ou qualquer outro. Sendo assim, é correto dizer que onde não há dano, não há que se falar em responsabilidade civil.

Aqui, há um distanciamento entre o Direito Civil e o Direito Penal, já que neste é possível haver a responsabilização criminal pela mera conduta, independentemente de qualquer dano, como ocorre em delitos como a embriaguez ao volante, o porte ilegal de arma de fogo ou a invasão de domicílio. A responsabilidade civil requer uma alteração no mundo exterior, ou seja, um dano injustificado a bens titularizados por um sujeito, quer sejam estes danos de natureza patrimonial ou extrapatrimonial.

Na ausência de um conceito legal de dano, tem-se hoje no Brasil um conceito aberto, numa verdadeira *cláusula geral de reparação de danos*,[1] como bem pontuam Farias, Rosenvald e Braga Netto. O legislador optou, de maneira proposital, por deixar a critério de cada magistrado, diante de um caso concreto, densificar o que seria considerado um dano apto a gerar efeitos jurídicos. Assim, caberá ao Poder Judiciário, ao ser provocado, verificar o prejuízo sofrido pela vítima, bem como os interesses jurídicos que foram lesados.

A adoção de uma cláusula geral traz consigo a quase certeza de que haverá discrepância de entendimentos, sobremaneira numa cultura jurídica como a brasileira em que a valorização e respeito aos precedentes judiciais ainda está longe de alcançar seu patamar adequado. A título de exemplo desta diferença de tratamento, é interessante citar a jurisprudência do Superior Tribunal de Justiça a respeito da presença de insetos ou corpos estranhos no interior de embalagens alimentícias. Há julgados em que se entende ter havido violação a interesses existenciais da vítima (REsp. nº 1.828.026-SP, DJe 12.09.2019) e, em outros, entende-se que há mero dissabor inapto a configuração de danos morais (REsp. nº 1.395.647-SC, DJe 19.12.2014). Afinal, há dano ou não em situação assim? Deveria existir uma resposta única de nossas cortes superiores?

Todavia, tais incongruências no âmbito decisório não devem ser consideradas como argumentos suficientes à neutralização da utilização desta técnica legislativa. É mais conveniente, sem sombra de dúvidas, um sistema aberto a um sistema fechado, este último calcado na velha técnica da subsunção, fruto da escola da exegese. Assim, no âmbito dos danos, os arts. 186, 187 e 927 do Código Civil retratam a real existência de cláusulas gerais na perspectiva da responsabilidade civil.

No campo dos bens digitais, ainda são incipientes as decisões que constatam a presença de danos, sejam estes aos bens em si, sejam àqueles decorrentes do exercício do direito subjetivo digital. As decisões, como se verá à exaustão o capítulo seguinte, se debruçam em herança e penhora, basicamente.

Afinal, para que o Poder Judiciário possa reconhecer cada vez mais fatos que efetivamente atentam contra a titularidade destes ativos, é preciso que preliminarmente se tenha o entendimento de que se está diante de um novo tipo de interesse legítimo. Desta maneira, ao se reconhecer, haverá o consectário dever de não interferência de terceiros (*neminem laedere*) e, ao mesmo tempo, o necessário exercício do direito subjetivo dentro dos limites traçados pelo ordenamento (vedação ao abuso de direito).

---

1. ROSENVALD, Nelson; FARIAS, Cristiano Chaves de; BRAGA NETTO, Felipe Peixoto. *Curso de direito civil*. Salvador: JusPodivm, 2014. v. 3.

Para demonstrar, em caráter não exaustivo, as possibilidades de lesões relacionadas à titularidade de bens digitais, serão utilizadas quatro categorias, facilitando-se o entendimento e dimensionamento de eventuais responsabilidades civis.

a) Lesões oriundas da conduta de outro particular;

b) Lesões oriundas da conduta do próprio provedor;

c) Lesões oriundas da conduta do Estado;

d) Lesões oriundas da conduta de familiares do titular;

Passemos à análise de cada uma destas categorias, a partir da combinação entre teoria e casos concretos, a fim de didaticamente ser abordada esta nova realidade.

a) Lesões oriundas da conduta de outro particular: suponhamos uma hipótese extremamente comum nos dias atuais; o sequestro de dados ou sequestro digital, conduta que tecnicamente recebe o nome de *ransomware*, uma espécie do gênero *malware*.[2] Através desta prática, uma pessoa, após invadir o computador de outra, utiliza-se de criptografia para travar o acesso a todos os arquivos ali existentes. Isto envolve arquivos de texto, planilhas, vídeos, imagens, programas, entre outros. Para liberar o acesso, o violador exige da vítima o pagamento de uma espécie de resgate. E para dificultar o rastreamento desse resgate, os autores deste ilícito costumam exigir que o pagamento seja feito em moedas digitais ou criptomoedas, como o *bitcoin*.[3] Portanto, se o titular de um bem digital vem a utilizá-lo a partir de uma máquina contaminada com um *ransomware*, indubitavelmente terá havido também a violação deste seu direito subjetivo pela prática de uma conduta dolosa que ocasiona danos.

Logo, para além das eventuais responsabilidades criminais envolvidas, em especial a prática do delito tipificado no *art. 154-A do Código Penal*,[4] há também a configuração do ato ilícito descrito no *art. 186 do Código Civil*,[5] trazendo como

---

2. Malware é a junção das palavras em língua inglesa *malicious* e *software*, ou seja, programas maliciosos.

3. Bitcoin é hoje a principal criptomoeda existente no mundo, descentralizada, permitindo transações ponto a ponto, ou seja, é um protocolo de comunicação que permite que todos os titulares deste ativo digital sejam ao mesmo tempo clientes e servidores deste sistema. Não há um governo ou uma empresa que venha a controlar a titularidade, transferência e uso destes bitcoins.

4. Art. 154-A. Invadir dispositivo informático alheio, conectado ou não à rede de computadores, mediante violação indevida de mecanismo de segurança e com o fim de obter, adulterar ou destruir dados ou informações sem autorização expressa ou tácita do titular do dispositivo ou instalar vulnerabilidades para obter vantagem ilícita: (Incluído pela Lei nº 12.737, de 2012) Pena: detenção, de 3 (três) meses a 1 (um) ano, e multa.

5. Art. 186. Aquele que, por ação ou omissão voluntária, negligência ou imprudência, violar direito e causar dano a outrem, ainda que exclusivamente moral, comete ato ilícito.

primeiro efeito a possibilidade da vítima exigir a reparação integral dos danos sofridos, sejam estes materiais ou morais, nos termos do *art. 927 do Código Civil*.[6] Aqui estaríamos diante de clara hipótese de responsabilidade civil extracontratual ou aquiliana, de natureza subjetiva. Outros exemplos de violações de bens digitais procedidos por particulares poderiam ser a invasão de redes sociais,[7] a utilização de milhas aéreas alheias sem autorização[8] e o próprio furto ou roubo de criptomoedas.[9]

b) Lesões oriundas da conduta do provedor: inicialmente é importante, na esfera dos bens digitais, distinguir os tipos de provedores existentes. Conforme o Marco Civil da Internet (Lei 12.965/2014) e a abalizada opinião da doutrina, há que se diferenciar o *Provedor de Serviço de Acesso* e o *Provedor de Serviços Online*.[10] O primeiro tipo de provedor seria aquele que fornece o acesso ao serviço de internet, ou seja, que permite que o usuário tenha a conexão com a rede mundial de computadores. Após conectado, vem a relevância do segundo tipo de provedor, ou seja, o de serviços online (também denominados provedores de conteúdo ou de informação), figura esta que reúne desde o provedor que concede acesso a um serviço de e-mail, a hospedagem de um site, a uma rede social ou mesmo um portal de notícias. Na linguagem adotada pela legislação brasileira, embora o citado Marco Civil não conceitue provedores especificamente, teríamos respectivamente os Provedores de Conexão à Internet (como equivalente ao que doutrinariamente se denomina de Provedores de Serviço de Acesso) e Provedores de Aplicação de Internet (assemelhados aos Provedores de Serviços Online), conforme se retira dos arts. 11 e 15 da mencionada legislação.

Dito isto, o foco da análise aqui pretendida, à toda evidência, deverá ser os Provedores de Serviços Online. A título de exemplo, é possível dizer

---

6. Art. 927. Aquele que, por ato ilícito (arts. 186 e 187), causar dano a outrem, fica obrigado a repará-lo.
7. Sejam invasões sofisticadas praticadas por grupos de hackers, como por exemplo, aquela ocorrida em 2018 no Facebook, que levou a empresa a resetar mais de 50 milhões de contas de usuários, sejam as invasões praticadas individualmente, como aquela feita por um detetive privado em busca de indícios de traições conjugais.
8. O Tribunal de Justiça do Rio Grande do Sul já teve a oportunidade de julgar, em mais de uma oportunidade, que as empresas que gerenciam os programas de milhas aéreas são responsáveis por eventuais violações indevidas a contas de titulares, em especial pela emissão não autorizada de bilhetes aéreos. Seria uma espécie de fortuito interno que obrigaria tais empresas a reporem os créditos em milhas nas contas lesadas, sem contudo haver condenação por danos morais, o que a nosso juízo se afigura como correto, uma vez que milhas aéreas deveriam ser enquadradas como bens digitais patrimoniais. Ver Recurso Cível nº 71005530068, Quarta Turma Recursal Cível, Turmas Recursais, Relator: Deborah Coleto Assumpção de Moraes, Julgado em 1º.04.2016.
9. Notícias em sites especializados dão conta de que os furtos e roubos envolvendo criptomoedas chegou a 1,2 bilhão de dólares em 2019. Hackers estão se especializando neste tipo de violação, seja pela instalação de malwares como o *cryptoshuffler* ou falhas nos sistemas de corretoras especializadas neste tipo de transação.
10. Esta distinção é feita por Ronaldo Lemos, na obra Direito, Tecnologia e Cultura.

que empresas como o Facebook, Google, dentre outras, são provedores desta natureza. E são através dos serviços destas empresas que será exercida a titularidade de grande parte dos bens digitais, como um perfil do Instagram ou um Canal no YouTube. Pois bem; seria possível que lesões a bens digitais partissem da conduta dos próprios provedores? Indubitavelmente sim. E inúmeros são os exemplos.

Em 2018, a conta do Instagram do influenciador digital Hugo Gloss, com mais de onze milhões de seguidores, foi bloqueada pelo provedor de serviços online Facebook (proprietário do Instagram), sem qualquer notificação prévia. Apenas posteriormente a rede social esclareceu à celebridade digital que haviam sido feitas denúncias por uso indevido de imagens alheias, ou seja, que a suspensão teria sido fruto de violação a direitos autorais. Ora, não seria mais obediente aos princípios que norteiam os contratos, em especial a boa-fé objetiva e a função social do contrato, se manter contato prévio com o titular do bem digital e informar sobre tais denúncias, dando assim inclusive oportunidade de contraditório e ampla defesa? No caso em tela, o Instagram bloqueou a conta para depois esclarecer o ocorrido e, por seis dias, a conta permaneceu suspensa. E este tem sido o procedimento desta rede social em situações semelhantes, seja junto a pessoas naturais ou jurídicas. Por vezes, o bloqueio ocorre sem que ao menos se informe ao titular por qual canal deve ser feito o contato para reativação ou esclarecimento da situação, violando-se o dever anexo de informação e transparência.

Ao que parece, agindo assim, o provedor de serviços online abusa de seu direito de controle, o que configuraria a conduta descrita no art. 187 do Código Civil. É perfeitamente possível imaginar os prejuízos que o influenciador digital acaba enfrentando em casos como o narrado: rompimento de contratos de patrocínios, desconfiança do mercado e de seus seguidores, perda de chance de novas contratações, lucros cessantes pela ausência de publicações já acertadas durante os dias de suspensão.

Desta maneira, esta lesão oriunda da conduta do próprio provedor ao bem digital ensejaria indenizações por danos materiais, danos morais, danos existenciais, perda de chance, bem como a utilização de tutelas específicas, como a tutela de inibição do ilícito (evitando a reiteração deste tipo de conduta pelo provedor), dever de retratação (determinando assim que o provedor esclareça ao público em geral as razões da suspensão da conta), entre outras.

Cabe ainda levantar uma dúvida: entrando em litígio judicial com o provedor, se esta viesse a ser a solução encontrada por Hugo Gloss em último caso, poderia o Instagram direcionar seus algoritmos propositalmente para boicotar a conta da celebridade da internet? Obviamente que não. Se assim agisse, haveria

8 • RESPONSABILIDADE CIVIL E BENS DIGITAIS **219**

mais uma conduta em abuso do direito, violando-se também aquilo que hoje se convencionou denominar de *transparência algorítmica.*[11]

A boa-fé objetiva, enquanto princípio regente das relações privadas, teria nesta senda forte aplicação, pois os deveres oriundos de sua função integrativa também ser fariam presentes, como a colaboração, o cuidado, a informação direta e adequada, nos termos do art. 422 do Código Civil. Cumprir adequadamente o contrato, evitando a sua violação positiva ou adimplemento ruim, significaria minimamente abrir e manter um canal permanente de contato entre os provedores e usuários, evitando-se que medidas como as narradas acima fossem adotadas ao arrepio das expectativas dos personagens envolvidos. Por tudo isto, seria possível também se cogitar numa eventual responsabilização civil por violação aos deveres impostos pelo princípio em tela.

Tal cenário proibiria a alteração unilateral dos contratos digitais de adesão, comumente utilizados por estes provedores? Definitivamente não. Inclusive é comum que as políticas de uso dos serviços retratadas nestes contratos sejam constantemente atualizadas. O que se espera, à toda evidência, é que seja dada a devida publicidade a estas modificações, evitando-se assim que o titular do ativo digital seja surpreendido com suspensão dos serviços, como no caso acima narrado. Aqui há clara função preventiva da responsabilidade civil.

Neste sentido, ganhou destaque em meio à pandemia do coronavírus em 2020, causador da doença COVID-19, a mudança das políticas de uso de várias redes sociais, a fim de se evitar que por meio destas fossem veiculadas informações inverídicas que pudessem causar pânico e desinformação à toda coletividade. Na esteira destas modificações, se fez presente também um maior controle por parte das redes, em especial Twitter e Facebook, valendo-se de mecanismos de *machine learning* e também de revisão humana. Por tal razão, algumas publicações foram deletadas pelas empresas administradoras destes bens digitais, ganhando destaque o apagamento de mensagens veiculadas pelo Presidente da República Federativa do Brasil e alguns de seus parentes,[12] o que por óbvio gerou forte repercussão e debate sobre o alcance da liberdade de expressão no ambiente virtual.

---

11. Esta expressão tem ganhado corpo nos últimos anos, tendo-se em vista o grande volume de dados que são captados pelos provedores de conteúdo. Seria conveniente saber como os dados são coletados e para qual finalidade eles são utilizados. E tudo isto passaria também pela percepção de que algoritmos podem ser direcionados, por exemplo, para que a imagem de determinado político aparecesse mais no feed de sua rede social, ou como no caso citado, essa mesma rede viesse a boicotar as publicações de alguém que discorda de seus termos de uso ou publicamente a critica. A ausência de transparência algorítmica é um problema trazido pela sociedade em rede e que deve cada vez mais ser enfrentado pelos operadores do direito.

12. A fim de se compreender melhor esta possível restrição à liberdade de expressão no exercício da titularidade de um bem digital: "O Twitter censurou Jair Bolsonaro?" Disponível em https://supremoconcursos.jusbrasil.com.br/artigos/825968849/o-twitter-censurou-jair-bolsonaro?ref=serp.

Forçoso recordar que, em casos assim, a Lei nº 12.965/2014 (Marco Civil da Internet) em seu art. 20, é expressa ao afirmar que: "*Sempre que tiver informações de contato do usuário diretamente responsável pelo conteúdo a que se refere o art. 19, caberá ao provedor de aplicações de internet comunicar-lhe os motivos e informações relativos à indisponibilização de conteúdo, com informações que permitam o contraditório e a ampla defesa em juízo, salvo expressa previsão legal ou expressa determinação judicial fundamentada em contrário.* Ou seja, o Twitter tem o dever de informar ao atual Presidente da República as razões expressas da retirada do conteúdo postado, permitindo inclusive que, caso queira, possa ser acionado o Poder Judiciário para sua republicação. Da mesma forma que pode ter havido abuso no exercício da liberdade de expressão, pode também ter ocorrido abuso no direito de supressão. E, em última análise, quem irá verificar isto será o Estado no âmbito de sua função jurisdicional.

Vale ainda, por derradeiro, cogitar da possibilidade do reconhecimento de dano existencial quando um provedor, sem justa causa, deleta o perfil de um usuário na plataforma, especialmente quando este usuário fez do uso desta, seu modo de vida. Este é um cenário comum numa sociedade permeadas por milhares de influenciadores digitais.

Nas palavras de Flaviana Rampazzo Soares, o dano existencial atingiria o livre desenvolvimento da personalidade, representando uma renúncia involuntária a atividades realizadoras, afetando prejudicialmente o seu cotidiano, por uma modificação relevante e involuntária de aspectos formadores do seu dia a dia, seja em seus aspectos individuais ou em suas múltiplas teias intersubjetivas.[13]

Conforme ensinam Nelson Rosenvald e Felipe Braga Netto, na experiência brasileira, o dano extrapatrimonial deveria ser conduzido à condição de um gênero, dos quais o dano existencial, o dano à imagem, o dano estético e o dano moral stricto sensu seriam suas espécies.[14]

Ao contrário do dano moral em sentido estrito, que ficaria adstrito a lesões de ordem interna, psíquica, anímica, o dano existencial reverberaria objetivamente nos hábitos de vida daquela pessoa, com um certo caráter de permanência da lesão e da eficácia danosa sobre qualidade de vida do sujeito ofendido. Portanto, a condenação ao pagamento de uma indenização por dano existencial dependerá de prova sobre a relevante alteração no cotidiano da vítima.

---

13. SOARES, Flaviana Rampazzo. Dano existencial no direito italiano e no direito brasileiro. Disponível em: https://www.responsabilidadecivil.org/single-post/2018/03/28/o-dano-existencial-na-jurispru-d%C3%AAncia-italiana-e-brasileira-um-estudo-de-direito-compara.
14. ROSENVALD, Nelson; BRAGA NETTO, Felipe Peixoto. *Responsabilidade Civil: teoria geral*. Indaiatuba: Editora Foco, 2023.

Volvendo à ideia de uma exclusão indevida de perfil de influenciador digital, imagine-se a hipótese na qual a plataforma não restitua este perfil. Instada pelo Poder Judiciário, alega que é inviável reativar este bem digital, por este não mais se encontrar em sua base de dados. O influenciador pode se ver privado de continuar a explorar seu trabalho, sua forma de conduzir uma parte importante de sua própria vida. Não se trata de mero dissabor, abalo psíquico, ou dano à sua imagem. Em verdade, se está diante de um impedimento definitivo sobre aspecto ultra relevante de sua existência enquanto pessoa, a dissolução de um projeto que pode ter levado anos para ser construído e que, muito dificilmente, regressará ao estágio presente antes do dano.

Afora isso, há uma mudança radical na forma como este influenciador se relacionava com toda sua expressiva audiência online e os eventuais anunciantes do seu perfil. Ao ser privado deste contato, houve a quebra de inúmeras e significativas relações, de caráter existencial e afetiva, mas também de viés econômico. O direito italiano consagrou o *danno in rapporto ala vitta di relazione*, como uma forma de ilícito consistente na redução, em maior ou menor grau, da capacidade de convivência social. O influenciador, no exemplo construído, não está impedido de trabalhar novamente, mas a dissolução de vínculos sociais que a exclusão indevida do perfil gera, poderia ser tida como uma forma também de dano existencial.

Por tudo o que se expõe, há que se colocar luzes na possibilidade da configuração de danos existenciais, quando influenciadores digitais são afetados de modo severo em seu projeto de vida ("myself") e ao modo com o qual se relacionavam com sua imensa audiência virtual ("ourselves").

c) Lesões oriundas da conduta do Estado: ao refletir sobre o papel do Estado no âmbito dos bens digitais, é possível enxergar condutas comissivas ou omissivas que poderiam conduzir a possíveis responsabilizações. A primeira e mais evidente hipótese seria a daquele Estado que, a fim de monitorar os seus nacionais ou mesmo cidadãos estrangeiros, deliberadamente invade bens digitais, como e-mails ou perfis de redes sociais.

Este expediente violador não apenas da titularidade dos ativos aqui debatidos, mas também de direitos e garantias fundamentais, foi exemplarmente retratado no caso *Edward Snowden*,[15] ex-administrador de sistemas da agência de inteligência (CIA) e ex-contratado da agência nacional de segurança (NSA), órgãos dos Estados Unidos da América. Segundo denunciou a grandes jornais mundiais, havia um grande sistema arquitetado por esse País para vigiar em nível

---

15. Para entender o caso Edward Snowden: http://g1.globo.com/mundo/noticia/2013/07/entenda-o-caso-de-edward-snowden-que-revelou-espionagem-dos-eua.html.

global as comunicações e informações que circulavam tanto pela internet, quando por qualquer outro sistema rastreável, como as telecomunicações. Até mesmo grandes líderes mundiais foram espionados pelos norte-americanos, segundo documentos vazados em 2013.

Em que pese serem questionáveis tais condutas no plano do Direito Internacional, havia leis internas no ordenamento norte-americano que permitiam que tais violações fossem perpetradas. Portanto, é possível questionar se cidadãos estrangeiros, comprovadamente vigiados, teriam sucesso numa demanda indenizatória contra o Estado Norte-americano, pelas violações perpetradas contra seus direitos da personalidade, em especial através da invasão não consentida de seus bens digitais.

Noutro giro, é possível cogitar também numa responsabilização estatal pela ausência ou precariedade de mecanismos jurídicos para a adequada tutela dos bens digitais. Ao contrário do que vem se passando no Estados Unidos, onde desde o início da década passada há profundo debate sobre uma legislação que tutele adequadamente os bens digitais, o Brasil tem até o momento projetos de lei pífios para regulação desta nova categoria de direitos, que não devem minimamente prosperar. A complexidade das situações envoltas aos bens digitais clama uma profunda reflexão e debate antes da intervenção legislativa. E essa temática não deve ser enfrentada apenas sob o viés de direitos sucessórios, como sugere os projetos em trâmite no Congresso Nacional.[16] Há interesses de parentes, por suposto, mas há também interesses de terceiros que mantiveram contato com o falecido através do bem digital. Claramente está presente ainda os interesses dos provedores, em saber quais deveres terão diante deste cenário, quais ferramentas e investimentos serão necessários para cumprir o disposto pela lei. E sobremaneira, deve haver profundo respeito à autonomia existencial e patrimonial do falecido ou interdito, caso tenha sido manifestada em vida, seja através de declaração própria ou pelo uso de ferramentas disponibilizadas pelo próprio provedor de serviços.

Desta forma e como já defendido neste trabalho, o mais adequado seria que o Brasil caminhasse para o regramento próprio e específico dos bens digitais, na linha do que fora feito nos Estados Unidos, sob a coordenação da ULC (Uniform Law Comission). Lá, fora redigido um modelo de projeto legislativo que permite a cada estado da federação estadunidense optar por aprová-lo no âmbito de sua autonomia legislativa. E a maioria esmagadora vem aprovando leis referendando tal projeto, denominado de UFADAA (Uniform Fiduciary Access to Digital Assets

---

16. A título de exemplo, ver o Projeto de Lei nº 7742/2017, que acrescenta o art. 10-A à Lei nº 12.965, de 23 de abril de 2014 (Marco Civil da Internet), a fim de dispor sobre a destinação das contas de aplicações de internet após a morte de seu titular. Disponível em: https://www.camara.leg.br/proposicoesWeb/fichadetramitacao?idProposicao=2139508.

Act), tal qual se demonstrou no capítulo anterior. Um regulamento exemplar que vem sendo debatido também no âmbito da ELI (European Law Institute), para que seja elaborada um diretiva adotável por cada membro da comunidade europeia.

E diante de uma proteção insuficiente, como apresentado no caso brasileiro, é possível que se projete a utilização do postulado da proporcionalidade. Sendo a titularidade de bens digitais uma forma de se materializar e exercitar diversos direitos fundamentais, tais como a liberdade de expressão, a imagem, a reputação, a identidade, a privacidade, o nome, apresenta-se como importante recordar que estes, para além de trazer proibições de intervenção, carregam também deveres de proteção, como bem ressaltado pelo Ministro Gilmar Mendes, ao apreciar a ADI 3510 no Supremo Tribunal Federal, seguindo as lições de Canaris.[17]

Nesta situação de ausência de uma legislação específica e eficaz na tutela dos bens digitais, o princípio da proporcionalidade deveria assumir sua vertente de proibição de proteção deficiente (Untermassverbot). Como há um imperativo de tutela aos direitos fundamentais, esta omissão estatal acaba por não otimizar a proteção desses direitos, razão pela qual há um dever estatal de empregar o quanto antes medidas de caráter material e normativo, para que esta tutela seja, a um só tempo, adequada e suficiente, como se manifestou o Tribunal Constitucional alemão, ao julgar um caso relativo ao aborto (BverfGE 99, 203, 1993). Portanto, é tarefa sim do legislador brasileiro determinar, de forma detalhada, o tipo e extensão da proteção, observando-se a proibição de insuficiência.

Por todo o exposto, a questão que se coloca é: mas seria possível se cogitar em responsabilidade civil do Estado por ausência desta proteção legislativa? A resposta há de ser negativa. Conforme já decidido pelo Supremo Tribunal Federal, *"o reconhecimento judicial de omissão legislativa em cumprir seu mister institucional em contrariedade a dispositivo constitucional não implica em reconhecer, de pleno direito, que durante o período de vigência do comando sem a edição da espécie legislativa houve violação ao patrimônio jurídico dos destinatários da norma, sob pena de restar caracterizada atípica hipótese de responsabilidade civil do Estado por ausência de ato legislativo"*.[18] O sistema constitucional vigente, recorde-se, possui seus próprios sistemas de controle para atuar diante de omissões legislativas, com instrumentos como o mandado de injunção e a ação direta de inconstitucionalidade por omissão. Seria por demais, neste momento, cogitar a presença de um dano social, ante a ausência de criação de um sistema de tutela aos bens digitais.

---

17. CANARIS, Claus-Wilhelm. *Direitos Fundamentais e Direito Privado*. Trad. Ingo Wolfgang Sarlet e Paulo Mota Pinto. 2. reimp. Lisboa: Almedina, 2009.

18. Segundos EMB .DECL. NO AG REG. NA AÇÃO CÍVEL ORIGINÁRIA 792, STF. Disponível em: http://redir.stf.jus.br/paginadorpub/paginador.jsp?docTP=TP&docID=13588416.

Tal lacuna legislativa, de todo modo, não impediria que um juiz, diante de casos concretos que já se apresentam ao Judiciário pátrio, pudesse vir a construir uma decisão justa e que atenda os preceitos consagrados na Constituição da República de 1988, especialmente a tutela dos direitos e garantias fundamentais, como aliás se destacou no item 7.3 desta obra, ao se analisar o *leading case* alemão. Caberá, portanto, ao Poder Judiciário, a partir da aplicação do princípio da proporcionalidade, definir como estes ativos devem ser protegidos, casuisticamente. Para tanto, poderá se socorrer tanto da tutela da propriedade e seu farto manancial normativo, para bens digitais patrimoniais, quanto da cláusula geral de proteção aos direitos da personalidade, para bens digitais existenciais.

d) Lesões oriundas da conduta de familiares do titular: de fato esta categoria poderia ter sido inserida na hipótese descrita na letra "a" (lesões oriundas da conduta de terceiros). Todavia, há especificidades que permitem seu tratamento autônomo, com se verá na sequência. As relações jurídicas familiares também recebem os influxos da responsabilidade civil, algo impensável até as últimas décadas do século XX. O pai era titular de um poder quase absoluto, inquestionável. Hoje, todavia, os deveres existentes nestas relações familiares, quando rompidos indevidamente, poderão causar danos passíveis de reparação. As relações horizontais derivadas dos laços consanguíneos ou afins, hão de se pautar também pela inafastável possibilidade de prática de ilícitos, produção de danos, deveres de indenizar.

E aqui, estamos a falar não apenas de deveres conjugais, mas também deveres de respeito aos direitos existenciais e patrimoniais daqueles com quem se convive no âmbito da privacidade familiar, evitando-se o abuso de direito e respeitando paradigmas impostos pela boa-fé objetiva. Fato é que no âmbito das relações afetivas familiares, condutas comissivas ou omissivas podem conduzir à violação de direitos alheios. As eventuais lesões promovidas por familiares, normalmente decorrem da estreita relação de proximidade com o titular do bem digital. Desta forma, é possível construir algumas hipóteses concretas, tais como a invasão indevida a uma conta de e-mail ou rede social do(a) companheiro(a) ou marido (esposa), o controle excessivo de contas de filhos sem qualquer respeito à sua condição de ser em desenvolvimento e, ainda, a apropriação inadequada destes ativos *post mortem*, ao arrepio da vontade manifestada em vida pelo *de cujus*.

No primeiro caso, o parceiro ofensor da privacidade e intimidade alheia poderá ter o acesso à senha sem consentimento do titular ou mesmo instalar softwares denominados de *stalkerwares*,[19] para obter todo o tráfego de dados de

---

19. Stalkerware vem do inglês stalker, perseguidor. Este software que pode ser hoje encontrado em forma de aplicativos para telefones celulares, rastreia todas as atividades realizadas no aparelho da vítima, repassando-as ao violador.

um *gadget*.[20] Para além da responsabilidade criminal, uma vez que esta conduta se amolda ao tipo incriminador introduzido em 2012 no art. 154-A do Código Penal é plenamente possível que o autor da lesão responda também civilmente. Resta claro que tal proceder se enquadra como ato ilícito, nos termos do art. 186 do Código Civil, razão pela qual há responsabilidade civil subjetiva pelos eventuais danos materiais e morais causados à vítima, em obediência ao princípio da reparação integral, consubstanciado nos arts. 927 e 944 do mesmo diploma. O fundamento aqui é bem próximo ao externado acima, quando da instalação de *ransomware*, em que pese as finalidades e motivações destas invasões serem normalmente distintas.

Já na segunda situação, tem-se em conta o exercício do poder familiar e os limites eventualmente impostos por pais a filhos no uso de novas tecnologias. Se é certo que não há como a normatividade estabelecer com clareza qual seria o ponto de equilíbrio desta intrincada equação, é igualmente correto afirmar que para garantir o pleno desenvolvimento de crianças e adolescentes é necessário que os pais permitam o acesso a ativos digitais, como redes sociais e e-mails, sob pena de verdadeira exclusão digital. Portanto, ao invés de simplesmente violar os direitos da personalidade dos filhos, com invasões indevidas a seus bens digitais, a melhor forma de tutela seria a supervisão no uso destes recursos tecnológicos, conscientizando-se a respeito dos perigos apresentados por uma vida online, a necessidade de autopreservação da imagem e da honra, os cuidados para que não ocorram *cyberbullying* ou *sextortion* (chantagem sexual), enfim, fornecendo-se elementos para uma educação digital.

Assim, é possível sim afirmar que a indevida intervenção em ativos digitais de filhos configura abuso quanto ao exercício do poder familiar, uma espécie do gênero abuso de direito. Na visão de Tartuce e Gramstrup, este abuso compreenderia as situações em que os detentores daquele poder-dever excedem as balizas socialmente esperadas de sua atuação e desviam-se das finalidades jurídicas associadas à sua condição de pais.[21] Em casos extremos, a resposta tradicional do direito de família em situações desta natureza será impor aos pais a suspensão ou

---

20. Gadget (possivelmente do francês *gachette*, peças mecânicas variadas), é um equipamento que tem um propósito e uma função específica, prática e útil no cotidiano. São comumente chamados de *gadgets* dispositivos eletrônicos portáteis como PDAs, celulares, *smartphones*, leitores de MP3, entre outros. Conhecidos também como gizmos, possuem um forte apelo de inovação em tecnologia, sendo considerados como tendo um design mais avançado ou tendo sido construído de um modo mais eficiente, inteligente e incomum.

21. GRUMSTRUP, Erik F.; TARTUCE, Fernanda. *A responsabilidade civil pelo uso abusivo do poder familiar*. Disponível em: http://www.fernandatartuce.com.br/wp-content/uploads/2016/08/A-resp-civil-por--uso-abusivo-do-poder-familiar.pdf.

perda do poder familiar. Porém, não é impensável que haja também condenações ao pagamento de indenizações ante ao exercício abusivo deste poder-dever.

Quanto à última hipótese, parte-se para a apropriação indevida destes ativos *post mortem*, contra a vontade do falecido. Nesta situação, há a premissa de que houve por parte do *de cujus* uma expressa manifestação a respeito do destino de seus bens digitais, naquilo que se convenciona chamar de testamento digital. Ora, se usando de sua autonomia privada de forma livre e consciente o titular manifesta em vida qual deveria ser a destinação destes ativos, cabe aos parentes simplesmente respeitar a declaração feita. Não respeitar esta vontade seria uma forma de se violar as intenções do morto, produzindo-se uma interessante hipótese de responsabilidade por omissão. Aqui não se está a discutir a respeito da transmissão dos ativos digitais, caso o titular venha a falecer sem deixar qualquer manifestação de vontade. Nesta situação, há forte polêmica em saber se haveria transmissão dos bens digitais como de resto ocorreria com todos os demais bens ou se, ao revés, deveria haver uma proteção *post mortem* da privacidade do morto e de terceiros que com este mantinham contato por meio digital, conforme bem retratado ao longo dos capítulos anteriores.

9
DECISÕES DOS TRIBUNAIS BRASILEIROS SOBRE BENS DIGITAIS

Nesta 3ª Edição, 8 anos após a publicação da 1ª, finalmente há um fértil espaço para se explorar como o Poder Judiciário vem se posicionando a respeito da realidade dos Bens Digitais. Se, anteriormente, era profundamente complexo se encontrar decisões de primeira ou segunda instância, agora é possível, inclusive, verificar julgados em Cortes Superiores.

Obviamente, esta era uma realidade que já se antevia, face a tudo o que fora dito nos capítulos anteriores. Assim, o papel deste capítulo será apresentar uma coletânea de julgamentos proferidos por diferentes órgãos jurisdicionais brasileiros, sem realizar uma análise crítica específica e pormenorizada de cada um destes pronunciamentos.

Em alguns julgados, ficará patente que o órgão julgador desconhecia por completo a realidade dos bens digitais. Em outros, a lógica contratual acabou por se impor, como forma de solução do impasse entre usuários e plataformas. Há boas fundamentações, mas também foi possível constatar, como em qualquer análise desta natureza, certa precariedade argumentativa.

Enfim, a proposta deste capítulo é demonstrar que o Poder Judiciário do Brasil, assim como em outros países, tem se adaptado e entendido, paulatinamente, a existência dos bens digitais, suas repercussões práticas, seus possíveis conceitos e construções teóricas, como qualquer nova temática requer. O caminho é longo, mas acredita-se que em breve tempo, com a colaboração trazida por dezenas de livros e artigos, pelo trabalho da Comissão de Juristas encarregada da revisão do Código Civil, com os próprios julgados de vários juízes e tribunais, o Brasil irá construir precedentes adequados para o tratamento da temática dos Bens Digitais.

A opção por colocar apenas a ementa e acórdão tem a singela intenção de permitir a advogados, juízes, promotores, procuradores e pesquisadores da temática dos bens digitais ter, aqui, um repositório seguro de decisões qualificadas, para lhes ajudar nos trabalhos conduzidos. Inclusive, este capítulo é uma singela homenagem a vários leitores das edições anteriores que mantiveram contato por e-mail, pessoalmente ou por redes sociais, solicitando que se trabalhasse mais a parte jurisprudencial dos bens digitais.

Para fins didáticos, os julgados a seguir serão divididos em seis subtemas:

a) Julgados que expressamente consideram os bens digitais;

b) Julgados que se referem a invasão, bloqueio, reativação e uso abusivo de perfis de redes sociais;

c) Julgados que se referem a patrimônio digital;

d) Julgados que se referem a milhas aéreas;

e) Julgados que se referem a criptoativos;

f) Julgados que se referem a herança digital.

Passemos à análise detalhada destes tópicos.

A) JULGADOS QUE EXPRESSAMENTE CONSIDERAM OS BENS DIGITAIS

Em julgado proferido pelo Tribunal de Justiça de São Paulo, ao final de 2021, decidiu-se que há responsabilidade civil e, consequentemente, dever de reestabelecimento de conta de e-mail, pelo provedor de serviços de internet (Microsoft), a consumidor que de forma arbitrária e abusiva, se viu diante do bloqueio de seu bem digital.

> **Ementa: Consumidor. Prestação de serviços. Conta Microsoft. Perda de acesso. Bens digitais. Falha na prestação do serviço caracterizada. Danos morais inerentes ao fato dada a essencialidade do serviço. Ação ora julgada procedente. Recurso provido. (TJ-SP – AC: 10434763320218260100 SP 1043476-33.2021.8.26.0100, Relator: Luis Fernando Camargo de Barros Vidal, Data de Julgamento: 10.12.2021, 14ª Câmara de Direito Privado, Data de Publicação: 10.12.2021)**

B) JULGADOS QUE SE REFEREM A INVASÃO, BLOQUEIO, REATIVAÇÃO E USO ABUSIVO DE PERFIS DE REDES SOCIAIS

No país cujo crime mais recorrente em 2022 e 2023 foi o estelionato virtual (dados do Atlas da Violência, do Fórum Brasileiro de Segurança Pública), proliferam decisões relativas à invasão e recuperação de perfis de redes sociais, num clássico caso de responsabilidade civil, conforme destacado no capítulo anterior.

Para além das invasões, também ganham destaque na incipiente jurisprudência sobre bens digitais o bloqueio injustificado praticado por certas plataformas, bem como inúmeros casos de violações injustas a direitos da personalidade de determinado sujeito.

9 • DECISÕES DOS TRIBUNAIS BRASILEIROS SOBRE BENS DIGITAIS

Todos estes cenários, que atraem a aplicação do Marco Civil da Internet, estão sendo analisados pelo Poder Judiciário Brasileiro, que fundado na vasta cauda dos precedentes de responsabilização civil, tem andado bem ao conceder respostas adequadas às vítimas.

Vejamos alguns destes julgados mais recentes, a partir de suas ementas.

Ementa: Penal e processual penal. Utilização de perfis nas redes sociais para a propagação de discursos com conteúdo de ódio, subversão da ordem e incentivo à quebra da normalidade institucional e democrática. Abuso do direito de liberdade de expressão. Necessidade e adequação no bloqueio de perfis para fazer cessar a atividade criminosa. Agravo regimental a que se nega provimento. 1. A liberdade de expressão é consagrada constitucionalmente e balizada pelo binômio liberdade e responsabilidade, ou seja, o exercício desse direito não pode ser utilizado como verdadeiro escudo protetivo para a prática de atividades ilícitas. Não se confunde liberdade de expressão com impunidade para agressão. **2.** Dessa maneira, uma vez desvirtuado criminosamente o exercício da liberdade de expressão, a Constituição Federal e a legislação autorizam medidas repressivas civis e penais, tanto de natureza cautelar quanto definitivas. **3.** Agravo Regimental desprovido. (STF – Pet: 10391 DF, Relator: Alexandre de Moraes, Data de Julgamento: 14.11.2022, Tribunal Pleno, Data de Publicação: Processo Eletrônico DJe-026 divulg 13.02.2023 public 14.02.2023)

Ementa: Apelação cível. Prestação de serviços. Ação indenizatória. Invasão de perfil de rede social (Instagram) por hackers. Uso do nome e imagem da autora para aplicação de golpes nos seguidores. Aplicação do microssistema consumerista. Falha no dever de segurança. Responsabilidade civil objetiva. Causas excludentes de responsabilidade não comprovadas. Dano moral caracterizado. Majoração da indenização para r$ 10.000,00. – recurso da autora provido em parte. – recurso do réu desprovido. (TJ-SP – AC: 10008242320218260125 SP 1000824-23.2021.8.26.0125, Relator: Edgard Rosa, Data de Julgamento: 30.05.2022, 22ª Câmara de Direito Privado, Data de Publicação: 30.05.2022)

Ementa: Prestação de serviços – Indenizatória de danos materiais e morais – Invasão de perfil na rede social Instagram com tentativa de aplicação de golpes em seguidores do perfil – Alegação de oferecimento de mecanismo de segurança que não foi capaz de coibir a ação fraudulenta – Falha na prestação de serviços – Culpa exclusiva da autora não demonstrada – Risco da atividade – Ferramentas de recuperação da conta que foram ineficazes – Autora que se viu obrigada a pagar quantia ao hacker/sequestrador para obter o acesso a sua conta de volta – Dano material que deve ser ressarcido pelo réu, que deveria impedir a invasão da conta – Dano moral configurado – Valor da indenização bem fixado – Recurso improvido. (TJ-SP – AC: 10130909420218260625 SP 1013090-94.2021.8.26.0625, Relator: Vianna Cotrim, Data de Julgamento: 11.07.2022, 26ª Câmara de Direito Privado, Data de Publicação: 11.07.2022)

Ementa: Agravo de instrumento – Prestação de serviços on-line – Redes sociais – Instagram – Ação de obrigação de fazer – Decisão que deferiu a tutela provisória de urgência para determinar a reativação da conta mantida pela autora junto à plataforma Instagram – Presença dos requisitos legais autorizadores da concessão da tutela antecipada (art. 300, do CPC) – Plausibilidade do direito e urgência demonstradas – Desativação que não foi precedida de notificação prévia e adequada informando os detalhes da suposta violação – Sério indicativo de abuso de direito – Perfil do qual depende a exploração de atividade econômica desenvolvida pela autora – Incontroversa, ainda, reversibilidade da medida. Recurso desprovido. (TJ-SP – AI: 20233092120208260000 SP 2023309-21.2020.8.26.0000, Relator: Edgard Rosa, Data de Julgamento: 18/06/2020, 22ª Câmara de Direito Privado, Data de Publicação: 18.06.2020)

Ementa: Apelação cível – Ação indenizatória –Responsabilidade civil por riscos cibernéticos – Rede social – Invasão de conta efetuada por "hacker" – Exclusão das publicações antigas da titular do perfil – Ausência de pronta resolução do fato pela plataforma, para a recuperação da conta, depois de cumpridos os procedimentos administrativos necessários para tanto – Lesão extrapatrimonial – Configuração – *Quantum* **reparatório – Critérios de arbitramento.** – A responsabilidade civil do provedor pela conduta dos invasores das contas dos seus usuários é objetiva, já que incumbe àquele a implantação de segurança efetiva e satisfatória contra os riscos cibernéticos do empreendimento – A inexistência da gestão dos riscos ocorridos no meio virtual, e da adoção de mecanismos adequados fornecidos pela rede social aos seus usuários, indicando postura negligente e imperita que possibilita a atuação de "hackers", invadindo o perfil de quem utiliza a plataforma como ferramenta de trabalho, sem que haja a pronta resolução do fato, com a recuperação da conta pelo seu titular, materializa prática deflagradora de dano moral – No arbitramento do valor da indenização por dano moral devem ser observados os critérios de moderação, proporcionalidade e razoabilidade, em sintonia com o ato ilícito e suas repercussões, como, também, com as condições pessoais das partes e os parâmetros jurisprudenciais – A reparação pecuniária não pode servir como fonte de enriquecimento do indenizado, nem consubstanciar incentivo à reincidência do responsável pelo ilícito. (TJ-MG – AC: 10000204763569001 MG, Relator: Roberto Vasconcellos, Data de Julgamento: 26.11.2020, Câmaras Cíveis / 17ª Câmara Cível, Data de Publicação: 27.11.2020)

Ementa: Prestação de serviços – Ação de obrigação de fazer c.c. Indenização por danos morais – Perfil mantido pelo autor junto à rede social 'Instagram' – Perfil invadido por *'hacker'* **– Falha prestação dos serviços que permitiu a fraudadores terem acesso à conta do autor – Responsabilidade objetiva da ré – Aplicação do art. 14 do CDC – Perfil clonado com publicações destinadas aos contatos oferecendo produtos para venda em nome do demandante, solicitando pagamento via 'pix' – Dano moral configurado – Indenização fixada em R$ 5.000,00 – Recurso provido.** I – A falha na prestação dos serviços permitiu a fraudadores terem acesso ao perfil do autor na rede social Instagram, para praticar golpe, oferecendo produtos à venda em nome do demandante, com pagamento do preço pelos contatos do autor, de modo a acarretar dano moral compensável; II – A quantificação

9 • DECISÕES DOS TRIBUNAIS BRASILEIROS SOBRE BENS DIGITAIS

da compensação derivada de dano moral deve levar em consideração o grau da culpa e a capacidade contributiva do ofensor, a extensão do dano suportado pela vítima e a sua participação no fato, de tal sorte a constituir em um valor que sirva de bálsamo para a honra ofendida e de punição ao ofensor, desestimulando-o e a terceiros a ter comportamento idêntico, não podendo ser gerador de enriquecimento sem causa, atendendo aos critérios de proporcionalidade e razoabilidade, motivo pelo qual, tem-se que o arbitramento da indenização em R$ 5.000,00 serve à compensação pelo dano. (TJ-SP – AC: 10032600220218260659 SP 1003260-02.2021.8.26.0659, Relator: Paulo Ayrosa, Data de Julgamento: 25.07.2022, 31ª Câmara de Direito Privado, Data de Publicação: 25.07.2022)

Ementa: Apelação cível – Ação cautelar – Veiculação de publicações consideradas inadequadas em página da rede social Facebook – Exclusão do perfil do usuário – Medida extrema e desarrazoada – Possibilidade de retirada do conteúdo considerado ofensivo desde que se indique, especificamente, as URL's nas quais constam os conteúdos que se pretende excluir – Art. 19 da Lei nº 12.965/14 – Recurso desprovido – Sentença mantida. Não há como se determinar a retirada do usuário da rede social Facebook sem violar seu direito constitucional à liberdade de expressão, haja vista que a apelante era, à época dos fatos, Governadora do Estado de Roraima, estando, nessa condição, exposta a todos os tipos de comentários e opiniões, inevitavelmente. Assim, a exclusão total de um perfil em que são feitas publicações acerca da sua vida política da apelante mostra-se medida extrema, desarrazoada e que pode se traduzir em censura. A ausência de indicação específica das URL's nas quais residem os conteúdos apontados como ofensivos, impede a exclusão pontual dos comentários. (TJ-RR – AC: 08269492620168230010 0826949-26.2016.8.23.0010, Data de Publicação: DJe 11.11.2019)

Agravo de instrumento. Publicação em site de relacionamento. Facebook. Retirada de conteúdo. Art. 19, § 1º, da Lei nº 12.965/2014 (Marco Civil DA Internet). URL. Necessidade de indicação precisa. recurso conhecido e provido. I – Da leitura do agravo de instrumento interposto depreende-se que o Réu, ora agravante, não estava propriamente se insurgindo contra a determinação que lhe foi imposta, de exclusão do Facebook de textos indevidamente inseridos em nome do agravado, que segundo alega, sem sua autorização e de conteúdo com ofensa a sua imagem e honra, exposição indevida, injúrias e difamações. Apenas requereu que fossem indicadas as URLs das páginas com o conteúdo indevido; II – Para a retirada de páginas da rede social indicada a parte autora informou, de forma genérica, "prints" da página de perfil da Sra. "Miri Paiva", sem a indicação precisa do endereço interno das páginas nas quais os supostos atos ilícitos estariam sendo praticados. Dessa feita, de acordo com o § 1º, do art. 19, da Lei nº 12.965/2014, não há como a agravante cumprir com a determinação; III – Agravo de Instrumento conhecido e provido.(TJ-AM 40012883420178040000 AM 4001288-34.2017.8.04.0000, Relator: João de Jesus Abdala Simões, Data de Julgamento: 10.09.2017, Terceira Câmara Cível)

Ementa: Apelação – Prestação de serviços – Rede social (Facebook) – Ação de obrigação de fazer, c.c indenização – Bloqueio e exclusão injustificados de perfil – Descumprimento pelo réu do disposto no art. 373, II, do CPC – Danos morais – Ocorrência – Indenização fixada em R$ 5.000,00, com correção desde o julgamento e juros de mora a partir da citação – Multa diária – Cabimento e exigibilidade – Redução a R$ 20.000,00 em atenção aos princípio da razoabilidade e proporcionalidade – Inviabilidade de cumprimento da obrigação que não exonera o devedor da penalidade, haja vista a impossibilidade de alegar a própria torpeza – Ação julgada procedente. Recursos parcialmente providos (TJ-SP – AC: 10102493220208260506 SP 1010249-32.2020.8.26.0506, Relator: Antonio Nascimento, Data de Julgamento: 19.11.2022, 26ª Câmara de Direito Privado, Data de Publicação: 19.11.2022)

Ementa: Apelação Cível – Ação de indenização – Invasão de perfil em rede social – Aplicação de golpes em terceiros – Falha na prestação do serviço – Demora na recuperação do acesso – Responsabilidade objetiva do provedor – Danos morais – Configurados – Sentença reformada. – O provedor de aplicação na internet (Instagram) responde, objetivamente, pelos danos causados ao consumidor em razão de defeitos do serviço disponibilizado, nos termos do artigo 14, do CDC – A invasão do perfil de usuário praticada por terceiro representa fortuito interno, visto que integra o risco da atividade e, por isso, não afasta a responsabilidade civil do fornecedor – A demora no restabelecimento do acesso à rede social pelo usuário, permitindo que terceiros, nesse período, aplicassem golpes em nome daquele, é suficiente para prejudicar o nome e a honra do titular da conta, justificando-se a reparação pelos danos morais sofridos – Recurso provido. Sentença reformada. (TJ-MG – AC: 50080158220228130479, Relator: Des.(a) Mariangela Meyer, Data de Julgamento: 04.04.2023, 10ª Câmara Cível, Data de Publicação: 10.04.2023)

Ementa: Recurso inominado. Ação de obrigação de fazer c/c indenização por danos morais. Bloqueio de perfil em rede social (Facebook). Violação aos termos de uso. Não comprovada. Ausência de indícios de falsidade ou descumprimento das normas de utilização da plataforma. Falha na prestação dos serviços. Dano moral configurado. Valor mantido. Sentença mantida. Recurso conhecido e desprovido. (TJPR – 5ª Turma Recursal dos Juizados Especiais – 0001023-08.2020.8.16.0018 – Maringá – Rel.: Juíza de Direito da Turma Recursal dos Juizados Especiais Fernanda de Quadros Jorgensen Geronasso – J. 15.03.2021). (TJ-PR – RI: 00010230820208160018 Maringá 0001023-08.2020.8.16.0018 (Acórdão), Relator: Fernanda de Quadros Jorgensen Geronasso, Data de Julgamento: 15.03.2021, 5ª Turma Recursal dos Juizados Especiais, Data de Publicação: 16.03.2021)

Ementa: Apelação cível – Ação de indenização por danos materiais e morais – Bloqueio de perfil de usuário de rede social – Facebook – Conduta inadequada não verificada – Imputação de violação dos termos de uso – Ônus da prova – Art. 373, II, do CPC – Bloqueio indevido – Parte autora que utilizava a conta para atividades laborais – Danos morais configurados – *Quantum* **indenizatório. Ônus sucumbenciais – Princípio da sucumbência e da causalidade.** Para ser reconhecida a responsabilidade civil subjetiva deve haver prova do dano, da culpa do agente e do nexo de causalidade entre os dois, nos termos do art. 186 do Código Civil. O ônus da prova incumbe ao autor, quanto ao fato constitutivo de seu direito, e ao réu, quanto à existência de fato impeditivo, modificativo ou extintivo do direito do autor (art. 373, I e II, do CPC). Ausência de comprovação da ocorrência de descumprimento dos termos de uso. O bloqueio indevido da conta do "Facebook", cuja utilização se destinava à difusão de trabalhos e à postagem em grupo de estudos, aliada a dificuldade em resolver o problema, são infortúnios que, conjugados, ultrapassam a fronteira do mero aborrecimento e causam inequívoco dano moral. Ao arbitrar o quantum devido a título de danos morais, deve o julgador se atentar para o caráter dúplice da indenização (punitivo e compensatório), bem como às circunstâncias do caso concreto, sem perder de vista os princípios da proporcionalidade, da razoabilidade e da vedação ao enriquecimento sem causa. Segundo os princípios da sucumbência e da causalidade, quem foi vencido ou deu causa ao ajuizamento da ação deve suportar os ônus da sucumbência. (TJ-MG – AC: 10000210135786001 MG, Relator: Mônica Libânio, Data de Julgamento: 08.04.2021, Câmaras Cíveis / 11ª Câmara Cível, Data de Publicação: 09.04.2021)

Ementa: *Ação de obrigação de fazer c.c. indenização por danos morais – Invasão de perfil de rede social (Instagram) por fraudadores para aplicação de golpes nos seguidores da autora – Aplicação da legislação consumerista – Responsabilidade objetiva da ré – Requerida não se desincumbiu do ônus de comprovar a inviolabilidade e segurança de sua plataforma ou demonstrou culpa exclusiva da autora (art. 6º, VIII, do CDC) – Danos materiais evidenciados – Danos morais – Cabimento – Autora perdeu o acesso a seu perfil na rede social, indevidamente utilizado por criminoso para aplicação de golpes em seguidores da autora – Damnum in *re ipsa* – Indenização arbitrada em consonância com os critérios da razoabilidade e proporcionalidade, segundo a extensão do dano (art. 944 do CC), não comportando modificação – Recurso negado.* (TJ-SP – AC: 11303606520218260100 SP 1130360-65.2021.8.26.0100, Relator: Francisco Giaquinto, Data de Julgamento: 10.08.2022, 13ª Câmara de Direito Privado, Data de Publicação: 10.08.2022)

Ementa: Apelação. Ação indenizatória. Desativação das contas do Instagram, Facebook e WhatsApp, sob pretexto de violação aos termos de uso. Autor que utiliza as redes sociais para fins comerciais e pessoais – Sentença de Improcedência – Reforma que se impõe – Determinação de reativação das contas indevidamente bloqueadas, para o completo, irrestrito e definitivo acesso – Cancelamento das contas que se deu sem justa causa, valendo-se a ré de alegações genéricas sobre o descumprimento dos "Termos de Uso", sem apontar ou comprovar especificamente, qual conduta ou publicação do autor teria motivado a exclusão das contas – Embora a ré possa extinguir os contratos celebrados com usuários que publicarem conteúdos ilícitos, a desativação da conta não pode ocorrer com base em simples alegação genérica de violação dos termos de uso, sem qualquer comprovação de sua ocorrência – Conduta ilícita da ré, que leva a reativação das contas do autor – Danos morais verificados – Fixação em R$ 10.000,00, por força dos princípios da razoabilidade e da proporcionalidade – Recurso Provido. (TJ-SP – AC: 11044971020218260100 SP 1104497-10.2021.8.26.0100, Relator: Ramon Mateo Júnior, Data de Julgamento: 26.05.2022, 15ª Câmara de Direito Privado, Data de Publicação: 26.05.2022)

Ementa: Apelação. Ação obrigação de fazer cumulada com indenização por dano moral e pedido de tutela de urgência. Postagens em rede social da ré ofensivas à honra e imagem da parte autora. Responsabilidade civil extracontratual. Acervo probatório demonstrativo que as postagens e seus desdobramentos extrapolaram o direito de livre manifestação do pensamento. Recurso improvido. A Constituição Federal garante a livre manifestação do pensamento, mas ela não é absoluta e deve ser praticada com responsabilidade, bem como respeitando outros valores do mesmo modo caros e tutelados pelo mesmo diploma constitucional, tais como, intimidade, vida privada, imagem, dignidade da pessoa humana, honra. Tais valores, caso indevidamente maculados, comportam a devida reparação. Analisado o conjunto probatório, é possível constatar que os termos e expressões utilizados pela ré em publicações em seu perfil na rede social, onde conta com vários seguidores, excederam os limites do direito de livre manifestação do pensamento e expressão, lesando direito de caráter constitucional dos autores. Ademais, colocaram em risco a segurança dos autores com a exposição indevida de fotos da sua residência e do autor, associando-as a fatos desonrosos e criminosos. Indenização arbitrada em consonância com os princípios da proporcionalidade e racionalidade, não comportando redução. Apelação. Ação obrigação de fazer cumulada com indenização por dano moral e pedido de tutela de urgência. Ofensa da honra e imagem da parte autora pelas postagens da ré em rede social. Dano moral. Ilícito extracontratual. Fluência dos juros de mora a partir do evento danoso. Súmula 54 do colendo superior tribunal de justiça (STJ). Readequação determinada de ofício. Em se tratando de indenização por dano moral decorrente de responsabilidade civil extracontratual, os juros de mora fluem a partir do evento danoso, nos termos da Súmula 54 do C. STJ. (TJ-SP – AC: 10147617620198260576 SP 1014761-76.2019.8.26.0576, Relator: Adilson de Araujo, Data de Julgamento: 18.06.2020, 31ª Câmara de Direito Privado, Data de Publicação: 18.06.2020)

Ementa: Processual civil. Agravo de instrumento. Obrigação de fazer. Restituição de perfis de rede social. Inobservância de regas do contraditório e ampla defesa. Arbitramento de astreintes. – Na esteira dos precedentes jurisprudenciais pátrios, a relação existente entre o usuário e a rede social se trata de relação de consumo, regida, portanto, pelas normas do CDC; – A exclusão arbitrária de perfil de rede social viola o direito básico do consumidor à informação (CDC, art. 6º, inciso III), pois é direito do usuário excluído ter conhecimento específico das regras supostamente violadas; – A finalidade do arbitramento

9 • DECISÕES DOS TRIBUNAIS BRASILEIROS SOBRE BENS DIGITAIS | **235**

de astreintes é compelir a parte ao cumprimento da determinação judicial, de modo que, caso cumprida, nenhum valor desembolsará aquele a quem se dirige a ordem; – Do exame da decisão agravada o valor estabelecido pelo julgador de origem, na ordem de R$1.000,00 (mil reais), limitada essa incidência a 10 (dez) dias-multa, demonstra estrita observância aos princípios da proporcionalidade e da razoabilidade, sem importar em enriquecimento sem causa da parte adversa, mas capaz de persuadir a ora Agravante ao cumprimento da determinação judicial; – Agravo de instrumento conhecido e desprovido. (TJ-AM – AI: 40016921220228040000 Manaus, Relator: Anselmo Chíxaro, Data de Julgamento: 29.09.2022, Primeira Câmara Cível, Data de Publicação: 29.09.2022)

Ementa: Apelação cível. Ação de obrigação de fazer c/c indenizatória por danos morais. Invasão por hacker do perfil da autora na rede social Instagram. Alegação de que sofreu ameaça e lesão à sua honra e imagem ante o uso indevido de sua conta. Sentença de **procedência para confirmar os efeitos da tutela de urgência que determinou ao réu o restabelecimento do acesso da demandante a seu perfil e o condenou ao pagamento de indenização a título de danos morais no valor de R$ 10.000,00. Recurso do demandado.** 1. O réu/apelante não se insurgiu contra a condenação à obrigação de restabelecer o acesso da autora/apelada ao seu perfil na rede social Instagram, motivo pelo qual a matéria está preclusa, com força de coisa julgada, na forma do art. 1.013, caput, do CPC/2015, cingindo-se a controvérsia em verificar se restou caracterizada a responsabilidade do apelante no caso sub judice, a ensejar o dever de indenizar a apelada pelos danos morais sofridos, a adequação do quantum indenizatório e a correção da fixação dos ônus sucumbenciais. 2. Causa de pedir que se consubstancia em invasão do perfil da apelada, composto por 12 mil seguidores, na rede social Instagram, cujo hacker lhe exigiu o envio de dinheiro ou fotografia nua para que não deletasse a conta. 3. O conjunto probatório dos autos demonstrou que diversas foram as tentativas frustradas de recuperação do perfil, vez que as respostas automáticas dadas pelo recorrente indicavam a necessidade de utilização do e-mail ligado à sua conta, que, contudo, também foi alvo de ataque do *hacker*, fato reiteradamente informado pela usuária ao provedor. 4. O art. 19 da Lei nº 12.965/14 estabelece que "o provedor de aplicações de internet somente poderá ser responsabilizado civilmente por danos decorrentes de conteúdo gerado por terceiros se, após ordem judicial específica, não tomar as providências para, no âmbito e nos limites técnicos do seu serviço e dentro do prazo assinalado, tornar indisponível o conteúdo apontado como infringente". 5. Após a edição da referida lei, a responsabilização do provedor se caracteriza quando recebe notificação judicial acerca do conteúdo ofensivo a` honra ou imagem da pessoa, com a indicação clara e específica da URL, e deixa de tomar as providências cabíveis, sendo este o entendimento do STJ a respeito do tema – REsp 1694405/RJ – Ministra Nancy Andrighi – Terceira Turma – Data do Julgamento: 19.06.2018. 6. A responsabilidade solidária do apelante restou configurada, na medida em que demorou mais de um mês, após notificação judicial, para resolver a questão. Precedentes: 0001141-72.2014.8.19.0062 – Apelação – Des (a). Leila Maria Rodrigues Pinto de Carvalho e Albuquerque – Julgamento: 08.03.2017 – Vigésima Quinta Camara Cível; 0266367-53.2019.8.19.0001 – Apelação – Des (a). Andrea Fortuna Teixeira – Julgamento: 16.09.2020 – Vigésima Quarta Câmara Cível. 7. Dano moral configurado, vez que a apelada sofreu lesão à sua imagem e honra, tanto pelas ameaças recebidas pelo hacker quanto pelo uso indevido de sua conta, na medida em que entrou em contato com seus seguidores, ocultou fotografias, publicou vídeo e alterou os dados do perfil. 8. A indenização a título de danos morais, fixada no valor de R$ 10.000,00, atende aos princípios da razoabilidade e proporcionalidade, à vedação ao enriquecimento sem causa e às peculiaridades do caso concreto, devendo ser prestigiada. 9. Não prospera a alegação do apelante de que não deu causa à propositura da demanda, ante a frustração da resolução do problema na via administrativa, de modo que, restando vencido, deve arcar com o ônus da sucumbência, nos termos do art. 85, caput, do CPC. 10. Recurso conhecido e desprovido. (TJ-RJ – APL: 00081919320208190045, Relator: Des(a). Marianna Fux, Data de Julgamento: 02.06.2021, Vigésima Quinta Câmara Cível)

Ementa: Apelação Cível – Ação De Indenização – Invasão de perfil em rede social – Aplicação de golpes em terceiros – Falha na prestação do serviço – Demora na recuperação do acesso – Responsabilidade objetiva do provedor – Danos morais – Configurados – Valor adequado – Sentença mantida. – O provedor de aplicação na internet (Instagram) responde, objetivamente, pelos danos causados ao consumidor em razão de defeitos do serviço disponibilizado, nos termos do artigo 14, do CDC. O nexo de causalidade apenas se rompe diante da comprovação de inexistência do defeito, de culpa exclusiva da vítima ou de terceiro (§ 3º, do artigo 14, do CDC) – A invasão do perfil de usuário praticada por terceiro representa fortuito interno, visto que integra o risco da atividade e, por isso, não afasta a responsabilidade civil do fornecedor – A demora no restabelecimento do acesso à rede social pelo usuário, permitindo que terceiros, nesse período, aplicassem golpes em nome daquele, é suficiente para prejudicar o nome e a honra do titular da conta, justificando-se a reparação pelos danos morais sofridos – O valor da indenização deve ser mantido se está em consonância com o princípio da proporcionalidade e, em especial, com a repercussão da ofensa – Recurso não provido. Sentença mantida. (TJ-MG – AC: 50105968420218130518, Relator: Des.(a) Mariangela Meyer, Data de Julgamento: 15.02.2023, 10ª Câmara Cível, Data de Publicação: 27.02.2023)

Ementa: Consumidor. Prestação de serviços. Instagram. Conta hackeada e perfil invadido. Fortuito interno. A rede social deve zelar pela segurança do ambiente virtual que disponibiliza, a responder objetivamente por eventual defeito. Injustificada demora na solução do problema. Controle retomado apenas após ordem judicial, a revelar a falta de cuidado e o descaso com que o FACEBOOK trata seus consumidores. Defeito do serviço que se identifica na espécie. Não há indícios de uso indevido ou falha nas práticas de segurança por parte da autora. Dano moral caracterizado, também na modalidade *in re ipsa*. Precedente específico desta Câmara. Teoria do desvio produtivo. Prevalência do risco proveito x quebra da confiança. Indenização de R$ 10.000,00 que, por não representar quantum irrisório nem exorbitante, merece prestígio. Recurso desprovido. (TJ-SP – AC: 11120016720218260100 SP 1112001-67.2021.8.26.0100, Relator: Ferreira da Cruz, Data de Julgamento: 16.05.2022, 28ª Câmara de Direito Privado, Data de Publicação: 16.05.2022)

Ementa: Apelação. Ação de obrigação de fazer. Instagram. Perfil falso. Criminosos criaram perfil falso na plataforma do Instagram, utilizando-se de dados da conta do autor (fotos, nome e marca) e passaram a oferecer produtos, sem que houvesse a entrega. Denúncias na órbita administrativa apresentadas pelo autor e por clientes lesados. Letargia do Facebook em solucionar o impasse. Conta desativada somente após ajuizamento da demanda e concessão de tutela de urgência. Sentença de procedência parcial. Inconformismo do autor. Fortuito interno. Aplicação do CDC à casuística. Autor que tomou conhecimento do perfil falso e, a despeito da comunicação, o réu que não apresentou solução. Não lhe socorre a assertiva de que estaria impedido de agir diante da legislação em vigor, notadamente o Marco Civil da Internet. Inteligência do art. 7º, incisos I e XIII, da Lei n. 12.965/2014 Obrigação de fazer mantida. Danos morais. Ocorrência. Situação que superou o mero dissabor. O autor teve sua marca maculado, havendo descrédito na sua atuação profissional. Angústia diante da inércia do apelante. Seguidores que foram enganados pelos criminosos. Os contratempos daí advindos que não podem ser imputados como meros transtornos. Condenação arbitrada em R$ 10.000,00. Sucumbência. Inversão. Recurso provido. (TJ-SP – AC: 10687679820228260100 SP 1068767-98.2022.8.26.0100, Relator: Rosangela Telles, Data de Julgamento: 15.12.2022, 31ª Câmara de Direito Privado, Data de Publicação: 15.12.2022)

Ementa: Recurso inominado – Ação de obrigação de fazer – Relação de consumo – Utilização de rede social – Instagram – Conta desativada pela fornecedora (Facebook) – Obrigação de restabelecimento da respectiva conta/perfil – Sentença mantida – Recurso improvido. Em que pese as razões recursais, a sentença não merece reparos, eis que, analisando o conjunto probatório produzido, agiu corretamente o juízo monocrático. Com efeito, restou incontroverso nos autos que houve suspensão da conta da Recorrida na rede social Instagram, administrada pelo Recorrente Facebook Serviços Online do Brasil Ltda. Entretanto, apesar das alegações referentes a análise dos Termos de Uso da rede social, o Recorrente Facebook Serviços Online do Brasil Ltda não se desincumbiu do ônus probatório imposto pelo art. 373, II, do Código de Processo Civil, deixando de produzir provas de suas alegações. Nesse eito, os argumentos apresentados pelo Recorrente para justificar o bloqueio do perfil da recorrida no Instagram não são suficientes para demonstrar a legitimidade do denominado controle de conteúdo que efetua, de acordo com os termos que ele mesmo, enquanto provedor da rede social, estabelece em seu contrato de serviços. Saliente-se que embora o Recorrente tenha assegurado o direito de efetuar o bloqueio de perfil dos usuários, é certo que isso não pode se dar de formar arbitrária e somente pode ocorrer quando houver justa causa para tanto, o que não restou comprovado no presente caso. Sentença mantida por seus próprios fundamentos. Recurso conhecido e, no mérito, improvido. (TJ-MS 08008161920228120114 Três Lagoas, Relator: Juíza Patrícia Kelling Karloh, Data de Julgamento: 24.03.2023, 2ª Turma Recursal Mista, Data de Publicação: 29.03.2023)

Ementa: Agravo de instrumento. Ação de obrigação de fazer. Desativação de perfil do Instagram sem prévia solicitação ou notificação do usuário. Ausência de prova acerca da suposta violação dos termos de uso. Recurso conhecido e não provido. 1. O Agravante pretende a imediata suspensão da eficácia da decisão recorrida, ao fundamento de que as regras de uso da plataforma, as quais todos os usuários aderem por ocasião do ingresso no serviço, o autorizariam a desativar os perfis que violem os padrões de comportamento nela assentados. 2. *In casu*, verifica-se que a desativação do perfil do Agravado deu-se de forma unilateral, sem a devida prestação de informações necessárias ao exercício do contraditório, princípio constitucional de eficácia horizontal, o que indica o abuso de direito da Agravante. 3. Recurso conhecido e desprovido para manter incólume a decisão que determinou a reativação do perfil do Agravado, ressalvada a possibilidade de controle do perfil diante da concreta comprovação de violação às regras de uso da plataforma e observância ao contraditório. (TJ-AM – AI: 40051576320218040000 Manaus, Relator: Maria do Perpétuo Socorro Guedes Moura, Data de Julgamento: 28.03.2022, Segunda Câmara Cível, Data de Publicação: 30.03.2022)

Ementa: Agravo de instrumento. Ação de obrigação de fazer com pedido de tutela de urgência. Decisão que deferiu tutela de urgência para determinar à parte ré que restabelecesse, no prazo de 24 horas, a conta do autor em sua rede social Facebook, sob pena de multa diária no valor de r$ 1.000,00. Recurso da ré. Aventada a violação às disposições contratuais pelo usuário dos serviços. Não comprovação. Conta invadida por hackers. Aplicativo fundamental ao desempenho de atividades comerciais do agravado, este que atua como palestrante, compositor e cantor. Periculum in mora inverso. Decisão mantida no ponto em que determinou o restabelecimento imediato da conta. Pleito de revogação das astreintes. Não acolhimento. Instrumento apto a instigar o cumprimento da decisão judicial. Minoração, todavia, viável. Valor da multa reduzido para R$ 500,00 por dia, até o limite/teto de R$ 50.000,00. Inteligência do artigo 537, § 1º, I, do CPC. Recurso conhecido e parcialmente provido. (TJ-SC – AI: 50075331320228240000, Relator: Selso de Oliveira, Data de Julgamento: 27.10.2022, Quarta Câmara de Direito Civil)

Ementa: Apelação. Responsabilidade civil. Indenizatória. Imagens postadas em redes sociais que foram utilizadas como prova em processo judicial. Possibilidade. Ausência de ilicitude na obtenção das imagens. Inexistência de conotação vexatória ou intuito de lucro. Improcedência. Manutenção. Ação visando a condenação do réu ao pagamento de indenização, a título de danos morais, ao fundamento de que este teria utilizado fotos dos autores, obtidas em rede social, sem qualquer autorização ou critério, expondo essas imagens e insinuando prática de ilícito, com isso enxovalhando a imagem da família publicamente, aduzindo que tais fatos teriam repercutido negativamente em seu meio social e gerado prejuízos que necessitariam de reparo. A sentença (fls. 219/222) julgou improcedente o pedido e condenou os autores ao pagamento das despesas processuais e dos honorários advocatícios, estes que fixou em R$ 2.000,00. Como consignado na sentença, o uso das fotografias limitou-se ao propósito do apelado de tentar comprovar a relação familiar existente entre a compradora e o administrador

9 • DECISÕES DOS TRIBUNAIS BRASILEIROS SOBRE BENS DIGITAIS

do bem, cabendo destacar que as referidas fotos foram retiradas do perfil público deste no Facebook, em razão de o segundo apelante haver optado por uma conta concedida em caráter de domínio público, que permite a visualização por qualquer pessoa. Consigne-se, aliás, que as fotos, tais como vistas as que foram adunadas, só mostram uma família feliz, para quem as vê destacadas de um contexto, no caso, o processo judicial onde foram juntadas, como foi bem vislumbrado pela sentenciante. Inteligência dos arts. 369 e 434 do Código de Processo Civil. Afinal, vale realçar que o livre convencimento motivado do magistrado, insculpido no artigo 371 do Código de Processo Civil, deve ser aplicado de acordo com a busca da verdade real. O ordenamento admite a produção de provas lícitas, permitindo sempre o contraditório e a ampla defesa, conforme previsão constitucional. De fato, as postagens em redes sociais passaram a ser pesquisadas intensamente para serem usadas como meios de provas em processos judiciais. Reconhecimento de união estável, possíveis fraudes contra credores, localização de bens passíveis de penhora em processos de execução etc. Como ocorreu no feito anulatório ajuizado pelo ora réu, dentre uma infinita gama de possibilidades. O recente ambiente virtual criado pela explosão da tecnologia digital não poderia demorar a ser entendido como um local bastante propício, senão o mais propício para a garimpagem de provas. Essa pesquisa constitui uma nova ferramenta à disposição de qualquer pessoa para comprovar fatos objeto de demandas, dentre outros, nada havendo de irregular ou ilegal, em princípio, na obtenção, quando publicados na internet, sem qualquer restrição por seus proprietários. Num breve resumo, vale uma incursão ao chamado direito à imagem, evocado pela parte apelante e que é um dos direitos da personalidade, se enquadrando no rol de direitos inerentes à pessoa humana, garantido constitucionalmente (art. 5º, inciso X da CR). O uso da imagem do indivíduo somente poderá se dar mediante sua autorização, sendo inviolável sua intimidade, a vida privada, a honra e a imagem, assegurado o direito a indenização pelo eventual dano material ou moral decorrente de violação desses direitos. Obviamente, não se cogita concluir aqui sobre se a prova será eficaz ou não para os propósitos do apelado. De todo modo, sem qualquer outra intenção que não demonstrar a normalidade da utilização de imagens pesquisadas na Internet, tem-se que as fotos acostadas nos presentes autos foram utilizadas exatamente como prova da família, não tendo os pais dos autores menores impúberes sentido a necessidade de qualquer pedido de segredo de justiça. Restou incontroversa a finalidade das imagens digitalizadas como meio de prova em outro processo judicial. Inaplicabilidade do verbete nº 403 do Superior Tribunal de Justiça. Os autores nada demonstraram que, sequer remotamente, sustentasse a sua pretensão, tendo sido correta a sentença hostilizada quando julgou improcedente o pedido. Parecer da Procuradoria de Justiça. Recurso desprovido. (TJ-RJ – APL: 00054125720178190212, Relator: Des(a). Mario Assis Gonçalves, Data de Julgamento: 07.06.2021, Terceira Câmara Cível, Data de Publicação: 15.06.2021)

Ementa: apelação cível. Ação de obrigação de fazer cumulada com indenização. Relação de consumo. Rede social Instagram. Invasão da conta por terceiros ("hackers"). Falha na prestação de serviços do réu. Risco da atividade. Danos morais configurados. Valor da indenização. 1. Constatada, a falha na prestação dos serviços do réu, porquanto não garantiu a proteção dos dados dos apelados, o que deveria ser intrínseco à sua atividade profissional, devendo o Facebook/Instagram responder pelos respectivos danos causados. 2. O dano moral ié devido, uma vez que supera o mero aborrecimento cotidiano, visto que, a invasão das contas dos autores na rede social Instagram, os quais foram utilizados indevidamente por hackers, gera aos seus clientes uma falta de credibilidade., pois os perfis hackeados são usados para a promoção e venda de produtos da empresa. 3. O valor indenizatório fixado a título de danos morais deve apresentar caráter dúplice – compensatório para a vítima e punitivo para o ofensor – e atender aos princípios da razoabilidade e proporcionalidade. Apelação cível conhecida e desprovida. (TJ-GO – AC: 56873048320218090051 Goiânia, Relator: Des(a). Vicente Lopes da Rocha Júnior, 2ª Câmara Cível)

Ementa: Processual civil – Sentença – Fundamentação – Nulidade – Inocorrência. "A fundamentação concisa da decisão judicial ou o simples desatendimento à tese defendida pela parte não retira do ato a sua higidez, desde que suficientemente expostas as razões de fato e de direito motivadoras da decisão final" (AC n. 0001572-40.2004.8.24.0023, Des. Henry Petry Junior). Civil – Criação anônima de perfil em rede social – Ofensas graves ao nome e imagem de terceiros – exclusão do perfil e do material lesivo – Dever do provedor – Ausência de violação à garantia da liberdade de pensamento e expressão – Desprovimento. A criação anônima de perfil social com o intuito claro de denegrir a imagem de terceiros ali expostos não constitui expressão de pensamento abarcado pela garantia fundamental prevista na Constituição Federal, art. 5º, incs. IV e IX, em especial pela vedação constitucional do anonimato. Destarte, a ilicitude da conduta perpetrada, na gênese da sua realização, mostra-se contrária à normatividade de per si, de modo que deve ser determina a exclusão definitiva do perfil criado e da publicação difamatória e ofensiva. (TJ-SC – APL: 50134280320208240039 Tribunal de Justiça de Santa Catarina 5013428-03.2020.8.24.0039, Relator: Luiz Cézar Medeiros, Data de Julgamento: 06.07.2021, Quinta Câmara de Direito Civil)

Ementa: Tutela provisória. Pedido de tutela cautelar antecedente. Indeferimento do pedido de exclusão de perfil e/ou publicações veiculadas pela agravada por meio da rede social Instagram, supostamente ofensivas aos autores. Cabível, neste momento processual, ordenar à corré criadora do perfil no Instagram que se abstenha de manifestar qualquer expressão injuriosa, difamatória ou caluniosa em relação às pessoas dos autores, em qualquer rede social, pena de multa processual por ato de descumprimento. Necessária modulação das postagens futuras por ordem de não fazer, com o objetivo de evitar a perpetuação do conteúdo ofensivo. Em relação as postagens anteriores, necessário que os conteúdos ofensivos sejam associados aos respectivos links eletrônicos. Inviável, neste momento, sem prova contundente de que todas as postagens têm conteúdo ofensivo, a exclusão ou suspensão integral do perfil, ou do conteúdo nele exposto. Recurso provido em parte. (TJ-SP – AI: 20177314320218260000 SP 2017731-43.2021.8.26.0000, Relator: Francisco Loureiro, Data de Julgamento: 12.04.2021, 1ª Câmara de Direito Privado, Data de Publicação: 12.04.2021)

Ementa: Apelação cível – Ação de obrigação de fazer c/c indenização por danos morais – Perfil falso em rede social – Publicações com conotação sexual – Sentença de parcial procedência. Recurso da parte ré. 1. Ausência de obscuridade, contradição, omissão ou erro material na sentença do Juízo "a quo" – Sentença que apresentou fundamentos de fato e de direito aptos a afastar as teses da parte ré – Inexistência de violação ao art. 489, § 1º, IV e VI, e ao art. 1.022, I e II, do CPC .2. Desídia do provedor de conteúdo na internet (Facebook) que, mesmo após notificado, deixou de remover imediatamente perfil falso da vítima – Publicação de fotografias acompanhadas de legendas com referência a atos sexuais – Remoção que prescinde de prévia ordem judicial – Interpretação teleológica do art. 21 da Lei 12.965/2014 (Marco Civil da Internet) – Violação à intimidade e à honra da vítima – Obscenidade destinada à opressão da condição feminina (finalidade de humilhação) – "Ratio decidendi" de precedente do STJ (REsp n. 1.735.712/SP). Recurso não provido. Recurso adesivo. 1. Extensão e gravidade do dano moral (art. 944, caput, do Código Civil) – Divulgação não autorizada de conteúdo de conotação sexual mediante perfil falso em rede social – Majoração da indenização para a quantia de R$ 20.000,00. 2. Honorários advocatícios majorados (art. 85, § 11, do CPC). Recurso adesivo parcialmente provido. (TJPR – 14ª Câmara Cível – 0002190-05.2020.8.16.0101 – Jandaia do Sul – Rel.: Desembargador Octavio Campos Fischer – J. 16.11.2022)

C) JULGADOS QUE SE REFEREM A PATRIMÔNIO DIGITAL

Embora defendida desde a primeira edição desta obra e, ainda, tenha sido acatada pela CJCODCIVIL (comissão de juristas responsável pela revisão e atualização do Código Civil), a expressão patrimônio digital (bens digitais patrimoniais) ainda tem sido usada de forma bem rara na jurisprudência pátria. A tendência, por óbvio, é que o uso se alargue, especialmente após a entrega do relatório final desta Comissão de Juristas. Todavia, foi encontrado um julgado com menção destacada a esta expressão.

Ementa: Ação de obrigação de fazer cumulada com pedido de indenização por danos morais – Autora Paloma teve suas páginas nas redes sociais Instagram e Facebook desativadas sem que lhe fosse dada a oportunidade do contraditório – Aduz que é produtora de conteúdo; e, que seu **patrimônio digital** foi apropriado indevidamente pelo réu – Quer a reativação de suas contas; e, a condenação da ré ao pagamento de indenização por danos morais. Sobreveio respeitável sentença que condenou o Facebook ao pagamento de indenização por danos morais no valor de R$ 3.000,00, ressaltando já terem sido reativados os perfis da requerente. Insurgência da ré – Apelante afirma ter desativado temporariamente os perfis para verificação de possível violação aos termos de uso – Quer a improcedência do pedido de indenização por danos morais; ou a redução do valor arbitrado. Contrarrazões pela manutenção do julgado. Desativação das redes sociais Instagram e Facebook da apelada – Alegação de violação dos termos de uso e diretrizes do Instagram; e, termos de serviço do Facebook – Bloqueio das plataformas sem possibilitar o contraditório – Ausência de transparência nos atos praticados – Abalo moral configurado – Precedente desta Câmara. Valor arbitrado pelo

Juízo de origem (R$ 3.000,00) que se mostra adequado ao caso concreto; e, suficiente para reparar os danos – Perfis desativados por quase um mês. Recurso desprovido. (TJ-SP – AC: 10021804820208260526 SP 1002180-48.2020.8.26.0526, Relator: Dario Gayoso, Data de Julgamento: 15.02.2023, 27ª Câmara de Direito Privado, Data de Publicação: 15.02.2023)

D) JULGADOS QUE SE REFEREM A MILHAS AÉREAS

Como destacado nos capítulos anteriores, as milhas aéreas despertam há pelo menos duas ou três décadas intensos debates a respeito de sua natureza. De meras cortesias concedidas por companhias aéreas a clientes fiéis, passou a ser um gigantesco negócio que movimentou bilhões de reais no Brasil em tempos recentes.

Esta obra defende, como demonstrado, que milhas aéreas são um notório exemplo de bens digitais, com valor próprio, sendo possível que sejam objeto de contratos, cessão, herança e partilha. Por conseguinte, é viável também que estas milhas sejam reconhecidas como patrimônio digital e permita a penhora, a dação em pagamento, a compensação, a transação, entre outras formas negociais, para satisfação de interesses de um credor.

Tratar as milhas pelo antigo viés pelo qual nasceram, com caráter personalíssimo e intransferível, quase como um favor das companhias aéreas aos passageiros frequentes, é desconhecer o intricado universo que hoje está por detrás deste objeto de direito. Analisar meras cláusulas contratuais, para daí extrair a natureza jurídicas das milhas, parece ser insuficiente para a realidade presente.

São várias as decisões de tribunais a respeito das milhas aéreas, como se verá adiante. Até mesmo o Superior Tribunal de Justiça já se manifestou a respeito da sucessão das milhas aéreas titularizadas pelo falecido, adotando posição discrepante daquele defendida nesta obra, ao tratar a questão pelo estreito funil dos contratos. De 2022 a 2024, o STJ tem enfrentado a temática das milhas aéreas em algumas oportunidades.

Recurso especial. Civil e processual civil. Deficiência na fundamentação. Súmula 284/STF. Cerceamento de defesa e decisão surpresa. Ausência de prequestionamento. Súmula 211/STJ. Ofensa ao art. 1.022 do CPC/2015 não alegada. Impossibilidade de se reconhecer o prequestionamento ficto. Programa de milhas. Cláusula do regulamento que restringe a cessão de créditos. Abusividade. Inexistência. Recurso especial parcialmente conhecido e, nessa extensão, provido. 1. O propósito recursal consiste em definir se: i) houve negativa de prestação jurisdicional; ii) está configurado o cerceamento de defesa; iii) é lícita a cláusula contratual que restringe a alienação de milhas em programa de milhagens; e iv) o valor da indenização por danos morais é exorbitante. 2. Inviável o conhecimento da apontada violação do art. 489, § 1º, do CPC/2015, haja vista que as alegações quanto à suposta

9 • DECISÕES DOS TRIBUNAIS BRASILEIROS SOBRE BENS DIGITAIS | **243**

ofensa são genéricas e superficiais, sem indicação efetiva dos supostos vícios, de modo que a deficiência de fundamentação impede a abertura da instância especial, nos termos da Súmula n. 284 do Supremo Tribunal Federal. 3. A ausência de discussão pelo Tribunal local acerca da tese ventilada no recurso especial acarreta a falta de prequestionamento, atraindo a incidência da Súmula n. 211/STJ. 4. Segundo a jurisprudência desta Corte Superior, admitir-se-á o prequestionamento ficto, previsto no art. 1.025 do CPC/2015, quando no recurso especial se indicar a violação ao art. 1.022 do CPC/2015 e esta Corte a reconhecer a existência do vício inquinado ao acórdão, que, uma vez constatado, poderá dar ensejo à supressão de instância facultada pelo dispositivo de lei. 5. Os programas de milhas estabelecidos pelas companhias aéreas não possuem regulamentação legal, aplicando-se as regras gerais dos contratos e das obrigações dispostas no Código Civil, bem como a legislação consumerista, pois indubitavelmente está configurada uma relação de consumo entre a companhia aérea e seu cliente. 6. No contrato de adesão é inadmissível a adoção de cláusulas dúbias ou contraditórias com o intuito de colocar o consumidor em desvantagem, despontando o direito de ser informado e o dever de informar. Protege-se, ainda, a equivalência entre as prestações do fornecedor e consumidor, considerando-se exagerada a vantagem que se mostra excessivamente onerosa para o consumidor, de acordo com a natureza e o conteúdo do contrato, o interesse das partes e outras circunstâncias peculiares ao caso. 7. Vê-se que os pontos do programa de milhas são bonificações gratuitas concedidas pela companhia aérea ao consumidor em decorrência da sua fidelidade, de modo que não está caracterizada a abusividade da cláusula que restringe sua cessão, até mesmo porque, caso entenda que o programa não está sendo vantajoso, o consumidor tem ampla liberdade para procurar outra companhia que eventualmente lhe ofereça condições mais atrativas, o que fomenta a competitividade no setor aéreo e, consequentemente, implica maiores benefícios aos passageiros. 8. O art. 286 do CC é claro em prever que a cessão de crédito é admissível se a isso não se opuser a natureza da obrigação, a lei, ou a convenção com o devedor. Ademais, a ora recorrida não pode ser considerada uma cessionária de boa-fé, pois atua no mercado específico há anos, com amplo conhecimento sobre os regulamentos internos das companhias aéreas. 9. Recurso especial parcialmente conhecido e, nessa extensão, provido. (STJ – REsp: 2011456 SP 2020/0213407-2, Relator: Ministro Marco Aurélio Bellizze, Data de Publicação: DJ 12.03.2024)

Ementa: Agravo em recurso especial Nº 2131171 – SP (2022/0148116-4). Cumprimento de sentença. Penhora de milhas aéreas e pontos de programa de fidelidade. Agravo provido para convertê-lo em recurso especial. Decisão. Cuida-se de agravo interposto por Cooperativa de Crédito de Livre Admissão e dos Transportadores Rodoviários de Veículos – SICOOB CREDCEG contra decisão que inadmitiu o recurso especial. Com fulcro no art. 105, III, a, da Constituição Federal, a parte recorrente visa à reforma do acórdão proferido pela Trigésima Sexta Câmara de Direito Privado do Tribunal de Justiça de São Paulo, assim ementado (e-STJ, fl. 48): Agravo de instrumento. Cumprimento de sentença. Pedido de penhora de milhas aéreas e pontos de programa de fidelidade. Impossibilidade. Recurso desprovido. Cinge-se a controvérsia quanto à possibilidade de penhora de milhas aéreas e pontos de programa de fidelidade em nome dos executados – proposta pela ora recorrente – que, nos autos de cumprimento de sentença, foi indeferida pelo Juízo singular. Interposto agravo de instrumento, a Corte estadual negou-lhe provimento por entender que a medida requerida pela insurgente não traria efetividade ao processo de execução. Opostos embargos de declaração, o Tribunal de origem os rejeitou, conforme ementa abaixo reproduzida (e-STJ, fl. 58): Embargos de declaração. Inexistência de omissão, contradição ou obscuridade no julgado. Embargos rejeitados. Irresignada, a credora/exequente interpôs recurso especial apontando violação aos arts. 139, IV, 789, 797 e 835 do CPC/2015. Em suas razões, alegou que, ante as tentativas frustradas de localizar patrimônio do devedor para satisfação do crédito exequendo, a penhora de milhas aéreas e pontos de programas de fidelidade afigura-se medida viável e idônea, dado o seu caráter patrimonial. Não foram apresentadas as contrarrazões (e-STJ, fl. 73). Com o juízo de admissibilidade negativo (e-STJ, fls. 74-75), houve a interposição do presente agravo (e-STJ, fls. 78-92). Brevemente relatado, decido. Considerando os fundamentos trazidos no presente recurso e atendidos os pressupostos de admissibilidade, dou provimento ao agravo a fim de determinar, com fulcro no art. 34, XVI, do RISTJ, sua conversão em recurso especial para melhor análise da matéria, sem prejuízo de uma nova análise dos pressupostos recursais. Publique-se. Brasília, 30 de setembro de 2022. Ministro Marco Aurélio Bellizze, Relator (STJ – AREsp: 2131171 SP 2022/0148116-4, Relator: Ministro Marco Aurélio Bellizze, Data de Publicação: DJ 03.10.2022)

Ementa. Direito do consumidor. Direito civil. Recurso especial. Irresignação manejada sob a égide do NCPC. Ação civil pública. Prestação de serviço. Regulamento de plano de benefício. Programa TAM fidelidade. Violação ao disposto no art. 1.022 do NCPC. Inexistência. Cláusula 1.8 do regulamento do mencionado programa. Contrato de adesão. Art. 51 do CDC. Necessidade de demonstração da abusividade ou desvantagem exagerada. Inexistência. Contrato unilateral e benéfico. Consumidor que só tem benefícios. Obrigação intuito personae. Ausência de contraprestação pecuniária para a aquisição direta dos pontos bônus. Interpretação restritiva. Art. 114 do CC/02. Consumidor que pode optar por não aderir ao plano de benefícios e, mesmo assim, utilizar o serviço e adquirir os produtos ofertados pela TAM e seus parceiros. Validade da cláusula que proíbe a transferência dos pontos bônus por ato causa mortis. Verba honorária. Modificação. Inteligência do art. 85, § 2º, do NCPC. Recurso especial provido. 1. Aplica-se o NCPC a este recurso ante os termos do Enunciado Administrativo nº 3, aprovado pelo Plenário do STJ na sessão de 9/3/2016: Aos recursos interpostos com fundamento no CPC/2015 (relativos a decisões publicadas a partir de 18 de março de 2016) serão exigidos os requisitos de admissibilidade recursal na forma do novo CPC. 2. Não há que se falar em negativa de prestação jurisdicional (violação do art. 1.022 do NCPC), quando a fundamentação adotada pelo Tribunal Estadual é apta, clara e suficiente para dirimir integralmente a controvérsia que lhe foi apresentada. 3. Inexistindo ilegalidade intrínseca, nos termos do art. 51, IV do CDC, as cláusulas constantes de contrato de adesão só serão declaradas nulas quando estabelecerem obrigações consideradas iníquas, abusivas, que coloquem o consumidor em desvantagem exagerada, ou sejam incompatíveis com a boa-fé ou a equidade. 4. Deve ser considerado como contrato unilateral e benéfico a adesão ao Plano de Benefícios que dispensa contraprestação pecuniária do seu beneficiário e que prevê responsabilidade somente ao seu instituidor. Entendimento doutrinário. 5. Os contratos benéficos, que por sua natureza são intuito personae, devem ser interpretados restritivamente, consoante disposto no art. 114 do CC/02. 6. Recurso especial provido. (STJ – REsp: 1878651 SP, Relator: Ministro Moura Ribeiro, Data de Publicação: DJ 07/10/2022)

Ementa: Agravo de instrumento – Penhora sobre pontos de fidelidade/milhas aéreas – Natureza patrimonial e creditícia – Possibilidade de penhora – Agravo a que se dá provimento. – Estando os pontos de fidelidade/milhas aéreas revestidos de natureza patrimonial e creditícia junto às empresas aéreas, inclusive com possibilidade de comercialização através de empresas do ramo existentes, cumpre reconhecer a possibilidade de penhora sobre tais pontos/milhas, ante a inserção como "bens presentes e futuros" a que faz referência o artigo 789 do Código de Processo Civil. (TJ-MG – AI: 10024131678112001 MG, Relator: Luiz Carlos Gomes da Mata, Data de Julgamento: 19/05/0020, Data de Publicação: 22/05/2020)

Ementa: Recurso inominado. Compra e venda de milhas aéreas. Plataforma de viagens que não pagou pelas milhas adquiridas. Ato ilícito. Dever de indenizar. Danos materiais e morais configurados. Recurso desprovido. Sentença mantida. Custas e honorários. Cabimento. 20% do valor da causa. Art. 55 da Lei nº 9.099/95. – Trata-se de recurso inominado contra sentença que julgou procedentes os pedidos de indenização material e moral em decorrência do descumprimento contratual por parte da recorrente, que não pagou pelas milhas aéreas adquiridas do recorrido – Passo ao mérito – Comprovado que o recorrido vendeu as milhas aéreas de que dispunha para a plataforma de venda de passagens aéreas recorrente, e que o pagamento deveria ocorrer até o dia 24.02.2020, deveria a recorrente ter comprovado alguma excludente de sua responsabilidade pelo inadimplemento das condições por ela mesmo impostas no contrato de adesão firmado entre as partes, não tendo se desincumbido do ônus imposto pelo art. 373, II do CPC – Consigne-se, ademais, que a Lei nº 14.034/2020 não incide na espécie, uma vez que se refere apenas às relações de consumo no mercado de transporte aéreo, não sendo este o caso dos autos, já que o recorrido não consumiu os serviços oferecidos pela recorrente, sendo, na verdade, fornecedor dos insumos utilizados na sua prestação – milhas aéreas – Assim, como bem asseverado pelo juízo a quo, não assiste razão ao argumento de que o pagamento do contrato poderia ser postergado em até 12 (doze) meses, nos termos da legislação extraordinária, sendo, portanto, devida a indenização material e moral cominadas no primeiro grau, ante o descumprimento injustificado das obrigações livremente contraídas pela recorrente – Ante o exposto, voto no sentido de conhecer e negar provimento ao recurso interposto, mantendo a sentença em sua integralidade e impondo a recorrente o pagamento de custas e honorários advocatícios de 20% do valor da condenação, com fulcro no art. 55 da Lei nº 9.099/95 – É como voto. (TJ-AM – RI: 06702441620208040001 Manaus, Relator: Francisco Soares de Souza, Data de Julgamento: 21.05.2023, 1ª Turma Recursal, Data de Publicação: 21.05.2023)

Ementa: Agravo de instrumento – Cumprimento de sentença – Decisão que indeferiu o pedido de expedição de ofício à companhia aérea para fins de penhora de milhas aéreas – Irresignação do exequente – Acolhimento – Pontos de programas de fidelidade que ostentam natureza patrimonial e valor monetário, e podem ser comercializadas em empresas especializadas no ramo – Possibilidade de penhora – Recurso provido. (TJ-SP – AI: 21609585720228260000 SP 2160958-57.2022.8.26.0000, Relator: Marco Fábio Morsello, Data de Julgamento: 08.12.2022, 11ª Câmara de Direito Privado, Data de Publicação: 08.12.2022)

Ementa: Título executivo extrajudicial. Agravo de instrumento. Execução de título extrajudicial. Decisão agravada que indeferiu o pedido do exequente de expedição de ofício a empresas custodiantes de milhas aéreas pretendendo a respectiva penhora. Apesar de as milhas aéreas deterem cunho econômico, revela-se inviável a respectiva penhora face a ausência de critérios seguros e objetivos para valorá-las. Ausência de órgão oficial indicador de preço. Precedentes. Decisão mantida. Recurso desprovido. Inadmissível a penhora de milhas aéreas. Estamos diante da inexistência de regramento hábil no ordenamento jurídico que possa orientar, com a necessária segurança e objetividade, a conversão de milhas aéreas em pecúnia. Isso porque a existência de plataformas na internet onde é possível comercializar milhas aéreas não significa que, no âmbito do processo judicial, a alienação de milhas eventualmente penhoradas possa se valer desse sistema, operado por empresas terceirizadas e que não operam cotações oficiais das milhagens. Em verdade, o que se verifica no momento atual é a completa ausência de regulamentação/ normatização da alienação judicial de milhas aéreas. Inexiste, como dito, órgão oficial que regule a valoração das milhas aéreas, de modo a conferir a segurança necessária à medida expropriatória dessa natureza então pretendida. (TJ-PR – AI: 00611993620228160000 Curitiba 0061199-36.2022.8.16.0000 (Acórdão), Relator: Lauro Laertes de Oliveira, Data de Julgamento: 06.02.2023, 16ª Câmara Cível, Data de Publicação: 06.02.2023)

Ementa: Agravo de instrumento – Ação de obrigação de fazer c/c indenizatória – Liminar desbloqueio de programa de milhas aéreas – Contrato oneroso – Limitação imposta posteriormente à contratação – Impossibilidade – Tutela deferida – Decisão mantida. – O deferimento da tutela antecipada está condicionado à análise da presença dos pressupostos exigidos pelo art. 300 do CPC/15, quais sejam, a probabilidade do direito e o perigo do dano ou risco ao resultado útil do processo, além da reversibilidade dos efeitos do provimento liminar – Considerando a natureza eminentemente consumerista da relação ora em análise, e porque as milhas são adquiridas onerosamente, não se vislumbra, nesta análise prefacial dos autos, a possibilidade de se impor restrição ao direito de propriedade, limitando-se o direito de alienar as milhas aéreas – É fato não contestado pela agravante em suas razões recursais que a limitação à emissão de passagens para apenas vinte e cinco pessoas foi introduzida ao Regulamento do programa em data posterior à aquisição das milhas pela parte agravada, violando o disposto no art. 51, incisos IV e XIII do CDC. (TJ-MG – AI: 10000190920280001 MG, Relator: Mota e Silva, Data de Julgamento: 27.10.2019, Data de Publicação: 30.10.2019)

Ementa: expedição de ofício à associação brasileira das empresas do mercado de fidelização – ABEMF. Penhora de milhas aéreas e pontos em cartão de fidelidade. Os pontos acumulados pelo consumidor, com o uso de cartões de crédito e passagens aéreas, configuram vantagem concedida pelas operadoras de cartões de crédito e companhias aéreas, como espécie de atrativo, para que os clientes utilizem cada vez mais seus produtos. Não há a possibilidade de converter os pontos acumulados em pecúnia, mas, apenas, de trocá-los por produtos e descontos, tampouco é possível cedê-los a terceiros. Não há no ordenamento jurídico regra apta a converter a pontuação acumulada em moeda corrente, o que inviabiliza a pretensão do exequente. Agravo de petição que se nega provimento. (TRT-2 10013477920165020076 SP, Relator: Beatriz Helena Miguel Jiacomini, 6ª Turma – Cadeira 3, Data de Publicação: 30.06.2022)

Ementa: Agravo de instrumento. Cumprimento de sentença. Penhora. Milhas aéreas. Ausência de legislação. Expedição de ofício. Não cabimento. 1. Não obstante a existência de expressão econômica, não há legislação específica regulatória de venda de milhas. 2. A ausência de mecanismos à disposição do Juízo para a conversão em pecúnia dos pontos/milhas viola o princípio da efetividade, não trazendo qualquer benefício econômico ao credor. 3. Inviável a expedição de ofício às companhias aéreas para que informem sobre a existência de cadastro, em nome da parte executada, em seus programas de fidelidade. (TRF-4 – AI: 50485139020224040000, Relator: Luiz Antonio Bonat, Data de Julgamento: 08.02.2023, Décima Segunda Turma)

Ementa: Agravo De petição. Penhora de "milhas aéreas". Impossibilidade. As chamadas "milhas aéreas" adquiridas junto às companhias aéreas, embora tenham valor econômico, não integram o conceito de bens e/ou direitos passíveis de constrição e consequente venda em hasta pública, o que torna inviável a pretensão formulada. Recurso da exequente conhecido e não provido. (TRT-9 – AP: 00003763720195090133, Relator: Adilson Luiz Funez, Data de Julgamento: 19.05.2023, Seção Especializada, Data de Publicação: 24.05.2023)

Ementa: *Agravo de instrumento. Ação de indenização por danos materiais. Fase de cumprimento de sentença. Acidente de trânsito. Decisão: que indeferiu a penhora das milhas aéreas do executado. INCONFORMISMO da exequente deduzido no Recurso. Exame: Exequente que requereu a penhora de milhas aéreas de propriedade do executado. Impossibilidade de conversão segura em moeda corrente. Penhora que deve ser indeferida. Decisão mantida. Recurso não provido.* (TJ-SP – AI: 22225621920228260000 SP 2222562-19.2022.8.26.0000, Relator: Daise Fajardo Nogueira Jacot, Data de Julgamento: 07.02.2023, 27ª Câmara de Direito Privado, Data de Publicação: 08.02.2023)

Ementa: Execução. Medidas atípicas. Penhora de milhas aéreas. Tendo em vista a impossibilidade de transferência de titularidade das milhas/pontos, bem como o prazo de expiração da pontuação, a expedição de ofício às operadoras de milhas não é providência que atende ao princípio da efetividade, pois não se mostra útil ao cumprimento da obrigação patrimonial imposta ao devedor. (TRT-18 – AP: 00127227720135180101, Relator: Gentil Pio De Oliveira, 1ª Turma)

Ementa: Apelação cível. Direito privado não especificado. Ação de indenização por danos materiais e morais. Furto de pontos relativos a milhas aéreas. Ajuizamento do feito contra a companhia de aviação e a empresa de telefonia. Sentença de parcial procedência. Recurso do autor. Prova documental que não ampara a tese de que a linha móvel do autor foi transferida a um terceiro. Demonstração de que, desde sua ativação, sempre foi de titularidade do requerente. Ausência de relação entre uma eventual transferência fraudulenta de titularidade de linha telefônica e problemas que possam ocorrer na relação entre o autor e uma empresa aérea, mormente no contexto de um programa de milhagem. Indenização por danos materiais a ser suportada exclusivamente pela companhia aérea, que admitiu a ocorrência de fraude no que tange à utilização das milhas do autor por outrem. Quantia que deve corresponder ao valor de mercado das milhas aéreas, e não se dar em dobro. A restituição na forma dobrada prevista no parágrafo único do art. 42 do CDC diz apenas com a hipótese de pagamento indevido (em excesso), hipótese diversa da conhecida no caso concreto. Eventos vivenciados pela parte autora que, nada obstante desagradáveis, não constituem fato gerador de dano moral indenizável. Recurso de apelação desprovido. (TJ-RS – AC: 70083974659 RS, Relator: Mylene Maria Michel, Data de Julgamento: 26.11.2020, Décima Nona Câmara Cível, Data de Publicação: 30.11.2020)

Ementa: Recurso Inominado. Ação indenizatória. Venda de milhas sem contraprestação do pagamento. Relação de consumo. Autora alega que vendeu milhas aéreas à empresa Art Viagens e Turismo com validação da corré Azul Linhas Aéreas, sem a devida contraprestação do pagamento. Corré Art Viagens alegou existência de processo de recuperação judicial e requereu a suspensão do processo, cujo pedido foi afastado. Corré Azul alegou ilegitimidade passiva por não ter participado da transação, cuja operação, aliás, infringe as regras de seu programa. Sentença de piso reconheceu ilegitimidade passiva da corré Azul e determinou extinção da ação sem julgamento do mérito. No mérito condenou a corré Art Viagens a restituir as milhas à autora e reconheceu danos morais no importe de 5 mil. Insurgência da autora alegando solidariedade passiva da corré Azul, a qual permitiu que a operação de venda das milhas ocorresse dentro de sua plataforma, tendo, inclusive, validado a operação; prova de natureza positiva, não comprovada. Aduz ainda que não foi devidamente informada sobre a proibição de venda das milhas, todavia a corré juntou termo e condições de utilização do serviço, cuja anuência é obrigatória para participação no programa de milhagens. Sentença mantida por seus próprios fundamentos. RECURSO IMPROVIDO. (TJ-SP – Recurso Inominado Cível: 1008639-69.2023.8.26.0297 Jales, Relator: Celso Maziteli Neto – Colégio Recursal, Data de Julgamento: 03.04.2024, 1ª Turma Recursal Cível, Data de Publicação: 03.04.2024)

Ementa: Agravo de instrumento. Execução de título extrajudicial. Decisão que indeferiu a expedição de ofício às companhias aéreas a fim de apurar a existência de pontos/ créditos de milhas em nome dos executados. Insurgência da instituição financeira exequente. Defendida inexistência de impedimento à penhora de eventuais saldos de milhas existentes em nome dos devedores, dada a natureza monetária dessa espécie de ativo. Subsistência. Pontos ou milhas adquiridos por meio de "programas de

fidelidade", que possuem patente caráter patrimonial e representam direito de crédito ao titular. Ausência de restrição à penhora de tais ativos. Exegese do art. 835, XIII, do CPC. Viabilidade de expedição de ofício às companhias aéreas informadas pela parte credora, a fim de diligenciar acerca de ocasional pontuação existente em nome dos executados. Precedentes. Decisão reformada. "as milhas aéreas são consideradas benefícios conferidos aos seus titulares que podem ser convertidos em valores monetários, dada a possibilidade de alienação a terceiros, por meio de sites próprios, ainda que esta não seja a sua principal função" (TJMG – Agravo de Instrumento-Cv 1.0000.20.574279-4/003, rel. Des. Luiz Artur Hilário, 9ª Câmara Cível, j. em 09.05.2023, p. em 10.05.2023). Recurso conhecido e provido. (TJ-SC – Agravo de Instrumento: 5069180-09.2022.8.24.0000, Relator: Osmar Mohr, Data de Julgamento: 30.11.2023, Sexta Câmara de Direito Comercial)

Ementa: Segunda Câmara Cível Agravo de Instrumento n° 1012197-21.2022.8.11.0000 – Comarca de Cuiabá/MT– Agravante (s): Caruana S.A. – Sociedade de crédito, financiamento e investimento – Agravado (s): São Cristóvão Transportes EIRELI – ME Paulo Henrique Bardaio – Ementa: Recurso de agravo de instrumento – Execução de título extrajudicial – Penhora sobre pontos de fidelidade/milhas aéreas – Possibilidade – Natureza patrimonial e creditícia – Art. 789 do CPC/15 – decisão reformada – Recurso provido. Se os pontos de fidelidade/milhas aéreas são revestidos de natureza patrimonial e creditícia junto às empresas aéreas, inclusive com possibilidade de comercialização através de empresas do ramo, mostra-se possível a penhora sobre tais pontos/milhas, como "bens presentes e futuros", conforme faz referência o artigo 789 do CPC/15 (TJ-MT 10121972120228110000 MT, Relator: Marilsen Andrade Addario, Data de Julgamento: 24.08.2022, Segunda Câmara de Direito Privado, Data de Publicação: 26.08.2022)

Ementa: Agravo de instrumento – Execução de título extrajudicial – Penhora de pontos e milhas aéreas existentes em programas de fidelidade. Meio atípico de execução que não se revela seguro para a conversão em moeda corrente, visto que o Judiciário não possui meios de pesquisa da existência de referidos créditos. Ademais, tal medida não é eficaz para a coação do devedor e obtenção do cumprimento da obrigação. Decisão mantida. Recurso não provido. (TJ-SP – AI: 22572036720218260000 SP 2257203-67.2021.8.26.0000, Relator: Nuncio Theophilo Neto, Data de Julgamento: 25.04.2022, 19ª Câmara de Direito Privado, Data de Publicação: 25.04.2022)

Ementa. Agravo de instrumento – Execução de título extrajudicial – Penhora de pontos e milhas aéreas de programas de fidelidade – Impossibilidade – Inexistência de mecanismos seguros e idôneos de conversão em moeda corrente – Medida que não conduz à satisfação do crédito – decisão mantida – recurso conhecido e desprovido. (Agravo de Instrumento n° 202300824318 n° único: 0007408-69.2023.8.25.0000 – 2ª Câmara Cível, Tribunal de Justiça de Sergipe – Relator(a): Edivaldo dos Santos – Julgado em 31.08.2023)

E) JULGADOS QUE SE REFEREM A CRIPTOATIVOS

Para além das milhas, como exemplo de patrimônio digital, há também outros ativos com atratividade econômica, gerando pretensões de constrições, a fim de se ver satisfeito eventuais créditos inadimplidos. Isto tem ocorrido com NFTs, criptoativos como bitcoins, entre outros bens digitais patrimoniais.

Os julgados a seguir destacam estas novas teses procuradas por atentos advogados de credores, cientes de que o universo digital tem se mostrado como apto à sonegação de patrimônio, a fim de atender os mais diversos e, nem sempre, corretos propósitos. Para tanto, o recurso a certas fintechs tem se mostrado por vezes útil, não apenas para recursos financeiros propriamente ditos, mas sobremaneira para outros ativos incorpóreos, como os anteriormente citados.

Ementa: agravo de instrumento – Execução – Expedição de ofício – Penhora – Ativos financeiros – Intermediadoras de pagamento digital – Possibilidade. As intermediadoras de pagamento digital são definidas como instituições de pagamento, estando abrangidas pelo novo sistema SISBAJUD, eis que reguladas e fiscalizadas pelo Banco Central. Frustradas as tentativas de localização de bens das Agravadas, a penhora de recebíveis de sistemas de intermediação de pagamento das Agravadas é medida que se impõe, porquanto esgotados todos os outros meios a que alude o art. 835, do CPC. (TJ-MG – AI: 10000211743711001 MG, Relator: Evangelina Castilho Duarte, Data de Julgamento: 27.01.2022, Câmaras Cíveis / 14ª Câmara Cível, Data de Publicação: 27.01.2022).

Ementa: Agravo de instrumento – Ação monitória em fase de cumprimento de sentença – Indeferimento de expedição de ofícios às empresas intermediadoras de pagamento digital denominadas Fintechs, para localização e penhora de eventuais ativos de titularidade da executada – Inconformismo – Alegado cabimento da expedição dos referidos ofícios – Procedência da insurgência – Possibilidade da penhora pretendida – Esgotamento na espécie, sem sucesso, das medidas usuais de localização de bens penhoráveis do devedor – Operacionalidades do sistema SISBAJUD ainda não implementadas para a localização de ativos financeiros penhoráveis junto às FINTECHS – Decisão reformada – Recurso provido. (TJ-SP – AI: 22780672920218260000 SP 2278067-29.2021.8.26.0000, Relator: Daniela Menegatti Milano, Data de Julgamento: 03.06.2022, 19ª Câmara de Direito Privado, Data de Publicação: 03.06.2022)

Ementa: Agravo de instrumento. Fase de cumprimento de sentença. Requisição de informações. Bens do executado. Indeferimento de expedição de ofícios às empresas administradora de pagamentos e de ativos financeiros digitais, a fim de localizar ativos financeiros passíveis de penhora. Diferença entre lojista, banco, bandeira, gateway de pagamento, adquirente e subadquirente. As empresas de cartão de crédito não estão inseridas no SISBACEN, portanto ofício para localização de ativos financeiros é útil. Recurso parcialmente provido. (TJ-SP – AI: 01000454020218269002 SP 0100045-40.2021.8.26.9002, Relator: Paulo Roberto Fadigas Cesar, Data de Julgamento: 25.05.2021, 1ª Turma Recursal Cível e Criminal, Data de Publicação: 25.05.2021)

Ementa: Agravo de instrumento. Execução de título extrajudicial. Decisão em que foi indeferido pedido de expedição de ofícios a corretoras voltadas à negociação de criptoativos, para fins de localização e eventual bloqueio de ativos digitais de um dos executados. Insurgência da parte exequente. Pretendida reforma do decisum, a fim de que seja deferida a medida requestada. Acolhimento. Intervenção judicial para auxiliar o exequente a localizar patrimônio do executado passível de penhora. Cabimento. Entendimento consolidado na jurisprudência, à luz dos princípios da efetividade, celeridade e economia processual. Caso concreto. Execução em trâmite há quase 3 (três) anos, sem indícios de tentativas de satisfação da dívida perseguida. Alegação do exequente/agravante da existência de indícios de que o agravado seja detentor de moedas digitais. Impossibilidade de obtenção de informações, diretamente pelo credor, a esse respeito junto às corretoras de criptoativos (Exchanges), por força do sigilo financeiro. Ingerência estatal justificada. Instituições que, por não se submeterem ao controle do banco central, tampouco da comissão de valores mobiliários (CVM), não são abrangidas por pesquisas via Sisbajud. Ausência de óbice, em contrapartida, à expedição de ofícios às respectivas corretoras, para fins de localização e eventual constrição de ativos passíveis de penhora. Decisão reformada, para autorizar a providência requestada pelo exequente. Recurso conhecido e provido. (TJSC, Agravo de Instrumento n. 5063263-43.2021.8.24.0000, do Tribunal de Justiça de Santa Catarina, rel. Tulio Pinheiro, Quarta Câmara de Direito Comercial, j. Tue Aug 09 00:00:00 GMT-03:00 2022). (TJ-SC – AI: 50632634320218240000, Relator: Tulio Pinheiro, Data de Julgamento: 09.08.2022, Quarta Câmara de Direito Comercial)

Ementa: ementa: recurso inominado. Ação de indenização por danos materiais e morais. Investimento em criptoativos. Remessa de dinheiro para corretora internacional (Binance). Transferência realizada pela reclamada (Capitual). Legitimidade caracterizada. Inocorrência de cerceamento de defesa. Serviço de transferência corretamente prestado. Dinheiro depositado na conta internacional. Aquisição de criptoativos através da corretora Binance. Saque para carteira individual (Metamask). Ativos que nunca chegaram ao destino. Vício na prestação de serviço. Responsabilidade solidária dos fornecedores de serviço. Dano material caracterizado. Dano extrapatrimonial inocorrente. Ausência de tentativa de solução administrativa. Investimento de risco em tecnologia disruptiva. Mero prejuízo material. Indenização por dano moral afastada. Sentença parcialmente reformada. Recurso conhecido e parcialmente provido. (TJ-PR 0000297172 0228160098 Jacarezinho, Relator: Adriana de Lourdes Simette, Data de Julgamento: 20.06.2023, 3ª Turma Recursal, Data de Publicação: 28.06.2023)

Ementa: Agravo de instrumento. Execução de título extrajudicial. Decisão que indeferiu pedido de pesquisa e penhora de criptomoeda. Cabimento. Não há óbice legal a impedir tal pesquisa, que não é meramente especulativa. Possibilidade de existência de bens passíveis de penhora. Informação útil ao credor que somente é acessível por meio de intervenção do Poder Judiciário. Criptoativos são reconhecidos pela Secretaria da Receita Federal como ativos financeiros, tanto que devem ser declarados na forma da regulamentação administrativa específica. Informações não abrangidas pela pesquisa SISBAJUD. Decisão modificada. Recurso provido. (TJ-SP – AI: 22129880620218260000 SP 2212988-06.2021.8.26.0000, Relator: Elói Estevão Troly, Data de Julgamento: 22.11.2021, 15ª Câmara de Direito Privado, Data de Publicação: 22.11.2021)

Ementa: Agravo de instrumento. Ação cautelar de natureza antecedente. Contratos particulares de cessão temporária (aluguel) de uso de protocolos digitais (criptoativos). Inadimplemento. Decisão agravada que indeferiu o pedido de tutela antecipada. Medida cautelar de arresto requerida nos termos do art. 301 do código de processo civil. Aplicabilidade dos pressupostos das demais medidas de urgência. Probabilidade do direito e o perigo de dano irreparável ou de difícil reparação. Relação jurídica entre as partes, liquidez dos valores reclamados e inadimplência devidamente evidenciados nos autos. Caracterização de grupo econômico e confusão patrimonial das empresas agravadas. Perigo de dano gerado pelo inadimplemento das obrigações e risco de insolvência gerada pelo ajuizamento de várias ações. Evidências de fraude praticada pelos recorridos. Precedentes desta corte de justiça. Reforma da decisão agravada. Deferimento da cautelar de arresto. Agravo de instrumento conhecido e provido. (TJ-PR 00430542920228160000 Curitiba, Relator: Maria Aparecida Blanco de Lima, Data de Julgamento: 26.06.2023, 4ª Câmara Cível, Data de Publicação: 26.06.2023)

Ementa – Processo civil. Agravo de instrumento. Ação de cobrança. Exchanges. Interag. Rental coins. Contrato de cessão temporária (aluguel) de uso de criptoativos. Relação de consumo demonstrada. Parte contratante tecnicamente vulnerável. Decisão reformada. Agravo de instrumento provido. 1. A jurisprudência tem admitido a aplicação da legislação consumerista em favor de pequenos investidores do mercado financeiro, seja por serem destinatários finais fáticos e econômicos dos serviços de intermediação oferecidos pelos bancos e corretoras que atuam nesse segmento, seja por se encontrarem em situação de vulnerabilidade técnica perante tais agentes, nos termos dos arts. 2º e 3º do CDC (E.G. RESP 656.932/SP, Rel. Min. Antônio Carlos Ferreira, 4ª Turma, J. 24.04.2014). 2. É necessária a inversão do ônus da prova quando vislumbrada a hipossuficiência técnica e comprovada a vulnerabilidade da parte, conforme preconizam os precedentes do Superior Tribunal de Justiça, consoante as determinações do art. 373, § 1º do Código de Processo Civil. 3. Agravo de Instrumento à que se dá provimento. (TJPR – 17ª Câmara Cível – 0046024-02.2022.8.16.0000 – Londrina – Rel.: Juiz de Direito Substituto em Segundo Grau Francisco Carlos Jorge – J. 16.11.2022)

---

9 • DECISÕES DOS TRIBUNAIS BRASILEIROS SOBRE BENS DIGITAIS

Ementa: Agravo de instrumento. Processual civil. Cumprimento de sentença. Penhora. Criptomoedas. Envio de ofícios a corretoras. Atuação excepcional do poder judiciário. Pedido genérico. Indeferimento. Decisão agravada mantida. Recurso não provido. 1. Incumbe ao credor, por atuação direta de sua parte, esgotar todos os meios possíveis para a localização de patrimônio em nome da parte devedora, porquanto a utilização de sistemas conveniados disponíveis ao Juízo, assim como a expedição de ofícios e o uso de medidas indutivas e coercitivas atípicas para tal finalidade configuram medidas excepcionais, apenas admissíveis quando comprovado nos autos que foram exauridos os meios de busca ordinários a cargo do exequente, o que não se verifica na hipótese. 2. O pedido de envio de ofício para corretoras (Exchanges), visando à penhora de criptomoedas, sem que o exequente aponte, nos autos, indícios de que o executado, de fato, é titular de criptoativos, com indicação de quem é o responsável pela custódia desses bens, revela-se genérico, tornando inviável o deferimento da medida requerida por ausência de razoabilidade. 3. A informação acerca da inexistência de criptomoedas em nome dos executados, obtida por declaração de imposto de renda, via INFOJUD, corrobora a desnecessidade da medida requerida. 4. Decisão agravada mantida. Recurso não provido. (TJ-DF 07132043520228070000 1438014, Relator: Getúlio de Moraes Oliveira, Data de Julgamento: 13.07.2022, 7ª Turma Cível, Data de Publicação: 28.07.2022)

Ementa: Agravo de instrumento. Execução de título extrajudicial. Decisão que indeferiu pedido de pesquisa e penhora de criptomoeda. Cabimento. Não há óbice legal a tal pesquisa, que não é meramente especulativa. Possibilidade de existência de bens passíveis de penhora. Informação útil ao credor que somente é acessível por meio de intervenção do Poder Judiciário. Criptoativos são reconhecidos pela Secretaria da Receita Federal como ativos financeiros, tanto que devem ser declarados na forma da regulamentação administrativa específica. Informações não abrangidas pela pesquisa SISBAJUD. Decisão modificada. Recurso provido. (TJ-SP – AI: 20465242120238260000 Santos, Relator: Elói Estevão Troly, Data de Julgamento: 16.05.2023, 15ª Câmara de Direito Privado, Data de Publicação: 16.05.2023)

Ementa: Agravo de instrumento – Ação de execução de título extrajudicial – Pretensão da exequente de expedição de ofício às empresas detentoras de programas de milhagem aérea, às plataformas digitais possuidoras de programas créditos com valor monetário, às empresas corretoras de criptoativos a e ao INSS – Acolhimento – Medidas que facilitarão a localização de bens passíveis de penhora e a análise de eventual prática de fraude à execução – Impossibilidade de obtenção das informações em caráter particular – Pedido de expedição de ofício ao INSS – Cabimento, para obtenção de informações acerca de vínculo empregatício ou recebimento de benefício previdenciário – Entendimento recente, da Corte Especial do Superior Tribunal de Justiça, no sentido de relativizar a impenhorabilidade das verbas sobre rendimentos para pagamento de dívida não alimentar, ainda que o montante recebido pelo executado seja inferior a 50 salários-mínimos, desde que assegurada quantia apta a manter a dignidade do devedor e de sua família – Relativização excepcional e tópica – Decisão reformada – Recurso provido. (TJ-SP – Agravo de Instrumento: 2253877-31.2023.8.26.0000 São Paulo, Relator: Marco Fábio Morsello, Data de Julgamento: 23.11.2023, 12ª Câmara de Direito Privado, Data de Publicação: 23.11.2023)

Ementa: Pesquisa de criptomoedas. Possibilidade. É possível a obtenção de informações à existência de criptoativos em nome de determinada pessoa (IN RFB 1.888/19, art. 7º), inclusive prestadas pelo sistema e-CAC (art. 2º), e em especial pelas exchanges (art. 6º, I), a exemplo da plataforma "bitcoin.com". Também se faz possível a conversão da importância em Reais (IN RFB 1.888/19, art. 4º). Por fim, é cabível a penhora das criptomoedas, ao menos em tese (art. 835, XIII, do CPC e do art. 11, VIII, da Lei 6.830/80), cabendo ao juízo da execução a detecção de eventuais entraves no caso concreto relativo a particularidades não inerentes às criptomoedas. Recurso a que se dá provimento. (TRT-9 – AP: 00007786220155090003, Relator: Eliazer Antonio Medeiros, Data de Julgamento: 17.03.2023, Seção Especializada, Data de Publicação: 03.04.2023)

Ementa: ementa: apelação cível. direito civil. ação de cobrança. criptoativos. contrato de locação. dissimulada atuação irregular no mercado financeiro. mútuo. nulidade. rescisão. retorno das partes ao estado anterior. restituição do capital aportado. dedução dos rendimentos recebidos. sentença mantida. 1. A despeito de terem sido denominados de ?Contrato Particular de Cessão Temporária (Aluguel) de Uso De Protocolos (Criptoativos)?, os ajustes firmados traduzem oferta irregular de valor mobiliário, anunciados como ?locação de criptoativos? com a finalidade justamente de afastar a fiscalização da Comissão de Valores Mobiliários – CVM. 2. Nesse contexto, diante das atividades irregulares das Ré, somada às evidências da operação de esquema de pirâmide financeira, ressoa patente a ilicitude do objeto do negócio jurídico firmado entre as partes, nos moldes do disposto nos artigos 104, inciso II, e 166, ambos do Código Civil. 3. Reconhecida a nulidade do negócio jurídico, que não é suscetível de confirmação, nem convalesce pelo decurso do tempo (art. 169 do CC/02), devem as partes retornar ao status quo ante, nos termos do artigo 182 do Código Civil. 4. No caso concreto, impõe-se a devolução do valor aportado pela parte Autora, sem cumulação com eventuais rendimentos ou multa contratual, a fim de evitar o enriquecimento ilícito de qualquer dos litigantes. 5. Apelação conhecida e não provida. (TJ-DF 0714826-49.2022.8.07.0001 1751606, Relator: Robson Teixeira de Freitas, Data de Julgamento: 29.08.2023, 8ª Turma Cível, Data de Publicação: 12.09.2023)

Ementa: Agravo de instrumento. Decisão que, na ação condenatória movida pelo agravante, indeferiu o pedido de nova expedição de ofício às corretoras de valores a fim de reiterar-se a determinação do bloqueio de criptomoedas de titularidade dos agravados. Irresignação do recorrente que prospera. A delonga na efetivação da medida poderá dificultar a localização de criptoativos, diante da possibilidade de dissipação daqueles bens, havendo de se ter em vista, ademais, o disposto no artigo 139, inciso IV, do CPC. Assim, haverá o juízo de primeiro grau de expedir novos ofícios às corretoras Brasil Bitcoin, Bitcoin Trade e Binance, determinando o cumprimento da ordem judicial de pesquisa e bloqueio de criptoativos de titularidade dos agravados, ou informar acerca da inexistência de bens, em 5 (cinco) dias, contados do recebimento, sob pena de multa diária de R$ 1.000,00. Decisão reformada. Recurso provido. (TJ-SP 22257161120238260000 Jundiaí, Relator: Issa Ahmed, Data de Julgamento: 29.09.2023, 34ª Câmara de Direito Privado, Data de Publicação: 29.09.2023)

Ementa: agravo de instrumento. Execução de título extrajudicial. Ausência de localização de bens penhoráveis. Bloqueio de criptoativos. Cabimento. Decisão reformada. 1. Trata-se de Execução de Título Extrajudicial em curso há mais de 10 (dez) anos, na qual já foram realizadas, sem sucesso, diversas diligências para a locação de bens penhoráveis por meio dos sistemas SISBAJUD, INFOJUD, RENAJUD e e-RIDF, encontrando-se o feito suspenso, na forma do art. 921, § 1º, do CPC/15. 2. A execução realiza-se no interesse do credor, consoante dispõe o art. 797 do CPC/15, não havendo óbice legal ou procedimental à realização de pesquisa e bloqueio de ativos junto às corretoras de criptomoedas elencadas nos autos, com vistas à satisfação do crédito executado. 3. Consoante se depreende da Instrução Normativa nº 1.888, de 3 de maio de 2019, da Secretaria da Receita Federal do Brasil (Institui e disciplina a obrigatoriedade de prestação de informações relativas às operações realizadas com criptoativos à Secretaria Especial da Receita Federal do Brasil), as denominadas *"exchanges* de criptoativos" podem, em tese, ser detentoras de valores passíveis de penhora para o adimplemento da dívida executada, o que evidencia a utilidade da consulta a tais empresas quanto à existência de criptoativos em nome dos Executados/Agravados. 4. Considerando que tal consulta não pode ser realizada pela Exequente/Agravante, diante do caráter sigiloso das informações, tampouco por intermédio do SISBAJUD, que até o momento não possui essa funcionalidade, mostra-se cabível a expedição de ofícios, pelo juízo da execução, determinando o bloqueio de criptoativos em nome dos Executados/Agravados que, eventualmente, se encontrem sob custódia delas. 5. Agravo de Instrumento conhecido e provido. (TJ-DF 07135828820228070000 1438926, Relator: Robson Teixeira de Freitas, Data de Julgamento: 19.07.2022, 8ª Turma Cível, Data de Publicação: 29.07.2022)

Ementa: Agravo de instrumento. Gestão de negócios. Cumprimento de sentença. Penhora de criptoativos. Impossibilidade. Caso concreto. Caso em que, considerando as peculiaridades que circundam a novel questão, em especial a volatilidade que impede que haja segurança em relação ao valor da criptomoeda, bem como a sistemática que envolve o gerenciamento dos criptoativos, impõe-se a manutenção da decisão agravada que indeferiu o pedido de penhora. Agravo desprovido. (TJ-RS – AI: 52154783720218217000 RS, Relator: Leoberto Narciso Brancher, Data de Julgamento: 30.03.2022, Décima Quinta Câmara Cível, Data de Publicação: 06.04.2022)

F) JULGADOS QUE SE REFEREM A HERANÇA DIGITAL

Finalmente, para encerrar o capítulo, passa-se à necessária análise de alguns julgados brasileiros sobre a herança digital. Quer seja no aspecto existencial ou patrimonial, sabe-se que a morte traz uma série de efeitos, com alta carga de atenção e potencial de conflitos entre herdeiros. É natural que a herança digital venha atraindo cada vez mais os holofotes da mídia e, consequentemente, dos juristas.

É preciso, ainda que de forma sintética, colacionar decisões que aceitam a transmissão do patrimônio digital, respeitem a autonomia do falecido, bem como os legítimos interesses dos herdeiros. Isto certamente irá colaborar para que, com o passar do tempo, se tenha um farto repositório de julgados, relativos à inquietante questão.

Uma vez mais, reafirmamos o posicionamento desta obra, no sentido de se resguardar a autonomia privada do declarante. Caso não tenha havido o exercício desta autonomia, ou seja, tenha falecido sem mencionar o destino dos ativos digitais, há que se proteger também o interesse dos herdeiros envolvidos. Este foi, de forma semelhante, o posicionamento da CJCODCIVIL que atuou junto ao Senado Federal, sob a coordenação geral do Prof. Flávio Tartuce. A subcomissão de Direito Digital chegou a posicionamento próximo, ao estabelecer regras sobre a herança digital.

Neste momento, em que se começa a discutir no Legislativo o projeto de lei que redundará na grande reforma e revisão do Código de Miguel Reale, é mais que importante que a doutrina e também o Judiciário exerçam seu papel, acatando, rejeitando, debatendo, os conceitos trazidos pela Comissão de Juristas.

Por isso, reforça-se o papel deste tópico na obra Bens Digitais, através do qual serão vislumbrados julgados sobre acesso a contas de e-mail, aparelhos, perfis de redes sociais, entre outros ativos. Todos os meses surgem novas notícias de provimentos judiciais sobre herança digital. E a tendência, por óbvio, é que cresça o quantitativo destas decisões. Será importante, assim, que tal matéria chegue o quanto antes ao Superior Tribunal de Justiça e ao Supremo Tribunal Federal, a fim que se tenha precedentes mais qualificados, quando então será possível dizer sobre a existência de uma jurisprudência de âmbito nacional sobre a temática.

Ementa: agravo de instrumento. Inventário. Herança digital. Desbloqueio de aparelho pertencente ao *de cujus*. Acesso às informações pessoais. Direito da personalidade. A herança defere-se como um todo unitário, o que inclui não só o patrimônio material do falecido, como também o imaterial, em que estão inseridos os bens digitais de vultosa valoração econômica, denominada herança digital. A autorização judicial para o acesso às informações privadas do usuário falecido deve ser concedida apenas nas hipóteses que houver relevância para o acesso de dados mantidos como sigilosos. Os direitos da personalidade são inerentes à pessoa humana, necessitando de proteção legal, porquanto intransmissíveis. A Constituição Federal consagrou, em seu artigo 5°, a proteção constitucional ao direito à intimidade. Recurso conhecido, mas não provido. (Agravo De Instrumento-CV n° 1.0000.21.190675-5/001 – Comarca de São João Del-Rei–– Agravante (s): J.V.M.Z., Rosilane Meneses Folgado – Agravado (a)(s): Alexandre Lana Ziviani)

9 • DECISÕES DOS TRIBUNAIS BRASILEIROS SOBRE BENS DIGITAIS

Ementa: Conflito de competência. Herança digital. Pedido de alvará para transferência do controle de contas digitais de filho falecido. Matéria que está afeta ao direito sucessório. Compete ao juízo de família e sucessões decidir acerca de eventual direito de transmissão de patrimônio digital cuja titularidade, para que se constitua em objeto da lide, prescinde de prévia aferição de seu valor estritamente econômico. Conflito desacolhido para fixar a competência do juízo de família e sucessões. (TJ-RS – CC: 50164529220208217000 Erechim, Relator: Roberto Arriada Lorea, Data de Julgamento: 12.05.2020, Sétima Câmara Cível, Data de Publicação: 12.05.2020)

Este caso teve muita repercussão no Brasil. A 31ª Câmara de Direito Privado do Tribunal de Justiça de São Paulo manteve decisão que negou pedido de indenização por danos morais para mãe que teve o perfil de sua filha falecida excluído de rede social.

"Não se ignora a dor da autora frente à tragédia que se instaurou perante a sua família, e que talvez seja a mais sensibilizante das mazelas humanas. Tampouco a necessidade de procurar conforto em qualquer registro que resgate a memória de sua filha", escreveu o magistrado. "No entanto, não há como imputar à apelada responsabilidade pelos abalos morais decorrentes da exclusão dos registros, já que decorreram de manifestação de vontade exarada em vida pela usuária, ao aderir aos Termos de Serviço da apelada, os quais, de um modo ou de outro, previam expressamente a impossibilidade de acesso ilimitado do conteúdo após o óbito."

Ementa: Ação de obrigação de fazer e indenização por danos morais – Sentença de improcedência – Exclusão de perfil da filha da autora de rede social (Facebook) após sua morte – Questão disciplinada pelos termos de uso da plataforma, aos quais a usuária aderiu em vida – Termos de serviço que não padecem de qualquer ilegalidade ou abusividade nos pontos analisados – Possibilidade do usuário optar pelo apagamento dos dados ou por transformar o perfil em "memorial", transmitindo ou não a sua gestão a terceiros – Inviabilidade, contudo, de manutenção do acesso regular pelos familiares através de usuário e senha da titular falecida, pois a hipótese é vedada pela plataforma – Direito personalíssimo do usuário, não se transmitindo por herança no caso dos autos, eis que ausente qualquer conteúdo patrimonial dele oriundo – Ausência de ilicitude na conduta da apelada a ensejar responsabilização ou dano moral indenizável – Manutenção da sentença – Recurso não provido. (TJ-SP – AC: 11196886620198260100 SP 1119688-66.2019.8.26.0100, Relator: Francisco Casconi, Data de Julgamento: 09.03.2021, 31ª Câmara de Direito Privado, Data de Publicação: 11.03.2021)

Ementa: Agravo de instrumento. Decisão de primeiro grau que indeferiu pedido de acesso às contas em Facebook e Instagram de pessoa falecida por viúvo. Impossibilidade de acesso do ex-cônjuge ao perfil como memorial. Dados de fotos do agravante e casal que interessam à família. Direito hereditário que deve ser preservado. Preservação da intimidade da falecida com exclusão de conversas particulares anteriores ao seu óbito. Cônjuge que já tinha acesso em vida às contas da esposa. Prova que se atesta pela mudança do perfil para "em memória da falecida" decisão que permite acesso ao cônjuge viúvo e proíbem as empresas de excluírem os dados das contas. Ausência de prejuízo às empresas. Reforma da decisão de primeiro grau até o mérito da ação originária. Provimento do agravo de instrumento. (TJ-PB – AI 0808478-38.2021.8.15.0000, Relator: Des. Marcos Cavalcanti de Albuquerque, data do julgamento: 24.10.2023, 3ª Câmara Cível, data da publicação: 25.10.2023)

Ementa: Competência recursal. Transferência de herança digital. Causa de pedir fundada em direito sucessório. Verificação de que o recurso deve ser submetido à apreciação de uma das c. Câmaras integrantes da subseção de direito privado i desta corte, nos termos do artigo 5º, inciso I, itens I.10 e I.13, da Resolução nº 623/2013. Não conhecimento. Recurso de apelação não conhecido, com determinação de redistribuição. (TJ-SP – AC: 10173795820228260068 Barueri, Relator: Cristina Zucchi, Data de Julgamento: 05.11.2023, 34ª Câmara de Direito Privado, Data de Publicação: 05.11.2023)

Ementa: Apelação cível – Ação de obrigação de fazer – Desbloqueio de conta de celular – Falecimento do usuário – Responsabilidade da fornecedora em garantir acesso à herdeira – Sentença mantida – Recurso conhecido e não provido. (TJ-PR – APL: 00299174520208160001 Curitiba 0029917-45.2020.8.16.0001 (Acórdão), Relator: Antonio Franco Ferreira da Costa Neto, Data de Julgamento: 22.03.2022, 4ª Câmara Cível, Data de Publicação: 23.03.2022)

Ementa: Alvará judicial. Sentença de improcedência. Insurgência da autora. Pretensão da herdeira de acesso a arquivos digitais da filha falecida. Patrimônio digital da pessoa falecida pode integrar o espólio e, assim, ser objeto de sucessão. Enunciado 687 CJF. Memória digital de interesse afetivo da herdeira. Garantia ao direito de herança. Precedentes. Reforma da sentença para determinar a transferência à autora de acesso ao "ID Apple" da falecida, observada a necessidade de fornecimento dos dados solicitados pela ré. Recurso provido. (TJ-SP – Apelação Cível: 1017379-58.2022.8.26.0068 Barueri, Relator: Carlos Alberto de Salles, Data de Julgamento: 26.04.2024, 3ª Câmara de Direito Privado, Data de Publicação: 26.04.2024)

Este foi o *leading case* sobre sucessão de bens digitais no STJ. O Tribunal negou a possibilidade de sucessão de milhas aéreas, com argumentos que à toda evidência socorrem o fornecedor de produtos e serviços, ignorando a realidade do mercado de milhas no Brasil, focando-se muito mais no contrato de adesão

9 • DECISÕES DOS TRIBUNAIS BRASILEIROS SOBRE BENS DIGITAIS

celebrado, que na possibilidade de reconhecimento das milhas como verdadeiros bens digitais.

A Terceira Turma do Superior Tribunal de Justiça (STJ) considerou válida a cláusula do regulamento do programa de fidelidade de uma companhia aérea que previa o cancelamento dos pontos acumulados pelo cliente após o seu falecimento.

O recurso analisado pelo colegiado foi originado de ação civil pública ajuizada por uma associação de consumidores. O juízo de primeira instância declarou a cláusula nula e determinou que os herdeiros poderiam utilizar as milhas em cinco anos. Houve recurso ao Tribunal de Justiça de São Paulo (TJSP), que apenas alterou o prazo de utilização para dois anos.

No recurso ao STJ, a companhia aérea alegou que a anulação da cláusula geraria o desvirtuamento do programa de fidelidade, que passaria a beneficiar não apenas os clientes fiéis, mas também os seus herdeiros – o que afetaria o aspecto econômico-financeiro do programa. A empresa sustentou que as normas de proteção do Código de Defesa do Consumidor (CDC) só se aplicariam aos contratos de adesão gratuitos quando fosse comprovado algum prejuízo ao consumidor.

O mais incrível foi perceber que o STJ não ponderou qualquer tese relativa ao enriquecimento sem causa da companhia aérea. Porque ao decidir da forma como o fez, o Tribunal acabou por entender como justa a retenção destas milhas pelo fornecedor. A Terceira Turma, à toda evidência, perdeu uma excelente oportunidade de reconhecer a transmissibilidade do patrimônio digital representado pelas milhas aéreas.

Ementa. Direito do consumidor. Direito civil. Recurso especial. Irresignação manejada sob a égide do NCPC. Ação civil pública. Prestação de serviço. Regulamento de plano de benefício. Programa TAM fidelidade. Violação ao disposto no art. 1.022 do NCPC. Inexistência. Cláusula 1.8 do regulamento do mencionado programa. Contrato de adesão. Art. 51 do CDC. Necessidade de demonstração da abusividade ou desvantagem exagerada. Inexistência. Contrato unilateral e benéfico. Consumidor que só tem benefícios. Obrigação intuito personae. Ausência de contraprestação pecuniária para a aquisição direta dos pontos bônus. Interpretação restritiva. Art. 114 do CC/02. Consumidor que pode optar por não aderir ao plano de benefícios e, mesmo assim, utilizar o serviço e adquirir os produtos ofertados pela TAM e seus parceiros. Validade da cláusula que proíbe a transferência dos pontos bônus por ato _causa mortis_. Verba honorária. Modificação. Inteligência do art. 85, § 2º, do NCPC. Recurso especial provido.
1. Aplica-se o NCPC a este recurso ante os termos do Enunciado Administrativo nº 3, aprovado pelo Plenário do STJ na sessão de 9/3/2016: Aos recursos interpostos com fundamento no CPC/2015 (relativos a decisões publicadas a partir de 18 de março de 2016) serão exigidos os requisitos de admissibilidade recursal na forma do novo CPC. 2. Não há que se falar em negativa de prestação jurisdicional (violação do art. 1.022 do NCPC), quando a fundamentação adotada pelo Tribunal Estadual é apta, clara e suficiente para dirimir integralmente a controvérsia que lhe foi apresentada. 3. Inexistindo ilegalidade intrínseca, nos termos do

art. 51, IV do CDC, as cláusulas constantes de contrato de adesão só serão declaradas nulas quando estabelecerem obrigações consideradas iníquas, abusivas, que coloquem o consumidor em desvantagem exagerada, ou sejam incompatíveis com a boa-fé ou a equidade. 4. Deve ser considerado como contrato unilateral e benéfico a adesão ao Plano de Benefícios que dispensa contraprestação pecuniária do seu beneficiário e que prevê responsabilidade somente ao seu instituidor. Entendimento doutrinário. 5. Os contratos benéficos, que por sua natureza são intuito personae, devem ser interpretados restritivamente, consoante disposto no art. 114 do CC/02. 6. Recurso especial provido. (STJ – REsp: 1878651 SP, Relator: Ministro Moura Ribeiro, Data de Publicação: DJ 07.10.2022).

10
CONCLUSÃO

Na sociedade da informação, com incremento cada vez maior dos meios de comunicação, fruto da revolução digital operada nas últimas décadas, especialmente a partir do advento da rede mundial de computadores, a Internet, faz-se necessário observar o surgimento de uma nova categoria de bens jurídicos de caráter imaterial, os quais neste estudo são denominados de bens digitais.

Estes, por sua vez, podem ser observados sob um viés patrimonialista, quando forem portadores de interesses econômicos de seus titulares, quando então se opta por qualificá-los como bens digitais patrimoniais, trazendo-se como exemplos as milhas aéreas, os arquivos de músicas, livros e filmes, as moedas virtuais, entre outros.

Ocorre que esses bens também acabam por resguardar interesses de índole existencial, tais como aqueles que veiculam o exercício de direitos da personalidade, a exemplo do direito de imagem, da reputação, da privacidade e da intimidade, do indivíduo que os titulariza. Nesta situação, opta-se por classificar esta nova categoria de interesses como bens digitais existenciais.

Há que se relembrar que alguns ativos terão nítida natureza mista, patrimonial e existencial, como ocorre com aqueles em que a manifestação do pensamento, da liberdade de expressão, da exploração da imagem, traz ao titular recursos econômicos no ambiente virtual, tal qual acontece com alguns blogs e perfis de redes sociais. Nestes casos, há que se considerar uma terceira categoria, a dos bens digitais híbridos (ou mistos).

Mostra-se como relevante, a partir da admissão desta titularidade dos ativos digitais, que haja algum tipo de regulamentação quanto ao destino a ser concedido a esses bens, caso ocorra a morte ou a incapacidade do usuário titular, pois a vida contemporânea vem trazendo situações cotidianas de possível colisão de interesses entre sujeitos diversos. O reconhecimento da presença de um patrimônio digital, digno dos mais diversos interesses e destinações, é impositiva.

O morto ou incapaz pode não ter interesse em ver seus ativos sendo acessados por sua família, ou por outros sujeitos, após a ocorrência desses fatos. Entretanto, aos parentes não se pode negar a completa impossibilidade de acesso, sobremaneira quando se está diante de uma justa causa.

É possível, contudo, que a cessão de acesso irrestrito aos familiares possa vir a lesar interesses de terceiros que, pela via digital, mantinham relacionamento com o falecido ou declarado incapaz, a partir do desvelamento de sua vida privada. De igual forma, a não concessão de acesso aos herdeiros do falecido poderia também violar legítimos interesses por estes titularizados, redundando numa possibilidade de apropriação indevida por parte das companhias donas das plataformas que viabilizam a existência dos bens digitais.

Destaca-se, ainda, o papel dos provedores de serviços de Internet. Estes personagens cada vez mais relevantes na vida atual teriam igualmente interesses em não conceder este acesso a terceiros, estranhos ao titular da conta, quer por respeito ao contrato de adesão estipulado, quer por força dos gastos econômicos envolvidos na operacionalização desses milhares de pedidos que rotineiramente irão aportar em seus escritórios.

Tem-se, portanto, uma gama de interesses envolvidos na destinação a ser dada aos bens digitais, apresentando-se ao Direito o desafio de equalizar essas diferentes perspectivas: do titular, dos herdeiros, de terceiros e dos provedores. Quando todos estes interesses se somam, é possível afirmar que haverá uma coletividade de direitos para a qual o Direito deve conceder tratamento, tutela e correta designação.

Por certo, uma regulamentação específica da matéria não seria despicienda, estabelecendo o legislador a possibilidade ou não de acesso a contas digitais inativas, sua eventual sucessão, os sujeitos merecedores de tal prerrogativa, os deveres e responsabilidades daqueles que vierem a obter este direito de aceder aos bens ora estudados, bem como dos provedores, além é claro de se estabelecer os limites deste direito de acesso.

Neste ponto, não seriam aceitáveis as muitas vezes justas críticas ao excesso de leis existentes no Brasil. Em certos momentos, a lei positivada se mostra altamente relevante, trazendo previsibilidade e segurança jurídica. Nesse sentido, inclusive, caminham países como Estados Unidos e os integrantes do bloco europeu, ao procurarem aprovar projetos de lei que envolvam a temática ora em apreço.

É sabido que por mais que haja regulamentação, realmente é uma tarefa árdua encontrar um modelo único que possa satisfazer, a um só tempo, o direito de acesso da família, eventuais desejos do falecido ou incapaz, os interesses de terceiros que mantiveram contato em vida com o falecido e, ainda, dos provedores. Não há normatização expressa que resista a tão variado feixe de interesses. Todavia, por vezes, o Direito se constrói a partir de conciliações e sacrifícios, sendo esta uma natural condição para a pacificação ou acomodação social.

Durante esta 3ª edição, foi possível analisar os trabalhos das Subcomissões da Parte Geral e de Direito Digital, no âmbito da Comissão de Juristas responsável pela revisão e atualização do Código Civil no Senado Federal, cujo relatório final foi entregue em abril de 2024. Há nítida evolução conceitual na proposta apresentada, direcionando-se também a resolução de problemas como a herança digital. Todavia, é preciso ir além. Os bens digitais são uma realidade inafastável na terceira década deste século, sendo importante o tratamento de outros dilemas, como explicitado ao longo desta obra.

O Direito possui uma enorme dificuldade de se atualizar frente aos fatos sociais, especialmente numa sociedade das mudanças repentinas como a que hoje se vivencia. Em grande parte das vezes, a proposta de lei demora tanto a ser discutida, votada, aprovada e promulgada que já nasce antiga. Esse fenômeno de desatualização fática de leis novas será cada vez mais comum, o que demonstra que a técnica legislativa regulamentar, tão utilizada no sistema jurídico brasileiro, tende a ser menos frequente. Isso acaba por redundar, também, num reconhecimento por parte do legislador de sua relativa incapacidade de especificar, previamente, a maneira pela qual os conflitos devam ser resolvidos. Este é um grande mérito da proposta de revisão do Código Civil. Adaptar o mecanismo regulatório privado às rápidas transições sociais promovidas, em especial, por avanços tecnológicos que só tendem a aumentar.

Cresce, nesse sentido, a necessidade de utilização, no âmbito da legislação, de cláusulas abertas que possam ser preenchidas caso a caso, com base nas teorias da argumentação, construindo a melhor decisão que a situação comportar, a partir da comunidade de princípios vigentes. Isso não quer dizer que não seja necessária uma norma específica para os ativos digitais. Ao revés, como defendido, esta deve existir. Porém, tal norma deverá permitir a abertura necessária à concretização casuística, sob a vigilância constante de um juízo argumentativo, disposto a encarar as vicissitudes do caso posto em discussão, evitando-se decisionismos e pragmatismos tão caros a um período passado, de extremado viés positivista.

Se no Brasil, pelo que fora demonstrado, ainda se está longe de uma regulamentação específica acerca dos bens digitais e seus possíveis destinos, afigura-se como imprescindível a atuação do magistrado na concretização da cláusula geral de proteção da pessoa humana e de sua especial dignidade, trazida pelo Código Civil em seu art. 12, e pela Constituição da República, em seus princípios fundamentais, em especial no art. 1º, III. De igual forma, o Marco Civil da Internet e a Lei Geral de Proteção de Dados poderão ser aplicados, principalmente com seus princípios e subsidiariamente com suas regras, a fim de se obter este importante resultado hermenêutico.

Somando-se a estes diplomas uma revisão do Código Civil, tem a ganhar a sociedade, com um arcabouço legislativo mais adequado às demandas que já abarrotam os tribunais, como pode ser visto no capítulo 9, quando se dedicou tempo à coletânea de dezenas de julgados sobre bens digitais no Brasil. Há muito o que avançar, conceitual e argumentativamente.

Assim, não há como traçar, atualmente, uma resposta *a priori* sobre qual deverá ser o destino dos bens digitais no Brasil. Essa resposta deve ser construída pontualmente. De qualquer modo, uma legislação que regule expressamente a questão, estabeleça direitos e deveres, tanto para usuários, quanto para sucessores, inventariantes, curadores e provedores, seria essencial para cumprimento de uma das funções primordiais da ciência jurídica: prevenir conflitos.

De todo modo, não se pode olvidar o papel da autonomia privada, princípio primordial em se tratando de exercício da pessoalidade. Deve ser concedida ao indivíduo, titular de ativos digitais, a possibilidade de sua vontade vir a regular o futuro desses seus bens jurídicos. A norma, surgida dentro do espaço de auto-nomia concedido por lei, deve ser a fonte primária a regular a temática objeto do presente estudo. Este, inclusive, foi o caminho adotado na Alemanha conforme demonstrado no capítulo 7. É direito subjetivo de cada titular fornecer o destino que lhe aprouver aos bens jurídicos digitais, sejam estes de caráter patrimonial, existencial ou misto. E esta primazia da autonomia privada, destaque-se, deve se fazer presente, mesmo se futuramente o Brasil venha a regulamentar legalmente o destino dos ativos digitais. O papel do Estado, nesse ponto, será supletivo à vontade do particular.

Por fim, o reconhecimento da existência de uma nova categoria de bens, os bens digitais, inaugura novas fronteiras no âmbito da responsabilidade civil, sendo então possível analisar diversos tipos de lesões injustas, praticadas por terceiros, pelos provedores, pelo Estado e até mesmo por familiares do titular.

Por todo o exposto neste trabalho, pode-se resumir, didaticamente, em quatro passos, o destino que se propõe para os bens digitais:

a) autonomia privada fornece a solução, ou seja, o usuário diz qual deve ser o destino dos bens digitais, tenham estes caráter patrimonial, exis-tencial ou misto, devendo tal vontade ser respeitada pelos familiares, terceiros e provedores. Esta manifestação de vontade deveria ser feita, preferencialmente, e a fim de se evitar contradições, no próprio serviço ofertado pelo provedor que administra aquele ativo digital específico. Ressalte-se que esta foi a alternativa utilizada pela rede social Facebook e pelo provedor de serviços Google. Para outros ativos específicos, ou para a universalidade de ativos, ter-se-ia a possibilidade de um testamento digital (digital will). Este testamento digital, por seu turno, poderia ser formulado a partir de serviços disponibilizados por sites específicos na Internet, ou mesmo por um testamento particular regido pelo Código Civil. Defende-se, ainda, a possibilidade de haver uma diretiva antecipada da vontade (especialmente para o caso de incapacidade) ou mesmo da realização da reconstrução judicial da vontade do morto ou incapaz, a fim de que se vejam respeitados os seus legítimos desejos.

b) se o titular falece, ou se torna incapaz, sem manifestar sua vontade quanto ao destino dos bens digitais, entende-se que a regra deva ser a vedação ao acesso aos bens digitais existenciais. Será possível, entretanto, a sucessão daqueles com caráter patrimonial. Todavia, quanto aos primeiros, poderá ser permitido o acesso aos familiares, pontualmente, a partir de análise judicial que reconheça a presença de uma justificativa relevante, devendo a decisão evitar que a intimidade de terceiros seja igualmente afetada.

c) deve ser buscada a regulamentação estatal da questão ora objeto do estudo, estabelecendo-se assim direitos, deveres e resguardando, a um só tempo, os interesses em possível conflito. Ao estabelecer esta regulamentação, o Estado deveria então distinguir os bens digitais de caráter patrimonial (propriedade transmissível pela *saisine*), daqueles que teriam caráter existencial (em tese não transmissíveis), delimitando-se os limites de transmissão e de acesso.

d) na ausência completa de exercício de autonomia privada e diante da inexistência de norma legal específica sobre o tema, será fundamental a atuação do Estado-Juiz, verificando, em cada caso concreto apresentado, como os interesses podem ser conciliados, valendo-se, para tanto, das cláusulas gerais previstas pelo ordenamento pátrio. A concretização destas normas abertas deverá ocorrer a partir da utilização das teorias da argumentação.

As pessoas costumam ser relembradas pelas outras a partir de seus hábitos. E, numa sociedade da informação, esses tendem a ser cada vez mais hábitos digitais. Assim, há que se conceder aos bens digitais o destino arquitetado por seu titular, fixando-se na memória alheia, tanto quanto possível, o que fora planejado e desejado pelo indivíduo, antes de sua morte ou incapacidade. Só assim haverá verdadeiro respeito à autonomia privada, pilar do direito fundamental à liberdade. Cabe ao Direito se adaptar. Os novos tempos, sim; eles sempre chegam.

REFERÊNCIAS

AMARAL, Francisco. **Direito civil:** introdução. 5. ed. rev. atual. e aum. Rio de Janeiro: Renovar, 2003.

A REDE social. Estados Unidos da América: Sony Pictures; Manaus, AM: Videolar, 2010. 2 DVDs (120 min + 150 min)

ARGENTINA. **Ley 26.994**. Novo Código Civil. Argentina, 1 de Oct. 2014. Disponível em: <http://www.jursoc.unlp.edu.ar/documentos/academica/ley_ 26994.pdf>. Acesso em: 10 nov. 2015.

BARBOSA, Marina. Smiles libera comércio de milhas aéreas entre usuários. **Folha de São Paulo,** São Paulo, 29 nov. 2013. Disponível em: <http://www1.folha.uol.com.br/mercado/2013/11/1378161-smiles-libera-a-transferencia-de-milhas-aereas-para-terceiros.shtml> Acesso em: 24 out. 2015.

BARRETO, Vicente de Paulo. Para além dos direitos fundamentais. In: KLEVENHUSEN, Renata Braga (Coord.). **Direitos fundamentais e novos direitos**. Rio de Janeiro: Lumen Juris, 2005.

BARROSO, Luís Roberto. **Neoconstitucionalismo e constitucionalização do direito:** o triunfo tardio do Direito Constitucional no Brasil. [S. l.]: Do autor, 2015. Disponível em: <http://www.luisrobertobarroso.com.br/wp-content/themes/LRB/pdf/neoconstitucionalismo_e_constitucionalizacao_do_direito_pt.pdf.> Acesso em: 10 out. 2015.

BARROSO, Luís Roberto. Prefácio. O Estado contemporâneo, os direitos fundamentais e a redefinição da supremacia do interesse público. In: SARMENTO, Daniel (Org.). **Interesses públicos versus interesses privados**: desconstruindo o princípio de supremacia do interesse público. Rio de Janeiro (RJ): Editora Lumen Juris, 2007.

BAUDRILLARD, Jean. **A troca impossível**. Rio de Janeiro: Nova Fronteira, 2002.

BEL PESCE. **Blog**: encontre tudo da Bel em um só lugar. [...] Blog Bel, 2015. Disponível em: <http://www.blogdabelpesce.com.br/> Acesso em: 13 out. 2015.

BERGAL, Jenni. **Preserving online accounts after death**. [S. l.]: Pewtrusts, 24 July 2014. Disponível em: <http://www.pewtrusts.org/en/research-and-analysis/blogs/stateline/2014/07/24/preserving-online-accounts-after-death>. Acesso em: 23 set. 2015.

BITCOIN. [S. l.]: BITCOINSBR, 2015. Disponível em: <http://www.bitcoinsbr.com/bitcoin.html> Acesso em: 22 set. 2015.

BITTLE, Matt. **Delaware becomes first state with digital assets Bill.** [S. l.]: Pewtrusts, 13 Aug. 2014. Disponível em: <http://delaware.newszap.com/centraldelaware/134216-70/delaware-becomes-first-state-with-digital-assets-bill>. Acesso em: 23 set. 2015.

BRASIL. **Código civil**. Brasília: Senado, 2011.

BRASIL. **Constituição da República Federativa do Brasil**. Brasília, 2012.

BRASIL. Constituição da República dos Estados Unidos do Brasil (de 16 de julho de 1934). **Diário Oficial da União**, Rio de Janeiro, 16 jul. 1934. Disponível em: <http://www.planalto. gov.br/ccivil_03/constituicao/ Constituicao34.htm> Acesso em: 13 set. 2015.

BRASIL. Constituição da República Federativa do Brasil de 1988. **Diário Oficial da União**, Brasília, 5 de outubro de 1988. Disponível em: <http://www.planalto.gov.br/cc ivil_03/ constituicao/constituicao.htm> Acesso em: 8 nov. 2015.

BRASIL. Decreto-Lei nº 2.848, de 7 de dezembro de 1940. Código Penal. **Diário Oficial da União**, Rio de Janeiro, 31 dez.1940. Disponível em: <http://www.planalto.gov.br/ccivil_03/ decreto-lei/ Del2848.htm> Acesso em: 8 nov. 2015.

BRASIL. Decreto-Lei nº 4.657, de 4 de setembro de 1942. Lei de Introdução às normas do Direito Brasileiro. **Diário Oficial da União**, Rio de Janeiro, 9 set.1942. Disponível em: <http://www planalto.gov.br/ccivil_03/decreto-lei/Del4657compilado.htm> Acesso em: 8 nov. 2015.

BRASIL. Decreto-Lei nº 6.949, de 25 de agosto de 2009. Promulga a Convenção Internacional sobre os Direitos das Pessoas com Deficiência e seu Protocolo Facultativo, assinados em Nova York, em 30 de março de 2007. **Diário Oficial da União**, Brasília, 26 ago.2009. Disponível em: <http://www.planalto.gov.br/ccivil_03/_ ato2007-2010/2009/decreto/ d6949.htm > Acesso em: 8 nov. 2015.

BRASIL. Emenda Constitucional n. 45, de 30 de dezembro de 2004. Altera dispositivos dos arts. 5º, 36, 52, 92, 93, 95, 98, 99, 102, 103, 104, 105, 107, 109, 111, 112, 114, 115, 125, 126, 127, 128, 129, 134 e 168 da Constituição Federal, e acrescenta os arts. 103-A, 103B, 111-A e 130-A, e dá outras providências. **Diário Oficial da União**, Brasília, 31 dez. 2004. Disponível em: <http://www.planalto.gov. br/ccivil_03/Constituicao/ Emendas/Emc/ emc45. htm> Acesso em: 8 nov. 2015.

BRASIL. Lei nº 3.071, de 1º de janeiro de 1916. Código Civil dos Estados Unidos do Brasil. **Diário Oficial da União**, Rio de Janeiro, 5 jan. 1916. Disponível em: <http://www.planalto. gov.br/ccivil_03/leis/L3071.htm>. Acesso em: 13 set. 2015.

BRASIL. Lei nº 5.869, de 11 de janeiro de 1973. Institui o Código de Processo Civil. **Diário Oficial da União**, Brasília, 17 jan. 1973. Disponível em: <http://www.planalto.gov.br/ ccivil_ 03/leis/L586 9compilada.htm>. Acesso em: 19 out. 2015.

BRASIL. Lei nº 8.009, de 22 de março de 1990. Dispõe sobre a impenhorabilidade do bem de família. **Diário Oficial da União**, Brasília, 30 mar. 1990. Disponível em: <http://www. planalto.gov.br/ccivil_03/leis/l8009.htm > Acesso em: 8 nov. 2015.

BRASIL. Lei n. Lei 9.609, de 19 de fevereiro de 1998. Dispõe sobre a proteção da propriedade intelectual de programa de computador, sua comercialização no País, e dá outras providências. **Diário Oficial da União**, Brasília, 20 fev. 1998a. Disponível em: <http://www. planalto.gov.br/ccivil_03/LEIS/L9609.htm> Acesso em: 8 nov. 2015.

BRASIL. Lei n. Lei 9.610, de 19 de fevereiro de 1998. Altera, atualiza e consolida a legislação sobre direitos autorais e dá outras providências. **Diário Oficial da União**, Brasília, 20 fev. 1998b. Disponível em: <http://www.planalto.gov.br/ccivil_03/leis/L9610.htm> Acesso em: 8 nov. 2015.

BRASIL. Lei n. Lei 10.098, de 19 de dezembro de 2000. Estabelece normas gerais e critérios básicos para a promoção da acessibilidade das pessoas portadoras de deficiência ou com mobilidade reduzida, e dá outras providências. **Diário Oficial da União**, Brasília, 20 dez.

2000. Disponível em: <http://www.planalto.gov.br/ccivil_03/LEIS/L10098.htm> Acesso em: 8 nov. 2015.

BRASIL. Lei n. Lei 9.434 de, 4 de fevereiro de 1997. Dispõe sobre a remoção de órgãos, tecidos e partes do corpo humano para fins de transplante e tratamento e dá outras providências. **Diário Oficial da União**, Brasília, 5 fev. 1997. Disponível em: <http://www.planalto.gov. br/ccivil_03/LEIS/L9434.htm> Acesso em: 8 nov. 2015.

BRASIL. Lei nº 10.406, de 10 de janeiro de 2002. Institui o Código Civil. **Diário Oficial da União**. Brasília, 11 jan. 2002. Disponível em: <http://www.planalto.gov.br/ ccivil_03/ LEIS/2002/L10406.htm>. Acesso em: 03 out. 2015.

BRASIL. Lei n. 12.735, de 30 de novembro de 2012. Altera o Decreto-Lei nº 2.848, de 7 de dezembro de 1940 - Código Penal, o Decreto-Lei nº 1.001, de 21 de outubro de 1969 - Código Penal Militar, e a Lei nº 7.716, de 5 de janeiro de 1989, para tipificar condutas realizadas mediante uso de sistema eletrônico, digital ou similares, que sejam praticadas contra sistemas informatizados e similares; e dá outras providências. **Diário Oficial da União**, Brasília, 03 dez. 2012a. Disponível em: <http://www.planalto.gov.br/ccivil_03/_Ato2011-2014/2012/Lei/L12735.htm> Acesso em: 8 nov. 2015.

BRASIL. Lei n. Lei 12.737, de 30 de novembro de 2012. Dispõe sobre a tipificação criminal de delitos informáticos; altera o Decreto-Lei nº 2.848, de 7 de dezembro de 1940 - Código Penal; e dá outras providências. **Diário Oficial da União**, Brasília, 03 dez. 2012b. Disponível em: <http://www.planalto.gov.br/ccivil_03/_Ato2011-2014/2012/Lei/L12735.htm> Acesso em: 8 nov. 2015.

BRASIL. Lei n. 12.965, de 23 de abril de 2014. Estabelece princípios, garantias, direitos e deveres para o uso da Internet no Brasil. **Diário Oficial da União**, 24 abr. 2014a. Disponível em: <http://www.planalto.gov.br/ccivil_03/_ato2011-2014/2014/lei/l12965.htm> Acesso em: 28 abr. 2015.

BRASIL. Lei nº 13.105, de 16 de março de 2015. Código de Processo Civil. **Diário Oficial da União**, Brasília, 17 mar. 2015a. Disponível em: <http://www.planalto.gov.br/ccivil_03/_Ato2015-2018/2015/Lei/L13105.htm>. Acesso em: 09 jun. 2015.

BRASIL. Lei n. 13.146, de 6 de julho de 2015. Institui a Lei Brasileira de Inclusão da Pessoa com Deficiência (Estatuto da Pessoa com Deficiência). **Diário Oficial da União**, 7 jul. 2015b. Disponível em: <http://www.planalto.gov.br/ccivil_03/_Ato2015-2018/2015/Lei/L13146. htm> Acesso em: 28 abr. 2015.

BRASIL. Lei nº 13.709, de 14 de agosto de 2018. Lei Geral de Proteção de Dados. **Diário Oficial da União**, Brasília, 15 ago. 2018. Disponível em: <http://www.planalto.gov.br/ ccivil_03/_ato2015-2018/2018/lei/l13709.htm>. Acesso em: 09 ago. 2020.

BRASIL. Superior Tribunal de Justiça. Processo: AgRg n. Recurso Especial 813.546/ DF. Rel. Min. Francisco Falcão. **Diário de Justiça**, Brasília, 4 jun 2007.

BRASIL. Superior Tribunal de Justiça. RESP 1.512.647-MG. Rel. Min. Luis Felipe Salomão. **Diário de Justiça Eletrônico**, Brasília, 13 maio e 8 ago. 2015c. Disponível em: <http://www.stj.jus.br/SCON/jurisprudencia/toc.jsp?livre=1512647&&tipo_visualizacao=RESUMO&b=ACOR&thesaurus=JURIDICO> Acesso em: 28 abr. 2015.

BRASIL. Superior Tribunal de Justiça. RESP 1.274.971-RS. Rel. Min. João Otávio de Noronha. **Diário de Justiça Eletrônico**, Brasília, 26 mar. 2015d. Disponível em: <http://www.stj.jus.

br/SCON/jurisprudencia/toc.jsp?livre=1274971&&tipo_visualizacao=RESUMO&b=A-COR&thesaurus=JURIDICO > Acesso em: 28 abr. 2015.

BRASIL. Superior Tribunal de Justiça. Rcl 5.072-AC. Segunda Seção. Rel. Min. Marco Buzzi. **Diário de Justiça Eletrônico**, Brasília, 4 jun. 2014b. Disponível em: <http://www.stj. jus.br/SCON/jurisprudencia/doc.jsp?livre=5072&&b=ACOR&p=false&l=10&i=10 > Acesso em: 28 abr. 2015.

BRASIL. Superior Tribunal de Justiça. REsp 1.306.157-SP. Quarta Turma. Rel. Min. Luis Felipe Salomão. **Diário de Justiça Eletrônico**, Brasília, 24 mar. 2014c. Disponível em: <http:// www.stj.jus.br/SCON/jurisprudencia/doc.jsp?livre= 1306157&&b=ACOR&p=false&l=10&i=3 > Acesso em: 28 abr. 2015.

BRASIL. Superior Tribunal de Justiça. REsp 1.308.830-RS, Terceira Turma. Rel. Min. Nancy Andrighi. **Diário de Justiça Eletrônico**, Brasília, 19 jun. 2012. Disponível em: <http:// www.stj.jus.br/SCON/jurisprudencia/doc.jsp?livre= 1308830&&b =ACOR&p=false&l=10&i=12> Acesso em: 28 abr. 2015.

BRASIL. Superior Tribunal de Justiça. RESP 1.186.616-MG. **Diário de Justiça Eletrônico**, Brasília, 30 ago. 2011.

BRASIL. Supremo Tribunal Federal. Disponível em: <http://www.stf.jus.br/portal/ principal/ principal.asp> Acesso em: 10 nov. 2015.

BRUCE Willis to fight Apple over right to leave iTunes library in Will. New York: Theguardian, 2015. Disponível em: <http://www.theguardian.com/film/ 2012/sep/03/bruce-willis--apple-itunes-library > Acesso em: 24 out. 2015.

BULGÁRIA. **Personal Data Protection Act**, de 01 jan. 2002. Bulgária: Legislationline, 2002. Disponível em: <http://legislationline.org/topics/country/39/topic/3>. Acesso em: 01 out. 2015.

CANARIS, Claus-Wilhelm. **Direitos Fundamentais e Direito Privado**. Trad. Ingo Wolfgang Sarlet e Paulo Mota Pinto. 2. reimp. Lisboa: Almedina, 2009.

CARPANEZ, Juliana. **Quem viver verá**. [S.l.]: TAB Uol, 2015. Disponível em: <http://tab.uol. com.br/morte> Acesso em: 22 out. 2015.

CASTELLS, Manuel. **A Sociedade em Rede**. 20 ed. São Paulo: Paz e Terra, 2019.

CHAMON JÚNIOR, Lúcio Antônio. **Teoria geral do direito moderno:** por uma reconstrução crítico-discursiva na alta modernidade. Rio de Janeiro: Lumen Juris. 2006.

COBO, Juan Antonio. **A cerca de**. [S. l.]: Cultura Digital, 2015. Disponível em: <http://culturadigital.org/marcocivil> Acesso em: 22 out. 2015.

COMO viver a morte. [S. l.]: TAB Uol, 2015. Disponível em: <http://tab.uol.com.br /morte> Acesso em: 22 out. 2015.

COMPRA e venda de Bitcoin. **Afinal, o que é Bitcoin?** [S.l.]: Mercado Bitcoin, 2014. Disponível em: <www.mercadobitcoin.com.br > Acesso em: 23 set. 2015.

CONSELHO DA UNIÃO EUROPEIA. **Dossiê interinstitucional**: 2012/0011 (COD). Bruxelas, 11 de junho de 2015 (OR. en). Disponível em: <http://data.consilium.europa.eu/doc/ document/ST-9565-2015-INIT/pt/pdf> Acesso em: 01 out. 2015.

CONSELHO DE JUSTIÇA FEDERAL. In: JORNADA DE DIREITO CIVIL, 3., Enunciados aprovados parte geral: 138-158. Brasília: CNF, 2015. Disponível em: <http://daleth.cjf.jus. br/revista/enunciados/IIIJornada.pdf > Acesso em: 12 jan. 2015.

CONSELHO EUROPEU. **Proteção de dados**: Conselho chega a acordo sobre orientação geral. [S. l.]: Consilium, 15 jun. 2015. Disponível em: <http://data.consilium.europa.eu/doc/ document/ST-9565-2015-INIT/pt/pdf> Acesso em: 01 out. 2015.

CONSELHO FEDERAL DE MEDICINA. Resolução CFM n° 1.995/2012. Dispõe sobre as diretivas antecipadas de vontade dos pacientes. **Diário Oficial da União**, Brasília, 31 ago. 2012, Seção I, p.269-70. Disponível em: <http://www.portalmedico.org.br/resolucoes/ CFM/2012/1995_2012.pdf> Acesso em: 12 jan. 2015.

CONVENÇÃO SOBRE OS DIREITOS DA CRIANÇA, 20 de novembro de 1989. [S. l.]: UNI-CEF, Disponível em: <https://www.unicef.pt/docs/pdf_publicacoes/ convencao_direitos_crianca2004.pdf >. Acesso em: 01 out. 2015.

COSTA, João Pedro Fachana Cardoso Moreira da. **A responsabilidade civil pelos conteúdos ilícitos colocados e difundidos na Internet Em especial da responsabilidade pelos conteúdos gerados por utilizadores**. 2011. 160f. Dissertação (Mestrado)- Faculdade de Direito, Universidade do Porto. Porto, 2011. Disponível em: <https://repositorio-aberto. up.pt/bitstream/10216/63893/2/Joo%2F achanaA%20responsabilidade%20civil%20 pelos%20contedos%20ilcitos%20colocados%20e%20difundidos%20na%20Internet. pdf.> Acesso em: 01 nov. 2015.

COUTINHO, Felipe. Agência contratada pelo PT paga R$ 20 mil de salário a criador de Dilma Bolada. **Época**, 21 ago. 2015. Disponível em: <http://epoca.globo.com/tempo/ noticia/2015/08/agencia-contratada-pelo-pt-paga-r-20-mil-de-salario-dilma-bolada. html> Acesso em: 3 out. 2015.

DADALTO, Luciana. Distorções acerca do testamento vital no Brasil (ou o porquê é necessário falar sobre uma declaração prévia de vontade do paciente terminal). **Revista de Bioética y Derecho**, n. 28, p. 61-71, mayo. 2013. Disponível em: <http://www.ub.edu/fildt/revista/ pdf/rbyd28_art-dadalto.pdf.> Acesso em: 31 out. 2015.

D'AZEVEDO, Marcello Casado. **Cibernética e vida**. Petrópolis: Vozes, 1972.

DEBORD, Guy. **A sociedade do espetáculo**. Tradução de Estela dos Santos Abreu. Rio de Janeiro: Contraponto, 1997.

DELAWARE General Assembly. [S. l.]: Legis, 15 maio 2014. Disponível em: <http://legis. delaware.gov/LIS/LIS147.nsf/vwLegislation/HB+345>. Acesso em: 23 set. 2015.

DIRECTIVA 95/46/CE DO PARLAMENTO EUROPEU E DO CONSELHO. Relativa à protecção das pessoas singulares no que diz respeito ao tratamento de dados pessoais e à livre circulação desses dados. **Jornal Oficial das Comunidades Europeias**, n. L281, 23 Nov. 1995. Disponível em: <http://eur-lex.europa.eu/legal-content/PT/TXT/PDF/?uri=CE-LEX:31995L0046&from=en>. Acesso em: 01 out. 2015.

DIRETIVAS antecipadas de vontade: **testamento vital e mandato duradouro**. [S. l.]: Testamento Vital, 2014. Disponível em: <http://testamentovital.com.br/diretivas-antecipadas--de-vontade/>. Acesso em: 31 out. 2015.

DISTRITO FEDERAL. Tribunal de Justiça. AGI: 20150020026408/DF 0002670-20.2015.8.07.0000. Relator: Gislene Pinheiro. 2ª Turma Cível. **Diário de Justiça Eletrônico**, Brasília, 24 mar. 2015, p. 140.

DWORKIN, Ronald. **O império do direito**. São Paulo: Martins Fontes, 2007.

EBERLE, Simone. Mais capacidade, menos autonomia: o estatuto da menoridade no novo Código Civil. **Revista Trimestral de Direito Civil**, Rio de Janeiro, v. 17, p. 181-191, jan./mar. 2004.

EDWARDS, Lilian; HARBINJA, Edina. Protecting post-mortem privacy: reconsidering the privacy interests of the deceased in a digital world. **Cardozo Arts & Entertainment**, v. 32, n.1, p. 101-147, Nov. 2013a. Disponível em: <http://uhra.herto.ac.uk/bitstream/han dle/2299/15953/Edwards. Galleyed_GOOD.pdf?sequence=2.> Acesso em: 01 out. 2015.

EDWARDS, Lilian; HARBINJA, Edina. What happens to my Facebook profile when I die?: legal issues around transmission of digital assets on death. **CREATe Working Paper**, May, 2013b. Disponível em: <https://zenodo.org/record/8375/files/CREATe-Working-Paper-2013-05. pdf.> Acesso em: 01 nov. 2015.

ELER, Alicia. **"I wanna live forever," or how we die on social networks.** [S. l.]: Networks, mar. 2012. Disponível em: <http://readwrite.com/2012/03/06/i_wanna_live_forever_or_how_ we_die_on_social_netwo > Acesso em: 30 set. 2015.

ERP, Sjef van. **A "UFADAA" for Europe?.** Maastricht: Europea, 2015. Disponível em: <http:// www.europeanlawinstitute.eu/fileadmin/user_upload/p_eli/General_ Assembly/2015_ conference_materials/Sjef_ELI_2015.pdf> Acesso em: 01 out. 2015.

ESPANHA. Ley Orgánica 3/2018. **Protecion de datos personales y garantia de los derechos digitales**. Espanha: Leys, 06 Dez. 2018. Disponível em: <https://www.boe.es/eli/es/ lo/2018/12/05/3.>. Acesso em: 04 ago. 2020.

ESTÔNIA. **Personal Data Protection Act**, de 15 Feb. 2007. Estônia: Legislationline, 15 Fev. 2007. Disponível em: <http://legislationline.org/topics/country/33/topic/3.>. Acesso em: 01 out. 2015.

FACHIN, Luiz Edson. Direitos da personalidade no código civil brasileiro: elementos para uma análise de índole constitucional da transmissibilidade. In: TARTUCE, Flávio; CASTILHO, Ricardo (Coord.). **Direito civil:** direito patrimonial e direito existencial: estudos em homenagem à professora Giselda Maria Fernandes Novaes Hironaka São Paulo: Método, 2006.

FAMILY'S Court Order for Facebook. **Death and digital legacy.com.** [S. l.]: Death and Digital, 01 jun. 2012. Disponível em: <http://www.deathanddigitallegacy.com/ 2012/06/01/ familys-court-order-for-facebook/.> Acesso em: 03 nov. 2015

FARIA, Romário de Souza. **Projeto de Lei nº 6.630**, de 23 de outubro de 2013. Acrescenta artigo ao Código Penal, tipificando a conduta de divulgar fotos ou vídeos com cena de nudez ou ato sexual sem autorização da vítima e dá outras providências. Disponível em: <http://www.camara.gov.br/proposicoesWeb/ fichadetramitacao?idProposicao=598038.> Acesso em: 10 set. 2015.

FARINHO, Domingos Soares. **Intimidade da vida privada e media no ciberespaço**. Lisboa: Edições Almedina S.A, 2006.

FAUSTO NETO, Antônio. Fragmentos de uma "analítica" da midiatização. **Revista Matrizes,** São Paulo, v. 1, n. 2, p. 89-105, 2007. Disponível em: <http://www.matrizes.usp.br/index. php/matrizes/article/view/88.> Acesso em: 15 set. 2015.

FERNANDES, Bernardo Gonçalves. **Curso de direito constitucional.** Salvador: Jus podium, 2015.

FIGUEIRAS, Rita. Intelectuais e redes sociais: novos medias, velhas tradições. **Revista Matrizes,** São Paulo, v. 6, n.1-2, p. 145-160, 2012. Disponível em: <http://www.matrizes.usp.br/ index.php/matrizes/article/view/263/pdf .> Acesso em 15 set. 2015.

FISCHBERG, Josy. **Quem são os jovens que hipnotizam milhões de adolescentes na internet:** novos ídolos teen são construídos com uma câmera na mão, uma ideia na cabeça e o YouTube. O Globo, Rio de Janeiro, 12 jul. 2015. Disponível em: <http://oglobo.globo. com/sociedade/quem-sao-os-jovens-que-hipnotizam-milhoes-de-adolescentes-na-internet-16726790> Acesso em: 15 set. 2015.

FIUZA, César. **Direito civil:** curso completo. Belo Horizonte: Del Rey, 2004.

FIUZA, César; GAMA, André Couto e. Teoria geral dos direitos da personalidade. In: FIUZA, César; GODINHO, Adriano Marteleto (Coord.). **Curso avançado de direito civil.** 2. ed. Rio de Janeiro: Forense, 2009.

FREA, Leandro González. **Un breve análisis jurídico de las redes sociales em Internet em la óptica de la normativa argentina.** [S. l.]: Do autor, 2015. Disponível em: <http://www. gonzalezfrea.com.ar/derecho-informatico/aspectos-legales-redes-sociales-legislacion- -normativa-facebook-regulacion-legal-argentina/265/> Acesso em: 15 set. 2015.

FREITAS, Augusto Teixeira de. **Consolidação das leis civis.** Brasília: Biblioteca do Senado Federal, 2003. v. 2.

FRITZ, Karina Nunes. **Leading case: BGH reconhece a transmissibilidade da herança digital**. Disponível em: https://www.migalhas.com.br/coluna/german-report/308578/ leading-case-bgh-reconhece-a-transmissibilidade-da-heranca-digital.

FRITZ, Karina Nunes e MENDES, Laura Schertel. **Case report: Corte alemã reconhece a transmissibilidade da herança digital**. Disponível em <http://revistadireitoresponsabi- lidade.pt/2019/case-report-corte-alema-reconhece-a-transmissibilidade-da-heranca-di- gital-karina-nunes-fritz-e-laura-schertel-mendes/> Acesso em: 10 ago. 2020.

GADAMER, Hans-Georg. **Verdade e método I:** traços fundamentais de uma hermenêutica filosófica. Tradução de Enio Paulo Giachini. Petrópolis: Vozes, 2014.

GADGET. [S. l.]: Wikipedia, 2015. Disponível em: <https://pt.wikipedia.org/wiki/Gadget> Acesso em: 09 set. 2015.

GAGLIANO, Pablo Stolze; PAMPLONA FILHO, Rodolfo. **Novo curso de Direito Civil**. São Paulo: Saraiva, 2016. v.1.

GOMES, Alexandre Travessoni; MERLE, Jean-Christophe. **A moral e o direito em Kant:** ensaios analíticos. Tradução de Marinella Machado Araújo. Belo Horizonte: Manda- mentos, 2007.

GONÇALVES, Diogo Costa. **Pessoa e direitos de personalidade**: fundamentação ontológica da tutela. Coimbra: Almedina, 2008.

GRUMSTRUP, Erik F.; TARTUCE, Fernanda. **A responsabilidade civil pelo uso abusivo do poder familiar**. Disponível em: http://www.fernandatartuce.com.br/wp-content/uploads/2016/08/A-resp-civil-por-uso-abusivo-do-poder-familiar.pdf.

GUIA de FIFA Points para FIFA 15 Ultimate Team. [S. l.]: FiFAUTEAM, 21 Sep. 2014 2015. Disponível em: <http://pt.fifauteam.com/fifa-points-fifa-15-ultimate-team/> Acesso em: 22 set. 2015.

HAN, Byung-Chul. **No enxame: perspectivas do digital**. Tradução de Lucas Machado. Petrópolis: Vozes, 2018.

HAN, Byung-Chul. **Sociedade da Transparência**. Tradução de Enio Paulo Giachini. Petrópolis: Vozes, 2017.

HARBINJA, Edina. **Does the EU Data Protection Regime protect post-mortem privacy and what could be the potential alternatives**. SCRIPTed, p. 10-11, 15 April 2013. Disponível em: <http://script-ed.org/?p=843 Disponível em http://script-ed.org/wp-content/uploads/2013/04/harbinja.pdf. > Acesso em: 01 out. 2015.

HEGEL, Georg Wilhelm Friedrich. **Fenomenologia do espírito**. Tradução de Paulo Menezes. Petrópolis: Vozes, 2011.

HUSSEY, Willian C. **Personal representatives and fiduciaries:** Executors, administrators and trustees and their duties. [S. l.]: White and Williams, 2015. Disponível em: <http://www.whiteandwilliams.com/resources-alerts-Personal-Representatives-and-Fiduciaries-Executors-Administrators-and-Trustees-and-Their-Duties.html> Acesso em: 24 set. 2015.

IKEDA, Ana. **Novos termos de uso do Instagram passam a valer neste sábado**. São Paulo: Uol, 19 jan. 2013. Disponível em: <http://tecnologia.uol.com.br/noticias/ redacao/2013/01/19/novos-termos-de-uso-do-instagram-passam-a-valer-neste-sabado.htm > Acesso em: 01 nov. 2015.

INFOPÉDIA. Conteúdo. In: INFOPÉDIA. **Língua portuguesa com acordo ortográfico**. [S. l.]: Porto Editora, 2015. Disponível em: <http://www.infopedia.pt/dicionarios/ lingua--portuguesa/CONTE%C3%9ADO.> Acesso em: 15 set. 2015.

IN MEMORY. **A mother's journey through death and grieving in the digital age**. [S. l.]: Vimeo, 2015. Disponível em: <https://vimeo.com/120512142> Acesso em: 23 out. 2015.

INSTAGRAM diz em novo termo de uso que pode vender as fotos de usuários Instagram ainda disse que usuário não seria compensado: nova política de utilização entrará em vigor em 16 de janeiro. São Paulo: G1, 18 dez. 2012. Disponível em: <http://g1.globo.com/tecnologia/noticia/2012/12/instagram-diz-em-novo-termo-de-uso-que-pode-vender-fotos-de-usuarios.html> Acesso em: 01 nov. 2015.

ITÁLIA. Código Civil italiano. RD 16 março de 1942, n. 262. Aprovação do texto do Código Civil. **Diário da República**, nº. 79 de 4 de abr. 1942. Disponível em: <https://translate.google.com.br/translate?hl=pt-BR&sl=it&u=http://www.jus. unitn.it/cardozo/obiter_dictum/codciv/Codciv.htm&prev=search> Acesso em: 01 nov. 2015.

INTELLIGENCE Artificial. [S. l.]: ETER9, 2015. Disponível em: <http://www.eter9.com> Acesso em: 01 out. 2015.

INSTITUTO BRASILEIRO DE GEOGRAFIA E ESTATÍSTICA.População: Taxa Bruta de Mortalidade por mil habitantes - Brasil - 2000 a 2015. Rio de Janeiro: IBGE, 2015. Disponível em: <http://brasilemsintese.ibge.gov.br/populacao/taxas-brutas-de-mortalidade. html> Acesso em: 01 nov. 2015.

LAMM, James D. et al. The digital death conundrum: how federal and state laws prevent fiduciaries from managing digital property. **University of Miami Law Review**, v. 68, p.385-420, 14 Feb. 2011-2012. Disponível em: <http://lawreview.law.miami.edu/wp-content/uploads/2011/12/The-Digital-Death-Conundrum-How-Federal-and-State-Laws-Prevent-Fiduciaries-from-Managing-Digital-Property.pdf.> Acesso em: 01 out. 2015.

LEGACY LOCKER. **PasswordBox**. [S. l.]: Legacy, 2015. Disponível em: <https://vimeo.com/120512142> Acesso em: 03 nov. 2015.

LEGISLAÇÃO brasileira. [S.l.]: Testamento Vital, 2014. Disponível em: <http://testamentovital.com.br/legislacao/>. Acesso em: 01 out. 2015.

LEMOS, Ronaldo. O Marco Civil como símbolo de desejo por inovação no Brasil. In: LEITE, George Salomão; LEMOS, Ronaldo (Org.). **Marco civil da Internet**. São Paulo: Atlas. 2014.

LÉVY, Pierre. **Cibercultura**. Tradução de Carlos Irineu da Costa. São Paulo: Editora 34, 1999a.

LÉVY, Pierre. **O que é o virtual?**. Tradução de Paulo Neves. São Paulo: Editora 34, 1999b.

LIPOVETSKY, Gilles; CHARLES, Sébastien. **Os tempos hipermodernos**. São Paulo: Barcarolla, 2004.

LLOSA, Mario Vargas. **A civilização do espetáculo:** uma radiografia do nosso tempo e da nossa cultura. Tradução de Ivone Benedetti. Rio de Janeiro: Objetiva, 2013.

LOPES, Miguel Maria de Serpa. **Curso de direito civil**. Rio de Janeiro: Livraria Freitas Bastos, 1961. v.6.

MARQUES, Garcia; MARTINS, Lourenço. **Direito da informática**. Coimbra: Almedina, 2006.

MARTINS-COSTA, Judith. Usucapião de coisa incorpórea. In: TEPEDINO, Gustavo; FACHIN, Luiz Edson (Coord.). **O direito e o tempo**: embates jurídicos e utopias contemporâneas: estudos em homenagem ao professor Ricardo Pereira Lira. Rio de Janeiro: Renovar, 2008.

MARTINS-COSTA, Judith; BRANCO, Gerson Luiz Carlos. **Diretrizes teóricas do novo código civil brasileiro**. São Paulo: Saraiva, 2002.

MATSUURA, Sérgio. O novo fenômeno dos acumuladores de bens digitais: o avanço da tecnologia tornou fácil e barato armazenar toneladas de fotos, vídeos e arquivos inúteis. **O Globo**, Rio de Janeiro, 30 maio 2015. (Tecnologia). Disponível em: <http://oglobo.globo.com/sociedade/tecnologia/o-novo-fenomeno-dos-acumuladores-de-bens-digitais-16307601> Acesso em: 4 out. 2015.

MATTELART, Armand. **História da sociedade da informação**. Tradução de Nicolas Nyimi Campanário. São Paulo: Edições Loyola, 2002.

MAXIMILIANO, Carlos. **Direito das sucessões**. Rio de Janeiro: Freitas Bastos, 1937. v.2.

MAZZEI, Rodrigo Reis. A função social da propriedade: uma visão pela perspectiva do Código Civil de 2002. In: NERY, Rosa Maria Andrade (Coord.). **Função do direito privado**: no atual momento histórico. São Paulo: Revista dos Tribunais, 2006. (Perspectivas em direito privado ; 1)

MCAFEE Report on automotive systems finds prevelant lack of security in today's vehicles. [S. l.]: McAfee, 6 set. 2011. Disponível em: <http://zh.clicrbs.com.br/RS /noticias/noticia/2015/09/martha-medeiros-facebook-post-mortem-4838600.html> Acesso em: 22 set. 2015.

MEDEIROS, Martha. Facebook post mortem. **Jornal Zero Hora**, Edição 02 set. 2015. (Opinião). Disponível em: <http://zh.clicrbs.com.br/rs/noticias/noticia/2015/09/ martha -medeiros-facebook-post-mortem-4838600.html> Acesso em: 09 set. 2015.

MENDONÇA, Heloisa. **Conheça a Geração Z**: nativos digitais que impõem desafios às empresas. São Paulo: Brasil El País, 23 fev. 2015. Disponível em: <http://brasil.elpais.com/brasil/2015/02/20/politica/1424439314_489517.html> Acesso em: 31 out. 2015.

MÉXICO. **Constitution**. [S.l.]: Organização dos Estados Americanos, 1917. Disponível em: <http://www.oas.org/juridico/mla/en/mex/en_mex-int-text-const.pdf> Acesso em: 31 out. 2015.

MILAGRES, Marcelo de Oliveira. **Direito à moradia.** São Paulo: Atlas, 2011.

MONTEIRO, Washington de Barros. **Curso de direito civil:** parte geral. 41. ed. rev. e atual. por Ana Cristina de Barros Monteiro França Pinto. São Paulo: Saraiva, 2007.

MORAES, Maria Celina Bodin de. O conceito de dignidade humana: substrato axiológico e conteúdo normativo. In: SARLET, Ingo Wolfgang; COUTINHO, Aldacy Rachid (Coord.) **Constituição, direitos fundamentais e direito privado.** Porto Alegre: Livraria do Advogado, 2003.

MORSE, Felicity. **Eter9 social network learns your personality so it can post as you when you're dead.** [S. l.]: BBC, 21 ago. 2015. Disponível em: <http://www.bbc.co.uk/newsbeat/article/34015307/eter9-social-network-learns-your-personality-so-it-can-post-as-you--when-youre-dead> Acesso em: 01 out. 2015.

MOUREIRA, Diogo Luna. **Pessoas:** a co-relação entre as coordenadas da pessoalidade e as coordenadas da personalidade jurídica. 2009. 194 f. Dissertação (Mestrado) - Programa de Pós-Graduação em Direito Pontifícia Universidade Católica de Minas Gerais, Belo Horizonte, 2009.

NIETZSCHE, Friedrich Wilhelm. **Além do bem e do mal:** prelúdio de uma filosofia do futuro. Tradução de Antônio Carlos Braga. São Paulo: Lafonte, 2012.

NORONHA, Fernando. **Direito das obrigações**. São Paulo: Saraiva, 2003.

NÚMERO de testamentos lavrados no Brasil cresce 62% em quatro anos. [S. l.]: Colégio Notarial do Brasil, 3 set. 2015. Disponível em: <http://www.cnbma.org.br/noticia/?id=875> Acesso em: 01 nov. 2015.

O COMITÊ Gestor da Internet no Brasil, conhecida também pela sigla cgi.br. Sobre o CGI. br. [S. l.]: Comitê Gestor da Internet, 2015. Disponível em: <http://www.cgi.br/sobre/> Acesso em: 14 set. 2015.

O QUE o Facebook faz para manter os menores de idade seguros? [S. l.]: Facebook, 2015. Disponível em: <https://www.facebook.com/help/187948218057965?sr=5&query=menores&sid=2l9S1Bgg7GlbCkFhF > Acesso em: 30 out. 2015.

PEREIRA, Alexandre Libório Dias. **Direitos de autor e liberdade de informação**. Coimbra: Almedina, 2008.

REFERÊNCIAS **277**

PEREIRA, Caio Mário da Silva. **Instituições de direito civil**. rev. atual. por Maria Celina Bodin de Moraes. Rio de Janeiro: Forense, 2009a. v.1.

PEREIRA, Caio Mário da Silva. **Instituições de direito civil**. rev. atual. por Carlos Edison do Rêgo Monteiro Filho. Rio de Janeiro: Forense, 2009b. v.4.

PEREIRA, Caio Mário da Silva. **Instituições de direito civil**. rev. atual. por Carlos Roberto Barbosa Moreira. Rio de Janeiro: Forense, 2009c. v.6.

PERLINGIERI, Pietro. **O direito civil na legalidade constitucional**. Tradução de Maria Cristina de Cicco. Rio de Janeiro: Renovar, 2008.

PERLINGIERI, Pietro. **Perfis do direito civil**: introdução ao direito civil constitucional. Tradução de Maria Cristina de Cicco. 2. ed. Rio de Janeiro: Renovar, 2002.

PINHEIRO, Patrícia Peck. **Direito digital**. Rio de Janeiro: Saraiva, 2009.

POLI, Leonardo Macedo. **Direito autoral**: parte geral. Belo Horizonte: DelRey, 2008.

POLI, Leonardo Macedo. **Direitos de autor e software**. Belo Horizonte: Del Rey, 2003.

POMPEU, Renata Guimarães. Considerações sobre a sistematização jurídica: novos paradigmas2009a.v.1. In: FIUZA, Cesar; GODINHO, Adriano Marteleto (Org.) **Curso avançado de direito civil**. 2. ed. Rio de Janeiro: Forense, 2009.

PORTUGAL. Procuradoria Geral Distrital de Lisboa. **Lei n.º 25/2012, de 16 de Julho**. Lisboa: PGDL, 2012. Disponível em: <http://www.pgdlisboa.pt/leis/lei_ mostra_articulado. php?nid=1765&tabela=leis> Acesso em: 13 out. 2015.

PUFF, Jefferson. **Brazil judge orders Facebook memorial page removed**. [S. l.]: BBC Brasil, 23 Aprl. 2013. Disponível em: <http://www.bbc.com/news/world-latin-america-22286569> Acesso em: 13 out. 2015.

REALE, Miguel. **Paradigmas da cultura contemporânea**. São Paulo: Saraiva, 1996.

REINO UNIDO. **Data Protection Act, de 16 July. 1998**. Reino Unido: Legislatione, 1998. Disponível em: <http://legislationline.org/topics/country/53/topic/3> Acesso em: 13 out. 2015.

RIPERT, Georges; BOULANGER, Jean. **Tratado de derecho civil**: parte general. Buenos Aires: La ley, 1956. t.1.

RITA. **Blog da Rita**: panelinha receitas que funcionam. [S. l.]: Panelinha, 2015. Disponível em: <http://panelinha.ig.com.br/site_novo/meuBlog/rita> Acesso em: 13 out. 2015.

RIZZARDO, Arnaldo. **Direito das coisas**. Rio de Janeiro: Forense, 2004.

RODOTÀ, Stefano. **La vida y las reglas**: entre el derecho y el no derecho. Tradución de Andrea Greppi. Madri: Editorial Trotta, 2010.

RODOTÀ, Stefano. **Tecnologie e diritti**. Bologna: Il Mulino, 1995.

ROSENVALD, Nelson. **Em 11 perguntas e respostas**: tudo o que você precisa para conhecer o Estatuto da Pessoa com Deficiência. [S. l.]: Facebook, 24 ago. 2015. Disponível em: <https://www.facebook.com/permalink.php?story_fbid= 1480153702302318&id=1407260712924951&substory_index=0> Acesso em: 23 sout. 2015.

ROSENVALD, Nelson. **Dignidade humana e boa-fé no código Civil**. São Paulo: Saraiva, 2005.

ROSENVALD, Nelson; FARIAS, Cristiano Chaves de. **Curso de direito civil.** 12. ed. Salvador: Jus Podium, 2014. v.1.

ROSENVALD, Nelson; FARIAS, Cristiano Chaves de. **Curso de direito civil.** 2. ed. Salvador: Jus Podium, 2012. v.4.

ROSENVALD, Nelson; FARIAS, Cristiano Chaves de. **Curso de direito civil.** 8. ed. Salvador: Jus Podium, 2012. v.5.

SÁ, Maria de Fátima Freire de; NAVES, Bruno Torquato de Oliveira. **Manual de biodireito.** Belo Horizonte: Del Rey, 2015.

SÁ, Maria de Fátima Freire de; PONTES, Maíla Mello Campolina. Autonomia privada e o direito de morrer. In: NAVES, Bruno Torquato de Oliveira (Coord.). **Direito civil:** atualidades III: princípios jurídicos no direito privado. Belo Horizonte: Del Rey, 2009.

SÁ, Maria de Fátima Freire de. Morte: fato extintitvo de situações subjetivas. In: SÁ, Maria de Fátima Freire de. **Direito de morrer:** eutanásia, suicídio assistido. 2. ed. Belo Horizonte, MG: Del Rey, 2005. Cap. 3.

SÁ, Maria de Fátima Freire de; NAVES, Bruno Torquato de Oliveira. **Manual de biodireito.** 2. ed. Belo Horizonte: Del Rey, 2015.

SAMPAIO, José Adércio Leite. **Direito à intimidade e à vida privada.** Belo Horizonte: Del Rey, 1998.

SANTIN, Giovane; DUARTE, Liza Bastos. Big Brother: nos Contornos de um Estado de Exceção. **Revista de Direito Privado**, São Paulo, v. 27, jul./set. 2006.

SARAMAGO, José. **As intermitências da morte.** São Paulo: Companhia das Letras, 2005.

SARLET, Ingo Wolfgang. **A eficácia dos direitos fundamentais.** Porto Alegre: Livraria do Advogado, 2006.

SARMENTO, Daniel. A vinculação dos particulares aos direitos fundamentais no direito comparado e no Brasil. In: BARROSO, Luís Roberto (Org.). **A nova interpretação constitucional:** ponderação, direitos fundamentais e relações privadas. Rio de Janeiro: Renovar. 2003.

SARMENTO, Daniel. Interesses públicos vs. Interesses privados na perspectiva da teoria e da filosofia constitucional. In: SARMENTO, Daniel (Org.). **Interesses públicos versus interesses privados:** desconstruindo o princípio de supremacia do interesse público. Rio de Janeiro (RJ): Editora Lumen Juris, 2007.

SCHREIBER, Anderson. **Direitos da personalidade**. São Paulo: Atlas, 2011.

SEM lei específica, moeda digital ainda precisa conquistar confiança dos brasileiros. **Folha Vitória**, 30 ago. 2015. Disponível em: <http://www.folhavitoria.com.br/ economia/ noticia/2015/08/sem-lei-especifica-moeda-digital-ainda-precisa-conquistar-confiança-dos-brasileiros.html> Acesso em: 23 sout. 2015.

SMILES: **regulamento do programa**. São Paulo: Smiles, 2015. Disponível em: <https://www.smiles.com.br/regulamento-do-programa-smiles> Acesso em: 14 set. 2015.

SOARES, Sávio de Aguiar. **Tutela dos direitos de autor no paradigma tecnodigital:** desafios teóricos diante da proposta hermenêutica juscivilística contemporânea. 2012. 330f. Tese (Doutorado)- Pontifícia Universidade Católica de Minas Gerais, Belo Horizonte, 2012.

SOUZA, Beatriz Pereira de; SANFELICI, Aline de Mello. Ciberespaço e comportamento: a construção de novas personalidades. **Revista Ponto de Partida**, UFPA, n. 1, 2013. Disponível em: <http://revistapontodepartida.ufpa. br/index.php/rpp/article/view/45/10> Acesso em: 14 set. 2015.

STATES struggle to adopt uniform access to digital Assets Act. Washington: ARMA International, 2015. Disponível em: <http://revistapontodepartida.ufpa.br/ index.php/rpp/article/view/45/10> Acesso em: 28 set. 2015.

STERLING, Jim. **Man buys virtual sword for unreleased game, pays \$16,000.** [S. l.]: Destructoid, 29 Dec. 2011. Disponível em: <http://www.destructoid.com/man-buys-virtual-swordfor-unreleased-game-pays-16-000-218682.phtml > Acesso em: 14 set. 2015.

STREAMING. [S. l.]: Wikipedia, 2015. Disponível em: <https://pt.wikipedia.org/wiki/Streaming> Acesso em: 09 set. 2015.

STRECK, Lenio Luiz. Apontamentos hermenêuticos sobre o Marco Civil regulatório da internet. In: LEITE, George Salomão; LEMOS, Ronaldo (Org.). **Marco civil da Internet**. São Paulo: Atlas, 2014.

STRECK, Lenio Luiz. **Hermenêutica jurídica e(m) crise**: uma exploração hermenêutica da construção do direito. Porto Alegre: Livraria do Advogado, 2011.

SUÉCIA. **Data Protection Act**, de 29 April 1998. Suécia: Legislationline, 1998. Disponível em: <http://legislationline.org/topics/country/1/topic/3>. Acesso em: 01 out. 2015.

SZANIAWSKI, Elimar. **Direitos de personalidade e sua tutela**. 2. ed. rev., autal. e ampl. São Paulo: Ed. Revista dos Tribunais, 2005.

TEPEDINO, Gustavo. **A tutela da personalidade no ordenamento civil-constitucional brasileiro:** temas de direito civil. 3. ed. Rio de Janeiro: Renovar, 2004a.

TEPEDINO, Gustavo. Editorial. **Revista Trimestral de Direito Civil**, Rio de Janeiro, v. 19, jul./set. 2004b.

TEPEDINO, Gustavo; BARBOZA, Heloisa Helena; MORAES, Maria Celina Bodin de. **Código civil interpretado conforme da Constituição da República**. Rio de Janeiro: Renovar, 2004.

TEORIA dos seis graus de separação? **3.74 graus, no Facebook**. [S. l.]: Hype Science, 2015. Disponível em: <http://hypescience.com/teoria-dos-seis-graus-de-separacao-3-74-graus--no-facebook/.> Acesso em: 16 set. 2015.

TERMS and conditions may apply. [S. l.]: NETFLIX, 2015. Disponível em: <http://www.netflix.com/watch/70279201?trackId=13752289&tctx=0%2C0%2Ca16985618c19e5e973b32f-1d03c784f064cb2912%3A7604e7bb45f2765db22697b0b209529c46d5666c > Acesso em: 01 nov. 2015.

THÁSSIAEM NY: look balmain for HM. **Blog da Thássia**. [S. l.]: Do autor, 2015. Disponível em: <http://www.blogdathassia.com.br/br/.> Acesso em: 13 out. 2015.

THORNHILL, Jo. **Die intestate and your loved ones will be left to untangle your legacy.** [S. l.]: Thisis Money, 28 July 2012. Disponível em: <http://www.blogdathassia.com.br/br/.> Acesso em: 01 nov. 2015.

TOMEO, Fernando. **Redes sociales y tecnologias 2.0**. Buenos Aires: Astrea, 2014.

TURKLE, Sherry. **La vida em la pantalla:** la construcción de la identidade en la era de Internet. Barcelona: Paidós, 1997.

UNIÃO EUROPEIA. **Legislação e publicação da UE.** [S. l.]: Lex Europa, 2015. Disponível em: <http://eur-lex.europa.eu/search.html?qid=1448009069814&scope= EURLEX&type=-quick&lang=pt>. Acesso em: 01 out. 2015.

UNIFORM LAW COMMISSION. **About the ULC.** Chicago: Uniform Law Commission , 2015. Disponível em: <http://www.uniformlaws.org/Narrative. aspx?title=About%20 the%20ULC>. Acesso em: 24 set. 2015.

VANINETTI, Hugo Alfredo. **Aspectos jurídicos de Internet.** La Plata: Platense, 2014.

VASCONCELOS, Pedro Pais do. **Direito de personalidade.** Lisboa: Edições Almedina S.A, 2014.

VASCONCELOS, Pedro Pais. **Teoria geral do direito civil.** Coimbra: Almedina. 2012.

VELOSO, Zeno. **Testamentos:** noções gerais; formas ordinárias; codicilo; formas especiais. [S. l.]: Zeno, 2015. Disponível em: <www.flaviotartuce.adv.br/artigosc/ zeno_testamento. doc.> Acesso em: 01 nov. 2015.

WINER, Dov; ROCHA, Ivan Esperança. **Europeana:** um projeto de digitalização e democratização do patrimônio cultural europeu. Patrimônio e Memória, São Paulo, v. 9, n. 1, p. 113-127, jan./jun., 2013. Disponível em: <http://pem.assis.unesp.br/index. php/pem/article/viewFile/327/598> Acesso em: 14 set. 2015.

WINSLADE, William J. Thoughts on technology and death: an appraisal of California's natural death. **DePaul Law Review**, v. 26, n. 4, 1977. Disponível em: <http://via.library.depaul. edu/cgi/viewcontent.cgi?article=2605&context=law-review.> Acesso em: 31 out. 2015

WORLD Internet Users and 2015 Population. [S. l.]: Stats Internet world Stats, set. 2015. Disponível em: <http://www.internetworldstats.com/stats.htm > Acesso em: 14 set. 2015.